CHRISTIAN RIECK

ANLEITUNG ZUR SELBSTÜBERLISTUNG

ANLEITUNG ZUR SELBST-ÜBERLISTUNG

Machen Sie Ihr Leben zu einem Spiel, in dem Sie stets gewinnen

CHRISTIAN RIECK

YES

Wichtiger Hinweis

Die Ratschläge und Angaben in diesem Buch sind sorgfältig erwogen und geprüft, dennoch kann eine Garantie nicht übernommen werden. Eventuell entstehende – mittelbare oder unmittelbare, verschuldete oder unverschuldete – Schäden oder andersartige Nachteile, die aufgrund von Äußerungen aus diesem Buch entstanden sind, berechtigen nicht zu irgendwelchen Ansprüchen (auch nicht seitens Dritter) gegen den Autor oder den Verlag und deren Beauftragte, soweit mit den gesetzlichen Regelungen vereinbar. Insbesondere die Haftung für Personen-, Sach- und Vermögensschäden ist ausgeschlossen. Obwohl Verlag und Autor größte Sorgfalt bei der Recherche haben walten lassen, wird keine Gewähr dafür übernommen, dass die Angaben richtig, vollständig oder anwendbar sind. Für Verbesserungsvorschläge und Hinweise auf Fehler sind Autor und Verlag dankbar. Die Benutzung von Markennamen, Zeichen usw. in diesem Werk berechtigt auch ohne besondere Kennzeichnung nicht zu der Annahme, dass diese frei verwendbar wären. Alle Angaben dienen ausschließlich zur allgemeinen Information und sind kein finanzieller oder medizinischer Rat oder gar eine persönliche Empfehlung. Informieren Sie sich bitte immer aus mehreren unabhängigen Quellen und suchen Sie professionellen Rat für Ihre Entscheidungen, insbesondere in den Bereichen Investments oder Medizin. Die geäußerten Meinungen stellen keinerlei Aufforderung zum Handeln dar, weder zum Kauf oder Verkauf von Vermögenswerten aller Art, insbesondere von Wertpapieren oder Sachwerten, noch zu irgendeiner Form der Selbsttherapie oder Selbstdiagnose.

Originalausgabe
3. Auflage 2024

Türkenstraße 89, 80799 München
info@yes-publishing.de

Illustrationen: Thomas Hoyer
Redaktion: Rainer Weber
Umschlaggestaltung: Imran Bashir Shaikh
Umschlagabbildung: Fran_kie/stock.adobe.com
Bild auf Seite 40: © Arcoss/Dreamstime.com
Layout und Satz: Carsten Klein

Druck: GGP Media GmbH, Pößneck
Printed in Germany

ISBN Print 978-3-96905-240-2
ISBN E-Book (EPUB, Mobi) 978-3-96905-241-9
ISBN E-Book (PDF) 978-3-96905-242-6

Inhalt

Prolog
Die Prinzipien der Selbstüberlistung **11**
Sie sind umgeben von Nichtsnutzen 13
Die Direktorin-Angestellten-Theorie 15
Die Welt als Spiel: Spieltheorie und Spieletheorie 18
Was erwartet mich, wenn ich jetzt weiterlese? 22

Kapitel 1
Zeitinkonsistenz: Wenn die linke Hand nicht will, was die rechte tut **25**
Die Oma, der Räuber und die Kaffeemühle 26
Marshmallows und der innere Konflikt 35
Wie lange lebt ein Agent? 38
Die Agenten sind mehr als Zeitgestalten: mentale Konten 41
Referenzpunkte: Normal ist die Welt nur bei der Geburt 44
Inkonsistente Zeitpräferenz: Wann unsere Gier die eigene Zukunft auffrisst 46
Exkurs: Verhältnis zu *Schnelles Denken, langsames Denken* 48

Kapitel 2
Die verschrobene Arbeitsmoral der Agenten **51**
Aktivierungsenergie 51
Vorzieheritis (Präkrastination) 54
Aufschieberitis (Prokrastination) 57
Ach ja: noch mal zur Präkrastination 61
Nichtfertigstelleritis (Nonfinisierung) 63

Kapitel 3
Wieso wir uns das Leben schwer machen sollten **67**
Was wir von (Computer-)Spielen für unser Leben lernen können 69
Die acht Elemente guter Spiele 73

Kapitel 4

Im produktiven Panikmodus: der Deadline-Sprint 83

Wie stelle ich die Uhr immer auf fünf vor zwölf? 85

Der Sprint: Lieber schnell arbeiten als gar nicht arbeiten 88

Der Tag ist voll produktiver Deadlines 90

Deadlines, wo keine sind 90

Die Geheimnisse des Deadline-Sprints 93

Kapitel 5

Wann es klug ist, dumm zu sein: Kybernetik und Nichtspieler 101

Kybernetik 102

Die Agenten auf Autopilot 105

Sollwerte für Ihre kybernetischen Agenten 107

Ihr Leben ist voll unbemerkter Sollwerte 112

Kapitel 6

Ihr Guru spielt falsch – Referenzpunkte, die keine sind 117

Sollwerteinstellung für Selbstüberlister 119

Der vergiftete Geheimagent und die abgebrochene Fritte 120

Der Agent, der nicht zu spät kommen will 121

Der Agent und sein Gegenspieler 123

Die Quest und die Faktor-10-Methode 125

Kapitel 7

Weitere Techniken der Selbstüberlistung 129

So sprechen Sie mit Ihrem zukünftigen Ich 129

Ein Ziel engt ein, ein Weg macht frei 135

Der letzte Tag des Lebens ist überbewertet 139

Der kleine Tod – besser als der letzte Tag des Lebens 141

Schenken Sie Ihren Agenten ein längeres Leben 142

Selbstbindung als Lebensverlängerung eines Agenten 145

Persönliche Regeln: »Ich bin Antialkoholiker« 148

Gewohnheiten, Routinen und Rituale 152

Wieso wir die Schule hätten lieben sollen 155

Der Stundenplan 159

Hausaufgaben und Minigewohnheiten 161

Kapitel 8
Was ist wichtig – im Leben und am Tag? 165
Lebenswichtigkeit 166
Alltagswichtigkeit 169
Unwichtigkeit 171
Eimer mit Steinen 172

Kapitel 9
Die Formen des Glücks: Nutzen – Hedonie – Eudämonie 175
Die zwei Dimensionen des Glücks: Hedonie und Eudämonie 179
Akrasia – wieso wir wider besseres Wissen handeln 183
Glück und Verzicht 184
Woran erkennt man Eudämonie? 186
Für Praktiker: Nein, Sie brauchen kein Mission Statement 187
Persönliche Projekte 189
Das Glück des glücklichen Fischers 190

Kapitel 10
Die dunkle und die helle Seite der Belohnungen 193
Bestrafende Belohnungen, Handicap und Adversity 194
Extrinsische Belohnungen und der Sawyer-Effekt 198
Intrinsische Belohnungen und der Flow 200
Der Reboundeffekt: Dick durch Sport 206
Falsche Belohnungen erkennen 209
Flow-Belohnungen: Verbinden Sie das Nützliche mit dem Angenehmen 212
Belohnungen, aber richtig 213
Der Saturn-Tüten-Effekt: Gewinnpunkte, Badges, Achievements und Levels 217

Kapitel 11
Anfangen hilft! 225
Den Einstieg planen, den Weg gehen 226
Beginnen Sie die Arbeit ungewaschen: Aktivierungsenergie verringern 228
Große Projekte beginnen: Speedrunning, Glitches und Cheats 229

Den Übergang von »Es ist ja noch viel Zeit« zu »Jetzt lohnt es sich auch nicht mehr« meistern 235
Essen Sie Ihren Obstkuchen von der Seite! 238
Die So!-Technik 241
Cliffhanger statt Zeigarnik-Effekt 243

Kapitel 12
Die Kunst, etwas nicht zu tun 245
Timeboxing und Monotasking 245
Zeitschloss und Yogapositionen 246
Nullbasis statt Detox und Fasten 249
Nicht »nicht«, sondern »sondern« 251
Behavioral Design und Nuding 253

Bonuskapitel
Die Wahrheit über Prokrastination 259
Ohne Priorisierung keine Prokrastination 261
Wieso Sie Arbeiten immer aufschieben, bis sie zeitkritisch werden . . 262
Dringend ist wichtiger als *wichtig* 266
Vorsicht, Falle: absolute und relative Dringlichkeit 271

Kapitel 14
Antiprokrastination in der Praxis 277
Sind Sie überdreht? Dann tun Sie Unwichtiges zuerst! 277
Dinge erledigen mit strukturierter Prokrastination 280
Eine kleine Schulung zwischendurch: Wie Sie Selbstbetrug erkennen 285
Aktive Prokrastination: Gründe, wieso Sie verschieben sollten 289
Von der To-do-Liste zur Ideenliste und zu Ivy Lee 293

Kapitel 15
Methoden der Priorisierung 297
Wo bekomme ich am meisten für meine Zeit? 298
Priorisierungsfaustregeln für den Alltag 301
Eisenhower-Matrix: die missverstandene Methode 311
Wenn Ihnen das Wasser bis zum Hals steht: Triage 316

Kapitel 16
Schulden: zugleich besser und schlechter als ihr Ruf 319
Zeitliche Schulden: Kredit bei Ihrem zukünftigen Ich 321
Wieso Sie immer einen Berg Arbeit vor sich haben 325
Die Planungsfalle des freien Terminkalenders 327
Der Schuldzyklus 330
Der Weg aus dem Schuldzyklus 333

Kapitel 17
Wieso Aufräumen Zeitverschwendung ist 337
Die Ordnung der vermeintlichen Unordnung 342
Organische Ordnung ist keine Unordnung 345
Das Ordnungssystem für den Selbstüberlister 348

Epilog 353

Anmerkungen 355

PROLOG

Die Prinzipien der Selbstüberlistung

Unter Akrasia (… Handeln wider besseres Wissen) versteht man den Fall, dass eine Person eine Handlung ausführt, obwohl sie eine alternative Handlung für besser hält.

Wikipedia

Ich habe eine schlechte Nachricht für Sie: Sie sind ein Spieler mit gespaltener Persönlichkeit. Eine Ihrer Persönlichkeiten ist organisiert, gesund, freundlich und gibt immer rechtzeitig die Steuererklärung ab. Die andere trödelt, ernährt sich schlecht, verplempert die Zeit mit Streaming-Serien oder »Social« Media und bekommt hohen Blutdruck, weil sie sich ständig über die eigenen Unzulänglichkeiten aufregt.

Sie sind nicht die eine Person, die Sie und Ihre Freunde zu kennen glauben, sondern Ihr Kopf ist voller kleiner Ichs, die eigene Pläne haben. Ihr Ich von heute spielt gegen Ihr Ich von morgen; Ihr großes übergeordnetes und immer pünktliches Ich spielt gegen die vielen kleinen Ichs, die die schlauen Ideen des großen Ichs auch umsetzen sollen. Was sie nicht tun. Sondern sie verdrücken sich lieber und trinken in einer Hängematte Piña Colada, während Ihr großes Ich Bluthochdruck bekommt. Diese kleinen Ichs, wir nennen sie im vorliegenden Zusammenhang »Agenten«[1], sind gerissen.

Wenn Sie sie anschreien, dass sie endlich mit diesem dämlichen Piña-Colada-Getrinke aufhören und mit der Arbeit anfangen sollen, dann hören sie zwar auf, Piña Colada zu trinken, aber arbeiten werden sie deshalb noch lange nicht. Diese Agenten trinken noch nicht einmal genug Wasser, geschweige denn dass sie Sport machen oder vernünftige Bücher lesen (okay, in diesem Punkt sind zumindest Sie gerade auf einem guten Weg). Am Ende des Tages haben Sie ein Ziepen im Bauch, weil Sie weder Qualitätszeit in der Hängematte verbracht haben noch die Arbeit getan ist. Selbst der Ausflug und die Party fanden nicht statt, die Sie der Arbeit vorgezogen hätten. Stattdessen verläuft das Leben in der Vorhölle zwischen dem Berg unvollrichteter Dinge und nicht genutzter Freizeit.

Sie werden es schon bemerkt haben, aber zur Sicherheit sage ich es Ihnen besser noch mal: Sie können Ihren Agenten nicht mit Vernunftargumenten kommen. Versuchen Sie mal, Ihrem Agenten, der gerade ein großes Stück Schokolade in Ihren Mund stopft, zu erklären, wie großartig Sie sich in einem Jahr fühlen würden, wenn Sie ab jetzt keine großen Stücke Schokolade mehr in sich hineinstopfen würden.

»Das stimmt«, antwortet Ihr Agent mit vollem Mund, »aber was habe *ich* davon?«

»Na, du wärst gesünder und hättest einen dünnen Bauch! Wieso muss ich dir solche Selbstverständlichkeiten erklären?«

»Nein, mein Lieber« (bricht ein weiteres Stück Schokolade ab und sucht den Raum nach der Chipstüte ab), »*du* hättest einen dünnen Bauch, nicht ich. Ich bin fürs Jetzt zuständig, und jetzt ist dieses Stück Schokolade das, was mir Vergnügen bereitet. So viel Dopamin musst du mir erst mal besorgen, und das schafft dein blöder Bauch im nächsten Jahr ganz bestimmt nicht. Über ein TikTok-Video könnten wir mal nachdenken, aber die Sache mit der Steuererklärung kannst du vergessen.« (Die rechte Hand greift nach dem Handy und öffnet die TikTok-App, die linke nimmt sich das letzte Stück der Schokolade.)

»Man kann mit dir einfach nicht vernünftig reden! Ich bitte dich, wenigstens dieses eine Mal …« (hier wiederholt Ihr Agent »dieses eine Mal« mit verdrehten Augen) »… keine Schokolade zu essen, und du machst gleich das Fass mit der Steuerklärung und TikTok auf! Sei doch ein einziges Mal vernünftig!«

»Also gut«, sagt Ihr Agent, »ich versuche vernünftig zu sein. Was würdest du denn tun, wenn du ich wärst?«

An dieser Stelle fällt Ihnen etwas auf. Sie selbst sind ja dieses Ich. Und es hat völlig recht. Hier und jetzt ist eine Schokolade mit TikTok sehr viel angenehmer als eine Steuererklärung. Den Bauch sieht man frühestens im nächsten Frühjahr; bis dahin ist noch viel Zeit abzunehmen, Sport zu treiben und Deadlines einzuhalten. Die Schokolade ist inzwischen aufgegessen, aber es gibt ja noch die Chips, und außerdem könnte man diese tolle Serie weiterschauen, die auf Netflix läuft.

Wie gesagt, Sie können Ihren Agenten nicht mit Vernunftargumenten kommen, denn die Vernunft ist auf deren Seite. Je rationaler Sie zu argumentieren versuchen, desto stärker geraten Sie ins Hintertreffen. Wenn wir einmal akzeptiert haben, dass es diese Agenten gibt, dann müssen wir zähneknirschend akzeptieren, dass sie andere Interessen haben als unser Ich in seiner Gesamtheit. Deshalb versuchen Sie gar nicht erst, sich (denn niemand anderes sind ja Ihre Agenten) mit Rationalargumenten zu überzeugen. Es gibt nur einen erfolgreichen Weg, Ihre Agenten endlich dazu zu bringen, etwas Sinnvolles zu tun: Sie müssen sie überlisten.

Deshalb sind Sie hier. Um zu lernen, sich selbst zu überlisten.

Sie sind umgeben von Nichtsnutzen

Lassen Sie uns kurz nochmals über Ihr Selbstbild sprechen. Ich hoffe, Sie sind mir bereits so weit gefolgt zu akzeptieren, dass Sie nicht der eine adrette Erdenbewohner mit ausschließlich edlen Absichten und höchster Disziplin sind. Stattdessen bestehen Sie aus einer Belegschaft katastrophaler Angestellter, die Sie (das ist der adrette Erdenbewohner) irgendwie unter Kontrolle bekommen wollen. Wenn es irgendwelche negativ besetzten Eigenschaften gibt, dann haben Ihre Angestellten sie auch. Sie sind faul, egoistisch, verfressen und kurzsichtig, denken also nur bis zur Nasenspitze.

Wenn Sie das jetzt für sich akzeptiert haben, dann können Sie den nächsten Schritt gehen und sich vergegenwärtigen, dass jede Organisation aus einer Zusammenstellung solch katastrophaler Mitglieder besteht.

Das große Ganze entsteht, indem diese vielen kleinen Flachpfeifen, Nervgeigen, Müßiggänger und Herumposauner so orchestriert werden, dass ein Gesamtkunstwerk auf höherer Ebene entsteht. Sehen Sie sich die großen Leistungen der Menschheit an: Fast immer entstehen sie durch das *Zusammen*-Spiel vieler einzelner Individuen, die für sich allein genommen in der Regel faul, egoistisch und kurzsichtig sind. Und verfressen.

Aber mit der richtigen gemeinschaftlichen Ausrichtung entstehen die Wunder der Welt. Zugegeben, es gibt meist eine Person, die für die Ausrichtung und die Organisation sorgt; aber diese wäre nichts ohne die vielen kleinen Agenten, die die großen Ideen schließlich umsetzen. Ein Orchester besteht nicht nur aus einem Dirigenten. Dieser hat zwar eine herausragende Rolle, weil er die Leistungen aller anderen koordiniert und damit überhaupt erst zu einer Gemeinschaftsleistung macht. Er hat auch mehr Möglichkeiten, eine Richtung vorzugeben. Aber letztlich ist auch seine Rolle nur eine der vielen Spezialaufgaben, die ein Orchester braucht, um ein Orchester zu sein.

Ich habe eben nicht umsonst vom *Zusammen*-Spiel gesprochen. Das Kunstwerk entsteht aus dem Zusammenwirken der vielen Bestandteile. Aber dieses Zusammenwirken funktioniert nicht wie eine Maschine, in der Hebel und Zahnrädchen deterministisch ineinandergreifen und sich zu 100 Prozent dem einen großen Plan unterordnen. Vielmehr entsteht dieses Zusammenwirken, indem alle Mitglieder lokal für sich arbeiten und optimieren, kleine Probleme aus dem Weg räumen, das tun, was für sie am besten ist, und am Ende dennoch im Sinne des großen Ganzen handeln. Ein solches System aus lokalen Entscheidern ist dem Uhrwerk fast immer überlegen – zumindest in einer komplexen und variablen Umwelt. Denn das mechanische Getriebe ist viel zu starr, um sich auch nur an die kleinsten Abweichungen vom Plan anzupassen. Ein einzelnes Sandkorn bringt das Zahnradgetriebe zum Stillstand; ein lebender Organismus hingegen kann ganze Berge aus dem Weg räumen.

Das letzte Jahrhundert war das Jahrhundert der Maschinen; dieses ist das der Organismen.

Wie so etwas funktioniert, das untersucht die Spieltheorie. Ich möchte Sie an dieser Stelle nicht mit den technischen Details dazu langweilen, aber die Theorie ist keineswegs so verspielt, wie ihr Name nahelegt, denn ursprünglich war sie eine mathematische Theorie. Schon die verwendeten Bezeichnungen sind für Uneingeweihte abschreckend und unverständlich, weil sie oft genug aus deutsch ausgesprochenen englischen Wörtern bestehen. Nehmen wir als Beispiel den Begriff *principal agent theory*, dessen ungelenke Eindeutschung zu Prinzipal-Agenten-Theorie mehr zur Verschleierung als zur Aufklärung beiträgt. Kaum nehmen wir aber geeignete Übersetzungen, wie gleich in der folgenden Zwischenüberschrift, schon hellt sich das Bild auf.

Die Direktorin-Angestellten-Theorie

Wir definieren eine Agency-Beziehung als einen Vertrag, unter dem [...] die Direktorin eine andere Person (den Agenten) anstellt, um in ihrem Auftrag eine Aufgabe auszuführen, und dabei die Freiheit mitdelegiert, eigene Entscheidungen zu treffen.

Etwas frei übersetzt nach Michael C. Jensen und William H. Meckling, die als Urheber der Prinzipal-Agenten-Theorie angesehen werden können[2]

Bleiben wir einmal in dem Bild, dass eine Direktorin ihre Angestellten dazu bringen will, gemeinsam etwas Sinnvolles zu tun. Es gibt zwei Extreme, wie sie das umsetzen kann: In dem einen Extrem macht sie präzise Anweisungen für jeden Spezialfall, der auftreten kann; in dem anderen Extrem gibt sie lediglich das Ziel vor und hofft, dass die Angestellten selbst eine Methode entwickeln, dort anzukommen. Sie brauchen sich nicht für einen der beiden Wege zu entscheiden: Beide sind zum Scheitern verurteilt.

Genaue Anweisungen für jeden Spezialfall zu geben, ist in einer komplexen Welt ein Ding der Unmöglichkeit. In der Spieltheorie beschäftigen wir uns mit stark vereinfachten Fällen, und schon dort sind derartige vollständige Pläne sogar mit den leistungsfähigsten Computern nicht zu handhaben. Aber selbst wenn sie möglich wären: Ständig tauchen neue Informationen auf, und diese hat zuerst der Ausführende. Die Chefin würde also ständig der Realität hinterherlaufen und faktisch doch alles selbst machen müssen. Deshalb lebt eine Organisation davon, dass die Angestellten vor Ort selbständig Probleme lösen, Umwege gehen, Fehler ausmerzen und Methoden entwickeln, auf anderen Wegen zum Ziel zu kommen.

Wer aber ausschließlich auf diese Wunderheilung vor Ort vertraut, macht die Rechnung ohne den Wirt. Denn die Angestellten wissen ja, dass sie mehr wissen als ihre Chefin. Vor die Wahl gestellt, viel zu arbeiten und den Bonus der Chefin zu erhöhen oder Kaffee zu trinken und selbst das Leben zu genießen, entscheiden sie sich immer für Letzteres. Die Chefin hat nun einmal nicht die nötigen Informationen, um herauszufinden, ob das Projekt wegen der Kaffeetrinkerei oder wegen widriger Umstände von außen gescheitert ist.

Wenn die Direktorin die Sache falsch angeht, dann wird sie deshalb immer auf traurig dreinschauende Mitarbeiter stoßen, die ihr hochgradig plausible Gründe nennen, wieso alles nicht funktioniert hat. Und wieso sie mit dem Misserfolg nichts, aber auch gar nichts zu tun haben. Ehrlich! Große Hundeaugen.

Das Direktorin-Angestellten-Problem:[3] Wie bekommt die Direktorin ihre Angestellten dazu, das zu tun, womit sie sie beauftragt, obwohl sie nicht alles kontrollieren kann?

Natürlich hat die Theorie eigentlich einen englischen Namen: *Principal Agent Theory.*[4]

Merken Sie sich den englischen Namen bei Bedarf gern für die nächste Cocktailparty.

Die Lösung zu diesem Problem besteht darin, Voraussetzungen zu schaffen, unter denen die Angestellten ihre Aufgabe freiwillig so gut wie möglich ausführen. *Freiwillig* heißt nicht unbedingt *gern*. Das liegt an der kleinen Asymmetrie in den Rollen der beiden Beteiligten. Denn die Direktorin kann die Spielregeln vorgeben, nach denen die Agenten zu spielen haben. Wenn diese Regeln geschickt gestaltet sind, dann kann es sein, dass die Agenten zwar eigentlich nach wie vor lieber Kaffee trinken würden, aber im Lichte der neuen Regeln zu dem Schluss kommen, zähneknirschend doch besser etwas anderes zu tun: zufälligerweise das, was die Direktorin von ihnen will.

Nehmen Sie folgende Regel: »Entweder der Job ist bis zum Ende des Jahres in hinreichend hoher Qualität erledigt, oder Sie sind danach in die Poststelle versetzt!« Diese Vorgabe ist erstaunlich motivierend, das eigene Wissen im Sinne der Direktorin einzusetzen (sofern der Agent die Poststelle nicht als positiven Karriereschritt ansieht). Diese Regel ist übrigens in totalitären Staaten gang und gäbe, weil dort jeder jedem misstraut; nur dass dort die Poststelle oft durch Straflager ersetzt wird. Ein etwas besseres Arbeitsklima könnte entstehen, wenn statt der Peitsche das Zuckerbrot eingesetzt wird und der Angestellte einen dicken Bonus bekommt, wenn er das vorgegebene Ziel erreicht.

In der Praxis ist beides nicht so einfach, wie es sich hier anhört, denn die Regeln müssen den Gegebenheiten geschickt angepasst sein. Hat der Angestellte keine Chance, das Ziel zu erreichen, versucht er es gar nicht erst; ebenso, wenn die Belohnung zu klein ist. Ist das Ziel hingegen zu leicht zu erreichen oder die Belohnung zu hoch, dann kostet das Spiel die Direktorin mehr, als es ihr bringt. Macht sie es hingegen aus ihrer Sicht richtig, dann ist es ein übelst abgekartetes Spiel, bei dem sich die Angestellten ihren Wünschen unterordnen müssen.

Nicht, dass es wichtig wäre, aber vielleicht möchten Sie in diesem Zusammenhang noch einen weiteren gelehrt klingenden Namen für Ihre nächste Cocktailparty kennenlernen:

> **Mechanismusdesign** ist die Kunst, Spielregeln so zu gestalten, dass die Spieler »freiwillig« ein gewünschtes Ergebnis hervorbringen.

Für das Gebiet des Mechanismusdesigns wurde sogar ein Nobelpreis vergeben.[5]

Sie merken jetzt schon, worauf die Sache mit der Selbstüberlistung hinausläuft. Die Direktorin denkt sich ein cleveres Spiel aus, und indem es die Agenten nach den somit vorgegebenen Regeln spielen, tun sie das, was die Direktorin will.

Das war ein erster Blick in die Kunst der Selbstüberlistung. Aber gehen wir die Sache langsam an. Schließlich sind wir noch im ersten Level.

Die Welt als Spiel: Spieltheorie und Spieletheorie

Je komplexer das Modell, desto schwieriger ist es,
Einsichten daraus zu gewinnen.

Paul Papayoanou: *Game Theory for Business*[6]

Ich habe es ja bereits angedeutet: Die bisherigen Überlegungen entstammen durchweg der Spieltheorie. Normalerweise ist das eine ziemlich komplizierte Theorie, in der alles von oben bis unten mit Formeln gespickt ist, sodass man selten auch nur erahnt, was man damit wohl anfangen könnte.

Die wahrscheinlich einfachste Beschreibung lautet: Spieltheorie ist eine mathematische Theorie darüber, wie man Entscheidungen trifft. Dabei geht es um Entscheidungen in einem bestimmten Typus von Situationen, nämlich solchen, bei denen es andere »vernunftbegabte Gegenspieler« gibt, die ebenfalls Einfluss auf das Ergebnis der eigenen Entscheidung haben.

Das Wort *vernunftbegabt* besagt in diesem Zusammenhang, dass die betreffende Person

- weiß, was sie gut und was sie schlecht findet,
- und dass sie die Konsequenzen des eigenen Handels zumindest teilweise abschätzen kann.

Wir dürften uns darüber einig sein, dass wir selbst und die meisten Menschen um uns herum in diese Klasse fallen. Auch viele Tiere und zunehmend technische Geräte dürften mit dabei sein. Hunde haben nicht umsonst »treue Hundeaugen«, mit denen sie uns zur Fütterung bringen, und technische Geräte verhalten sich ebenfalls zunehmend vernunftbegabt, indem sie uns zum Beispiel durch clevere Tricks immer wieder dazu bringen, eine App zu öffnen, oder indem sie autonom Entscheidungen treffen, die ihre Programmierer nur sehr mittelbar auf den Weg geschickt haben.

Ein vernunftbegabter Spieler wird solche Entscheidungen treffen, von denen er annehmen kann, dass sie für ihn eher zu guten Konsequenzen führen als zu schlechten. Das muss nicht immer perfekt funktionieren, aber solange die beiden oben genannten Zutaten vorhanden sind, liegt Vernunftbegabung vor und die Situation fällt in den Bereich der Spieltheorie.

Wenn Sie sich fragen, wieso eine solche Theorie ausgerechnet Spieltheorie heißt: Das liegt daran, dass die eben beschriebene Situation in den klassischen Gesellschaftsspielen vorliegt. Schach ist ein gutes Beispiel: Sie müssen im Rahmen vorgegebener Regeln eine Abfolge von Entscheidungen treffen und verfolgen dabei ein Ziel; aber es gibt einen Gegenspieler, der ein anderes Ziel verfolgt, der ebenfalls entscheiden kann und der versucht, Ihre Pläne zu durchkreuzen. Tatsächlich ist dies die universelle Situation unseres Lebens. Fast immer sind wir umgeben von anderen Entscheidern, deren Interessen andere sind als unsere, vom Konkurrenten unseres Unternehmens bis zur Social-Media-App. Falls Sie sich wundern, dass eine App ein Gegenspieler sein kann: Das liegt daran, dass sie von einem vernunftbegabten Gegenspieler entwickelt worden ist, der eigene Interessen verfolgt. Dessen strategische Überlegungen fließen daher in das Verhalten der App ein.

Spieletheorie

Neben der Spieltheorie gibt es auch die Spiel*e*theorie (mit einem E in der Mitte). Das ist die Bezeichnung für Theorien, die sich mit Spielen beschäftigen, die wir zur Unterhaltung spielen. Am Beispiel Schach sehen

Sie sofort, dass es eine Überschneidung zwischen Spieltheorie und Spieletheorie geben muss. Es sind aber unterschiedliche Blickwinkel auf dieselbe Sache.

Die mathematische Spieltheorie fragt, wie man ein Spiel optimal spielt, was Rationalität ist oder wie man die Regeln so gestaltet, dass sich ein rationaler Spieler auf eine gewünschte Weise verhält (Sie erinnern sich an das Mechanismusdesign). Die Spieltheorie erklärt auch, wieso sich ein Spieler in einer bestimmten Situation (einem Spiel) auf bestimmte Weise verhält, indem er Überlegungen anstellt, die man erst auf den zweiten Blick sieht: Beim Schach reicht es nicht, nur das Offensichtliche zu tun, sondern man muss mehrere Schritte durchdenken beziehungsweise vorausdenken. Diese Theorie hat also einen sehr allgemeinen Begriff von »Spiel«: Fast jede Entscheidungssituation mit einem vernunftbegabten Spieler ist ein Spiel. Gibt es nur einen solchen Spieler und der Rest ist Zufall, dann handelt es sich um ein Glückspiel[7] (Einpersonenspiel); sind mehrere vernunftbegabte Spieler beteiligt, dann ist es ein strategisches Spiel.

Die Spiel*e*theorie hingegen fragt, wie man ein Spiel interessant gestaltet (zum Beispiel bei Computerspielen oder bei Lernspielen) oder welche Wirkung ein Spiel auf die Spieler hat (zum Beispiel in der Pädagogik). Die Theorie ist ebenfalls aus ihrer schmalen Ecke herausgekommen und tritt im Alltag in Erscheinung. *Gamification* beschäftigt sich damit, wie man Elemente von Unterhaltungsspielen in anderen Bereichen des Lebens einsetzen kann. Rabattgutscheinsysteme sind zum Beispiel mit solchen Elementen gestaltet (»Heute doppelte Punkte!«; »Rubbeln Sie das Feld frei!«). Auch hat der typische Schulunterricht viele Elemente der Spielgestaltung, obwohl es nicht immer danach aussieht (mehr dazu im Abschnitt »Wieso wir die Schule hätten lieben sollen« ab Seite 20).

Unser ganzes Leben besteht aus Spielen im Sinne dieser beiden Theorien. Stellen Sie sich vor, Sie wollen in die Bäckerei gehen, um ein Brot zu kaufen. Wenn Sie zu früh hingehen, dann schleppen Sie das Brot länger mit sich herum; gehen Sie aber zu spät, hat es vielleicht schon ein anderer gekauft. Dies wäre ein strategisches Spiel gegen Ihnen unbekannte Gegenspieler und gegen Zufallselemente (die S-Bahn ist ausgefallen, deshalb kommen die anderen Kunden nicht an). Die Bäckerei muss Preise und Einkaufsmengen festlegen, die wiederum von den anderen Bäckereien, den Kunden und ausgefallenen S-Bahnen abhängen.[8] Vielleicht stellt die Bäckerei Brötchen in Form kleiner Männchen mit Pfeife her; das ist ein spielerisches Element im Sinne der Gamification.

Selbstüberlistung nutzt Elemente beider Theorien mit Schwerpunkt auf der Spieltheorie. Was die strategischen Spiele angeht, betrachtet sie hier aber einen ganz besonderen Typus von Gegenspieler: uns selbst. Spiele gegen uns selbst sind eine Anwendung der spieltheoretischen Forschung, die erstaunlicherweise zu kurz gekommen ist, obwohl auch dieser Fall unser Leben von vorn bis hinten durchzieht. Wenn Sie am Morgen verschlafen auf die Schlummertaste Ihres Weckers drücken, dann spielen Sie ein Spiel gegen Ihr Selbst vom Vorabend, das diese Höllenmaschine scharf gestellt hat. Indem Sie auf »Schlummern« statt auf »Aus« drücken, spielen Sie ein Spiel gegen Ihr Selbst in fünf Minuten, dem Sie nicht so weit über den Weg trauen, dass es ohne weiteren Lärm aufstehen wird.

Wenn Sie einen Job annehmen, anstatt zu studieren, dann spielen Sie ein Spiel gegen Ihr zukünftiges Ich, das dann ohne Studium arbeiten geht und sich vielleicht ärgert, dass sein vergangenes Ich zu wenig an die Zukunft gedacht hat. Vielleicht hatte Ihr früheres Ich aber auch so viel mehr Spaß, dass es sich gelohnt hat, dafür auf mehr Geld später im Leben zu verzichten. Und vielleicht taucht ein Zufallselement auf, das Sie genau deshalb reich werden lässt, weil Sie nicht studiert haben. Oder Sie machen Ihren Meister in einem gefragten Handwerk, gründen eine eigene Firma und hängen Ihr dann kontrafaktisches Akademiker-Ich ab. Da kann – von der gesicherten Auftragslage und vom Verdienst her – kein Akademiker mehr mithalten.

Wie Sie sehen werden, stehen wir uns nicht nur selbst im Weg, sondern haben oft genug auch gute Gründe dafür, das zu tun. Manchmal besteht die List darin, das Im-Weg-Stehen zu vermeiden; manchmal besteht sie darin, es zu fördern.

Was erwartet mich, wenn ich jetzt weiterlese?

Machen wir nun einen kleinen Test, ob es sich für Sie lohnen wird, dieses Buch weiterzulesen. Gehen Sie dafür einfach die folgende Liste durch. Je mehr der Punkte auf Sie zutreffen, desto eher sind Sie ein Kandidat für Selbstüberlistung.

- Sie wollen etwas tun, machen es aber nicht.
- Sie wollen etwas nicht tun, machen es aber trotzdem.
- Sie wissen, was Sie tun sollten, fangen aber einfach nicht damit an.
- Sie fangen etwas an, aber anstatt es zu Ende zu führen, machen Sie etwas ganz anderes.
- Sie tun fast zwanghaft Dinge, die Sie keinen Schritt weiterbringen.
- Sie beobachten an sich Suchterscheinungen, nicht nur gegenüber Substanzen, sondern auch gegenüber Tätigkeiten.
- Am Abend wissen Sie nicht, was Sie den ganzen Tag getan haben.
- Am Ende des Monats wissen Sie nicht, wo Ihr Geld geblieben ist.
- Am Ende des Jahres wissen Sie nicht, wo Ihr Geld oder Ihre Zeit geblieben sind.
- Am Ende des Jahrzehnts ist es genauso.
- Sie hätten Angst, Ihren eigenen Nachruf zu schreiben.
- Sie haben ständig das Gefühl, dass Sie mal aufräumen sollten.
- Sie räumen dauernd auf, leben aber im Chaos, zumindest im gefühlten.
- Ihr Leben ist gesäumt von halbfertigen oder geplanten und nie begonnenen Projekten.
- Sie legen To-do-Listen an, aber die werden nur länger, nie kürzer.
- Sie erlernen Zeitmanagement-Methoden, aber der Stress und der Berg unerledigter Arbeit bleiben.
- Sie wären gern strukturiert, sind es aber nicht.
- Sie haben ewig viel zu tun, langweilen sich aber trotzdem oft.
- Sie würden sich gern gesund ernähren, tun es aber meistens nicht.
- Sie würden gern Sport treiben, tun es aber meistens auch nicht.

- Dafür nutzen Sie zu oft Ihr Smartphone, essen zu viel oder zocken zu oft Computerspiele.
- Sie haben dauernd ein schlechtes Gewissen, weil Sie irgendetwas nicht erledigt, aufgeschoben, halbfertig unterbrochen, nicht überwiesen oder vergessen haben.

Wenn Sie sich in dieser Liste wiedererkennen, dann dürfen Sie hoffen. Denn die Wahrscheinlichkeit ist groß, dass der zuvor beschriebene Konflikt in Ihnen tobt und in Ihnen zwei Instanzen gleichzeitig laufen, die unterschiedliche Ziele verfolgen: die Direktorin und die Agenten.

Sie werden sehen, dass viele der obigen Handlungen oder Unterlassungen, die zunächst irrational erscheinen, in Wahrheit das Ergebnis völlig rationaler Optimierungen sind. Es hilft deshalb nichts, sich einfach vorzunehmen, etwas zu ändern. Solange das Prinzip dahinter nicht verstanden ist, werden wir immer wieder rückfällig. Aber mit dieser Erkenntnis stoßen wir auf Hebel, die uns sonst verborgen geblieben wären.

Ein Indikator dafür, dass hier eine überraschende Form der Rationalität vorliegt, ist, dass Sie auf der Liste mitunter Aktivitäten finden können, die Ihnen eigentlich Spaß machen. Es kann durchaus sein, dass Ihnen Sport eigentlich Spaß macht, Sie aber trotzdem viel zu selten damit anfangen. Es würde Ihnen auch Spaß machen, übers verlängerte Wochenende wegzufahren, aber die meisten Wochenenden vergehen ohne den Ausflug.

Die Lösung für diese Probleme entsteht, wenn Sie die unterschiedliche Natur der beiden Instanzen in Ihnen erkennen und die Existenzberechtigung beider akzeptieren. Vordergründig wirkt es oft so, als sei nur der eine Typus in Ihnen »rational« und der andere ein Störenfried (wobei wir je nach Situation den einen oder den anderen für den rationalen halten). Tatsächlich sind aber immer beide anwesend und immer haben beide aus ihrer jeweiligen Warte recht.

Dieses Buch will Ihnen helfen, mithilfe der Spieltheorie die beiden zu Partnern zu machen, die sich gegenseitig ergänzen. Es ist vollgestopft mit anwendbaren Tipps und Hintergrundinformationen, die ich wie ein Kurator für Sie aus Zigtausenden Seiten anderer Bücher zusammengemischt habe. Und zwar so, dass Sie durch die Theorie der Selbstüberlistung verstehen, wieso und wann manche Methoden so gut funktionieren und andere nicht.

Behandeln Sie das Buch daher wie eine gute Playlist in Ihrer Musiksammlung: Es lohnt sich, auf Wiederholungsschleife zu stellen und per Zufallswiedergabe immer mal wieder hineinzusehen. Verschlingen Sie es gern beim ersten Lesen, aber legen Sie es dann ans Bett oder auf Ihren Schreibtisch und sehen Sie immer mal wieder hinein. Sie stoßen auf das eine oder andere Juwel, das Sie vielleicht nicht auf Anhieb erkennen. Mir selbst zumindest ist es so gegangen.

Und jetzt bleiben wir nicht länger im Abstrakten, sondern sehen uns genauer an, wie die Spieltheorie arbeitet und wie der beschriebene innere Konflikt genau aussieht.

Werfen wir als Erstes einen Blick darauf, wie die Agenten denken und was genau der Unterschied zur Sicht der Direktorin ist. Denn erst mit diesem Verständnis für uns selbst können wir die Werkzeuge entwickeln, mit denen wir uns überlisten.

KAPITEL 1

Zeitinkonsistenz: Wenn die linke Hand nicht will, was die rechte tut

Du bist dir nur des einen Triebs bewußt,
O lerne nie den andern kennen!
Zwei Seelen wohnen, ach! in meiner Brust,
Die eine will sich von der andern trennen;
Die eine hält, in derber Liebeslust,
Sich an die Welt mit klammernden Organen;
Die andre hebt gewaltsam sich vom Dust
Zu den Gefilden hoher Ahnen.

Johann Wolfgang von Goethe, *Faust*

Auf einer jährlich stattfindenden Konferenz gab es das Problem, dass die Redner ständig ihre Redezeit überzogen und auf diese Weise das gesamte Tagesprogramm durcheinanderkam. Die Veranstalter versuchten so ziemlich alles: einen riesigen Countdown-Timer prominent im Gesichtsfeld der Referenten zu platzieren (wurde beständig ignoriert); einen Moderator einzusetzen, der mit Warnkärtchen in der Luft herumfuchtelte (wurde ignoriert); einen Wecker klingeln zu lassen (wurde auch ignoriert). In einem Jahr gab es deshalb den Beschluss, fünf Sekunden nach Ablauf der Redezeit das Licht anzuschalten und weitere fünf Sekunden später das Mikro abzuschalten.

Einer der ersten Sprecher war ein in seinem Bereich berühmter honoriger alter Herr. Es war eine Auszeichnung für den Veranstalter, dass diese Koryphäe sich die Ehre gab, dort vorzutragen. Natürlich ignorierte er die

Zeitvorgabe und den Timer. Mitten im Satz schaltete der Veranstalter das Licht an und kurz darauf den Ton aus. Der Referent sprach tonlos weiter, gestikulierte noch einige Zeit und verließ dann entrüstet die Bühne. Es war ein Affront, eine Ungeheuerlichkeit. Wie konnte der Veranstalter es wagen, ihm, der Berühmtheit, mit der sich die Veranstaltung schmückte, den Ton abzustellen? Wer hatte es gewagt, ihn so bloßzustellen? Es war eine teure Entscheidung für den Veranstalter, denn er hatte nun einen wichtigen Kontakt und Gönner weniger.

Tatsächlich hatte er nicht verstanden, in welcher Entscheidungssituation er sich befand. Er hatte das Prinzip, das der Agententheorie zugrunde liegt, nicht verstanden. Das ursächliche Problem bestand darin, dass es für den Agenten am Ende des Vortrags die theoretische Möglichkeit gegeben hätte, den Referenten überziehen zu lassen. Egal, wie sehr vereinbart war, die Zeit genau einzuhalten – kaum ist der Zeitpunkt erreicht, ist es nicht mehr rational, den Ton tatsächlich abzuschalten. Die Kosten für den Veranstalter sind in jenem Augenblick viel zu hoch, seine eigenen Regeln durchzusetzen.

Sehen wir uns die Theorie dahinter etwas genauer an, indem wir in die Welt der Spieltheorie wechseln, bevor wir zu einer einfachen Methode kommen, die das Problem des Veranstalters gelöst hätte.

Die Oma, der Räuber und die Kaffeemühle

Betrachten wir dafür ein Spiel zwischen zwei Spielern, der Oma und dem Räuber Hotzenplotz aus dem bekannten Kriminalroman *Der Räuber Hotzenplotz*. Ich muss Sie warnen: Dieser Abschnitt ist zwar durchaus unterhaltsam, aber etwas technischer als der Rest des Buches.

Steigen wir also ein mit der spieltheoretischen Darstellung des Kriminalfalls zwischen den beiden Spielern *Räuber Hotzenplotz* und *Oma*.

Oma hat eine Kaffeemühle, die Hotzenplotz auch gern hätte. Hotzenplotz hat neben seinem fragwürdigen Charakter eine Pfeffergranate. Wenn er diese zündet, dann haben die Anwesenden (ihn eingeschlossen) schreckliches Augentränen, was daher alle zu vermeiden suchen. Um die Situation als Spiel abzubilden, müssen wir sie als strukturierte Abfolge möglicher Züge (= Einzelentscheidungen) darstellen. Diese Abfolge sieht folgendermaßen aus:

- Hotzenplotz sieht die Oma mit ihrer Kaffeemühle und fragt sich, ob er diese Tatsache einfach ignorieren sollte oder ob er sie zur Herausgabe der Mühle auffordern sollte. Dies ist sein erster Spielzug: die Entscheidung zwischen *nichts tun* und *Kaffeemühle verlangen.*
- Falls er die Mühle verlangt, ist die Oma an der Reihe. Bei ihrem Zug muss sie sich entscheiden, ob sie die Mühle *hergibt* oder *behält.*
- In beiden Fällen ist danach wieder Hotzenplotz am Zug und muss sich entscheiden zwischen Pfeffergranate *zünden* oder Pfeffergranate *nicht zünden.* Wir gehen hier davon aus, dass er keine Möglichkeit hat, die Mühle einfach an sich zu nehmen; wenn die Oma sie nicht herausgibt, dann kann er zwar seine Granate zünden, bekommt aber nicht die Mühle.
- Anschließend ist das Spiel vorbei und die Spieler erhalten *Auszahlungen*, je nachdem wie die Partie verlaufen ist.

Kenner der Hotzenplotz-Literatur werden hier möglicherweise Abweichungen von der Primärquelle erkennen; die wurden vorgenommen, um den Fall spieltheoretisch einfacher handhabbar zu machen. Außerdem ist der Fall nun analog zu unserem Eingangsbeispiel: Statt Hotzenplotz verlangt dort der Veranstalter etwas (nämlich die Redezeit einzuhalten), der Redner kann sich daran halten oder nicht, und der Veranstalter kann abschließend die Granate zünden, indem er das Mikrofon abstellt, oder er kann das Überziehen ignorieren.

Stellen wir nun das Spiel in seiner Hotzenplotz-Variante als Spielbaum dar. Es beginnt oben mit dem ersten Zug von Hotzenplotz, dann kommt die Oma dran, anschließend noch einmal Hotzenplotz. Ein Spieldurchlauf vom Start bis zu einem Endknoten heißt *Partie.* Nach jeder Partie (also an jedem Endknoten) erhalten beide Spieler je eine *Auszahlung.* Diese Auszahlung ist ein Maß dafür, wie gut oder schlecht die Spieler die verschiedenen Spielausgänge finden. Dieses Gut- oder Schlechtfinden drücken wir mit der Höhe der Auszahlung aus; je höher diese ist, desto besser findet der jeweilige Spieler den betreffenden Spielausgang. Die Auszahlung an den ersten Spieler (hier: Hotzenplotz) steht immer oben, die an den zweiten Spieler (die Oma) darunter.

Sagen wir, die Kaffeemühle habe für beide Spieler einen Wert von 1. Wenn die Granate gezündet wird, dann führt dies zu einem negativen Wert von –9. Stören Sie sich nicht daran, dass die Auszahlungspunkte willkürlich erscheinen. Für die hiesige Analyse kommt es nur darauf an, in welche Reihenfolge die Spieler die verschiedenen Spielausgänge bringen. Mit den Zahlenwerten veranschaulichen wir das, ohne viel Mathematik einführen zu müssen. Wir könnten das verkomplizieren und die Auszahlungen mit griechischen Buchstaben bezeichnen und durch Integrale herleiten; eine tiefergehende Erkenntnis würde das aber nicht bringen. Der gesamte Spielbaum mit Auszahlungen sieht nun so aus:

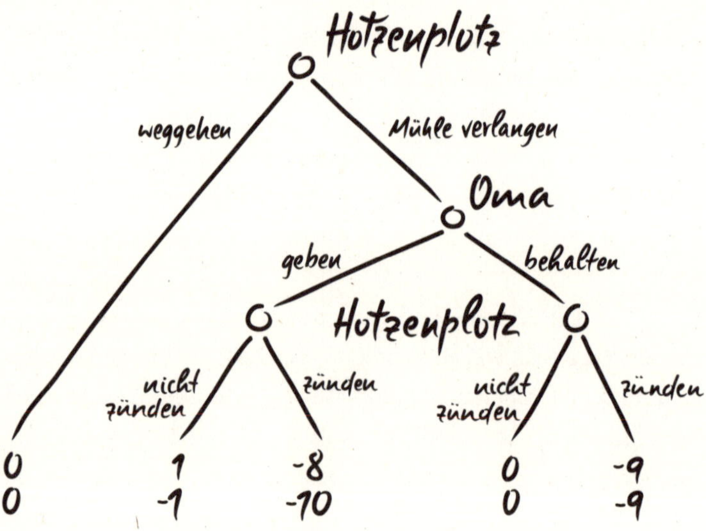

Das Spiel zwischen Hotzenplotz und der Oma.

Anleitung zum Lesen des Spielbaums: *An jedem Knoten entscheidet ein Agent des jeweiligen Spielers, welchen Zug er wählt. Jedes Baumende entspricht einem Spielausgang. Die Zahlen sind die Auszahlungen an die beiden Spieler; Hotzenplotz als erster Spieler erhält jeweils die obere Zahl, Oma erhält die zweite.*

Sehen wir uns an, wie die klassische Spieltheorie die Situation analysiert. Die Vorgehensweise dabei ist, in sogenannten Strategien zu denken. Eine *Strategie* ist ein vollständiger Verhaltensplan, der genau angibt, was in welcher Situation zu tun ist. Sie können sich eine Strategie vorstellen wie ein Computerprogramm, dem vorher genau einprogrammiert wurde, was wann zu tun ist. Vergleichbar auch mit verschachtelten Wenn-dann-Verzweigungen in Excel. Ein solcher Plan ist sehr viel umfangreicher als das, was wir in unserer Alltagswelt als Plan ansehen, denn eine Strategie enthält Anweisungen für alle denkbaren Situationen, in die ein Spieler kommen kann. Eine Strategie ist nur dann vollständig, wenn sie für alle Fälle Eventualpläne enthält. Sie ist so vollständig, dass die Spieler ihre Strategie festlegen können und ab da nicht mehr einzugreifen brauchen, sondern die Strategien einfach gegeneinander spielen lassen können. Eine Strategie ist ein wenig so, wie wenn man einen Roboter programmiert, der dann das Spiel genau so spielt, wie man es ihm vorher gesagt hat, und der auch in jeder Situation exakt weiß, was er tun soll.

Wenn ein Spiel auf diese Weise analysiert wird, liegt das sogenannte *zentralistische Spielerkonzept* vor: Jeder Spieler sieht aus der Vogelperspektive auf das Spiel und wählt aus dieser Sicht seine Strategie. Jeder dieser zentralistischen Spieler wählt eine Strategie, die ab da unveränderlich gilt und die er nicht mehr ändern kann. Die Art, wie der Spieler auf mögliche Züge des Gegenspielers reagieren will, ist bereits vollständig in der von ihm gewählten Strategie festgelegt. Das scheint keine wesentliche Einschränkung zu sein, weil die Strategie ja alle denkbaren Eventualpläne umfasst. Sie werden aber gleich sehen, wieso dies sehr wohl einen dramatischen Einfluss auf den Spielausgang haben kann und was dies mit unserer Direktorin und den Agenten zu tun hat.

Sehen wir uns nun an, zu welchem Ergebnis dieses zentralistische Spielerkonzept führt. Hierfür müssen wir uns überlegen, welche Strategien die beiden Spieler haben.

Bei der Oma ist es einfach, denn sie kann nur einen einzigen Zug machen: Sie kann die Kaffeemühle entweder *hergeben* oder *behalten*. Daher hat sie nur zwei Strategien, die jeweils aus genau einem Zug bestehen:

Omas Strategien
hergeben
behalten

Allerdings ist eine Strategie im Allgemeinen deutlich umfangreicher als ein Zug. Das sehen wir bei dem anderen Spieler, Hotzenplotz. Eine seiner Strategien enthält den Zug *ignorieren*, womit das Spiel bereits endet. Zusätzlich hat er aber noch den Zug *Mühle verlangen*; sollte er diesen wählen, dann muss er nach Omas Zug jeweils entscheiden, ob er seine Pfeffergranate *zündet* oder *nicht zündet*. Diese Züge kann er in allen möglichen Kombinationen zu Strategien verbinden. Seine Strategien sind somit:

Strategien des Hotzenplotz
Strategie_1: ignorieren
Strategie_2: Mühle verlangen; falls er Mühle bekommt: Granate nicht zünden falls er Mühle nicht bekommt: Granate zünden
Strategie_3: Mühle verlangen; falls er Mühle bekommt: Granate zünden falls er Mühle nicht bekommt: Granate nicht zünden
Strategie_4: Mühle verlangen; falls er Mühle bekommt: Granate nicht zünden falls er Mühle nicht bekommt: Granate nicht zünden
Strategie_5: Mühle verlangen; falls er Mühle bekommt: Granate zünden falls er Mühle nicht bekommt: Granate zünden

Vielleicht sind Sie erstaunt über die Vielzahl der Strategien, die sich bereits hier ergeben. Das liegt daran, dass alle Eventualitäten berücksichtigt werden müssen, die auftreten können, und alle Möglichkeiten, die man selbst hat. Auf diese Weise entstehen auch paradoxe Strategien, zum Beispiel die Granate nur dann zu zünden, wenn die Oma die Kaffeemühle hergegeben hat. Diese Strategie ist offensichtlich unsinnig (»irrational«), weil sie erkennbar gegen die Interessen des Räubers verstößt. Aber das muss nicht immer so sein. Oft kommt man durch die systematische Analyse einer Situation bereits auf neue Möglichkeiten, die man zuvor voreilig übersehen hat. Das ist der Vorteil einer mathematischen Beschreibung.[9]

Welche Verhaltensweise der beiden Spieler ist jetzt rational? Die vermeintlich einzige Logik dieser Situation ist die: Hotzenplotz weiß, dass die Oma keinesfalls die Granate abbekommen will. Deshalb verlangt er die Mühle, sie gibt sie ihm; Hotzenplotz geht glücklich mit nicht gezündeter Granate und erbeuteter Mühle weg; Oma bleibt traurig ohne Mühle zurück. Wir sehen hier die gleiche Situation, die wir aus zahlreichen Filmen kennen: Person A hält der Person B eine Waffe vor die Nase und verlangt etwas. Person B macht, was A will. Kein Schuss fällt, Szene zu Ende.

Im Spielbaum sieht die eben beschriebene Strategie des Hotzenplotz so aus, wie in der folgenden Abbildung eingezeichnet.

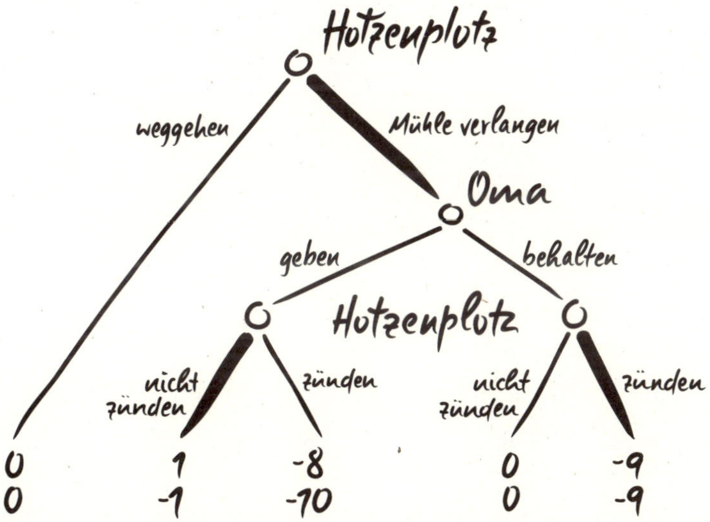

Eingezeichnet ist die Strategie$_2$, die aus Sicht des zentralistischen Hotzenplotz optimal ist, weil sie die Oma zwingt, die Kaffeemühle herauszugeben.

Erinnern Sie sich daran, dass beim zentralistischen Spieler alle Züge zu Beginn des Spiels festgelegt werden und sich der Spieler danach nicht mehr umentscheiden kann. Die Oma weiß daher, dass sie zwar die Kaffeemühle behalten könnte, dann aber die Ladung Pfeffer abbekommt. Das vermeidet sie lieber.

Aber ist das so in der echten Welt? Natürlich nicht. Denn dort sagt der Räuber zwar zu Beginn des Spiels: »Liebe Oma, ich spiele Strategie$_2$«, aber die Oma antwortet: »Lieber Räuber, ich weiß, dass du Strategie$_2$ spielen *willst*, aber wenn es so weit ist, dass du deine Pfeffergranate zünden müsstest, wirst du es nicht tun, weil du den Pfeffer genauso abbekommen würdest wie ich.«

Der zentralistische Spieler, der eine durchgehende Strategie spielen kann, ist eine reine Fiktion. Umgesetzt wird die Strategie immer von den Agenten, die jeden einzelnen Zug verwalten. Und der Agent des Räubers Hotzenplotz unten rechts hat gar kein Interesse daran, die Granate zu zünden. Denn er vergleicht seine Auszahlung von –9 (übles Augentränen, trotzdem keine Kaffeemühle) mit der Auszahlung von 0 (den Tatort ohne Augentränen und ohne Kaffeemühle verlassen) und kommt zu dem Schluss, dass er lieber 0 als –9 hat. Folglich wird er den Tatort unverrichteter Dinge verlassen.

Der zentralistische Spieler kann die Oma zu etwas bringen, was die Agenten nicht können. Weil in der Strategie ein Automatismus eingebaut ist, kann der zentralistische Hotzenplotz nach Omas Weigerung nur noch die Granate zünden. (Sie erinnern sich: In einer Strategie ist vorher festgelegt, wie man wann reagiert; man kann sich danach nicht mehr umentscheiden; dies ist der Unterschied zu der Situation, in der der Spieler in seine Agenten zerfällt). Ohne diesen Automatismus ist es jedoch eine unglaubwürdige Drohung.

Bitte beachten Sie, dass zwischen dem Hotzenplotz zu Beginn des Spiels und seinem zweiten Ich im unteren Entscheidungsknoten keinerlei neue Information hinzukommt. Es ist also nicht etwa so, dass er ein neuer Hotzenplotz wird, der mehr weiß als der alte. Sondern es ist so, dass es zu keinem Zeitpunkt den einen Hotzenplotz gab, sondern immer mehrere

Hotzenplotz-Agenten – bei jedem Zug[10] einen. Während der Hotzenplotz-Agent zu Spielbeginn ein Großmaul ist und hofft, die Oma einschüchtern zu können, ist sein anderer Agent unten rechts realistisch und lässt die Sache mit der Pfeffergranate lieber bleiben.

Der Name für diese Situation ist Zeitinkonsistenz.

> **Zeitinkonsistenz** bedeutet, dass eine zukünftige Handlung, die Teil eines heute optimal erscheinenden Plans ist, vom Blickwinkel eines späteren Zeitpunkts aus nicht mehr optimal ist, obwohl zwischenzeitlich keine neuen Informationen hinzugekommen sind.[11]

Damit haben wir unsere beiden Spieler aus der Einleitung wieder:

- Der zentralistische Spieler ist die Direktorin.
- Die Entscheider jedes Zuges sind die Agenten.

Sie sehen hier, dass die beiden nicht immer die gleichen Ansichten haben. Während es der Direktorin des Spielers Hotzenplotz wichtig ist, zu Beginn glaubhaft machen zu können, dass sie die Pfeffergranate einsetzen wird, sieht das der Agent ganz anders, der den Pfeffer abbekommen würde.

Hotzenplotz besteht hier aus drei Agenten: dem am Startknoten; einem Agenten, der nach dem möglichen Empfang der Kaffeemühle entscheidet; und einem weiteren Agenten, der nach der Weigerung der Herausgabe der Kaffeemühle entscheidet. Es ist wichtig, sich noch einmal klarzumachen, dass Hotzenplotz als Entscheidungsinstanz nie in seiner Gesamtheit existiert, sondern immer aus mehreren Agenten besteht, im vorliegenden Spiel aus drei Agenten.

Verwechseln Sie das nicht mit der Situation, dass ein Spieler im Laufe des Lebens neue Informationen erhält oder seine Präferenzen ändert. Hotzenplotz bleibt das gesamte Spiel lang derselbe, aber der eine Agent will etwas anderes als der andere. Überdies will der zentralistische Spieler, dass ein Agent etwas anderes will als das, was dieser wirklich will. Dies alles, obwohl keinerlei Informationszuwachs oder Präferenzänderungen aufgetreten sind.

Dass Informationen hinzukommen, kann natürlich zusätzlich passieren. Vielleicht erfährt Hotzenplotz, dass die Kaffeemühle von Aldi stammt und gar nicht das Familienerbstück ist, das er vermutet hatte. Es kann auch sein, dass er in ein paar Jahren gar keinen Kaffee mehr trinkt, weil er Vater geworden ist und Bluthochdruck hat. Aber das ist etwas anderes. Hier ist es derselbe Hotzenplotz, in dessen Brust, ach!, zwei Seelen wohnen. Gleichzeitig.

Beginnen Sie zu erahnen, wieso Sie manchmal nicht das tun, was Sie »eigentlich« tun wollen? Das ist keine Sache, die sich auf abstrakte Hotzenplotze beschränkt, sondern solche Situationen durchziehen unseren Alltag wie lange Haare die Suppen.

»Okay, ich kaufe dir ein Eis, aber du bekommst nur dann noch eines, wenn du dieses aufgegessen hast!« Diese (ohnehin schon verdächtig schwache) Drohung, ausgesprochen von einer Mutter, die ein paar Minuten Ruhe haben will, um sich mit einer Bekannten zu unterhalten, fällt ins gleiche Muster. Nach kurzer Zeit wird der Tisch mit zerlaufenen Eiskugeln unterschiedlicher Geschmacksrichtungen und angenagten Eiswaffeln bedeckt sein. Die Mutter wird die Granate des »kein weiteres Eis kaufen« nicht zünden, weil der dann regierende Agent ebenfalls seine Ruhe haben will.

»Wenn du mich noch einmal betrügst, verlasse ich dich!« Netter Versuch. Aber offensichtlich war es beim letzten Mal auch schon nicht so schlimm, dass es zum Zünden der Granate des Verlassens gereicht hätte. Wieso sollte der jetzige Agent also anders entscheiden?

Gefährlich wird es erst dann, wenn der Spieler von der Agentensicht zur Direktorinnensicht umschaltet. Denn die Direktorin macht Schluss, auch wenn der dann regierende Agent sich noch so sehr die Augen aus dem Kopf weint; die Direktorin kauft auch kein weiteres Eis, selbst wenn der dann regierende Agent noch so viel Gebrüll des sich auf dem Boden wälzenden Kleinkinds ertragen muss.

Aber denken Sie jetzt nicht, diese Verhaltensweise sei immer die anzuratende. Erinnern Sie sich an unseren Veranstalter, der die Granate gezündet hat, indem er dem Referenten das Mikrofon abgestellt hat. Dort hat sich zwar die Direktorin durchgesetzt, aber es wäre besser gewesen, wenn sich der Agent des Vortragsendes durchgesetzt hätte.

Vielleicht ist es ein Augenöffner, dass von den zwei Seelen in Ihrer Brust die eine immer schreit, sie habe etwas ganz anderes gewollt als das, was Sie gerade wirklich gemacht haben. Zumal es viel mehr als nur zwei Seelen sind, sondern zahlreiche Agenten und noch die zentralistische Instanz der Direktorin. Irgendwer wird immer schreien. Stören Sie sich nicht daran, sondern lernen Sie, den Schrei des einen gegen den des anderen abzuwägen.

Bevor wir in dieses Thema einsteigen, sehen wir uns noch einen anderen Fall an, der für den Selbstüberlister noch wichtiger ist als der eben genannte: den Agentenkonflikt ohne externen Gegenspieler.

Marshmallows und der innere Konflikt

Im Fall des Räubers Hotzenplotz entstand der innere Konflikt dadurch, dass Hotzenplotz Einfluss auf das Verhalten eines anderen Spielers nehmen wollte, nämlich das Verhalten der Oma. Das Problem kann aber auch ganz ohne die Beteiligung anderer Spieler auftreten.[12]

Nehmen wir als Beispiel den berühmten Marshmallow-Test. Falls Sie diesen Test nicht kennen: Es handelt sich dabei um ein psychologisches Experiment, bei dem Kindern als Versuchspersonen ein Marshmallow vor die Nase gehalten wurde mit dem Hinweis, dass das Kind das Marshmallow entweder sofort essen kann oder einige Minuten warten soll, in denen die Versuchsleiterin ein zweites Marshmallow holen geht. Das bekommt das Kind aber nur dann, wenn es das erste nicht aufgegessen hat. (Wenn Sie sich mal wieder richtig amüsieren wollen, dann schauen Sie sich das Experiment auf YouTube an. Zum Beispiel »The Marshmallow Test«.)

Vordergründig ist dies ein extrem lohnenswertes Investitionsprojekt: 100 Prozent Rendite in wenigen Minuten. Stellen Sie sich vor, dies ließe sich eine Stunde lang in 5-Minuten-Schritten wiederholen, dann wären es schon 4096 Marshmallows. Aber übertreiben wir es nicht und tun so, als gäbe es maximal zwei Verdoppelungsschritte, also als ginge die Versuchsleiterin zweimal für fünf Minuten weg, um die Marshmallow-Zahl jeweils zu verdoppeln. Betrachten wir die Situation nun als Spiel eines Spielers, der in drei Agenten zerfällt: zwei, die warten sollen – ob sie es auch tun, wird sich herausstellen –, und einen anderen, der die Marshmallows essen darf.

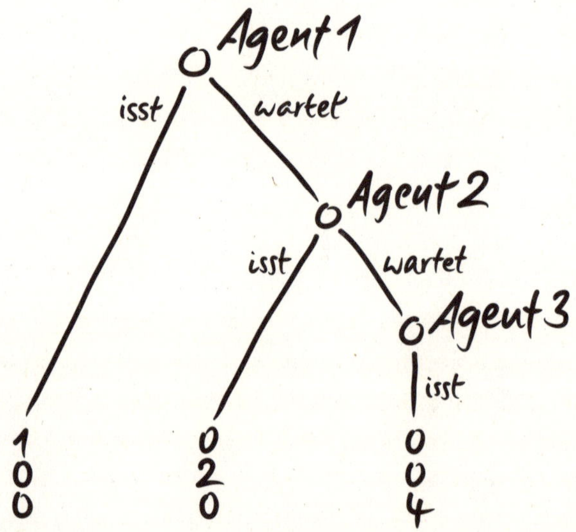

Marshmallow-Test. Agent 1 kann das Marshmallow essen und seine Auszahlung von 1 genießen. Oder er kann das Marshmallow an Agent 2 weitergeben, der seinerseits die Auszahlung von 2 genießen könnte. Es sei denn, er verzichtet und gibt die zwei Marshmallows an Agent 3 weiter, der sich dann den Mund mit inzwischen vier Marshmallows vollstopfen kann.

Aus Sicht des zentralistischen Spielers ist dies das geniale Investitionsprojekt, von dem wir oben gesprochen haben: zwei Verdoppelungsschritte in zehn Minuten, eine Gesamtrendite von 300 Prozent, ein Endwert von 400 Prozent. Aber befragen Sie Agent 1 zu dem Thema. Wenn er das Marshmallow großherzig weitergibt, dann ist er derjenige, der arm bleibt. Dito für Agent 2. Erst Agent 3 kann genüsslich kauen. Deshalb wird ein rationaler Agent das Marshmallow in der Zeit essen, in der er regiert (bitte auf jedes Wort achten: Ich habe nicht *Spieler* geschrieben, sondern *Agent*).

Es gibt, wie gesagt, Videos über das Experiment mit den Kindern. In einem warten die Kinder zwar ungeduldig, aber sie warten. Ein kleines Mädchen stopft das Marshmallow aber sofort in den Mund, sobald ihm die Versuchsleiterin beim Verlassen des Raums den Rücken zudreht. In der Folge, wenn die Versuchsleiterin mit dem zweiten Marshmallow wieder zur Tür hereinkommt, wird Agent 3 herumheulen, wie dumm Agent 1 war, das Marshmallow zu essen. Natürlich wird die Direktorin alles tun, damit die Agenten 1 und 2 ihre Finger und besonders den Mund von den Marshmallows lassen. Aber machen wir uns nichts vor: Jeder Agent, der sich darauf einlässt, ist schön dumm. Deshalb muss die Direktorin sie überlisten.

Ohne ihre Agenten zu überlisten, bleibt die Direktorin arm.

Große Teile unseres Lebens sind von ihrer Struktur her ein andauernder Marshmallow-Test. Manchmal haben unsere Agenten das Verlangen, etwas Positives vorzuziehen, und manchmal, etwas Negatives nach hinten zu verschieben, um es einem unserer zukünftigen Agenten unterzujubeln. Nehmen Sie das Beispiel von Franz, der ständig mehrere Verabredungen für denselben Zeitpunkt trifft, wohl wissend, dass das ohne Hermines Zeitzauber nicht möglich sein wird. Er sagt seiner Familie zu, mit ihnen Kaffee zu trinken, und gleichzeitig einem Freund, zu dessen Geburtstagsfeier zu kommen, obwohl sich beides zu großen Teilen überschneidet.

Wieso tut er das? Weil er es beiden recht machen möchte. Der Agent, der beiden zusagt, ist das Problem los, die schlechte Nachricht zu überbringen. Aber natürlich hat dann ein zukünftiger Agent ein noch größeres Problem, weil er erklären muss, wieso er trotz Zusage nicht oder viel zu spät gekommen ist. Wir greifen dieses Phänomen noch einmal auf im Kapitel 16, »Schulden: zugleich besser und schlechter als ihr Ruf«, ab Seite 319 und besonders im Abschnitt über den Schuldzyklus ab Seite 330.

Mir ist klar, dass Ihr gerade aktiver Agent endlich wissen will, wie das mit dem Überlisten geht. Aber immer der Reihe nach. Wir sind noch am Anfang des Buches und es gibt noch einiges über die Spieler in uns zu lernen. Zum Beispiel hängt Ihre Ungeduld mit der Frage zusammen, wie lange der zuständige Agent an der Reihe ist.

Wie lange lebt ein Agent?

Also gut, Sie haben mich breitgeschlagen, schließlich will ich nicht den Fehler des armen Veranstalters vom Anfang dieses Abschnitts wiederholen. Ich sage Ihnen jetzt schon mal ein Element der Selbstüberlistung, das er hätte kennen und anwenden sollen.

Sein Problem bestand darin, dass er sich theoretisch noch hätte umentscheiden können. Genau deshalb war sein Agent am Ende des Vortrags des honorigen Herrn ja ein anderer als der am Anfang. Der Redner wusste das natürlich und hat deshalb überzogen.

Um das zu vermeiden, hätte der Veranstalter einen Automatismus in Gang setzen sollen, der es technisch unmöglich macht, den Vortrag zu verlängern. Nicht *er* hätte den Lichtschalter betätigen dürfen, sondern sein Agent von vor dem Vortrag hätte die Selbstzündgranate in Gang setzen müssen, die am Ende der Redezeit automatisch das Licht an- und das Mikrofon abstellt, und zwar so, dass man technisch nicht mehr eingreifen kann. (Darüber hätten natürlich die Referenten informiert werden müssen.) Damit hätte er faktisch die Lebenszeit seines Agenten verlängert und aus zwei Agenten einen gemacht. Der Veranstalter selbst hätte seine Hände in Unschuld waschen können, denn eine Planänderung war ja nicht mehr möglich.

(Vermutlich hätte unter diesen Bedingungen der Redner allerdings gar nicht erst überzogen, sodass das automatisch angehende Licht den Vortrag nicht unterbrochen hätte.)

Ich hoffe, Sie sind jetzt genügend motiviert, sich die Hintergründe hierzu anzusehen.

So, wie wir die Agenten bisher kennengelernt haben, sind sie ein Stück unseres Selbst, das für einen kurzen Zeitabschnitt unseres Lebens zuständig ist. Um die Agenten zu verstehen, hilft es, sich vorzustellen, wir würden nach jeweils einer Stunde an vollständigem Gedächtnisschwund leiden. Unser Gedächtnisfenster wäre dann wie ein Videoband, das immer im Kreis läuft und bei dem nach jeweils 60 Minuten der Anfang wieder überspielt wird. Alles, was vor dieser Schleife aufgenommen wurde, bleibt dauerhaft da, aber es kommt nichts hinzu. Das ist die Welt, in der die Agenten leben. Sie haben daher eine aus Sicht der Direktorin übersteigert starke Gegenwartspräferenz.

Dieser Zustand ist übrigens nicht so absurd, wie es auf den ersten Blick scheint. Der Neurologe Oliver Sacks beschreibt den Zustand eines Mannes mit Gedächtnisschwund, der gewissermaßen nur noch aus Agenten besteht und keine Direktorin mehr hat:[13]

> *Clive und Deborah lieben sich immer noch sehr, trotz seines Gedächtnisschwunds. […] Er grüßte sie mehrfach, so als wäre sie gerade erst angekommen. Es muss eine außergewöhnliche Situation sein, dachte ich, sowohl zum Verrücktwerden als auch schmeichelnd, immer wieder als etwas Neues gesehen zu werden, immer wieder als ein Geschenk des Himmels.*

Nehmen Sie diese 60-Minuten-Intervalle bitte nicht zu ernst. Es handelt sich nicht um eine experimentalpsychologisch gemessene Größe, sondern um ein theoretisches Konstrukt. Werfen Sie dafür noch einmal einen Blick auf das Spiel zwischen Hotzenplotz und der Oma. Die Abfolge der Spielzüge ist eine logische, die nicht auf eine bestimmte kalendarische Zeit festgelegt ist. In der Geschichte war es naheliegend, dass die Entscheidungen »Zug um Zug« erfolgen, also ohne großen zeitlichen Abstand. Aber es würde an der strategischen Situation nichts ändern, wenn Hotzenplotz der Oma eine Stunde oder sogar einen Tag Bedenkzeit gäbe (natürlich nur, wenn sie in dieser Zeit nicht etwas ganz anderes tun kann, wie zum Beispiel den Wachtmeister Dimpfelmoser zu verständigen).

Wie lang das virtuelle Videoband im Einzelfall ist, hängt von der speziellen Situation ab, und es ist Teil der gekonnten Selbstüberlistung, diese Zeit geschickt zu steuern.

In der Spieltheorie nennt man dieses Konzept ein *Grid* (Raster), das man über das Spiel legt. Dies ist die mathematische Umsetzung der philosophischen Diskussion, ob die Zeit stetig verläuft oder in endlichen Schritten. Man kann sich dieses Raster genauso vorstellen wie bei einem Zeitungsdruck, bei dem ein Bild nicht in Grautönen dargestellt wird, sondern aus voneinander getrennten Punkten zusammengesetzt ist. Je nach Aufgabe gibt es auch dort sehr unterschiedlich feine oder grobe Raster.

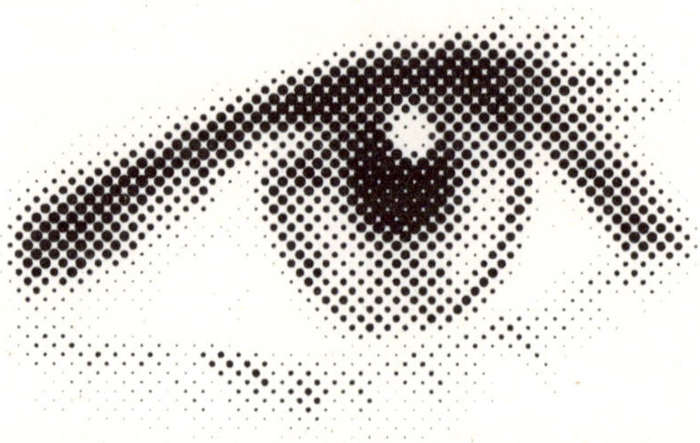

Ein gerastertes Bild ist wie ein strategisches Spiel mit Grid (Gitter bzw. Raster).

Wäre die Zeit stetig (auf Englisch *continuous time*), dann wäre jeder einzelne Zeitabschnitt unendlich klein und jeder Agent hätte eine Lebensdauer von genau null. Das hieße aber zugleich, dass es für uns keine Gegenwart gäbe, da wir Ereignisse mit einer Zeitdauer von null schwerlich erfassen könnten. Es muss daher ein kleines, aber endliches Zeitintervall geben, das wir als Gegenwart wahrnehmen. Dieses kleine Körnchen Gegenwart ist das Äquivalent zu einem Rasterpunkt in dem Bild von oben.

Jedes Körnchen Gegenwart wird von einem Agenten regiert. Wie lang diese Gegenwart ist, hängt von der Situation ab. Bei einem Fußballspieler kann sich die Gegenwart auf die reine Zeitspanne seines Kurzzeitgedächtnisses beschränken, also auf weniger als 30 Sekunden; danach wird das virtuelle Band überschrieben und ein neuer Agent ist an der Reihe. Beim konzentrierten Abarbeiten gleichartiger Aufgaben kann der Agent für die Dauer einer Stunde aktiv sein. Und es kann andere Situationen geben, in denen für eine bestimmte Aufgabenstellung der Agent auch viel länger aktiv ist und sich sogar zeitlich mit anderen überlappt.

Wie das gehen kann, sehen wir uns jetzt an.

Die Agenten sind mehr als Zeitgestalten: mentale Konten

Wir haben unsere Agenten bisher als reine Zeitgestalten kennengelernt, deren Existenz durch den Zeitablauf entsteht.[14] Das ist zwar oft korrekt, aber das Konzept der Agenten ist streng genommen ein logisches, kein zeitliches: **Ein Agent verwaltet eine Entscheidungssituation.**

Diese Entscheidungssituation wird oft durch den zeitlichen Ablauf definiert, aber die Zeit ist nicht das einzige Kriterium, sondern die Agenten setzen die Entscheidungssituation in einen bestimmten Kontext. Dieser Kontext ist dann die gesamte Welt, in der dieser Agent lebt – auch wenn es eine winzige Welt ist im Vergleich zur Welt der Direktorin (oder gar der Menschheit, aber übertreiben wir es nicht gleich). Wir können hier ganz schnell in eine philosophische Diskussion abdriften, aber lassen wir das einfach. Wer sich für derartige Themen interessiert, kann sich gern mein Lehrbuch *Spieltheorie – eine Einführung* ansehen. Aber seien Sie gewarnt: Einfach ist das alles nicht.

Diese Welt eines Agenten wird oft als »mentales Konto« *(mental account)* bezeichnet. Der Begriff des Kontos ist entstanden, weil diese Art, in gekapselten Kontexten zu denken, bei Entscheidungen zu Geld entdeckt wurde. Ich nenne Ihnen deshalb auch gleich Beispiele aus diesem Bereich, aber wir sollten uns klarmachen, dass dahinter ein allgemeineres Prinzip steht und unsere Agenten die mentalen Konten auch dann anwenden, wenn es nicht um Geld geht. Zum Beispiel, wenn es um unseren Tagesablauf oder um die Lebensplanung geht. Aber eines nach dem anderen.

Sehen wir uns das klassische Beispiel zu den mentalen Konten an.

Die verlorene Theaterkarte

Situation 1: Sie gehen ins Theater und haben dafür eine Theaterkarte für 50 Euro gekauft. Als Sie am Theater ankommen, bemerken Sie, dass Sie Ihre Karte verloren haben. Kaufen Sie nun eine neue oder akzeptieren Sie, dass Sie eben keine Karte mehr haben, und schlendern Sie stattdessen noch eine Zeit lang durch die Stadt, bevor Sie wieder nach Hause fahren?

Situation 2: Es ist die gleiche Situation wie eben, aber Sie hatten noch keine Karte gekauft, sondern wollten sie sowieso erst an der Abendkasse kaufen. Auf dem Weg zum Theater verlieren Sie aber 50 Euro. Kaufen Sie sich nun trotzdem eine Karte oder schlendern Sie durch die Stadt?

Probanden entscheiden sich in der ersten Situation oft dafür, keine weitere Karte zu kaufen. In der zweiten Situation hingegen antwortet die große Mehrheit der Probanden, sich natürlich trotzdem eine Theaterkarte zu kaufen.

Aus rein logischer Sicht sind die beiden Fälle identisch. In beiden Fällen sind 50 Euro verloren gegangen und man muss sich eine Theaterkarte kaufen. Nicht so in der Welt der Agenten. Denn dort gibt es einen Agenten, der die Theaterkarten verwaltet, und einen anderen, der das Geld verwaltet. So, wie unsere Agenten zeitliche Abschnitte voneinander trennen, so trennen sie auch logische Abschnitte voneinander. Immer wenn wir die Grenze eines unserer Agenten überschreiten, kann es zu Vorgängen kommen, die aus Sicht unserer Direktorin (die ja immer die ganzheitliche Sicht hat), sagen wir mal, eigenartig erscheinen.

Da die gerade zur Entscheidung anstehende Situation die gesamte Welt eines Agenten ist, neigt er auch dazu, sie völlig übersteigert wahrzunehmen. Ich demonstriere diesen Effekt gern an folgendem Beispiel.

Die Ein-Euro-Wette

Ich biete Ihnen eine Minilotterie an, in der ich eine Ein-Euro-Münze werfe. Zeigt Kopf nach oben, erhalten Sie den Euro; bei Zahl behalte ich ihn. Wie viel sind Sie maximal bereit, als Einsatz für diesen Wurf zu zahlen?

a. Deutlich mehr als 50 Cent
b. Etwa 50 Cent
c. Deutlich weniger als 50 Cent

Wenn ich diese Frage vor Publikum stelle, dann entscheidet sich die Mehrheit fast immer für c. Dabei ist es egal, ob das Geldanlageprofis sind oder Soziologen. Die Begründung ist immer die gleiche: Ich gehe doch ein Risiko ein, also muss ich bei dem sicheren Betrag einen Risikoabschlag vornehmen. So steht es auch in den Lehrbüchern der Wirtschaftswissenschaften, untermauert mit schönen Grafiken.[15]

Und doch gibt es da einen Denkfehler.[16] Denn die schönen Grafiken der Lehrbücher beziehen sich auf die Direktorinnensicht und damit auf das Gesamtvermögen des Entscheiders. Ein Euro ist, gemessen daran, so lächerlich wenig, dass das Risiko dieser Lotterie fast vollkommen zu vernachlässigen ist. So denken wir aber nicht. Stattdessen ist dieser eine Euro die gesamte Welt des gerade entscheidenden Agenten und deshalb behandelt er diesen Euro auch so. Ein anderer Agent würde dieselben paar Cent bei Starbucks verjubeln, ohne auch nur zu bemerken, dass wenige Meter weiter ein McCafé ist, bei dem der große Café Latte einen sicheren Euro weniger kostet. Würden wir bei anderen Lebensentscheidungen die gleiche Risikoaversion an den Tag legen wie bei dem Lotterie-Euro, dann würde uns das geringste Alltagsrisiko in den Wahnsinn treiben.

Das passiert aber nicht, weil für den dann zuständigen Agenten nicht mehr der eine Euro die gesamte Welt ist, sondern zum Beispiel das Auto, das er gerade kaufen will. Dann verhält er sich bezüglich des Autos genauso wie sein Kollege vorher bezüglich des Euros: Er ist risikoscheu – wobei das Auto 20 000 Mal so viel kostet und deshalb eine gewisse Risikoscheu angebracht ist, wohingegen sie beim einzelnen Euro völlig überzogen ist. Dass die beiden Verhaltensweisen nicht kompatibel sind, ist so versteckt in unserer Natur, dass es selbst den Rationaltheoretikern der Spieltheorie über Jahrzehnte hinweg nicht aufgefallen ist.

Referenzpunkte: Normal ist die Welt nur bei der Geburt

Wenn ein Agent am Zug ist, findet er eine Welt vor, die er als Normalzustand betrachtet. Wenn 50 Euro in seiner Tasche sind, dann gehören die dort auch hin. Ob er will oder nicht, ist dieser Zustand der Welt sein Referenzpunkt. Das andere Geld, das die zugehörige Person noch auf der Bank liegen hat oder vielleicht später noch einmal verdienen wird, liegt außerhalb seiner Betrachtung.

Verliert er die 50 Euro, dann ist das ein Verlust in Relation zu diesem lokalen Referenzpunkt, aber nicht in Relation zum Gesamtvermögen. Die klassische Entscheidungstheorie (verkörpert durch unsere Direktorin) bezieht die verlorenen 50 Euro hingegen auf das Gesamtvermögen.[17] Sie sehen hier, dass unsere Agenten keineswegs einfach nur dumm sind. Würden wir alles aus Direktorinnensicht betrachten, würde es uns unfassbar schwerfallen, kleine Alltagsentscheidungen vernünftig zu treffen, weil sie immer winzig wären, gemessen an der Größe des Gesamtlebens. Deshalb nutzen unsere Agenten die Verarbeitungskapazität unseres Gehirns optimal aus, indem sie jedes Problem so skalieren, dass es die Möglichkeiten eines Agenten genau ausfüllt. Dadurch können wir beim Kauf eines Hauses die gleichen Prinzipien anwenden wie beim Kauf einer Kugel Stracciatella-Eis.

Eine Voraussetzung dafür ist, dass wir den Nullpunkt unserer Bewertungsskala an die jeweilige Situation anpassen. Insbesondere heißt das, dass wir Verluste nicht nur anders bewerten als Gewinne, sondern auch dass wir situationsbedingt entscheiden, was ein Verlust ist und was ein Gewinn – durch den Vergleich mit einem Referenzpunkt, der sich aus der Situation heraus ergibt.

Beispiel Gewinnspiel

Der Hersteller eines Frühstücksaufstrichs veranstaltet ein Gewinnspiel, bei dem Sie 100 Euro gewinnen. Ihr Referenzpunkt für diese Situation ist die

Nullauszahlung. Sie freuen sich also über ein Plus von 100 Euro. Als Sie Ihren Gewinn abholen wollen, wird Ihnen jedoch ein Formular vorgelegt, das Sie ausfüllen und einreichen sollen; die Bearbeitungsgebühr dafür beträgt 30 Euro. Ihr Referenzpunkt ist jetzt nicht mehr die ursprüngliche Nullauszahlung, sondern die Nullauszahlung plus die gedanklich bereits vereinnahmten 100 Euro. Folglich empfindet der dann zuständige Agent die Situation nicht als einen Gewinn von 70 Euro (was es aus Sicht der Direktorin ist), sondern als einen Verlust von 30 Euro.

Im Marketing ist dieser Effekt natürlich wohlbekannt und wird oft und gern eingesetzt. Sie finden deshalb im Elektronikmarkt neben den Kopfhörern im gewohnten Preissegment auch einen für 2000 Euro. Es sind hier noch andere Effekte im Spiel, aber dieses Modell dient in erster Linie dazu, den Referenzpunkt Ihres kopfhörerkaufenden Agenten zu verschieben, sodass das Modell für 200 Euro gar nicht mehr so teuer wirkt.

Manchmal poppt bei einem Onlineshop auf einmal ein Banner auf, das Ihnen verspricht: »Kurzzeitiges Sonderangebot: Für Neukunden ist alles 20 % billiger!« Die zuerst gezeigten Preise haben den Referenzpunkt gesetzt, sodass die Preisreduktion als Gewinn verbucht wird.

Wir werden regelmäßig mit solchen Methoden überlistet – und das ist das Stichwort: Wir müssen gar nicht darauf warten, dass uns andere überlisten. Wir können es auch selbst tun. Die Direktorin kann problemlos die gleichen Methoden anwenden wie die Marketingexperten, um unsere Agenten zu einem bestimmten Verhalten zu bringen.

Wir werden uns noch genauer ansehen, wie wir Agenten länger leben lassen können, wie wir mit geschickt gesetzten Referenzpunkten ihre Wahrnehmung beeinflussen, wie wir Handlungsdruck aufbauen, wo gar keiner ist, und vieles mehr.

Und soll ich Ihnen was sagen? Die Agenten werden es lieben! Denn all diese Methoden sind darauf ausgerichtet, dass sie etwas tun, weil sie Spaß daran haben.

Und jetzt sehen wir uns an, wie die Agenten Spaß in der Zukunft gegen den in der Gegenwart abwägen.

Inkonsistente Zeitpräferenz: Wann unsere Gier die eigene Zukunft auffrisst

Es ist völlig normal, dass wir Ereignisse, die zeitlich nah sind, höher bewerten als solche, die später in der Zukunft liegen. Das macht auch die Direktorin so.

Wenn sie etwas Gutes bekommen kann (zum Beispiel einen Geldbetrag), dann wird sie es lieber früher als später bekommen wollen. Es gibt viele gute Gründe für diese *Gegenwartspräferenz*. Dazu gehört unter anderem das Risiko, mit dem die Zukunft verbunden ist. Wer weiß, ob das Versprechen auf den Geldbetrag morgen noch gilt und ob ich morgen noch das Gleiche davon kaufen kann wie heute.

Sehen wir uns an, wie stark diese Gegenwartspräferenz sein darf.

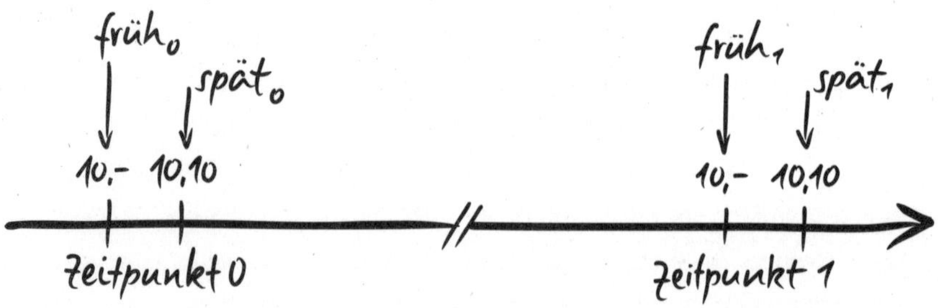

Entscheidungsmöglichkeiten zum Zeitpunkt 0 (= jetzt) und Zeitpunkt 1 (= nächstes Jahr).

Überlegen Sie bitte für folgendes Beispiel, was Sie lieber bekommen möchten:[18]

- Alternative früh_0: 10,00 Euro jetzt
- Alternative spät_0: 10,10 Euro morgen

Die meisten Befragten haben hier eine klare Präferenz für die 10 Euro jetzt (nennen wir sie Alternative früh_0 für »früh im Zeitpunkt 0«); sie halten es nicht für sinnvoll, wegen der zusätzlichen 0,10 Euro einen Tag zu warten.

Das ist erstaunlich, denn die 0,10 Euro mehr morgen entsprechen einer Rendite von 1 Prozent *täglich*. Wäre dies ein Kredit, müsste ihn der Anbieter laut Preisauszeichnungsverordnung auf eine jährliche Rendite umrechnen und damit einen Wert von unglaublichen 3678 Prozent angeben.[19]

Entscheiden Sie sich nun zwischen den folgenden beiden Alternativen:

- Alternative früh_1: 10,00 Euro in einem Jahr
- Alternative spät_1: 10,10 Euro in einem Jahr und einem Tag

Wenn Sie so entscheiden wie die meisten Befragten, dann bevorzugen Sie hier die späte der beiden Alternativen, also spät_1 (»spät im Zeitpunkt 1 Jahr«). Mit etwas zeitlichem Abstand wählen Sie also das Projekt mit der hohen Jahresrendite tatsächlich aus.

Aber irgendetwas stimmt hier nicht. Sie können die beiden Präferenzen nicht gleichzeitig haben, ohne sich selbst zu widersprechen. Das Argument dahinter ist das Geld-Perpetuum-mobile. Um zu sehen, was das ist, stellen Sie sich vor, Sie besitzen die Alternative früh_1, also 10 Euro in einem Jahr. Jetzt kommt ein schlauer Spieltheoretiker und bietet Ihnen an, dass er die Alternative in spät_1 umtauscht, die Sie ja bevorzugen. Natürlich gegen eine kleine Gebühr. Nun vergeht ein Jahr und der Spieltheoretiker kommt abermals um die Ecke. Er fragt sie, ob Sie nicht den Betrag von morgen lieber gleich jetzt haben wollen. Da sich inzwischen die Alternativen früh_1 und spät_1 in früh_0 und spät_0 verwandelt haben, nehmen Sie dankend an und sind gern bereit, eine kleine Gebühr für den Tausch zu zahlen. Auf diese Weise hat der Spieltheoretiker zwei Gebühren von Ihnen kassiert, ohne dass sich für Sie irgendetwas geändert hätte, denn Sie haben ja jetzt wieder die Alternative gewählt, die Sie sowieso schon am Anfang hatten. Daher der Name Geld-Perpetuum-mobile: Es schafft Geld aus dem Nichts – und zwar, indem es das Geld aus den Taschen derjenigen zieht, die es nicht verstehen.

Dennoch sind diese Verhaltensweisen so stabil, dass man das Spiel auch in Vorlesungen leicht nachstellen kann und sich die Mehrheit fast immer für die inkonsistenten Alternativen entscheidet. Das ist erstaunlich – solange man von einem zentralistischen Spieler ausgeht, also in unserer Sprache von der Direktorin.

In dem Augenblick aber, in dem wir akzeptieren, dass der Spieler für die konkreten Entscheidungen der Gegenwart in Agenten zerfällt, passt alles wieder zusammen. Für die Entscheidungen zum Zeitpunkt 0 (also jetzt sofort) müsste ein Agent den schönen Geldbetrag an seinen Nachfolger abtreten. Damit ginge der großherzige Agent des Jetzt aber leer aus, damit der Agent des Tages danach die Rendite einstreicht. Es ist das Gleiche wie beim Marshmallow-Test. Deshalb ist bei einem Sprung von einem Agenten auf den nächsten die Gegenwartspräferenz viel höher, als sie normalerweise aus Sicht des ganzheitlichen Spielers ist.[20]

Da die Entscheidung zwischen früh_1 und spät_1 für einen Zeitpunkt weit in der Zukunft erfolgt, leben die dann zuständigen Agenten jetzt ja noch gar nicht. Daher entscheidet hier die Direktorin, und die erkennt das grandiose Investitionsprojekt als das, was es ist. Diese Erkenntnis hält aber nur so lange an, bis der ehemalige Zeitpunkt 1 (in einem Jahr) zum Zeitpunkt 0 (jetzt) wird und die Agenten die Entscheidungshoheit bekommen. Wie beim Räuber Hotzenplotz hat die zentralistische Direktorin zwar eine prima Strategie ausgearbeitet, nur leider wollen die dann zuständigen Agenten sie nicht umsetzen, sobald der Spieler nicht nur hypothetisch darüber nachdenkt, sondern wirklich am Zug ist.

Exkurs: Verhältnis zu *Schnelles Denken, langsames Denken*

In dem Bestseller *Schnelles Denken, langsames Denken* beschreibt der Psychologe Daniel Kahnemann die Theorie, dass unser Denken in zwei Systeme aufgeteilt ist: ein schnelles ungenaues und ein langsames genaues. Er nennt das eine *schnelles Denken*, das andere *langsames Denken*, obwohl die Begriffe nicht gut passen. Langsam zu denken, ist im normalen Sprachgebrauch ein Zeichen für jemanden, der nicht sehr helle ist und deshalb langsam denkt. Dabei ist bei Kahneman genau das Gegenteil gemeint: Dort ist der schnelle Denker der fehlerbehaftete und der langsame Denker ist der genaue Denker. Ich spreche daher lieber von flüchtigem Denken und genauem Denken.

Oberflächlich betrachtet, sieht es so aus, als sei die Direktorin die langsame, genaue Denkerin und die Agenten seien die schnellen ungenauen Denker. Aber das sind sie nicht. Die Agenten sind genauso intelligent wie die Direktorin (was wenig erstaunlich ist, denn es handelt sich ja um dieselbe Person). Sie haben jedoch eine andere Zielfunktion. Während die Direktorin das langfristige übergeordnete Ziel verfolgt, optimiert jeder Agent lokal und kurzfristig. Beide Spielertypen, die Direktorin ebenso wie die Agenten, können daher je nach Situation genau denken oder ungenau denken.

	Denkt schnell und ungenau	**Denkt langsam und gründlich**
Direktorin	Funktioniert gut, wenn die Direktorin Erfahrung im Bereich der Aufgabe hat	Notwendig für neue Situationen, in denen noch keine Erfahrung vorliegt (hierzu gehört das Gesamtleben)
Agent	Direktorin kann Sollwerte vorgeben; Agent läuft im Automatikmodus Gut für Routinetätigkeiten	Direktorin muss für intrinsische Motivation sorgen Notwendig bei kreativen und umfangreichen Aufgaben

Der Vollständigkeit halber sei erwähnt, dass schlampig-schnelles oder langsam-genaues Denken noch einmal andere Dinge sind als die Unterscheidung in rational/nichtrational. Es kann sein, dass sich jemand bemüht, rational zu sein, dabei aber schlampig denkt und deshalb einen Fehler macht. Derjenige ist dann eingeschränkt rational; nichtrational ist er hingegen, wenn er wider besseres Wissen systematisch bestimmte Fehler wiederholt. Irrational ist er, wenn sein Verhalten willkürlich ist und er seine Interessen weder aktiv beachtet noch missachtet.

KAPITEL 2

Die verschrobene Arbeitsmoral der Agenten

Aktivierungsenergie: die Menge an Koffein, die notwendig ist, um einen Chemiker am Montagmorgen zum Experimentieren zu bewegen

Ausgedruckter Witz an Laborwänden

Aus Sicht der Direktorin scheinen viele Verhaltensweisen der Agenten nichtrational.[21] Deshalb nennt die klassische Theorie viele unserer Alltagsentscheidungen *Verhaltensanomalien*, was nur eine beschönigende Umschreibung für *dumm* ist.

Das ist aber nicht richtig. Die Agenten handeln meist völlig vernünftig mit Blick auf die Situation, in der sie sich befinden. Nutzen wir also unser Wissen von eben, um uns in ihre Situation hineinzudenken und zu verstehen, wie es zu scheinbar unvernünftigen Verhaltensweisen kommt.

Aktivierungsenergie

Betrachten wir einen Agenten, der an einem Rodelhang steht. Nach links geht es ein kleines Stück hinunter und er könnte unmittelbar etwas Spaß haben, indem er dort hinunterrodelt. Nach rechts müsste er noch ein Stück den Berg hinauf, bevor er losfahren kann, aber dann kommt eine wundervolle, lange besonnte und abwechslungsreiche Piste.

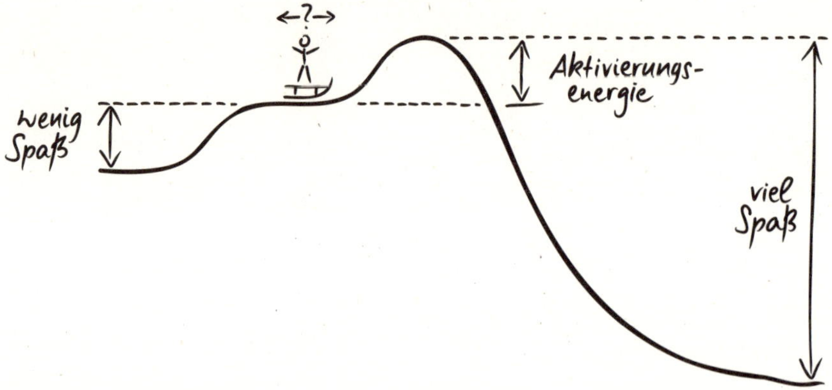

Aktivierungsenergie am Rodelhang.

Die Direktorin mit ihrer langfristigen und ganzheitlichen Sicht wird hier immer für den rechten Hang plädieren. Aber der ist nicht im Sinne des Agenten, der den Hang erst hinaufgehen muss. Dabei ist möglicherweise gar nicht nur das Hochziehen des Schlittens das Problem, sondern die Zeitverzögerung zwischen dem Vorhaben und der Umsetzung.

Wegen ihres sehr kurzen Zeithorizonts haben Agenten eine unsinnig hohe Gegenwartspräferenz – zumindest, wenn man sie mit den Präferenzen der langfristig orientierten Direktorin vergleicht. Einfacher gesagt: Bei der Wahl zwischen dem Spatz in der Hand und der Taube auf dem Dach nehmen die Agenten fast immer den Spatz. Das würden sie in vielen Fällen sogar noch bei einem ganzen Huhn oder Vogel Strauß auf dem Dach tun.

Am Rodelhang ist die Situation so, dass der Agent den kleinen schattigen Hang direkt hinunterrodeln kann, ohne dass irgendetwas zwischen ihm und der Umsetzung dieser Entscheidung liegt. Um den langen sonnigen Hang zu erreichen, muss hingegen ein Agent zunächst etwas Energie aufwenden. Ich nenne das *Aktivierungsenergie*[22] in Anlehnung an chemische Reaktionen. Wenn Sie ein Feuer anzünden, dann müssen Sie auch erst einmal etwas Energie zuführen, bevor die chemische Reaktion abläuft und viel mehr Energie freisetzt, als Sie für die Aktivierung hineingesteckt haben.

Die kurzfristige Orientierung der Agenten führt dazu, dass sie in solchen Fällen auch viel zu viel Angst vor einem überschaubaren Risiko oder auch nur einer Änderung haben. Wir wussten in dem Beispiel oben mit Sicherheit, dass rechts ein schöner, langer und sonniger Hang ist. Was aber, wenn das gar nicht sicher ist, sondern wir nur eine begründete Vermutung haben? Dann opfert der Agent vielleicht seine gesamte Restlebenszeit, um einen Hang hochzukraxeln, nur um dort festzustellen, dass der angekündigte Rodelhang doch nicht so toll ist, vielleicht weil die Sonne dort schon längst den Schnee hat schmelzen lassen.

Dieser Effekt führt dazu, dass ein Agent sich höchst ungern aus seiner Komfortzone herausbewegt, selbst wenn es sich aus Sicht der Direktorin um eine Situation mit exzellentem Chance-Risiko-Verhältnis handelt. Das aber hat zur Folge, dass wir oft in einem lokalen Optimum stecken bleiben und uns »ganz okay« fühlen, obwohl gleich um die Ecke der große Erfolg wartet.

Das Verständnis der Aktivierungsenergie ist eines der wichtigen Elemente bei der Selbstüberlistung. Denn nur zu oft liegt das Gute direkt um die Ecke, wir lassen es dort aber liegen, weil der zuständige Agent einfach nicht um diese Ecke gehen will – manchmal noch nicht einmal um sie denken will.

Wenn Sie das Prinzip der Aktivierungsenergie kennen, werden Sie es auf einmal in vielen Alltagssituationen wiederfinden.

Besuchen wir einen Agenten, der hungrig ist und vor folgender Alternative steht: eine Tiefkühlpizza aufbacken und in 20 Minuten satt sein oder ein köstliches Essen zubereiten, das aber erst in 61 Minuten fertig ist. (Nehmen wir hier vereinfachend an, ein Agent regiere immer genau 60 Minuten. Dann ist der nächste Agent dran.)

Der für die Entscheidung zuständige Agent zuckt nur mit den Schultern: »Wieso sollte ich ein Essen zubereiten, von dem ich nicht mehr profitieren werde? Bei der Pizza ist das Hungerproblem sofort vom Tisch und ich habe 40 Minuten meiner verbleibenden Zeit, um mich mit Instagram-Memes zu beglücken, die mir jeweils innerhalb von Sekunden eine Auszahlung geben. Davon passen Hunderte in das mir zur Verfügung stehende Zeitfenster.«

Besuchen wir einen anderen, der übers Wochenende wegfahren möchte und entweder mit der Bahn oder mit dem Auto fahren kann. Mit der Bahn muss er planen, die Fahrkarte kaufen und exakte Zeitpunkte abwarten, zu denen die Bahn fährt. Wenn die Bahn in 61 Minuten fährt – Pech gehabt, dieser Agent steigt nicht mehr in den Zug, sondern erst sein Nachfolger. Wählt er hingegen das Auto, geht es sofort los und er hat das befriedigende Gefühl, etwas erreicht zu haben.

Deshalb ist es gar nicht so, dass die Agenten jeglicher Arbeit ausweichen wollen. Manchmal führt ihre eigenartige Vorliebe für Sofortigkeit auch dazu, dass sie zu viel arbeiten, wie wir gleich sehen werden.

Vorzieheritis (Präkrastination)

Diese scheinbar irrationalen Entscheidungen entstanden aus einer Tendenz zum Präkrastinieren, ein Begriff, den wir für die schnelle Erledigung von Zwischenzielen verwenden, wenn dies zu einem zusätzlichen […] Aufwand führt.

David A. Rosenbaum, Lanyun Gong und Cory Adam Potts, »Pre-Crastination: Hastening Subgoal Completion at the Expense of Extra Physical Effort«[23]

Neulich kam ein Student 15 Minuten zu spät zu einer Klausur. Er hatte nicht den richtigen Raum gefunden, war in einem falschen Stockwerk, hatte keine Zugangskarte für den Klausurbereich und stand mehrere Minuten vor einer verschlossenen Tür, wie er uns danach erklärte. Das verblüffte uns, denn wir hatten ganz genaue Hinweise mit allen Details verschickt, in denen erklärt war, wie alles funktioniert. »Aber ich habe doch keine Zeit, so etwas zu lesen!«, fuhr er uns an. Das ist Präkrastination (auch wenn ich sie etwas anders definieren werde, als Rosenbaum, Gong und Potts es tun – aber auf diese geht die Idee zurück).

Versetzen Sie sich bitte in die Situation, dass Sie schwere Eimer zu schleppen haben. Ihre Aufgabe besteht darin, sich einen von zwei schweren Eimern auszusuchen und ihn ans Ende eines Gangs zu tragen. Die Anordnung ist dabei so, wie hier dargestellt:

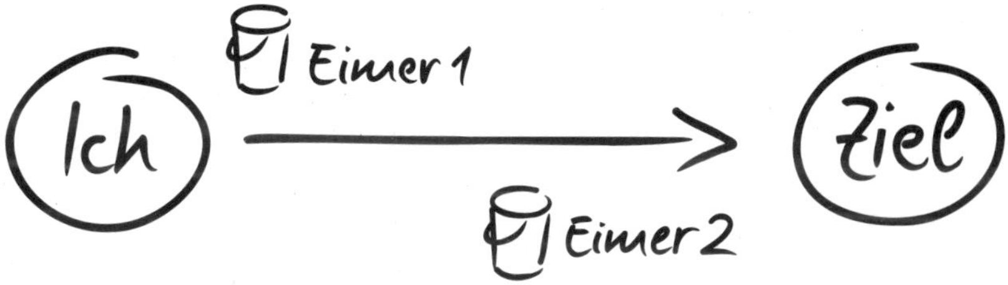

Überlegen Sie kurz, wie Sie bei dieser Aufgabe vorgehen. Nehmen Sie den Eimer 1 oder den Eimer 2?

Eigentlich scheint das eine Aufgabe mit einer einfachen Lösung zu sein. Einer der Eimer steht bereits sehr dicht am Ziel. Es liegt daher nahe, den Eimer auszuwählen, den man weniger weit tragen muss, in diesem Beispiel also den Eimer 2. Für reale Personen in der Situation scheint das aber nicht so klar zu sein. Die Psychologen Rosenbaum, Gong und Potts haben dies als Experiment mit realen Versuchspersonen durchgeführt.[24] Die meisten Probanden haben den Eimer 1 genommen, der sich dichter an ihrem Ausgangspunkt befand, den sie aber weiter schleppen mussten.

Was geht hier vor? Viele Probanden begründeten ihre Entscheidung damit, dass sie die Aufgabe so schnell wie möglich erledigen wollten, sie also so schnell wie möglich von ihrer virtuellen To-do-Liste im Kopf streichen wollten.

Der Vorgang ist so: Der Agent will in seiner Lebenszeit noch das Erfolgserlebnis des Eimers am Ziel haben. Deshalb muss die Aufgabe so schnell wie möglich *begonnen* werden. Jetzt noch einige Meter zu gehen, ohne den Eimer zu schleppen, wirkt wie eine Hürde vor dem Beginn mit der Arbeit. Die Aufgabe, erst einmal innezuhalten und den optimalen Plan auszuarbeiten, verbraucht ebenfalls Aktivierungsenergie, die in diesem Zusammenhang oft als mentale Last *(mental load)* bezeichnet wird.

Und schon trifft der Agent eine Entscheidung, die der Direktorin völlig irrational erscheint: die Vorzieheritis, das Gegenteil ihrer wesentlich berühmteren Schwester, der Aufschieberitis.

Vorzieheritis (Präkrastination) ist der Hang dazu, Aufgaben überstürzt und ohne ausreichende Planung oder Überlegung anzugehen, sodass sie weniger effektiv ausgeführt werden.

Wenn Agenten motiviert sind, sind sie durchaus bereit zu arbeiten. Leider führt dieses fleißige Abarbeiten mitunter zu insgesamt mehr Arbeit, weil Arbeit erledigt wird, die gar nicht notwendig ist.

Das Präkrastinieren führt weiterhin dazu, dass sich Agenten unfassbar leicht durch Aufgaben ablenken lassen, die ohne Aktivierungsenergie begonnen werden können. »Ich muss gerade einmal auf dem Handy recherchieren, wer dieser ProfRieck eigentlich ist. Ach, da ist ja eine WhatsApp von meiner Freundin gekommen. Ob wir uns am Samstag treffen? Mal im Kalender nachsehen. Da steht ja noch der Eintrag mit dem Schulausflug drin; war der nicht abgesagt? Ich sehe mal in den Mails nach. Was schreibt der Steuerberater da, ich soll einen Säumniszuschlag zahlen? Ich hatte die Summe aus dem Bescheid doch rechtzeitig überwiesen! Ich sehe nur schnell im Onlinebanking nach, dann muss ich sofort den Steuerberater informieren. Seine Nummer ist im Handy eingespeichert. Was, da ist eine Eilnachricht über die Eintracht?« Und schon ist eine halbe Stunde durch die Lebenszeit des Agenten geflossen, der sich durchaus produktiv fühlt.

Denn jeder Schritt dieser Kette kann ohne Aktivierungsenergie begonnen werden und fühlt sich wie ein kleines Erfolgserlebnis an, weil er ja jeweils ein Problem löst. Die Agenten werden klein und kleiner, aber jeder von ihnen ist in seinem winzigen Bezirk glücklich. Jeder winzige Agent hat einen winzigen Genuss, der aber groß genug ist, um weiterzumachen, weil keinerlei Hürde überwunden werden muss – im Gegensatz zu den größeren und wichtigeren Aufgaben.

Vorzieheritis führt zu dauernder Beschäftigung, indem jede aufkommende kurze Aufgabe »ganz schnell« erledigt wird. Nur leider schleppt man den ganzen Tag lang mit Ballast gefüllte Eimer, die man gar nicht schleppen muss. Und kommt nie zu dem wirklich guten Rodelhang.

Möglicherweise hatten Sie bis eben noch nie von der Vorzieheritis gehört – von der Aufschieberitis hingegen ziemlich sicher schon. Tatsächlich sind die beiden verwandte Phänomene, weil Vorzieheritis sehr oft damit einhergeht, eine kleine unwichtige Aufgabe einer großen wichtigen vorzuziehen. Sehen wir uns deshalb an, was es mit der Aufschieberitis auf sich hat.

Aufschieberitis (Prokrastination)

Verschiebe nie auf morgen, was du auch übermorgen kannst besorgen.

Angeblich von Mark Twain, gestohlen von John Perry,[25]
frei übersetzt von mir

Beim Marshmallow-Test haben wir gesehen, dass ein Agent sich gern zulasten eines anderen bereichert, indem er lieber konsumiert, als ein lohnendes Investitionsprojekt einzugehen. Natürlich gibt es auch den spiegelbildlichen Fall, dass sich ein Agent bereichert, indem er etwas Unangenehmes unterlässt und es seinen Nachfolgern unterjubelt.

Der Ökonom George Akerlof beschreibt einen schönen Fall dieser Art.[26] Bei einem Aufenthalt in Indien wurde er von seinem Freund und Kollegen Josef Stiglitz gebeten, einen Koffer am Flughafen aufzugeben, den Stiglitz nicht mehr als Gepäck mitnehmen konnte. Das ist in Indien keine kleine Sache, sondern verbraucht den Großteil eines Tages. Akerlof nahm sich vor, den Koffer am Folgetag aufzugeben. Kaum begann dieser Folgetag (nennen wir ihn Tag 1), stand der dann regierende Agent Akerlofs vor folgender Optimierungsaufgabe: den Koffer aufgeben und den wesentlichen Teil seines Lebens an einem chaotischen indischen Flughafen verbringen oder produktiven Geschäften nachgehen und das Kofferproblem seinem Nachfolgeagenten des nächsten Tages aufbürden. Die Kosten dieses Verschiebens sind für den aktuellen Agenten gering: Stiglitz wird kaum merken, ob der Koffer einen Tag früher oder später aufgegeben wurde. Also verschiebt Akerlof das Aufgeben von Tag 1 auf Tag 2.

Natürlich liegt am Tag 2 die gleiche Entscheidungssituation vor; folglich verschiebt er die Aufgabe auf den Tag 3. Dieser Prozess wird so lange fortgesetzt, bis es entweder ein natürliches Ende gibt (zum Beispiel weil Akerlof ebenfalls aus Indien abreist) oder bis Stiglitz so starken sozialen Druck ausübt, dass es für einen der Agenten Akerlofs zu teuer wird, noch weiter zu verschieben. Sehen wir uns die verschiedenen Effekte genauer an.

A: Wenn Akerlof aus Indien abreist, muss er sowieso zum Flughafen und kann dann den Koffer aufgeben. Das senkt die Kosten für ihn erheblich, weil er jetzt den unproduktiven Tag am Flughafen doppelt nutzen kann.

B: Ob mit oder ohne ein solches natürliches Ende steigen die Beschimpfungskosten mit der Zeit kontinuierlich an. Während Stiglitz in den ersten Tagen vermutlich nichts sagen wird, dürften die Beschimpfungen im Laufe der Zeit immer größer werden. Irgendwann ist ein Maß erreicht, das der dann zuständige Agent Akerlofs nicht mehr ignorieren kann. Exakt bevor die sozialen Kosten des Einen-weiteren-Tag-nicht-Abschickens höher geworden sind als die Kosten des verlorenen Tages am Flughafen, schickt er den Koffer lieber ab.

C: Würde das Aufgeben des Koffers auf einen Tag nach der Abreise Akerlofs verschoben, würden die sozialen Kosten sprunghaft ansteigen. Akerlof wäre dann nämlich nicht nur für eine Verspätung des Koffers verantwortlich, sondern dafür, dass Stiglitz seinen Koffer vermutlich überhaupt nie mehr bekommt. Dafür wären die sozialen Kosten sehr hoch, und die bezieht der dann zuständige Agent auf sich. (Oder er jubelt den Koffer dem dann eintreffenden Kollegen Krugman unter, aber das wäre dann wieder der Fall A.)

Was mir an der Geschichte besonders gut gefällt, ist die soziale Komponente zwischen den beiden Personen Akerlof und Stiglitz. Der Gefallen, den Stiglitz einfordert, ist kein kleiner. Faktisch verlangt er von Akerlof einen Tag seines Lebens. Wieso verlangt er diesen Einsatz? Weil Stiglitz die Angelegenheit mit dem Koffer so lange verzögert hat, bis er sie selbst nicht mehr regeln konnte. Hätte er sich rechtzeitig darum gekümmert, dann hätte er den Koffer selbst aufgeben können. Somit hat Stiglitz in einer vorgelagerten Spielstufe bereits das gleiche Spiel gespielt und gibt den schwarzen Peter einfach weiter an Akerlof. Aus Stiglitz' Sicht liegt Fall A vor: In der letzten Runde werden die Kosten des Aufgebens niedriger. In seinem Fall hat dann Akerlof die Last.

Wenn man weiß, dass inzwischen beide mit dem Wirtschaftsnobelpreis ausgezeichnet wurden, dann kann man ermessen, dass sie keine Dummköpfe sind. Indem Akerlof eine wissenschaftliche Veröffentlichung aus dem Fall macht, sendet er seinem Freund eine Nachricht. »Lieber Freund, du hast prokrastiniert und hattest gute Gründe dafür, weil du damit die Kosten für dich gesenkt hast. Die gleichen Gründe aber hatte auch ich. Also bitte keine Aufregung über den verspäteten Koffer.« Zumal die dann folgenden Entscheidungen rationaltheoretisch begründet wurden, und das ist unter Ökonomen immer eine akzeptable Begründung (»Du Schwein hast mich reingelegt!« – »Klar, aber das war doch rational.« – »Ach so, dann bin ich ja schuld, weil ich es hätte antizipieren müssen.«[27]).

Zurück zu unserem Entscheidungsproblem. Was sagt eigentlich die Direktorin zu den verschiedenen Fällen?

Effekt A: Hier ist es offensichtlich, dass die Kosten *geringer* werden, wenn man bis zum Ende warten kann. Aus der übergeordneten Sicht der Direktorin besteht das Entscheidungsproblem somit darin, die Kosten des Schimpfens gegen die eingesparten Kosten des verlorenen Tages am Flughafen abzuwägen.

Wenn die Kosten des Aufschiebens geringer sind als die Ersparnis des Aufschiebens, dann ist es vernünftig aufzuschieben. Dafür ist es egal, wie viele Bücher es gegen Prokrastination gibt – manchmal ist Aufschieben eine völlig vernünftige Verhaltensweise, einfach weil sich die Dinge von selbst erledigen oder vereinfachen.[28] Bestimmt kennen Sie die Situation, dass Sie aus dem Urlaub kommen, eine Mail lesen mit dem Betreff »Sofortiges Handeln erforderlich, sonst unmittelbarer Weltuntergang« und einige Bildschirmseiten weiter eine weitere mit dem Betreff »RE: RE: RE: RE: RE: RE: Weltuntergang abgewendet«.

Nützliche Prokrastination (auch **aktive Prokrastination**[29] genannt) liegt vor, wenn der Nutzen des Verschiebens größer ist als die Kosten des Verschiebens.

Leider erledigen sich Dinge meist nicht so vorhersehbar von selbst wie in dem Kofferbeispiel, aber eine gewisse Chance auf Selbsterledigung gibt es durchaus öfter.

Darüber hinaus können andere gute Gründe für das Verschieben bereits eingeplanter Tätigkeiten existieren; wir sehen uns diese Fälle noch genauer an (im Kapitel 14, »Antiprokrastination in der Praxis«, insbesondere in den Abschnitten »Dinge erledigen mit strukturierter Prokrastination« ab Seite 60 und »Aktive Prokrastination: Gründe, wieso Sie verschieben sollten« ab Seite 60). Es ist fraglich, ob man den Begriff der Prokrastination für diese nützlichen Fälle überhaupt verwenden sollte.[30] Denn es handelt sich dann nicht um ein schädliches oder gar krankhaftes *Auf*schieben, sondern eben um ein sinnvolles *Ver*schieben aufgrund vernünftiger Überlegungen, denen sich auch die Direktorin nicht entziehen kann. Kommen wir also zu der Aufschieberitis in ihrer reinen Form.

Effekt B: Wenn nicht gleichzeitig der Effekt A vorliegt, gibt es keine Ersparnis des Wartens, sondern es gibt zusätzliche Kosten des Wartens, die oft auch noch progressiv ansteigen. Im Beispiel bleiben die Kosten des Aufgebens jeden Tag gleich, aber Stiglitz erhöht die sozialen Kosten von Tag zu Tag, weil er immer saurer wird. In diesen Fällen sollte die Arbeit des Aufgebens möglichst früh erledigt werden, um die Kosten niedrig zu halten.

Schädliche Prokrastination liegt vor, wenn das Aufschieben einer Aufgabe zu insgesamt höheren Kosten führt als die frühzeitige Erledigung.

Effekt C: Oft gibt es einen Zeitpunkt namens Deadline, an dem die Kosten sprunghaft ansteigen. Wenn nicht zugleich A und/oder B vorliegen, dann ist es aus Sicht der Direktorin egal, wann die Aufgabe erledigt wird, solange es noch vor der Deadline passiert. Da aber jede Aufgabe längere Zeit andauert, wird es mit Annäherung an die Deadline immer riskanter, noch länger zu warten. Somit geht der Fall C der sprunghaft auftretenden Kosten meist in den Fall B der langsam ansteigenden Kosten über (siehe dazu auch ab Seite 235). Allerdings wird die Kostenzunahme zum Ende hin immer größer – daher kommt die Panik vor der Deadline, die ein erstaunlicher Motivator für den dann zuständigen Agenten sein kann, die Sache endlich zu erledigen.

Die Aufschieberitis ist ein derartig vielschichtiges und umfangreiches Problem, dass wir uns mehrere Kapitel dafür Zeit nehmen werden. Denn es gibt ganz unterschiedliche Typen von Prokrastinierern, und es gibt sogar Methoden, Prokrastination zum eigenen Vorteil einzusetzen.

Ach ja: noch mal zur Präkrastination

Für welchen Eimer haben Sie sich oben eigentlich entschieden, als Sie die Diskussion noch nicht gelesen hatten? Ich mache einmal eine Vorhersage: Sie haben den Eimer 2 genommen, der näher am Ziel stand. Deshalb haben

Sie sich bis hierher in Sicherheit gewiegt und gedacht, dass Sie zumindest in dieser Beziehung cleverer sind als die Probanden. Freuen Sie sich nicht zu früh. Denn ich habe Ihnen die Situation aus der Vogelperspektive präsentiert und damit aus Sicht der Direktorin.

Die Direktorin hat die übergeordnete Sicht und entscheidet sich daher ebenso für den besseren Rodelhang wie für den einfacheren Eimer. Im echten Leben aber sehen Sie die Situation aus der First-Person-View und somit aus Sicht der Agenten.

Fahren Sie manchmal Fahrrad? Dann kennen Sie vielleicht die Situation, dass Sie nah an Ihrem Fahrrad stehen und eine Strecke von vielleicht 500 Metern zurücklegen müssen. Eigentlich würde es sich lohnen, das Fahrrad aufzuschließen, die Hosenklammer anzustecken und loszufahren. Das tun Sie aber nicht, weil es das Losgehen verschiebt. Stattdessen gehen Sie zu Fuß los, kommen später am Ziel an und müssen danach wieder zurückgehen.

Oder Sie wollen mit dem Auto eine längere Strecke fahren und könnten vorher noch etwas essen. Da Sie um 11:30 Uhr losfahren, wissen Sie, dass Sie in Kürze Hunger bekommen werden und dann von der Autobahn abfahren müssen, um einzukehren. Zu Hause könnten Sie billiger und mit weniger Zeitverlust essen. Das tun Sie aber nicht, weil Sie endlich loskommen wollen.

Oder kennen Sie den? Sie wollen eine Dose Kaffee auffüllen. Da Sie den Beutel mit dem neuen Kaffee schon in der Hand haben, schneiden Sie ihn auf, nur um festzustellen, dass Sie die Kaffeedose besser vorher aus dem Schrank hätten nehmen und öffnen sollen. Das müssen Sie nun mit einer Hand nachholen, weil in der anderen ja der bereits aufgeschnittene Kaffeebeutel ist. Ein klarer Fall von Präkrastination, denn mit geringfügig besserer Planung wäre die Reihenfolge der Schritte eine andere gewesen. Aber dann wäre das gefühlte Anfangen später erfolgt. Deshalb tragen wir Teller einzeln vom Tisch ab, anstatt sie vorher ineinanderzustapeln, und laufen öfter hin und her als nötig. Oder müssen ständig wieder zum Supermarkt (besonders wenn wir nah daran wohnen), anstatt einmal für mehrere Tage richtig zu planen.

Das Leben ist voll solcher Situationen.

Erinnern Sie sich daran und fragen Sie bei der nächsten zu erledigenden Arbeit erst einmal Ihre Direktorin um Rat. Sie hat eine deutlich höhere Chance, die bessere Entscheidung zu treffen. Vielleicht kommt sie sogar zum Schluss, dass es ziemlich idiotisch ist, überhaupt schwere Eimer zu schleppen, egal, wie weit.

Jetzt sehen wir uns aber noch eine andere merkwürdige Verhaltensweise unserer Agenten an: die Neigung, Projekte ewig fortzusetzen.

Nichtfertigstelleritis (Nonfinisierung)

Werd' ich zum Augenblicke sagen:
Verweile doch! Du bist so schön!
... Dann will ich gern zugrunde gehn!

Johann Wolfgang von Goethe, *Faust*

So erstaunlich es klingt, aber auch das produktive Arbeiten an wichtigen Aufgaben kann zu einem Problem werden.

In der Uniwelt ist es wohlbekannt, dass Doktoranden oftmals ihre Dissertation einfach nicht abschließen, obwohl alle Anforderungen lange erfüllt sind. Auch bei Master-, Bachelor- und sogar Hausarbeiten in der Schule lässt sich das Phänomen beobachten, weshalb dort feste Bearbeitungsfristen gesetzt sind. Den Studenten ist nicht klar, dass dies auch zu ihrem Selbstschutz dient (denn es ist ein automatisierter kleiner Tod wie im Abschnitt »Der kleine Tod – besser als der letzte Tag des Lebens« ab Seite 63 erklärt). Stattdessen versuchen sie, die Zeitbegrenzung mit allen möglichen Tricks zu umgehen. Diese Weigerung, ein Projekt abzuschließen, ist nicht auf den Bildungsbereich beschränkt, sondern existiert ebenso im Kunstbereich, in der Softwareentwicklung oder bei Unternehmensprojekten.

Um zu verstehen, was da los ist, besuchen wir einen unserer inzwischen leicht aufgescheuchten Agenten, der von der Direktorin so überlistet wurde, dass er tatsächlich an der Dissertation arbeitet, die sie für so wahnsinnig wichtig hält. Dafür ist er sogar aus seiner Hängematte herausgekommen und hat sich ein Tischchen neben die Palme gestellt, an der normalerweise die Hängematte befestigt ist. Dort sitzt er mit Strohhut und Laptop sowie einer Marshmallow-Colada und schreibt eifrig an der Doktorarbeit, die auch wirklich mit jedem Bearbeitungsschritt besser wird. Er weiß auch, wie er das Staffelholz so an seinen Nachfolger weiterzugeben hat, dass dieser direkt und ohne große Aktivierungsenergie weiterarbeiten kann.

Jeder der Agenten weiß somit inzwischen genau, was er zu tun hat. Deshalb bekommt jeder auch während seiner kurzen Lebenszeit durch die Verbesserung des Textes seine Belohnung in Form eines virtuellen Marshmallows. Das ganze Set-up ist zu einer Marshmallow-Generierungsmaschine geworden, bei der die virtuelle Versuchsleiterin im Fünfminutentakt Marshmallows herbeischafft, die die Agenten eifrig verspeisen können. Dieser Zustand wird manchmal *Flow* genannt (auf Seite 200 wir sehen uns das noch genauer an) und gilt als einer der erstrebenswertesten Zustände für produktives Arbeiten überhaupt.

Flow bezeichnet einen Zustand völliger Vertiefung und Konzentration auf eine Tätigkeit. Er entsteht, wenn die Anforderungen genau den eigenen Fähigkeiten angepasst sind und es zeitnahes Feedback gibt.

Welchen Grund sollte ein Agent haben, damit aufzuhören? Er hat seinen Spaß und macht zugleich etwas, worauf die Direktorin stolz sein kann. Das ist sie auch für lange Zeit und sieht daher ebenfalls keinen Grund, irgendetwas zu ändern. Das Problem besteht darin, dass in diesem Fall die gesamte Person, Direktorin mitsamt aller Agenten, in einem Spiellevel stecken bleibt und keine Entwicklung mehr stattfindet. Sie haben solchen Spaß und können das Spiel so gut, dass sie einfach nicht ins nächste Level kommen wollen. Es entsteht eine unheilige Allianz aus Direktorin und Agenten, die schlichtweg nicht von der Grundschule ins Gymnasium versetzt werden wollen, weil sie der Musterschüler der vierten Klasse sind.

Auf diese Weise werden Projektphasen nicht weitergeschaltet. Denn dies würde bedeuten, einen angenehmen Zustand zu verlassen und Aktivierungsenergie aufbringen zu müssen, um in die nächste Phase einzutreten. Daher ist es am Anfang des Projekts so schwierig, damit anzufangen, und am Ende so schwer, wieder damit aufzuhören. Ein Phasenübergang[31] führt dazu, dass einige Agenten um ihre andernfalls leicht verdienten Marshmallows gebracht werden.

Die Direktorin wird das Problem irgendwann als Erste bemerken, aber dann wird es ein Herkulesakt, die Agenten davon zu überzeugen, mit der Arbeit *wieder aufzuhören* und etwas Neues zu beginnen.

Viele verwechseln diese Nichtfertigstelleritis mit Prokrastination, denn es sieht vordergründig so aus, als würde die betreffende Person nicht intensiv an ihrem Projekt arbeiten. Dabei ist phasenweise das Gegenteil der Fall, denn sie will mit dem produktiven Arbeiten gar nicht mehr aufhören. Erst gegen Ende wird auch das nicht weitergehen, weil ein zu langer gleichartiger Flow irgendwann in Spielmüdigkeit übergeht (*game fatigue* – auf Seite 77 wir kommen darauf noch zu sprechen). Dann versandet das Projekt und wird nicht in die nächste Phase geschaltet, insbesondere nicht in die Phase der Fertigstellung.

Gängige Erklärungen aus der Psychologie zielen auf **eine Fertigstellungsangst** *(completion anxiety)* ab:

- Angst vor Versagen
- Perfektionismus
- Selbstsabotage
- Angst vor der Verantwortung
- Angst vor Veränderungen

Diese Ängste kann es auf der Ebene der Direktorin durchaus geben; teilweise kann es sich auch um vorgeschobene Gründe handeln (es hat zum Beispiel ein besseres Ansehen, perfektionistisch zu sein, als zu wenig Aktivierungsenergie für die Fertigstellung aufzubringen). Aber diese Erklärungen treffen ohnehin nicht auf die Agenten zu, weil die Phase der Finalisierung nicht von einem Agenten allein durchlaufen wird, sondern von vielen.

Bei den Agenten liegt stattdessen das gleiche Problem vor wie bei Projektbeginn und wie beim Übergang zwischen der Phase des Sammelns zu der Phase des Abarbeitens: Es muss ein Tal der Tränen durchwandert werden, um den Phasenübergang zu bewerkstelligen. Und da will kein Agent durch. Wodurch das Phänomen der Nonfinisierung entsteht:

Nonfinisierung (oder Nonfinisation) ist die Neigung, ein Projekt nicht zu beenden, obwohl das Ziel des Projekts größtenteils erreicht ist und es in die Abschlussphase übergehen müsste.

Dabei kann die Arbeit am Projekt durchaus produktiv erfolgen und das Projekt kann auch wichtig sein. Es wird nur leider immer weiter ausgedehnt, wird aber nie fertig.

Nachdem nun klar ist, wie unsere Agenten denken, ist ebenso klar, dass die Direktorin gelegentlich steuernd eingreifen und sich auch manchmal selbst überprüfen muss. Die Techniken dazu haben einerseits die klassischen Philosophen entwickelt, andererseits die Spieldesigner von Computerspielen. Werfen wir also einen Blick auf die Lösungen, die einfacher zu verstehen sind: die der Philosophen.

Also gut, ich habe es mir anders überlegt. Wir beginnen mit den Spieleentwicklern.

KAPITEL 3

Wieso wir uns das Leben schwer machen sollten

Wer an einem Marathon teilnimmt, will sich nicht von einem Taxi zum Ziel fahren lassen.

Derek Sivers, *Anything You Want*[32]

Vor vielen Jahren hat eine meiner damaligen Bekannten, nennen wir sie Manuela, den Marathon in einer deutschen Großstadt gewonnen. Das war eine große Veranstaltung mit Tausenden Zuschauern und Teilnehmern, mit Moderator und Journalisten. Gegen Ende der Veranstaltung war es langsam so weit, dass der Sieger eintreffen musste, und alle warteten gespannt darauf, welcher Läufer als Erster beim Ziel auftauchen würde. Das war Manuela. Unter dem Beifall der Menge lief sie mit deutlichem Abstand vor dem Zweitplatzierten über die Ziellinie, riss die Arme hoch, wie Sieger das nun einmal tun, wurde beglückwünscht, fotografiert und ausführlich interviewt. Eine der Fragen war, wieso man denn noch nie etwas von ihr gehört habe, wo sie doch so schnell sei. Darauf wusste sie keine überzeugende Antwort, denn sie war noch nie vorher einen Marathon gelaufen.

Sie war auch diesen nicht gelaufen. Sie war zwar angetreten, hatte unterwegs aber schlappgemacht und war über eine Abkürzung in die Nähe des Ziels gekommen. Dort war sie zufällig wieder auf der eigentlichen Strecke und wurde von einigen Zuschauern jubelnd begrüßt, die sich die Zeit des Wartens verkürzen wollten, indem sie sie etwas veralberten – denn die Zuschauer an diesem Streckenabschnitt hatten natürlich gesehen, dass sie über eine Abkürzung gekommen war. Manuela spielte mit und begann zu laufen. Die Zuschauer etwas weiter Richtung Ziel wussten das allerdings nicht und hielten sie für die Läuferin an der Spitze. Das wiederum wusste Manuela nicht. Sie spielte weiter mit, indem sie immer schneller lief – und auf einmal war sie über der Ziellinie.

Dieses Ereignis hat mich seitdem auf gruselige Weise verfolgt. Es gibt viele Lehren, die man daraus ziehen kann, aber hier möchte ich zwei besonders hervorheben:

- Viele Dinge im Leben erhalten ihren Wert daraus, dass wir sie auf besonders schwierige Weise erledigen. Ohne Abkürzung.
- Es gibt einen Punkt ohne Wiederkehr.[33]

Beides sind wichtige Elemente der Selbstüberlistung.

Entgegen einer weit verbreiteten Vorstellung geht es bei einem Marathon keineswegs darum, am Ziel anzukommen. Sondern es geht darum, *regelkonform* am Ziel anzukommen. Es ist nicht sportlich, mit einem Motorrad ein Fahrradrennen zu gewinnen oder als Mann ein Frauenrennen. Es ist nicht sportlich und natürlich auch nicht regelkonform, sich bei einem Fußballspiel den Ball unter den Arm zu klemmen und ihn ins Tor zu legen. Wenn es beim Marathon darum ginge, einfach am Ziel anzukommen, würden wir mit dem Taxi dorthin fahren.[34]

Sport und Spiele machen deshalb Spaß, weil wir uns absichtlich das Leben schwer machen und den Ball nur mit dem Fuß berühren oder zu Fuß auf einer unnötig langen Strecke zum Ziel laufen. Daraus ergibt sich diese erstaunliche Definition für ein Spiel:

> In der Spieletheorie gilt: **Ein Spiel zu spielen,** bedeutet, aus freiwilliger Entscheidung heraus künstlich geschaffene Hindernisse zu überwinden.[35]

(Bitte beachten Sie, dass es hier *nicht* um strategische Spiele im Sinne der Spieltheorie aus dem vorangegangenen Kapitel geht, sondern dass dies die

Definition aus der Spieletheorie ist, also der Theorie der Unterhaltungsspiele.)

Die erste mir bekannte Nennung dieser Idee stammt von Bernard Suits:

> *Angenommen, ich setze es mir zum Ziel, ein kleines rundes Objekt so effizient wie möglich in ein Loch im Boden zu bekommen. Es wäre die natürliche Wahl, das Objekt mit meiner Hand in das Loch zu legen. Ganz bestimmt würde ich nicht einen Stock mit einem Stück Metall an einem Ende nehmen, drei- oder vierhundert Meter von dem Loch weggehen und dann versuchen, den Ball mit dem Stock in das Loch zu manövrieren. Das wäre technisch nicht klug. Dennoch ist dieses Unterfangen ein äußerst beliebtes Spiel, und die Beschreibung von eben zeigt, dass sich Spiele offensichtlich von technischen Aktivitäten unterscheiden.*[36]

Je genauer man hinsieht, desto erstaunlicher sind diese Spiele. Denn sie bringen uns dazu, ganz freiwillig etwas Schwieriges zu tun. Spätestens jetzt stutzen wir. Ist das nicht genau das, wonach die Direktorin sucht? Was spricht dagegen, die Elemente guter Spiele auf das eigene Leben zu übertragen?

Was wir von (Computer-)Spielen für unser Leben lernen können

Um gleich eines vorab aus dem Weg zu schaffen: Sie brauchen kein Zocker zu sein, um von (Computer-)Spielen zu profitieren. Sie brauchen auch kein Fußballer zu sein oder auch nur gern beim Fußball zuzusehen, um von den Prinzipien des Fußballs zu profitieren.

Denn Sie sind ein Spieler, ob Sie wollen oder nicht. Zumindest in der Spieltheorie.

Sie sind deshalb ein Spieler, weil die Spieltheorie Situationen des täglichen Lebens mathematisch beschreibt (»modelliert«) und anschließend analysiert, indem sie vom einzelnen Entscheider ausgeht – ebendem Spieler. Das ist das, was wir bisher getan haben, und sei es auch auf etwas unkonventionelle Weise, weil wir uns selbst nicht als einen durchgehenden Spieler betrachtet haben, sondern als eine Schar von Agenten.

Aber die Welt besteht nicht aus abstrakten mathematischen Konstrukten, sondern sie besteht aus Elementen mit einer eigenen Bedeutung. Es hat eine ganz andere Wirkung auf uns, ob wir einen kleinen harten Gegenstand mit einem Stock in ein Hunderte Meter entferntes winziges Loch im Boden befördern wollen oder ob wir mit einem eigenen Menschenrudel ein anderes Rudel so austricksen, dass ein etwas größerer runder Gegenstand in ein rechteckig aufgespanntes Netz gelangt. Und auch diese beiden Tätigkeiten erhalten ihren Reiz erst daraus, dass wir eine stimmige Geschichte drum herum erzählen, die unsere Fantasie anregt, die Helden und Gemeinschaftsgefühl schafft und Entwicklungsmöglichkeiten eröffnet. Das ist das Feld der Spieletheorie – nicht der Spieltheorie –, um das es jetzt geht.

Erfolgreiche Spiele, von Fußball über *Space Invaders* und *Die Siedler von Catan* bis hin zu *Wolfenstein, World of Warcraft* und *Fortnite,* sind kleine, im Labor gezüchtete Welten, deren Regeln es schaffen, die Besonderheiten unserer Agenten so auszunutzen, dass sie das Spiel dauerhaft gern spielen.

Ich werde Ihnen gleich die Elemente zeigen, aus denen Spiele zusammengesetzt sind. Im weiteren Verlauf dieses Buches zeige ich Ihnen dann auch noch, wie Sie diese Elemente in Ihrem echten Leben so einsetzen, dass Sie im Spiel Ihres eigenen Lebens nicht nur im Moment des Jetzt »glücklich« sind, sondern es auch rückblickend als ein erfolgreiches Leben ansehen werden.

Sportveranstaltungen, Gesellschaftsspiele und Computerspiele sind Glücksgenerierungsmaschinen

Spiele haben wiederkehrende Konstruktionselemente, die man sehr genau beschreiben kann. Spiele, die dauerhaft ihre Faszination behalten, geben uns zwei Formen von Glücksgefühl, die schon die alten Griechen unterschieden:

- **Hedonie:** unmittelbare Glücksgefühle für unsere Agenten, zum Beispiel, indem sie ihnen zeitnahe Erfolgserlebnisse und häufige Überraschungen zugestehen.
- **Eudämonie:** dauerhaftes Glück, zum Beispiel durch Gemeinschaftsgefühl oder persönliche Weiterentwicklung.

Wir sehen uns die unterschiedlichen Formen des Glücks später noch genauer an (ab Seite 175); ich möchte hier vorerst nicht zu weit ausholen, damit wir schneller zum Punkt kommen.

Kurz gesagt, besteht die Stärke der Gesellschaftsspiele darin, große Richtungen vorzugeben, die die Direktorin für wertvoll genug hält, und diese große Richtung so in handhabbare Stücke herunterzubrechen, dass auch die Agenten ihren Spaß daran haben, sie umzusetzen. Die Elemente eines erfolgreichen Spiels sind dieselben wie die eines erfolgreichen Lebens und eines erfolgreichen Tages.

Die **Spielmechanik** ist die genaue Zusammenstellung der Regeln, die bestimmen, wie ein Spiel erlebt wird. Der Begriff wird bisher überwiegend für Computerspiele verwendet.

Gelungene Spielmechaniken sind für die Spieler so fesselnd, dass sie spielend die Zeit eines Teilzeitjobs damit verbringen. Ganz offenbar haben in dieser künstlich geschaffenen Welt die Agenten kein Problem damit, lange konzentriert bei der Sache zu bleiben und große Projekte zu verfolgen, die sich über Monate hinziehen können. Wenn wir die Treiber dahinter kennen, wenn wir lernen, sie einzusetzen, können wir sie in unserem Leben diesseits des Bildschirms anwenden.

Sehen wir uns deshalb die Elemente an, aus denen Unterhaltungsspiele zusammengesetzt werden. Die beste mir bekannte Systematisierung der Techniken, die Computerspiele und andere Unterhaltungsspiele so fesselnd machen, ist das *Octalysis Framework* von Yu-kai Chou.[37]

Es handelt sich um eine Zusammenstellung von acht *Kerntreibern (core drives)*, die in Computerspielen eingesetzt werden, um die Motivation und das Engagement für eine Aufgabe zu erhöhen. Mit anderen Worten, die das erreichen, was uns im echten Leben so oft fehlt: den Antrieb, mit etwas anzufangen und dann mit Spaß so lange fortzusetzen, bis wir etwas erreicht haben.

Chou ordnet diese Kerntreiber in einem Oktagon (Achteck) an – daher der Name Octalysis Framework.

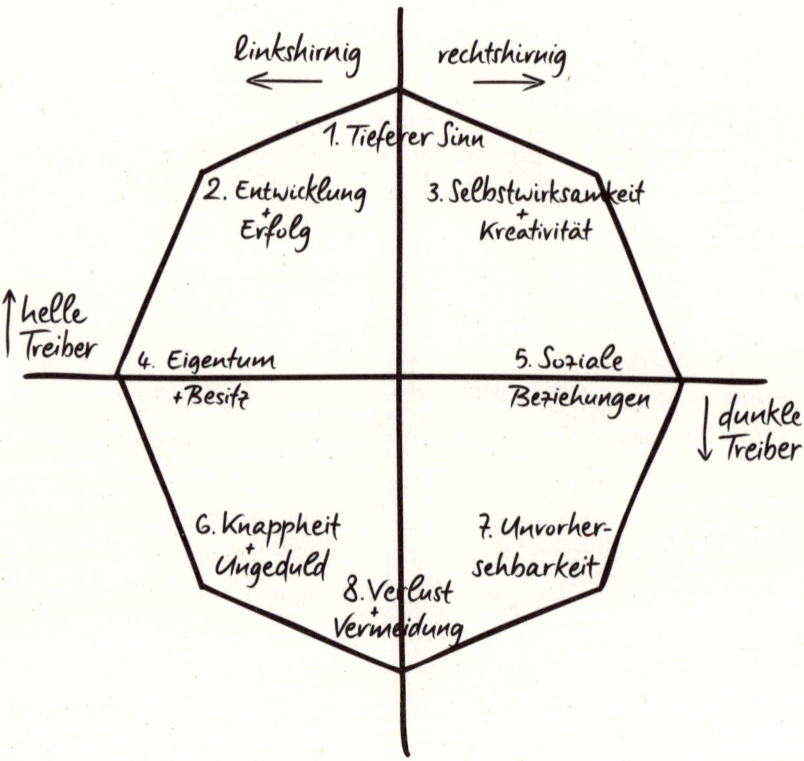

Das Octalysis Framework nach Yu-kai Chou.

Die acht Elemente guter Spiele

Sehen wir uns hier im Überblick an, was sich hinter diesen acht Kerntreibern verbirgt. Und nur damit Sie nicht aus den Augen verlieren, worum es hier geht: **Dies sind die Elemente, mit denen wir unsere Agenten antreiben, endlich ihren Job zu machen.**

1. **Tieferer Sinn und Berufung:** Motivation durch den Glauben daran, Teil eines größeren Ganzen oder einer höheren Bestimmung zu sein.
2. **Entwicklung und Erfolgserlebnisse:** Ausnutzen des Wunsches danach, Fähigkeiten zu entwickeln, Herausforderungen zu meistern und eventuell dafür Anerkennung zu bekommen.
3. **Selbstwirksamkeit, Kreativität und Feedback:** Die Möglichkeit dazu, selbst das Heft in die Hand zu nehmen, kreativ sein zu können, Lösungen zu gestalten und durch Feedback spielerisch zu lernen.
4. **Eigentum und Besitz:** Motivation durch das Gefühl von Eigentum und die Kontrolle über Ressourcen.
5. **Soziale Beziehungen:** Motivation durch soziale Faktoren wie Zusammenarbeit, Wettbewerb und Zugehörigkeitsgefühl.
6. **Knappheit und Ungeduld:** Wunsch nach etwas, was selten, exklusiv oder nur für begrenzte Zeit verfügbar ist.
7. **Unvorhersehbarkeit:** Antrieb durch Neugier auf das Unbekannte, Überraschungen und das Verlangen, Neues zu entdecken.
8. **Verlust und Vermeidung:** Motivation durch den Wunsch, negative Ergebnisse zu verhindern oder Verluste zu vermeiden.

Damit wir überhaupt merken, wo wir stehen, geht es bei Spielen immer darum, von irgendetwas mehr zu bekommen. Ein Flipper zählt mit viel Getöse Punkte hoch, bei einem Unternehmensplanspiel wollen wir möglichst viel Gewinn machen, bei »episch« angelegten Spielen wollen wir Fähigkeiten erlangen und besondere Mittel (wie zum Beispiel ein besonderes Schwert) bekommen, um ein großes Missionsziel zu erreichen.

Zu all diesen Erfolgen gibt es Gegenstücke in unserem echten Leben. Wir nennen es Lebensglück.

Wenn Sie sich die Liste der Treiber ansehen, dann werden Sie die unterschiedlichen Typen von »Glück« erkennen, die ich oben bereits skizziert habe. Es gibt einerseits die schnellen Punkte des Flippers, die uns den Kick des Augenblicks geben, aber nichts Bleibendes hinterlassen. Zum anderen gibt es Hilfsmittel, die wir mit Aufwand erlangen müssen und die auch Erfolgserlebnisse schaffen, die aber lediglich Zwischenschritte auf dem Weg zum eigentlichen Erfolg sind. Und dann gibt es übergeordnete Elemente, die dem ganzen Spiel überhaupt erst einen Sinn geben.

Gedulden Sie sich für die genauere Beschreibung dieser Formen des Glücks noch bis zu einem eigenen Kapitel dazu (ab Seite 175). Ich habe hier aber kurz vorgegriffen, um zu zeigen, dass sich das Ergebnis jahrtausendealter philosophischer Diskussionen auch in unseren Computerspielen wiederfindet, wo wir die Konzepte ohne jedes Philosophiestudium unmittelbar verstehen können. Die Rückübersetzung dieser Elemente auf das echte Leben nennt sich *Gamification*.

Gamification (oder Gamifizierung) ist das Übertragen von Elementen aus Unterhaltungsspielen auf andere Bereiche des Lebens.

Das eigene Leben zu einem Spiel zu machen, ist die Kernidee der Selbstüberlistung. Und zwar so, dass wir im Tagesgeschäft Spaß daran haben, das zu machen, was uns langfristig weiterbringt. Und so, dass wir unser Leben nach unseren eigenen Regeln spielen und nicht nur nach den Regeln anderer.

Obwohl das Konzept der Gamification inzwischen recht bekannt ist, wird es aus meiner Sicht viel zu eng ausgelegt. Wenn wir verstehen, dass Regeln uns das Leben absichtlich schwer machen, dann erkennen wir Spielkonzepte in Situationen wieder, an die wir zunächst überhaupt nicht gedacht haben. Denn der menschliche Umgang ist voller Konstruktionen, die die Dinge komplizierter machen, als es notwendig wäre.

Eine Grußformel wie »Ich danke Ihnen für Ihre Mühe und wünsche ein schönes Wochenende« ist nicht effizient, denn sie macht die konkrete Arbeit kein bisschen besser. Aber diese Formel ist eine zusätzliche Mühe, der wir uns unterziehen, um dem Gesprächspartner Respekt zu zollen. Deshalb verwende ich auch keine Textbausteine für meinen Abschlussgruß, sondern schreibe ihn jedes einzelne Mal neu, selbst wenn ich den Text nicht ändere und einfach nur »Viele Grüße, Christian Rieck« schreibe. Auch wenn der Empfänger vordergründig nichts davon merkt, ändert es die eigene Einstellung. Zugrunde liegt hier der Treiber 5, soziale Beziehungen (ich verwende »Treiber« und »Kerntreiber« synonym).

Kaffee kann man aus Instantpulver oder aus Kapseln herstellen. Man kann ihn auch durch einen Filter laufen lassen. Ebenso kann man ihn sich setzen lassen, indem man nach einiger Zeit einen Esslöffel kalten Wassers zu dem überbrühten Kaffee hinzugibt. Auch kann man eine aufs Milligramm genau dosierte Menge mit definiertem Mahlgrad frisch gemahlenen Pulvers mit exakt festgelegtem Druck in den Siebträger pressen und dann mit aufs einzelne Kelvin[38] genau temperiertem Wasser extrahieren. Dass der Kaffee dadurch »besser« wird, ist eine Frage der verwendeten Metrik, also der Art, wie wir Qualitätspunkte vergeben. Faktisch sind solche Kaffeerituale Gamifizierungen des Alltags. Zugrunde liegen hier die Treiber 2, Entwicklung; 3, Selbstwirksamkeit und Feedback (wenn wir dazulernen und wenn wir durch Kaffee belohnt werden, der so wird, wie wir geplant haben), und 4, Eigentum (wenn wir eine besonders chromglänzende Kaffeemaschine mit Doppelboiler verwenden).

Ein Auto scheint auf den ersten Blick ein Transportmittel zu sein, aber wieso wählen wir dann so oft Autos, die viel teurer sind als nötig, mit denen man schlechter einparken kann und die im Stadtverkehr auch nicht schneller vorankommen? Zum Beispiel, weil wir die Fertigkeiten erlernen wollen, eine solche Maschine zu beherrschen (Treiber 2 und 3), weil wir sozialen Status übermitteln wollen (Treiber 5) und einfach weil uns der Besitz erfreut (Treiber 4).

Ich weiß nicht, ob es Ihnen aufgefallen ist, aber ich habe Ihnen eben bereits Methoden der Selbstüberlistung genannt, die Sie spielend auf andere Bereiche übertragen können. Es gibt Personen, die morgens möglichst schnell einen Kaffee trinken wollen und den Prozess des Kaffeekochens als einen lästigen Zwischenschritt ansehen. Man kann ihn aber auch zu einem Spiel umgestalten, an dem man jeden Morgen Spaß hat. Beim Kaffee mag der Zwischenschritt kein großes Problem darstellen, aber wie sieht es mit dem Rasieren aus? Natürlich kann man das morgendliche Rasieren als lästige Pflicht empfinden, die möglichst schnell hinter sich zu bringen ist. Man kann es aber auch zu einer Kunstform erklären, mit deren Hilfe man jeden Morgen seinen Spaß hat, lange bevor die anderen auch nur ihre Augen vollständig öffnen.

Gehen Sie einmal Ihren Tag durch. Wie viele Tätigkeiten gibt es, die Sie als lästige Pflicht abarbeiten, ohne irgendwelchen Spaß daran zu haben? Wäre es nicht schön, diese zu einem Spaßspiel umzugestalten? Im Octalysis Framework werden diese Methoden als »helle« Motivationstechniken bezeichnet.

Solange das nicht geschehen ist, müssen wir uns allerdings eine naheliegende Frage stellen: Wieso erledigen wir mehr oder weniger lustlos so viele Tätigkeiten, die uns überhaupt keinen Spaß machen? Dahinter stecken oft die »dunklen« Motivatoren.

Dunkle Motivationstechniken

Dunkle Treiber bringen uns dazu, etwas zu tun, was wir eigentlich gar nicht tun wollen. Erinnern Sie sich an den Räuber Hotzenplotz, der etwas tun wollte, was er eigentlich nicht tun wollte. Dahinter steckt der Unterschied zwischen der Direktorin und den Agenten. Die ganzheitlich denkende Direktorin weiß, dass etwas zielführend wäre, aber die Agenten, die das umsetzen sollen, haben keine Lust dazu.

Die Direktorin sagt: »Lass uns rasiert ins Büro gehen!«, aber der Agent antwortet: »Nö, das ist mir zu viel Arbeit.« Wir haben eben helle Motivationstechniken gesehen, die den Agenten umstimmen können: »Es ist ein Spiel, und du musst es schaffen, mit möglichst wenig Zügen und einer Klinge für maximal 10 Cent glatt wie eine Babyhaut zu werden.« Mit einem Schlag wird die Rasur, die eben noch ein lästiger Zwischenschritt war, selbst zur Belohnung. Der Rasuragent kann jeden Morgen dazulernen, Spezialtränke und Schwerter nach Herzenslust kaufen (Sie kennen das Wilkinson-Logo?) und bekommt jeden Morgen ein zeitnahes Feedback.

Manchmal reicht das aber nicht. Dann kommt ein Tag, an dem wir zu spät ins Bett gegangen und einfach zu müde sind, sogar für ein Spiel, das normalerweise Spaß macht. Oder wir haben uns am Vortag mit der 10-Cent-Klinge geschnitten und deshalb keine Lust mehr. Dann müssen die dunklen Treiber ran, damit wir trotzdem rasiert im Büro auftauchen.

Diese sind so angelegt, dass sie uns in einer Art Gefängnis halten. Die dunklen Treiber bringen uns nach einiger Zeit dazu, eine Tätigkeit auszuführen, die wir eigentlich nicht mehr mögen, sei das nun dauerhaft oder vorübergehend. Solche Techniken sind wichtig, weil jede Entwicklung ein Auf und Ab hat und wir Methoden brauchen, um unsere Agenten durch die Täler der Tränen hindurchzuführen, zu denen sie zweifellos kommen werden. Die dunklen Treiber sind in erster Linie agentenoptimiert, damit diese nicht mit jeder ihrer kurzfristigen Launen das Weite suchen. Aber wenn die dunklen Techniken nicht mit hellen kombiniert werden, entsteht eine Unlust, das Spiel weiterzuspielen. Dafür gibt es einen Namen:

> **Spielmüdigkeit** *(game fatigue)* bezeichnet einen Zustand, in dem Spieler desinteressiert oder erschöpft werden und das Spiel nicht mehr als unterhaltsam oder anregend empfinden. Ausgelöst wird sie durch übermäßiges Spielen oder eintönige Spielmechaniken.

Die dunklen Motivationstechniken sind die unteren drei Kerntreiber aus dem Octalysis Framework, also 6, Knappheit; 7, Unvorhersehbarkeit; 8, Verlust.

Die oberen drei sind die hellen, also 1, Sinn; 2, Erfolgserlebnisse; 3, Selbstwirksamkeit.

Die mittleren beiden haben Elemente sowohl des Hellen als auch des Dunklen, also 4, Eigentum; 5; soziale Beziehungen.

Chou selbst nennt die beiden Gruppen im Englischen *dark hat* (dunkler Hut) und *white hat* (weißer Hut).

Lassen Sie mich eine dunkle Gamification-Technik aus dem Marketing nennen. Es gibt Abomodelle, bei denen Sie monatlich einen Credit erhalten, zum Beispiel um sich E-Books davon kaufen zu können. Oft ist es so, dass Sie unverbrauchte Credits aufbewahren können, aber nur solange das Abo weiterläuft. Kündigen Sie es, verfallen hingegen alle unverbrauchten Credits. Das ist ein sogenanntes Sunk-Cost-Gefängnis: Je länger Sie dabeibleiben, desto mehr verlieren Sie an Credits und desto eher müssen Sie dabeibleiben, auch wenn Sie das Abo eigentlich gar nicht mehr fortsetzen wollen. Auch wenn man es nicht auf den ersten Blick merkt, handelt es sich hier um eine Gamification-Technik, die vom Anbieter ganz bewusst eingesetzt wird.

Im echten Leben gibt es das auch. Stellen Sie sich ein Ehepaar vor, das sich auseinandergelebt hat. Sich zu trennen, wäre mit materiellen Nachteilen verbunden. Gemeinerweise werden diese Nachteile aber umso größer, je länger sie zusammenbleiben, weil während des Zusammenseins ein Anreiz besteht, sich so zu verhalten, dass die wirtschaftliche Abhängigkeit mit der Zeit zunimmt. Auch dies ist ein Kostenkäfig: Die Trennungskosten sorgen dafür, dass die Ehe fortgesetzt wird, und werden umso höher, je länger sie dauert.

Sie merken, wieso diese Techniken »dunkel« genannt werden. Aber denken Sie nicht, dass sie nur von Nachteil seien – denn trotz ihrer dunklen Seite sind es eben doch Motivatoren. Im Fall der Ehe lassen sich die Partner ja sehenden Auges darauf ein. Die Idee dahinter ist einfach, dass es dieser eine Partner wert ist, auch einmal Tiefen zu durchlaufen, ohne dass man sich leichtfertig wieder trennt. Die Ehe motiviert dazu, Probleme in den Griff zu bekommen, auch wenn der eine oder andere Agent lieber flüchten will. Sich vorab für einen solchen Fall zu binden, ist eine typische Selbstüberlistungstechnik.

Aber damit das Spiel dauerhaft Spaß machen soll, müssen die dunklen Techniken mit hellen kombiniert werden. Wenn das nicht passiert, kann sich die Wirkung der dunklen Treiber in ihr Gegenteil verkehren. Vielleicht erinnern Sie sich noch an eines der inzwischen verschwundenen sozialen Netzwerke wie MySpace, Friendster oder StudiVZ, die unvermittelt implodierten. Das lag in vielen Fällen sicherlich daran, dass soziale Kontakte zwar grundsätzlich ein wichtiger Treiber sind, dass aber Netzwerke schnell wuchern können.

Wenn die Teilnehmer das Gefühl bekommen, dass sie nur noch getrieben werden, dann verlassen sie lieber das Netzwerk. Twitter zum Beispiel hat deshalb irgendwann aufgehört, alle Tweets streng in der Reihenfolge der Veröffentlichung anzuzeigen, sondern trifft eine Vorauswahl, was für den einzelnen Nutzer besonders interessant sein könnte. Auf diese Weise vermeidet Twitter das Ohnmachtsgefühl, das ansonsten durch FOMO *(fear of missing out)* entstehen könnte, also die Angst, etwas zu verpassen, weil man nicht da war, als es getwittert wurde. FOMO ist eine dunkle Technik (sie gehört zu Verlust und Vermeidung); damit sie nicht überhandnimmt, hat Twitter sie durch die helle Technik Selbstwirksamkeit und Feedback ergänzt, indem die User durch eigene Interaktion Einfluss darauf nehmen, welche Tweets sie in Zukunft sehen.

Ganz unabhängig davon, ob eine Technik hell oder dunkel ist, gibt es noch auf einer anderen Dimension Vorlieben oder Abneigungen für die verschiedenen Techniken. Die sehen wir uns jetzt an.

Analytische und emotionale Motivationstechniken

Die einen lesen Entwicklungsromane, die anderen lieber Science-Fiction; die einen spielen Fußball, die anderen lieber Billard; die einen malen in der Freizeit Bilder, die anderen lösen physikalische Knobelaufgaben.

Es hat sich eingebürgert, die zugrunde liegenden unterschiedlichen Denkprozesse entweder der linken oder rechten Hirnhälfte zuzuordnen. Auch wenn das eine zu einfache Sicht auf die tatsächlichen Gegebenheiten im menschlichen Gehirn ist, ist es für viele Zwecke nützlich, zwischen zwei unterschiedlichen Typen von Denkprozessen und Fähigkeiten zu unterscheiden und sie vereinfachend als links- oder rechtshirnig zu bezeichnen.

Als **linkshirnig** bezeichnet: logisches Denken, Analyse und Sprache.

Als **rechtshirnig** bezeichnet: Kreativität, Emotionen und räumliches Vorstellungsvermögen.

In dem Octalysis-Achteck sind die links angeordneten Treiber (2, 4, 6) die eher analytisch orientierten, die rechts angeordneten Treiber (3, 5, 7) sind dagegen eher kreativ-emotional orientiert.

Ob ein Treiber bei Ihnen gut funktioniert oder nicht, hängt stark davon ab, ob er Ihre persönliche Vorliebe für eine Darstellung trifft. Es gibt Personen, deren Terminkalender ein Zeichengrab ist, das in verschachtelten Menüs Hunderte von Customizing-Einstellungen hat und in dem die Einträge in nüchterner Retro-Technizistik über eine RS232-Schnittstelle mit einer Datenbank auf Basis des Intel 4004 synchronisiert werden. Andere dagegen fühlen sich nur wohl mit einem gebundenen Büchlein von Moleskine mit volumigem naturweißem Papier, in dem sie jede einzelne Seite mit unlackierten Biobuntstiften liebevoll gestalten und ein Tagebuch in gemalten Bildern integrieren. Dieser Ansatz wird dann zärtlich Bullet Journal (BuJo) genannt.

Beides sind wichtige Elemente der Gamification des eigenen Lebens, deren Bedeutung Sie nicht überschätzen können. Ich bin überzeugt, dass schon so manche Lebensplanung dem falsch gamifizierten Kalender zum Opfer gefallen ist.

Wer bestimmt die Spielmechanik Ihres Lebens?

Unser Leben ist voll solcher Gamification-Elemente, nur erkennen wir sie oft nicht als solche. Und dann spielen wir höchstwahrscheinlich ein Spiel nach den Regeln eines anderen.

- In der Schule wird man von einer Klasse in die nächste versetzt – anders gesagt: Wir erreichen ein weiteres Spiellevel. Wir haben einige Spielleben, aber wenn wir zu viele davon verlieren, heißt es »Game over«.
- Manche machen Jagd auf Sonderangebote im Supermarkt oder auf Blitzangebote bei Amazon, andere jagen kleine Männchen in einem Labyrinth auf dem Bildschirm.
- Einige sammeln Credits in Universitätsmodulen, andere sammeln Badges in Computerspielen.
- Manchen Menschen macht es Spaß, alles in kleine Ikea-Kistchen einzuordnen, die Spülmaschine besonders clever zu füllen oder jedes Dokument an genau der richtigen Stelle abzulegen. Andere spielen Tetris.

Was liegt näher, als das Spiel, das wir spielen wollen, selbst zu gestalten? Steigen wir ein mit einem der stärksten Treiber für unsere Agenten, der *Deadline*. Wir gestalten daraus das Spiel »Deadline-Sprint«, eine typische Tritt-in-den-Hintern-Technik, denn dieser Sprint verbindet Elemente aus allen drei dunklen Treibern: der Knappheit, der Unvorhersehbarkeit und der Gefahr des Verlusts.

KAPITEL 4

Im produktiven Panikmodus: der Deadline-Sprint

Menschen haben Probleme mit der Selbstkontrolle, sie erkennen diese und versuchen, sie zu kontrollieren, indem sie sich selbst Fristen setzen, deren Verletzung Kosten verursachen (costly deadlines). *Diese Fristen helfen den Menschen, ihre Prokrastination unter Kontrolle zu halten, sie sind jedoch nicht so effektiv wie einige extern auferlegte Fristen …*

Dan Ariely und Klaus Wertenbroch, »Procrastination, Deadlines, and Performance: Self-Control by Precommitment«[39]

Das Mantra fast aller Zeitmanagement- und Antiprokrastinationsbücher lautet: Kein Mensch arbeitet unter Zeitdruck besser als ohne. Diese Behauptung entsteht, wenn man den Unterschied zwischen der Direktorin und den Agenten nicht kennt.

Welchen vernünftigen Grund sollte es für einen Agenten geben, an der ungeliebten Seminararbeit zu schreiben, wenn er viel vergnüglichere Dinge tun kann? Erst wenn die Abgabe der Arbeit morgen ist, dann ist der zu erwartende Nachteil einer Fünf so unmittelbar verständlich und fühlbar, dass selbst der dann zuständige Agent sich lieber für die lästige Tätigkeit des Schreibens entscheidet als für das neueste YouTube-Video von ProfRieck. Liegt hingegen noch etwas Zeit zwischen der Deadline und dem Jetzt, dann passiert das, was wir nun schon zur Genüge kennen: Der sofortige Nachteil überwiegt den abstrakten Vorteil, irgendwann in der Zukunft einen Uniabschluss zu haben. Deshalb würden nur nichtrationale Agenten die Entscheidung treffen, auch ohne Zeitdruck anzufangen.

Natürlich, wenn alles andere konstant bleibt, dann arbeitet jeder mit viel Zeit besser als mit wenig Zeit. Das Dumme ist nur: Mit viel Zeit bleibt nicht alles andere konstant. Das ist reine Direktorinnendenkweise. Wenn die Agenten den Eindruck haben, dass noch genug Zeit ist, dann werden sie langsam, lesen Nachrichten, recherchieren Hintergründe, putzen Schuhe und schrubben den Kellerboden. Ohne das Gefühl der Panik passiert nichts. Zumindest nicht bei dem gerade anstehenden Projekt. Erst wenn die Deadline naht, schieben sie alles Überflüssige zur Seite, werfen den kommunikationsfreudigen Kollegen aus dem Büro, kommen in den Flow (siehe Seite 200) und machen das, was sie eigentlich tun sollen.

Es stimmt: Wenn wir *in dieser Phase* noch mehr Zeit hätten, dann würden wir noch mehr leisten. Aber mit noch mehr Zeit kämen wir nie in diese Phase.

Das Ziel agentengerechten Zeitmanagements besteht darin, so schnell wie möglich in den Panikmodus zu kommen.

Erst wenn keine Zeit mehr vor uns liegt, können wir arbeiten. Erst dann ist es akzeptabel, die Arbeit schnörkellos genug zu erledigen, dass sie überhaupt jemals fertig wird. Andernfalls gelingt es uns bestenfalls, unseren Agenten endlich zur Arbeit zu bewegen, nur um dann festzustellen, dass er sich so sehr in Details hineinbeißt, dass das große Werkstück nie fertig wird.

Es ist kein Zufall, dass im Sport und bei Spielen immer wieder das Element des Zeitdrucks eingesetzt wird (Kerntreiber 6, Sie erinnern sich). Bei Autorennen kommt es meist nicht darauf an, möglichst elegant zu fahren, sondern weniger Zeit zu brauchen als die anderen; Computerspiele haben immer wieder Elemente des Zeitdrucks in den verschiedensten Varianten. eBay war erfolgreich gegenüber anderen Auktionsplattformen, weil es einen Countdown-Zähler bis zum unverrückbaren Endzeitpunkt gibt, der zum Auktionsende hin einen Zeitdruck aufbaut (der klassische eBay-Slogan lautet sogar »3-2-1-meins!«). Im Fußball sind die letzten Minuten vor dem Abpfiff besonders spannend, und selbst in einem Strategiespiel wie Schach zählt eine Uhr die Zeit herunter.

Das alles sind Elemente, die agentenoptimiert sind. Bei Zeitdruck wissen die Agenten genau, dass sie nicht trödeln dürfen, um in ihrem kurzen Leben noch ein Erfolgserlebnis zu haben.

Zeitdruck ist ein Grundelement aus der Trickkiste guter Spiele und eines der mächtigsten Werkzeuge des Selbstüberlisters. Wer die Verwendung gelernt hat, wird zu einer Produktivitätsmaschine, die auch noch Spaß bei der Arbeit hat – sofern es gelingt, ein paar helle Motivatoren mit einzustreuen.

Die Technik ist einfach, aber nicht trivial, wie Sie gleich sehen werden.

Wie stelle ich die Uhr immer auf fünf vor zwölf?

Der Schriftsteller Wolfgang Herrndorf hatte folgende Unterhaltung mit seinem Arzt:

> *»Fällt Ihnen auf, wie schnell Sie sprechen?«*
> *»Ja, ich denke aber auch schnell.*
> *Ich schreibe auch schnell,*
> *ungefähr dreimal so schnell wie sonst und zehnmal so viel.«*[40]

Wie schafft es ein Schriftsteller, dreimal so schnell und zehnmal so viel zu schreiben? Indem er gegen eine unverhandelbare Deadline anschreibt: den eigenen Tod. Wolfgang Herrndorf erhielt im Februar 2010 die Diagnose eines bösartigen Hirntumors und entwickelte als Folge davon eine geradezu unglaubliche künstlerische Produktivität. Er ist der Autor des Buches *Tschick*, das so gut ist, dass die Leute es freiwillig gelesen haben, obwohl es zur Schullektüre gehörte. Noch beeindruckender ist aber sein digitales Tagebuch, in dem er den Verlauf seines Lebens im Angesicht des eigenen Todes beschrieben hat.

Der Blog ist nach seinem Tod als Buch[41] erschienen, und ich kann jede Seite wärmstens empfehlen. Das Buch hat viele Stärken, aber geradezu nebenbei ist es das wahrscheinlich beste Zeitmanagementbuch, das jemals geschrieben wurde, auch wenn es nicht als solches angelegt war.

Wie schafft man Zeitdruck? Was wir brauchen, ist eine andauernde nahe Deadline. Der naive Selbstüberlister versucht jetzt vielleicht, sich eine verkürzte Deadline zu setzen, und trägt den 1. Februar in den Kalender ein, obwohl die Abgabe erst für den 28. Februar geplant ist. Anfängerfehler. Agenten sind zwar kurzsichtig, aber nicht dumm. Sie durchschauen die List sofort und sehen trotzdem YouTube-Videos.

Agenten sind die Herrscher der winzigen Zeitabschnitte, nicht der Monate. Ein Monat ist für einen Agenten eine so unüberschaubar lange Zeitspanne, dass er an jedem Tag vor dem 27. Februar noch eine unendliche Zeit vor sich glaubt. Er weiß, dass der 1. Februar eine Finte ist, und weiß, dass dahinter noch die Unendlichkeit folgt. Deshalb reagiert er nicht. Reagieren würde er auf Minuten.

Mit den Minuten kriegen wir unseren Agenten. Deshalb lassen wir ihn mit der Arbeit, die eigentlich immer aufgeschoben wird, kurz vor einem anderen Termin beginnen. Also zum Beispiel: Unser Zug fährt in 30 Minuten ab und wir sitzen noch bei McDonald's. Dies ist der Moment, den Laptop herauszuholen und den ungeliebten Projektbericht weiterzuschreiben, der ansonsten immer aufgeschoben wurde. (Übrigens sind bei genau dieser Gelegenheit mehrere Kapitel dieses Buches entstanden, einschließlich des Titels.)

Trick 1: *Beginnen* Sie die Arbeit an einem umfangreichen Projekt 30 Minuten vor einer unverrückbaren Deadline!

Der Trick klingt verrückt, ist aber agentengerecht aufbereitetes Zeitmanagement. Denn es gibt damit eine echte Deadline, gegen die der Agent anarbeiten muss. Die Betonung liegt auf *echte*, keine vorgetäuschte. Das ist das, worauf er anspringt, der Meister der Sekunden und Minuten. Wir sagen ihm nicht: »Mache es irgendwann bis heute Abend«, sondern: »Du hast noch 30 Minuten, dann müssen wir zum Bahnsteig!«, und überlassen ihn seinem Schicksal, während die Uhr auf den Termin zurast; auf einen echten Termin, keinen gefakten. Nutzen Sie die Technik des Actionfilms, bei dem die Uhr immer auf fünf nach[42] zwölf steht – den ganzen Film lang.

Mit dieser Methode überzeugen Sie Ihren aktuellen Agenten gleich doppelt. Sie überzeugen ihn anzufangen, weil 30 Minuten ja gar nicht so schlimm sind. Für diese Zeit lässt sich auch das spannendste YouTube-Video in die Zukunft verschieben. Kaum hat er aber angefangen, besteht auch schon Zeitdruck. 30 Minuten sind nicht genug Zeit, um übermäßig perfektionistisch zu sein, herumzutrödeln, nach Hintergrundinformationen zu recherchieren oder erst mal einen Kaffee zu kochen oder auch nur zu ordern. Stattdessen ist das die Zeit, in der man einfach ein Ergebnis hinschustert. Also genau das, was Sie wollen und brauchen, um sich dem Ziel einen Schritt zu nähern.

Sie werden erstaunt sein, wie viel einer vermeintlich unüberwindlich großen Aufgabe Sie in 30 Minuten abarbeiten können. Ich habe diese Methode für mich entwickelt, als ich ein Buch schreiben wollte, aber zu viele Vorlesungen geben musste, um die erforderliche Zeit zu haben. Um trotzdem fertig zu werden, habe ich in jeder nur erdenklichen Pause mein winziges Surface ausgepackt und ein paar Zeilen hineingehämmert. Wenn in 30 Minuten die eigene Vorlesung beginnt, man aber noch einen Gedanken aufschreiben will, dann gibt es keinen Freiraum zum Trödeln. Man schreibt einfach.

Erst später habe ich bemerkt, dass dahinter eine der raffiniertesten Methoden der Selbstüberlistung steckt. Sie ist deshalb so raffiniert, weil sie mit unseren Agenten auf Augenhöhe kommuniziert und ihnen nicht mit den irrelevanten Sprüchen des angeblich rationalen Ichs kommt.

Diese Selbstlist ist übrigens auch der Grund dafür, dass Elternteile mit Kindern in ihrem Job oft sehr produktiv sind. Sie wollen nach Hause gehen, um ihren Kindern etwas zu kochen oder um sie abends ins Bett zu bringen. Deshalb haben sie kurze Deadlines für fast alles, was sie an dem Tag tun, und werden mit ihren Arbeiten bis zum Ende der Arbeitszeit fertig. Die anderen hingegen, die es zulassen können, den Job in den Abend hineinzutragen oder die Nacht durchzuarbeiten, ziehen allein durch die fehlende Nähe zur Deadline ihre Unproduktivität nach vorn und leisten an dem gesamten Tag weniger, als wenn sie früher nach Hause gehen würden. Die Aussicht auf eine Nacht, die noch zum Arbeitstag werden kann, verringert daher eher die gesamte erledigte Arbeit, als dass sie sie erhöht.

Natürlich ist so eine Minutendeadline stressig. Für kurze Zeit ist es ein produktiver Stress, aber es bleibt Stress. Deshalb bestehen Computerspiele nicht nur aus diesem Element, sondern wechseln solche intensiven Phasen mit anderen Phasen ab. Denn der Spieler gibt für eine kurze Zeit mehr, als er dauerhaft leisten könnte. Im Sport haben wir einen Namen dafür: Sprint.

Der Sprint: Lieber schnell arbeiten als gar nicht arbeiten

Bei einem Sprint kommt man für kurze Zeit sehr schnell voran, aber eben nur für kurze Zeit. Danach braucht man wieder Phasen geringerer Intensität und auch der völligen Ruhe. Die unterschiedlichen Phasen haben alle eine Existenzberechtigung und müssen auf geschickte Weise kombiniert werden. Aber sehen wir uns hier zunächst die Sprintphasen der Minutendeadline an.

Den Begriff *Sprint* gibt es nicht nur im Sport, sondern auch im Projektmanagement, besonders in der Softwareentwicklung. Dort gehört er zum Standardrepertoire der agilen Projekte und bezeichnet die kurzen, intensiven Phasen, in denen etwas abgearbeitet wird. Ein Sprint hat folgende Eigenschaften:

- Es werden kleinere, überschaubare Stücke eines größeren Projekts herausgeschnitten und abgearbeitet.
- Es gibt enge Deadlines.
- Es ist wichtiger, überhaupt ein Resultat zu haben, als Perfektion zu erreichen.
- Ein Sprint soll zu einem abgeschlossenen Teilergebnis führen.

Mit einem Sprint kann man Dinge abarbeiten, manchmal auch besonders kreativ sein – aber gewiss nicht strategisch und langfristig denken. Auch beim Sprint im Sport weiß man vorher genau, wo man hinwill. Sich erst auszudenken, wohin man eigentlich will, geht nur in Phasen der Ruhe. So ist es auch hier.

Aber darüber brauchen sich die Agenten keine Gedanken zu machen, denn die Richtung gibt die Direktorin vor. Ehrlicherweise muss man sagen, dass die Agenten sich über die Richtung auch gar keine Gedanken machen können – sie sprinten einfach (sofern die Direktorin alles richtig eingefädelt hat). Und wenn sie erst mal loslegen, dann tun sie das auch schnell und lange. Deshalb ist es wichtig, dass die Direktorin immer mal wieder zum Zuge kommt. Aber bitte nicht jetzt, denn jetzt wird gesprintet.

Beispiele fürs Abarbeiten in einem Sprint:

- Das Aufs-Papier-Bringen eines Kapitels des Berichts, dessen grundsätzlichen Inhalt Sie sich vorher überlegt haben
- Den Stapel Eingangspost erledigen
- Den Maileingang bearbeiten
- Kurze Erledigungen oder Telefonate
- Das Formular ausfüllen, das die Verwaltung für so wahnsinnig wichtig hält
- Den Text Ihres Kollegen Korrektur lesen
- Die Unterlagen für die Versicherung des Unfallgegners zusammenstellen
- Kurze, gleichartige Ideen im Sinne eines Brainstormings generieren

Beispiele für Aufgaben, die man schlecht in zeitlich begrenzte Sprintintervalle packen kann:

- Kombinationen aus verschiedenartigen Aufgaben
- Entwickeln und Lösen einer Formel

Der Tag ist voll produktiver Deadlines

Wie erwähnt, sind die besten Deadlines die echten Deadlines. Es klingt kontraintuitiv, aber 20 bis 30 Minuten vor einem unverhandelbaren Termin ist ein optimaler Zeitpunkt, um eine Arbeit zu *beginnen*. Das ist kein Fehler, sondern eine Selbstlist. Probieren Sie es aus. Während andere ihre Zeit mit Plappern oder winzigen Bildschirmen verschwenden, erledigen Sie eine Aufgabe, die Sie andernfalls vor sich hergeschoben hätten (oder wenigstens einen Teil davon).

Der Tag ist voller solcher natürlichen Deadlines: beim Bahnfahren vor der Abfahrt, während der Wartezeiten und besonders während der Fahrt; vor einer Mahlzeit; vor Meetings und Kundenterminen; vorm Feierabend; vor einer Vorlesung oder Unterrichtsstunde; kurz, vor so ziemlich allem, dessen Beginn zu einer exakten Zeit erfolgt.

Ich bin deshalb ein großer Freund von Bahnfahrten, weil sie eine Abfolge solcher Sprintzeiten sind. Fahrten im Auto sind dagegen weitgehend verlorene Zeiten, und eine Reise im Flugzeug führt zu ständig zerstückelten und unproduktiven Zeiten, die jegliche Konzentration rauben. Viele schier unüberwindbare Aufgaben sind schon im ICE erledigt worden. Wenn eine Klausur auf einmal korrigiert ist oder der lange versprochene Journalbeitrag endlich abgegeben wurde, dann lag das oft an einem Auswärtstermin, zu dem ich mit der Bahn gefahren bin.

Es lohnt sich aber, nicht ganz unvorbereitet in die Bahn zu steigen. Sie sollten sich vorher eine Aufgabe vorgenommen haben, die Sie in der Zeit erledigen oder zumindest anfangen wollen.

Deadlines, wo keine sind

Was aber, wenn nicht genug derartige externe Termine zur Verfügung stehen? Dann hilft nur eine künstliche Deadline. Die ist nicht ganz so gut wie eine echte, aber besser als nichts – besonders wenn man sich selbst die Coverstory dazu abkauft. Bei Computerspielen sind wir schließlich auch dazu bereit, gegen die Uhr zu spielen, wenn wir virtuelle Sushi zubereiten oder einen Bananen stehlenden Affen verfolgen.

Starten Sie also Ihre erste Mission:

1. Knöpfen Sie sich eine Tätigkeit vor, die Sie im Kopf einigermaßen klar vor sich sehen können. Buchungssätze eintippen, E-Mails beantworten, Präsentationsfolien erstellen, ein Protokoll schreiben, Kunden anrufen.
2. Legen Sie fest, woran Sie Ihren Missionserfolg erkennen können. Im Computerspiel wollen Sie zum Beispiel ein Labyrinth durchqueren (festes Ergebnis) oder möglichst viele Monster abgeschossen haben (offenes Ergebnis). Analog dazu hier: Die Mission kann sein, möglichst viele sinnvolle Zeichen geschrieben zu haben (offenes Ergebnis) oder den ersten Absatz fertigbekommen zu haben (festes Ergebnis).
3. Stellen Sie einen Countdown-Timer. Das kann ein Küchenwecker sein oder auch Ihre Armbanduhr, wenn die einen Countdown hat. Nehmen Sie nur dann Ihr Handy, wenn Sie gar nichts anderes haben, denn das Handy ist sehr ablenkend. (Eigentlich sollte ich Ihnen die Handyalternative gar nicht geben: Besorgen Sie sich einen Timer!)
4. Stellen Sie die Zeit der Mission ein, zum Beispiel 25 Minuten.
5. Stellen Sie sich wie bei einem Flipper die erste physische Bewegung vor, die Sie ausführen werden, wenn die Zeit zu laufen beginnt.
6. Starten Sie den Timer.
7. Führen Sie die erste Bewegung aus und fangen Sie an zu arbeiten.
8. Aber nur, bis der Timer abgelaufen ist. Danach ist *Game over.*

Dieses letzte Element, dann wirklich aufzuhören, ist ein wichtiger Teil der Spielmechanik. Es ist deshalb so wichtig, weil Ihre Agenten bekanntlich nicht dumm sind. Sie lassen sich darauf ein, die Tätigkeit zu beginnen, weil sie so kurz ist. 25 Minuten sind eine gute Zeit für das Leben eines normalen Agenten, denn dann hat er danach noch genug Zeit, Abwechslung zu bekommen. Auch erhält er sein Erfolgserlebnis innerhalb seiner Lebenszeit. Wenn er merkt, dass er überlistet werden soll, fängt er nicht an.

Meine Lieblingstestkandidatin schrieb mir zurück: »Wenn ich 25 Minuten daran arbeite, dann mache ich auch weiter.« Genau deshalb fing sie ewig nicht an. Vergessen Sie nicht: Selbstüberlistung ist nicht Selbstbetrug. Wenn Sie sich ein Limit von 25 Minuten versprechen und anschließend drei Stunden daran arbeiten, dann haben Sie sich betrogen, und das geht nicht oft gut.

Die Kenner des Zeitmanagements erkennen hierin natürlich Elemente einer bekannten Methode: der Pomodoro-Technik[43]. Bei dieser Methode wird ebenfalls ein möglichst mechanischer Kurzzeitwecker auf 25 Minuten gestellt und auf den Tisch gestellt, damit man nach Ablauf der Zeit eine Zwangspause einlegt.

Die Pomodoro-Technik ist eine der besten Zeitmanagementtechniken überhaupt, aber sie ist nicht das Gleiche wie der Deadline-Sprint. Denn nach Ablauf des Timers erfolgen bei Pomodoro eine erzwungene Pause von 5 Minuten und nach vier Wiederholungen eine längere Pause. Anschließend folgen weitere 25-Minuten-Einheiten, bis der gesamte Arbeitstag zu Ende ist.

Wir sehen uns die Spielmechanik der Pomodoro-Technik noch genauer an (ab Seite 98 unten), aber hier bleiben wir zunächst beim Deadline-Sprint. Pomodoro ist eher etwas für Fortgeschrittene und dann auch nur für eine bestimmte Klasse von Tätigkeiten. Die Technik birgt die ganz große Gefahr des Ausbrennens und als Folge davon einer Spielmüdigkeit.

Die Geheimnisse des Deadline-Sprints

Arbeit dehnt sich immer so weit aus, bis sie die verfügbare Zeit ausfüllt.

Erstes Parkinson'sches Gesetz[44]

Die Technik des Deadline-Sprints klingt auf den ersten Blick völlig trivial; wie bei jedem Spiel hängt es aber von den Details ab, ob es ein gutes Spiel wird oder ein langweiliges, das man nach den ersten Versuchen genervt in die Ecke feuert und nie mehr anrührt. Deshalb gehe ich hier auf einige Details und Fragen ein, die sich im Zusammenhang mit der Methode ergeben.

Soll ich das wirklich *vor* einer echten Deadline machen? Ja, sollen Sie. Notfalls ist die Arbeit dann eben, das Protokoll der letzten Sitzung zu lesen oder den Text zu kommentieren, den Ihr Kollege eigentlich schon vor drei Tagen gebraucht hätte. Nichts funktioniert besser als eine echte Deadline. Sie können sogar so weit gehen, einen Gesprächstermin zu vereinbaren, hauptsächlich um eine echte Deadline zu haben. Pro-Tipp: Vereinbaren Sie ein Gespräch, das Sie auch schon vor sich hergeschoben haben. Ihr Gesprächspartner wird sich wundern, was mit Ihnen auf einmal los ist (verraten Sie ihm nicht Ihr dunkles Geheimnis).

Das soll funktionieren? Und wie! Sie werden sich wundern, wie viel Sie in einem einzigen Sprint erledigen können: teilweise mehr als sonst an einem halben Arbeitstag. Parkinsons Gesetz gilt nicht nur in Bürokratien, sondern auch bei Ihnen im Büro.

Muss ich bei einer künstlichen Deadline wirklich einen Wecker stellen? Nicht nötig, sofern Sie eine rechtzeitige Benachrichtigung aus dem Raum-Zeit-Kontinuum erwarten. Falls nicht, empfehle ich einen Wecker. Erinnern Sie sich an die Grundidee des Konzepts: Agenten reagieren auf eine extern vorhandene Deadline. Dass es dieselbe Person war, deren früherer Agent die Deadline scharf geschaltet hat, ist nicht entscheidend. Wichtig ist nur, dass es etwas Externes ist. Es hat einen Grund, dass wir uns vor dem Einschlafen einen Wecker stellen, der am nächsten Morgen Lärm machen soll. Eine lediglich im eigenen Kopf vorhandene Absicht hat nicht die gleiche Wirkung, weil sie dann von dem Agenten, der gerade regiert, außer Kraft gesetzt werden kann. Ein Wecker soll einen Impuls von außen her geben. Deshalb genügt ein Blick auf die Armbanduhr definitiv nicht, denn dabei ist kein externer Trigger vorhanden, sondern die Deadline soll im eigenen Kopf entstehen. Daher einfache Antwort: Es muss ein Wecker oder Timer sein, der ein klares Signal gibt.

Muss es wirklich ein *mechanischer* Wecker sein? Ja, am besten einer in Tomatenform. Sagt zumindest Francesco Cirillo. Eine mechanische Uhr hat eine andere Wirkung als eine rein abstrakte Softwarelösung. So ticken unsere Agenten nun mal (Kalaueralarm). Sie brauchen einen externen Automatismus, um den Vorgang als verbindliche Deadline zu akzeptieren. Deshalb wird auch bei vielen Spielen ein akustischer Timer eingesetzt, der an eine Zeitbombe erinnert. Es gibt einige Personen, die durch das Ticken besser daran erinnert werden, dass sie nichts anderes tun wollten, als konzentriert zu arbeiten. Einige berichten auch, dass sie damit Störenfriede abhalten, weil die merken, dass hier jemand gegen die Uhr anarbeitet.

Es gibt allerdings auch Selbstüberlister, die durch das mechanische Ticken eingeschüchtert oder abgelenkt werden oder denen es schlichtweg peinlich ist. Bei Experimenten unter meinen Studenten hat sich gezeigt, dass fast alle lieber eine Softwarelösung nehmen als einen mechanischen Wecker. Aber ich vermute, dass das ein reiner Gewöhnungseffekt ist, weil sie so oft mit ihrem Smartphone herumspielen.

Es gibt recht gute Apps, die Countdown-Timer haben, Zeitscheiben anzeigen oder für Pomodoro ausgelegt sind und daher leicht zweckentfremdet werden können. Das Problem ist aber, dass ein Smartphone eines der Geräte ist, die Ablenkungen geradezu heraufbeschwören. Allein, es im Blickfeld zu haben, kann ablenkend sein.[45] Wenn man es benutzt – entgegen meinem Rat weiter oben –, muss es unbedingt vorher in den Stummmodus geschaltet werden, sonst hat man die Kurznachrichten ebenfalls ständig im Blick.

Eine bessere Alternative ist eine Smartwatch, die am Ende der Zeit mechanisch vibriert und in der Zwischenzeit eine Zeitscheibe oder einen Countdown anzeigt, aber nur dann, wenn man aktiv draufsieht. Natürlich geht auch ein Timer an der Armbanduhr, der am Ende laut piept (die Betonung liegt auf laut, denn in der Phase konzentrierter Arbeit überhört man das Säuseln einer Casio sehr leicht).

Unterschätzen Sie nicht die Wirkung des verwendeten Timers. Er ist ein wichtiges Element in der Spielmechanik und muss zu Ihrem Spieltypus passen. Tut er das nicht, dann werden Sie von einer inneren Kraft zurückgehalten. Stellen Sie sich ein Bombenentschärfungsspiel vor, bei dem der Timer rhythmisch zwitschert und mit einem kleinen Liedchen endet; das Spiel wird keinen Spaß machen. Probieren Sie verschiedene Timer aus, Sie werden sich wundern!

Müssen es immer 25 Minuten sein? Bei der Pomodoro-Technik ist das ziemlich fest in Stein gemeißelt, beim Deadline-Sprint hingegen nicht. Ich empfehle, für verschiedene Tätigkeiten mit unterschiedlichen Zeiten zu experimentieren. Beim Vokabellernen sind 25 Minuten vermutlich viel zu lang, beim Schreiben können sie zu kurz sein. Passen Sie die Zeit der Tätigkeit an; aber bleiben Sie im Zweifelsfall immer lieber zu kurz als zu lang. Sie wollen keine Aversion Ihrer Agenten gegen den Sprint aufbauen. Wenn Sie eine Spielmüdigkeit bei sich entdecken, dann schalten Sie wieder deutlich zurück und arbeiten bei den nächsten Malen mit kürzeren Zeiten.

Macht so eine dauernde Zeitbombe nicht nervös? Doch, zumindest diejenigen, die nicht beim Kampfmittelräumdienst tätig sind. Wer nicht aufpasst oder neu bei der Technik ist, bekommt leicht das gleiche Gefühl wie ein Neuling in einem Geschicklichkeitsspiel, bei dem man vor lauter Wunsch, schnell zu sein, über die eigenen Füße stolpert. Oft ist es eine Frage der Gewöhnung. Nach den ersten Versuchen wird man aber meist deutlich entspannter.

Viele berichten, dass sie das Ticken eines mechanischen Weckers nach einer kurzen Eingewöhnungszeit als beruhigend empfinden und in einen

Zustand der Arbeitstrance gelangen. Das Geräusch kann dann eine Erinnerung daran werden, fokussiert zu bleiben. Die Anhänger der Pomodoro-Technik schwören darauf.

Darf ich während der Zeit wenigstens etwas trinken und essen? Essen und trinken Sie, während Sie Flipper spielen? Sehen Sie! Während eines Deadline-Sprints wird ausschließlich gearbeitet. Auf die Toilette laufen, WhatsApps ansehen oder den Strumpf zurechtrücken können Sie danach. Jetzt machen Sie nur das eine. Bei Pomodoro wird das etwas lockerer gehandhabt und Sie dürfen wenigstens am Kaffee nippen, aber hier geht es um den Wettbewerbscharakter. Sie resetten auf diese Weise auch Ihren Referenzpunkt, aber dazu kommen wir noch (ab Seite 107).

Was macht man, wenn die Agenten so im Flow sind, dass sie nach den 25 Minuten nicht aufhören wollen? Manche Partys sollte man auflösen, andere nicht. Das hängt von der Art der Arbeit ab. Wenn Sie es endlich geschafft haben, mit dem Schreiben des Abschlussberichts zu beginnen, den Sie schon seit Monaten vor sich herschieben, dann schreiben Sie ihn in Gottes Namen weiter, wenn Sie gerade den Flow erreicht haben und keine Vorlesung geben müssen. Wenn Sie doch eine geben müssen, dann verfluchen Sie sie nicht, sondern erinnern Sie sich daran, dass die Deadline Ihre Geheimwaffe gegen die Rationalität ihrer Agenten war und Sie ohne die Vorlesung gar nicht erst mit der Arbeit angefangen hätten.

Sie können bei dieser Art der Tätigkeit auf die Einhaltung des festen Endes verzichten, weil es eine tendenziell wichtige und zugleich einigermaßen kreative Tätigkeit ist. Sie werden daher wahrscheinlich nicht nur durch die dunkle Seite der Motivation (siehe Abschnitt »Dunkle Motivationstechniken« ab Seite 96) angetrieben, sondern auch durch helle Elemente. Damit ist die Gefahr einigermaßen gering, dass sich Ihre Agenten betrogen fühlen, denn die haben ja Spaß.

Handelt es sich hingegen um eine Routinetätigkeit, deren Eintönigkeit Sie erst einmal davon abgehalten hat, überhaupt anzufangen, dann beenden Sie sie beim klingelnden Wecker. Und zwar aus zwei Gründen: Erstens handelt es sich um eine Tätigkeit von nicht besonders hoher Wichtigkeit, deren Zeit man aktiv begrenzen sollte; zweitens passiert sonst das, was schon oben beschrieben wurde: Ihr Agent lernt, dass Sie ihn hereinlegen wollen, indem Sie behaupten, nach 25 Minuten sei alles vorbei, dann aber die Karotte wieder wegziehen und ihn weiterarbeiten lassen. Wie gesagt: Dumm ist er nicht. Auch wenn er nicht in die Zukunft sehen will – in die Vergangenheit sehen kann er.

Wie soll ich die Arbeit vorbereiten? Gut, dass Sie fragen; denn dies ist ein extrem wichtiges Element der Spielmechanik. So wichtig, dass wir uns das später noch genauer ansehen müssen (siehe Kapitel 11, »Anfangen hilft!«, ab Seite 225). Aber hier können wir schon einmal auf ein paar wichtige Bestandteile eingehen, denn Sie sollten die Arbeit etwas vorstrukturieren. Dazu gehört, sich die wichtigsten Dinge bereitzulegen (Bleistift, Spitzer, Rechenschieber) und Probleme vorab zu klären, die Sie aufhalten könnten (»Verflixt, wo war doch gleich die Kurbel für meine Rechenmaschine?«).

Sie merken, dass in diesem Prozedere bereits eine kleine Selbstlist vor der eigentlichen List steckt: Die Vorbereitung verbraucht auch Zeit. Achten Sie deshalb darauf, dass Ihr Agent nicht Lunte riecht und auf den Knopf mit der Aufschrift »Betrug!« drückt. Aber sofern er akzeptiert, dass man sich bei diesem Spiel natürlich vorher die Hände mit Talkum pudert und die Werkzeuge bereitlegt, dürfte alles gutgehen.

Besonders wichtig ist es, dass Sie gleichartige Tätigkeiten für den Sprint vorsehen. Denn Ihre Agenten hassen es, das mentale Konto wechseln zu müssen. 300 Wörter Bachelorarbeit schreiben, drei Überweisungen machen und einen Telefonanruf tätigen vertragen sich nicht in einem einzigen Sprint.

Überlegen Sie sich dann insbesondere die erste physische Bewegung, die Sie ausführen werden. Das hilft, ohne jede Verzögerung anzufangen.

Wie präzise soll ich arbeiten? So präzise, dass danach möglichst viele Monster abgeschossen sind (bevorzugt die größeren mit vielen Punkten) und Sie noch leben; aber Sie gewinnen keinen Preis für besonders schönes

Abschießen. Wählen Sie eine zielbezogene Präzision, mit der Sie ohne Umwege auf das Ziel hinarbeiten können. Die Frage lautet nicht mehr »Was kann noch alles rein?« oder »Wie kann ich es noch besser machen?«, sondern »Wie erreiche ich möglichst schnell das minimal akzeptable Arbeitsergebnis?« Das ist keine Einladung zur Schlamperei, aber zum Weglassen unnötiger Schnörkel. Das Ziel besteht darin, abzuarbeiten. Es sollen Dinge erledigt werden, nicht hinzukommen. Die Aufgabenliste muss danach kürzer sein, nicht länger.

Halten Sie sich jetzt nicht mit kleinen Rechtschreibfehlern, unschönen Formatierungen oder sonstigem Ballast auf. Vermeiden Sie lediglich große Fehler, die später teuer werden oder das gesamte Projekt infrage stellen könnten. Den Vorgang des Korrekturlesens oder des Ausmerzens kleiner Ungenauigkeiten bei der Montage können Sie in einen anderen Sprint verlagern, wenn Sie es etwas ruhiger angehen wollen.

Sie werden übrigens auch sehen, dass Sie durch den Zeitdruck oftmals auf kreative neue Lösungen kommen, die Sie sonst nicht in Betracht gezogen oder sich getraut hätten. Das ist ähnlich wie beim Blitzschach, das die ganze Struktur des Spiels ändert.

Sind 25 Minuten Arbeit denn nicht viel zu wenig? Doch – zumindest verglichen mit dem, was Sie sich insgesamt vornehmen. Gemessen an den null Minuten, die Sie unter Normalbedingungen in Ihre Bachelorarbeit investieren, könnte es aber eine wesentliche Verbesserung sein. (Rechnen Sie die Steigerung mal in Prozent aus.) Abgesehen davon, haben Sie vielleicht mit etwas Erfahrung sogar Spaß daran, mehrere solche Sprints an einem Tag einzulegen. Man hat schon davon gehört, dass jemand bei einem Spielautomaten mehrmals hintereinander eine Münze eingeworfen hat.

Was ist denn jetzt diese ominöse Pomodoro-Technik, von der ständig die Rede war? Die Pomodoro-Technik besteht darin, jede Aufgabe so herunterzubrechen, dass sie in 25-Minuten-Einheiten unterteilt bearbeitet werden kann. Die gesamte Arbeitszeit wird dann in eine Abfolge von 30-Minuten-Blöcken aufgeteilt; jeder Block besteht aus 25 Minuten ununterbrochener, konzentrierter Arbeit (das ist ein Pomodoro, wie an früherer Stelle erwähnt vom italienischen Wort für »Tomate«) und anschließend 5 Minuten Pause. Nach je vier Pomodori folgt eine 30-minütige Pause.

Zur Übersicht und zur eigenen Motivation darf man nach erfolgreicher Beendigung eines Pomodoro die Abbildung einer Tomate auf einem Protokollbogen abhaken. Wann immer ein Pomodoro unterbrochen wird, gilt er aber als nicht vollzogen, sodass man ihn nicht abhaken darf. Das hilft, seine Konzentration rigoros gegen Störungen von außen zu verteidigen.

Die Methode ist sehr beliebt bei Softwareentwicklern. Das liegt daran, dass deren Arbeit sie oft so tief eintauchen lässt, dass eine Zwangsunterbrechung guttut. Auch lassen sich deren Projekte gut in gleich große Häppchen aufteilen, und sie sind mit dem Prinzip vertraut, dass ein Prozessorkern lediglich eine Aufgabe auf einmal ausführen kann. Wenn unterschiedliche Prozesse »gleichzeitig« abzuarbeiten sind, dann wird zwischen den Prozessen hin- und hergeschaltet. Die Pomodoro-Technik überträgt also die Abläufe in einem Computer auf uns Menschen.

Genau das macht sie aber auch recht unflexibel. Ein kreativer Chaot fühlt sich behindert, wenn er genau 30 Minuten für etwas vorsehen muss und seine Zeiten nicht nach Tätigkeiten differenzieren darf. Kreative Typen wollen auch einfach mehr Freiräume, in denen sie nicht konzentriert sein müssen, sondern vermeintlich herumtrödeln können. Denen tut es besser, gelegentlich einen Deadline-Sprint einzulegen, aber nicht, den ganzen Tag damit durchzutakten. Dennoch ist die Pomodoro-Technik extrem leistungsfähig. Wenn Sie mit dem Deadline-Sprint ein paar Erfahrungen gesammelt haben, dann probieren Sie unbedingt auch die Pomodoro-Variante einmal aus. Für bestimmte Projektphasen bleiben Sie dann vielleicht dabei, auch wenn Sie kein Softwareentwickler sind. Pomodoro-Timer finden Sie übrigens auch als App in den einschlägigen Stores oder als Software für Mac und Windows.

ProfRieck, setzen Sie diese Methode eigentlich auch selbst ein? Ja, tue ich, und am liebsten in ihrer reinen Form mit echten Deadlines (in wenigen Minuten endet eine). Wenn ich einen Timer verwende, dann hauptsächlich, um mich von einer Arbeit wieder loszureißen. Pomodoro ist mir an manchen Tagen zu viel und an anderen zu wenig, deshalb nutze ich es in seiner Reinform kaum. Als Timer habe ich am liebsten einen, der am Handgelenk vibriert. Es ist ein Signal, das sich nur an mich wendet und nicht an meine Umwelt und das mich im wahrsten Sinne des Wortes wachrüttelt. Ende der Deadline. Over and out.

KAPITEL 5

Wann es klug ist, dumm zu sein: Kybernetik und Nichtspieler

Unsere Spieler … waren Geister.

William Shakespeare

Wir haben unsere Agenten bisher als vernunftbegabte Wesen kennengelernt, die über die uns eigene Intelligenz verfügen, auch wenn sie sehr kurzfristig orientiert sind. Das stimmt grundsätzlich, aber Agenten sind auch etwas faul. Das ist kein Wunder, denn sie sind ja diejenigen, die die ganze Arbeit machen müssen. Um mit den eigenen Kräften zu haushalten, müssen sie einfach manchmal auf Autopilot schalten und die Dinge laufen lassen. Sie werden dann zu etwas, was man in Computerspielen als Nichtspieler-Charaktere bezeichnet (abgekürzt als NPC von dem englischen Namen *non-player character*).

Ein **Non-Player Character (NPC)** ist eine Figur in einem Computerspiel, die nicht von einem menschlichen Spieler gesteuert wird. NPCs gehorchen vorgegebenen, meist einfachen Verhaltensmustern.

NPCs tragen wesentlich zur Handlung, zur Atmosphäre und zur Welt des Spiels bei. Weil sich unsere Agenten manchmal in solche NPCs verwandeln, sehen wir uns die Technologie dahinter etwas genauer an.

Wir müssen hier allerdings etwas aufpassen: Heutige NPCs können sehr komplex sein, indem sie von künstlicher Intelligenz gesteuert werden. Sie können menschliche Spieler teilweise so echt imitieren, dass Sie sie nicht mehr von diesen unterscheiden können. In einem Multiplayer-Onlinespiel könnte sich ein KI-gesteuerter Charakter also so verhalten, als ob ein menschlicher Player dahintersteht. Dies ist der Grund, weshalb ich hier auf die alte Technologie der Kybernetik abziele – denn auf dieser Basis läuft der Autopilot unserer Agenten.

Lassen Sie sich bitte nicht durch den altmodischen Namen *Kybernetik* abschrecken. Dieses Kapitel nennt Ihnen ganz wesentliche Aspekte der Selbstüberlistung. Vor allen Dingen zeigt es Ihnen, dass Sie in vielen Fällen gar keine großen Veränderungen vornehmen müssen, sondern dass es reicht, einen anderen Wert an dem virtuellen Thermostaten Ihrer Agenten einzustellen, damit sie sich auf einmal so verhalten, wie Sie es wünschen.

Kybernetik

In den 1960er-Jahren war Kybernetik das, was heute künstliche Intelligenz ist: ganz hip, für die einen die Zukunft, für die anderen Teufelswerk. Kybernetik war damals so aufregend und neu, weil damit die Menschheit die ersten Schritte unternommen hat, sich von der rein mechanistischen Sicht zu lösen und Maschinen zu bauen, die dem eigenen Ebenbild näher kamen. Man kann die Kybernetik sogar als einen Vorläufer der künstlichen Intelligenz ansehen, wie man auch bei NPCs sieht: Werden deren Verhaltensweisen komplexer, dann spricht man von KI.

Eine klassische Maschine im Uhrwerkstil spult einen vorgegebenen Ablauf sklavisch ab, egal, was gerade in der Umwelt passiert. Daher kommt der groteske Anblick eines über die Tischkante gelaufenen Spielzeugmännchens, das anschließend, auf dem Rücken liegend, immer noch die gleichen Beinbewegungen macht, wie wenn es stehen würde. Oder eine Heizung, die unermüdlich weiterheizt, obwohl schon längst allen im Raum die Schweißtropfen unter den Achseln heraustropfen und sie nach Luft japsen. Was den klassischen Maschinen fehlte, war eine Steuerung, die auf die Umwelt oder sich selbst reagiert. Dieses Element fügte die Kybernetik hinzu.[46]

Kybernetik ist die Wissenschaft der eigenständigen Regelung und Steuerung. Dies geschieht durch das Messen eines Unterschieds zwischen Soll- und Istwert und einer anschließenden Verhaltensänderung, die das System in Richtung Sollwert bringt.

Während die klassische Methode der Heizungssteuerung darin besteht, der Heizung per Ventilstellung mitzuteilen, wie stark sie heizen soll, teilt man einer kybernetisch gesteuerten Heizung den Sollwert der Temperatur mit, die man sich im Raum wünscht. Man gibt also das Ziel vor, nicht den Weg. Anschließend steuert sich die Heizung selbst, indem sie die Raumtemperatur misst und aus der Temperaturdifferenz zum Sollwert ableitet, wie stark sie heizen soll. Scheint die Sonne, regelt sie sich selbständig herunter; wird es dunkel und kalt, regelt sie sich hoch.

Das erscheint uns in diesem Beispiel so banal, dass wir gar nicht mehr die technischen Meisterleistungen wahrnehmen, die dahinterstehen; geschweige denn die technikgeschichtlichen Irrungen und Wirrungen, die zu funktionierenden Systemen dieser Art geführt haben. Die große Idee eines kybernetischen Systems steckt heutzutage schon im billigsten Heizungsthermostat.

In der DDR war Kybernetik verpönt. Die Vorstellung, dass ein System nicht von oben nach unten gesteuert wird, sondern dass stattdessen die untergeordneten Einheiten frei sind und selbständig eine Steuerungsfunktion übernehmen können, war der herrschenden Klasse zuwider.

Tatsächlich ist Kybernetik der erste Schritt in Richtung der Erkenntnis, dass man einen Agenten mit einer Aufgabe betreuen kann, ohne ihm alles bis ins letzte Detail vorgeben zu müssen. Zwar sind die »Agenten« in der Kybernetik aus heutiger Sicht recht primitive Systeme, aber das Grundprinzip der Direktorin-Agenten-Beziehung taucht dort erstmalig auf. Die Direktorin gibt nicht mehr vor, *wie* ein Ziel zu erreichen ist, sondern nur noch, *welches* Ziel erreicht werden soll. Das kybernetische System besorgt den Rest und passt sich an die wechselnden Bedingungen der Umgebung an.

Auch wenn die Kybernetik auf zunehmend komplexe Systeme angewandt wurde, ist der Rahmen der Möglichkeiten sehr eng gesteckt im Vergleich zu den autonomen Systemen, die wir heute kennen oder planen. Aber die kybernetischen Systeme haben genau deshalb auch einen Vorteil: Sie hintergehen ihre Auftraggeber nicht, zumindest nicht absichtlich. Wenn unsere Klimaanlage viel zu weit über den Sollwert hinaus kühlt, dann ist das zwar ein ärgerlicher Fehler, aber es ist keine böse Absicht der Klimaanlage. Stattdessen ist es reines Unvermögen, das zum Beispiel daraus resultiert, dass sie die Zeitverzögerung zwischen Kühlvorgang und Änderung der Raumtemperatur nicht einbezogen hat.

Das unterscheidet sie von den Agenten, auf die wir an den meisten anderen Stellen dieses Buches stoßen. Diese Agenten (selbst dann, wenn sie unser eigenes Ich sind) können sich aktiv entscheiden, etwas gegen den Willen der Direktorin zu tun – einfach weil sie es bevorzugen, etwas anderes zu tun. Wenn der rational denkende Agent ein Interesse daran hat, seine Auftraggeberin zu hintergehen, dann wird er seine Kreativität darauf ansetzen, genau das zu ermöglichen.

Der kybernetisch gesteuerten Klimaanlage hingegen ist es völlig egal, ob sie kühlt oder nicht. Sie überlegt sich nicht, dass sie jetzt viel lieber einen Kaffee oder gar Piña Colada trinken würde, anstatt die anstrengende Tätigkeit der Raumkühlung auszuführen. Sie misst brav den Istwert der Temperatur, vergleicht ihn mit dem Sollwert und handelt danach.

Und jetzt habe ich eine gute Nachricht für Sie: Manchmal sind Ihre Agenten wie die Klimaanlage. Zwar eingeschränkt in ihren Möglichkeiten, zeitweise sogar grotesk dumm, aber nicht aktiv hinterhältig. Und wenn man sich zu entscheiden hat, ob man eine Aufgabe an einen dummen, aber loyalen Mitarbeiter delegiert oder an einen intelligenten bösartigen, sollte man sich immer für den dummen entscheiden.

Die Agenten auf Autopilot

Was passiert, wenn unsere Agenten im Kybernetikmodus sind? Sie sorgen dafür, dass sich eine bestimmte Entscheidung (oder auch eine Unterlassung) »einfach richtig« anfühlt.

Dieses »einfach richtig« hilft uns, schnell sinnvoll zu entscheiden. Es ist die Methode, wie unsere Intuition mit uns in Kontakt tritt. Leider wird das System manchmal von ihren bösen Schwestern gehackt, den schlechten Gewohnheiten und den Vorurteilen. Aber lassen wir die einmal außen vor und gehen wir davon aus, dass alles mit rechten Dingen zugeht. Dafür erzähle ich Ihnen ein Ereignis, das die Wirkungsweise anschaulich zeigt.

Ich war mit dem Auto in einen Stau geraten. Keinen einfachen Stau, sondern einen Gridlock, also einen »Verkehrsinfarkt«, so die deutsche Übertragung, bei dem in einem Straßennetz alle Kreuzungen gleichzeitig blockiert sind. Auf jeder Kreuzung standen Autos, sodass nie jemand fahren konnte, egal, welche Ampel gerade Grün zeigte.

Unsere Kreuzung war riesig, mit drei Spuren in unserer Richtung. Viele Fahrer waren inzwischen ausgestiegen und versuchten zu erspähen, wann es weiterging. Nur einer spähte nicht: Der hatte einen knallroten Kopf, hupte und schrie einen anderen Fahrer an, er solle endlich sofort weiterfahren. Um diese skurrile Situation zu verstehen, muss man ein paar weitere Details kennen.

Auf allen Spuren standen die Autos auf der Kreuzung und blockierten sie für den Querverkehr. Mit einer Ausnahme: Auf einer der Spuren hielt ein Fahrzeug so viel Abstand, dass die querenden Autos hätten fahren können, wären nicht alle anderen Spuren blockiert gewesen. Wenn jeder so gehandelt hätte, hätte es keinen Gridlock gegeben und alle hätten fahren können. Allerdings war nun natürlich vor ihm eine Lücke, und er hätte tatsächlich noch ein paar Meter weiterfahren können. Diese Lücke war der Stein des Anstoßes. Der brüllende Fahrer wollte unbedingt, dass diese Lücke geschlossen wird.

Von außen betrachtet, ist das geradezu grotesk unsinnig. Nicht nur, dass die Lücke eigentlich ein Vorbild für alle anderen hätte sein sollen; selbst wenn der Fahrer sie geschlossen hätte, wäre niemand auch nur ein klein wenig schneller vorangekommen. Im Gegenteil, der Stau hätte sich vermutlich am Ende sogar langsamer aufgelöst. (Aus der Tatsache, dass ich dieses Buch nicht im Auto in einem Stau schreibe, können Sie schließen, dass er sich tatsächlich irgendwann aufgelöst hat, auch wenn ich bis heute nicht verstehe, wie.)

Um den rotköpfigen Schreier zu verstehen, muss man verstehen, dass er Opfer eines ungeeigneten Sollwertes war. Für ihn *fühlte* sich die Situation falsch an. Er hat sie nicht analysiert wie ein Spieltheoretiker, sondern er hatte einen Sollabstand zum vorausfahrenden (bzw. vorausstehenden) Auto gespeichert. Solange dieser Abstand nicht eingehalten wurde, fühlte er sich unwohl, und zwar sehr. Sein Algorithmus sah vor, dass eine Abweichung vom Sollabstand unverzüglich zu korrigieren sei. Solange das nicht geschehen war, konnte er nicht in den Wartezustand gehen und hatte deshalb eine permanente Belastung seines Bewusstseins, eine kognitive Last. Da war der Grund für seine Aufregung.

Sie können diesen Effekt beim Autofahren in den verschiedensten Varianten beobachten. Beim Abstandhalten, bei der Reisegeschwindigkeit, bei der Art, zu bremsen und zu parken. Das Autofahren ist deshalb ein so schönes Beispiel für den Effekt, weil hier vieles automatisiert ablaufen muss, sonst würde uns das Fahren mental viel zu sehr belasten. Anfänger fahren auch deshalb so seltsam angestrengt, weil sich bei ihnen diese Automatismen noch nicht ausgeprägt haben.

Sie können bei schlechten Autofahrern sogar Effekte erkennen, die man von kybernetischen Regelungen her kennt, zum Beispiel ein ständiges Nachregeln nach einem Überschießen über und unter den Sollwert. Es gibt Fahrer, die nicht eine bestimmte Geschwindigkeit konstant fahren, sondern beschleunigen, über die Wunschgeschwindigkeit hinausgehen, dann wieder abbremsen, unter die Wunschgeschwindigkeit fallen, erneut beschleunigen usw. Oder die in Schlangenlinien durch langgezogene Kurven fahren, weil sie ständig den Lenkradius abwechselnd etwas zu klein oder zu groß wählen.

Sollwerte für Ihre kybernetischen Agenten

In der Literatur wird viel darüber geschrieben, dass wir vereinfachte Programme laufen lassen. Was aber viel zu wenig berücksichtigt wird, sind die eingestellten Sollwerte (andere Bezeichnungen dafür sind Zielwert, Setpoint, Vorgabewert, Referenzwert).

Von einem Sollwert abzuweichen, während das Automatikprogramm läuft, verursacht eine hohe mentale Last für den betreffenden Agenten. Man trifft immer wieder auf die Metapher vom Bewusstsein, das als winziger Reiter auf dem Elefanten des Unbewussten reitet und nur gelegentlich steuernd eingreifen kann, um den Elefanten zu lenken. Die meines Wissens erste Nennung dieser Metapher stammt von Jonathan Haidt:

> *Wie der Reiter auf dem Rücken eines Elefanten hat der bewusste, vernunftbegabte Teil unseres Geistes nur eine begrenzte Kontrolle über das, was der Elefant macht. … Ich kann Dinge dirigieren, aber nur, wenn der Elefant keine eigenen Wünsche hat. Wenn der Elefant etwas wirklich tun will, habe ich keine Chance gegen ihn.*[47]

Den größten Teil der Entscheidungen trifft angeblich der Elefant von allein. Ich halte das Flugzeug Boeing 737 Max für die passendere Metapher.

Die 737 Max hatte eine Software namens Maneuvering Characteristics Augmentation System (MCAS). Dieses System wurde verwendet, um das Flugverhalten aus Pilotensicht ähnlicher zu dem seiner Vorgängermodelle zu gestalten, insbesondere in Situationen mit hohem Anstellwinkel (der Winkel, in dem eine Tragfläche zur Luftströmung steht).

Das MCAS-System war ein Musterbeispiel für ein kybernetisches System. Wenn es einen Sollwert erreichen wollte, dann tat es das selbständig und hartnäckig. Nun gab es Fälle, in denen ein Anstellwinkelsensor defekt war und wegen dieses falschen Sollwertes das MCAS das Flugzeug nach unten zwingen wollte. Der Pilot konnte zwar dagegenarbeiten, aber das System versuchte immer wieder, den Sollwert einzunehmen, so falsch er auch war. Am Ende gewann das kybernetische System. Der Pilot schaffte es einfach nicht, genug dagegenzuarbeiten. Zwei tödliche Abstürze der 737 Max wurden auf dieses Problem mit dem MCAS-System zurückgeführt. Insgesamt starben dabei 346 Menschen.

Zwar in kleinerem Stil, aber so ähnlich ist es, wenn ein Agent im Automatikmodus läuft und einen falschen Sollwert gespeichert hat. Es nützt nichts, den falschen Wert zu erkennen; es verursacht einfach eine zu große mentale Last dagegenzuarbeiten. Ein Unternehmer hat mir einmal erzählt, dass eine Mitarbeiterin aus Südamerika gekündigt hat, weil sie den Stress nicht mehr ertragen konnte, für die Deutschen pünktlich zu sein und nicht ständig 30 bis 90 Minuten zu spät zu kommen.

Pünktlichkeit ist nicht besonders schwer, wenn die Automatik den richtigen Sollwert gespeichert hat und die vielen kleinen Schritte automatisch darauf abstimmt. Um all das kann sich das Bewusstsein gar nicht in vollem Umfang kümmern. Somit ist nicht das Automatikprogramm das Problem; der falsche Sollwert ist es.

Es ist deshalb die völlig falsche Medizin, Ihr kybernetisches Automatikprogramm abschalten zu wollen. Stattdessen müssen Sie den Sollwert umprogrammieren. Wenn Sie das Rädchen für die Sollwerteinstellung gefunden haben, geht auf einmal alles ganz mühelos.

Um mir das zu glauben, sollten Sie zunächst einmal darauf achten, wie viele Sollwerte Sie täglich zugrunde legen, ohne sie jemals als solche erkannt zu haben. Ich nenne Ihnen in den nächsten beiden Abschnitten einige Beispiele, aber Sie werden in Ihrem eigenen Leben zahlreiche andere finden. Sehen Sie sich Ihre Sollwerteinstellungen einmal genauer an und hinterfragen Sie, ob diese aus der übergeordneten Direktorinnenperspektive noch sinnvoll sind.

Die Boeing 737 Max bei Ihnen zu Hause: Spülmittel und Waschmittel dosieren

… bei dem später tatsächlich gelieferten Design waren es 2,5° (bei 5° Vollausschlag) mit sich endlos wiederholenden Eingriffen alle 10 Sekunden. … Die Ermittlungen legten schon zu einem frühen Zeitpunkt nahe, dass das MCAS vom Anstellwinkelsensor falsche Werte erhielt und mit unnötigen und gefährlichen Korrekturen reagierte.

Wikipedia über die Vorfälle mit der Boeing 737 Max

Lassen Sie mich mit einem konkreten Fall etwas ausführlicher beginnen: mit der banalen und winzigen Aufgabe, Waschmittel richtig zu dosieren. Sie können an diesem Beispiel sehen, dass Sie nicht allein sind und auf wie vielen Dimensionen hier Entscheidungen oder verkürzte Entscheidungen ablaufen.

Es handelt sich hier um eine unbedeutende Kleinigkeit in unserem Leben. Sie können bei jedem Waschvorgang allenfalls wenige Cent sparen. Das ist so wenig, dass es sich für einen einzelnen Agenten nicht lohnt, darauf irgendwelche mentale Energie zu verwenden.

Vielleicht zucken Sie jetzt zusammen und rufen laut: »Aber die Umwelt!« Damit haben Sie bereits eine Selbstüberlistungstechnik angewandt, denn »die Umwelt« ist ein Narrativ. Ihre individuelle Waschmitteldosierung hat für die Umwelt natürlich genau die gleiche minimale Auswirkung wie auf Ihren Geldbeutel. Die von Ihnen verwendete Menge ist unterhalb jeglicher Mess- oder Einflussgrenze für die Umwelt. (Merken Sie es? Der Satz war sachlich vollkommen zutreffend, aber er fühlt sich irgendwie falsch an.) Durch das Narrativ der Umweltsau bringen Sie Ihren Waschagenten dazu, wenigstens die Sache überhaupt zu berücksichtigen.

Die Umwelt ist ein Appell an unser Gemeinschaftsgefühl und damit in der Spielmechanik der Treiber 5, *sozialer Zusammenhalt* (»Wenn das jeder machen würde!«). Deshalb steht in Hotels immer ein Schild »Die Umwelt wird es Ihnen danken …« und nicht »Unsere Aktionäre werden es Ihnen danken, wenn Sie Ihr Handtuch mehrfach verwenden«.

Zurück zur Dosierung des Waschmittels. Sie kennen die Waschmittelkonzentrate, bei denen eine kleine 3-kg-Packung angeblich die gleiche Waschkraft hat wie eine herkömmliche 10-kg-Packung (legen Sie mich nicht auf die exakten Grammzahlen fest). Kann das technisch überhaupt sein? Ja, kann es. Denn bei dem herkömmlichen Waschmittel wird zu großen Teilen ein rein neutraler Füllstoff zugegeben, der das Volumen und das Gewicht erhöht; er ist sowohl für die Umwelt als auch für die Waschleistung neutral. Bei den Konzentraten wurde dieser Füllstoff einfach weggelassen. Das ist eigentlich eine tolle Sache, denn dann muss man keine zehn Kilogramm mehr durch die Gegend schleppen und lagern, sondern nur noch drei Kilogramm.

Nur leider wurde die Rechnung ohne die Sollpunkte der Nutzer gemacht. Denn die haben einen Wert gespeichert, wie viel Waschpulver in eine Waschmaschine gehört. Das fühlt sich auf eine bestimmte Weise an und sieht auf bestimmte Weise aus. Nur noch ein Drittel zu verwenden, fühlt sich komplett falsch an. Deshalb passiert beim Dosieren Folgendes: Der Agent greift nach dem Waschmittel und bemerkt, dass die Packung kleiner ist als gewohnt. Immerhin. Daher korrigiert er den Sollwert nach unten und nimmt deutlich weniger Waschpulver als früher. Aber der alte Sollwert ist nach wie vor gespeichert und ein Drittel ist gefühlt einfach zu wenig; also nimmt er halb so viel wie vorher. Dabei fühlt er sich gut.

Er fühlt sich sogar gleich doppelt gut, denn er denkt ja nach wie vor an die Umwelt und sagt sich: »Toll, ich nehme viel weniger Waschpulver als früher, daher ist das gut für die Umwelt.« Das ist natürlich Unfug, aber ich habe in Foren Einträge gefunden, die genau das sagen, weil die Sache mit dem Füllstoff nicht verstanden wurde. Und schon pulvern wir 50 Prozent mehr Waschmittel in die Umwelt, ohne es auch nur zu bemerken. Bei dieser Gelegenheit fällt auch auf, wieso Waschpulver überhaupt jemals Füllstoffe enthielten. Eine Waschmaschine ist ein ziemlich großes Gerät; da fühlt es sich nicht richtig an, die Dosierung in Spatelspitzen abzumessen.

Was könnte man tun, damit die Waschmittelkonzentrate nicht ständig überdosiert werden? Man könnte zum Beispiel die Waschmaschinen ändern. Das Problem ist, dass die Waschmittelschächte für das volumige Pulver ausgelegt sind. Die Waschmittelhersteller könnten einen Service anbieten, dass sie Einsätze für die Waschmittelschächte bereitstellen, die den Raum im Einfüllschacht verkleinern, am besten gleich abgestimmt auf die individuelle Wasserhärte. Heute ginge das, indem man sein Waschmaschinenmodell angibt und dann eine 3D-gedruckte Einlage zugeschickt bekommt, deren Größe auch gleich auf die Wasserhärte des Wohnorts abgestimmt ist.

Bei Spülmaschinen haben die Hersteller etwas anderes gemacht: Tabs. Dort ist die Geschichte, dass nun nicht mehr drei Mittelchen (Salz, Klarspüler, Spülmittel) nötig sind, sondern alles schön gemeinsam in einem Tab zusammengepresst ist. Und wie durch ein Wunder wurde damit der Sollwert der Anwender verschoben zu *einem* Tab pro Spülgang. Und zu einem sehr viel höheren Preis pro Spülgang, weil portionierte Einheiten fast immer den Sollwert zu viel höheren Preisen verschieben. Vergleichen Sie Tintenpatronen mit Tintenfässern oder loses Backpulver mit Backpulver in Tütchen. Rechnen Sie mal den Preis pro Milliliter oder Gramm aus, Sie werden sich wundern. Sollwerte eben. Die werden nicht nur von uns selbst umgestellt.

Noch mal zum Handtuch im Hotel. Die Hotelbetreiber kommen sich sicherlich sehr schlau vor, an unser Umweltempfinden und unser soziales Engagement zu appellieren, um weniger Handtücher zu waschen. Aber sie denken nicht daran, dass sie damit möglicherweise ungewollt an unserem Sollwert herumspielen. Ich weiß nicht, wie es bei Ihnen zu Hause zugeht, aber bei mir werden Handtücher nicht täglich gewaschen. Ich wäre überhaupt nie auf die Idee gekommen, dass das bei meinem Handtuch im Hotel anders sein könnte. Wenn ich drei Tage in einem Hotel bin, dann wäre meine Erwartung gewesen, dass mein Handtuch einfach wieder ordentlich aufgehängt, aber nicht gewaschen wird. Erst durch diese Schilder wurde mein Automatikprogramm ausgeschaltet und ein anderes Programm aktiviert, das in Betracht zieht, Handtücher früher waschen zu lassen als vor meiner Abreise.

Die Hotelmanager haben sicherlich das Buch *Pre-Suasion* von Robert Cialdini gelesen, in dem jede Menge solcher vermeintlichen Tricks stehen. Mal sehen, ob sich etwas ändert, wenn alle den Rieck gelesen haben.

Ihr Leben ist voll unbemerkter Sollwerte

Um das Ausmaß des Problems zu verstehen, schildere ich Ihnen hier ein paar Alltagssituationen, in denen der 737-Max-Effekt zuschlägt.

Essensportionen. Wir haben klare Sollwerte gespeichert, wie viel auf dem Teller sein sollte. Das ist kulturell, regional oder auch einfach durch Imitation der Eltern entstanden. Aber passt das auch noch zur aktuellen Lebensweise? Wenn Sie zum Beispiel früher viel Sport gemacht haben, brauchten Sie früher mehr als heute. Auch brauchen Sie im Wachstum mehr. Sind Sie noch in dieser Phase?

Geschwindigkeit im Auto. Kennen Sie Straßen, auf denen Sie oft gefahren sind und auf denen die Geschwindigkeitsbegrenzung geändert wurde, zum Beispiel durch eine 30er-Zone? Es kommt einem hoffnungslos falsch vor. Dieses Falsch-Vorkommen ist der alte Sollwert. Es hilft aber, sich das einmal bewusst zu machen und dann den neuen Sollwert abzuspeichern. Stellen Sie sich das wirklich wie die Einstellung auf einem Tempomaten vor (falls Sie einen haben, verwenden Sie ihn).

Verkehrsampel und Zebrastreifen. Wann ist der Zeitpunkt, bei einer auf Gelb springenden Ampel zu bremsen, und wann fährt man noch drüber? Bei vielen setzt ein schleichender Prozess ein, der den Wert auf immer spätere Zeitpunkte verschiebt, und wir imitieren uns gegenseitig. Inzwischen ist der Wert dort angekommen, wo ihn unser Vorurteil in Italien vermutet (wogegen er sich dort übrigens in die andere Richtung verschoben zu haben scheint).

Lautstärke der Musik. Sind Sie sicher, für die Membranen, die wenige Zentimeter vom Trommelfell entfernt schwingen, einen sinnvollen Sollwert gespeichert zu haben? Wenn nein, definieren Sie das Spiel für sich um: Wie leise kann es sein, damit Sie es noch sinnvoll hören?

Arbeitszeit. Wenn Sie noch spätabends dasitzen oder ständig erreichbar sind – ist das eine inhaltlich fundierte Entscheidung im Direktorinnenmodus oder hat sich da ein dysfunktionaler Sollwert eingestellt?

Körperliche Aktivitäten. Bis zu welcher Strecke gehen Sie zu Fuß, ab welcher Entfernung steigen Sie ins Auto? Sollten Sie diesen Wert umstellen?

Sozialer Abstand. Es gibt kulturell verankerte Vorstellungen darüber, wie groß der Abstand zu anderen Personen sein sollte. Dieser Wert ist wichtig, wenn Sie mit Personen anderer Kulturen zu tun haben. Dann fallen Ihnen die Sollwerte auf.

Temperatur in Innenräumen. Kennen Sie die Situationen, in denen Innenräume von Klimaanlagen so heruntergekühlt werden, dass Sie bei brüllender Hitze immer eine Jacke dabeihaben müssen, um sie sich in Innenräumen anziehen zu können? Wie sieht es mit der Temperatur aus, bei der Sie sich zu Hause wohlfühlen (und die Sie, im Gegensatz zu heruntergekühlten Räumen, selbst wählen können)?

Preise. Sind Ihre gespeicherten Preisvorstellungen angemessen? Hier gilt insbesondere, dass sie sich mit dem Kontext ändern und Sie beispielsweise im Urlaub bereit sind, wesentlich mehr zu bezahlen. Es kann auch sein, dass Sie viel zu hohe Suchkosten aufwenden, um nur ein klein wenig zu sparen. Außerdem: Fällt Ihnen auf, dass Ihnen ein Kauf möglicherweise keinen Spaß macht, wenn Sie glauben, auch nur geringfügig zu viel bezahlt zu haben?

Nutzungsdauer von Geräten. Wie lang sollte ein Haushaltsgerät halten, wie oft sollte man ein neues Auto kaufen, nach welcher Zeit die Möbel ändern? Oder das »alte« Smartphone mit dem »aktuellen« Modell tauschen? Beobachten Sie sich, und Sie werden feststellen, dass dies oftmals Sollwerte sind, die irgendwer zufällig eingestellt hat.

Persönliche Finanzen. Wie viel können Sie ausgeben, wie viel sparen? Ist Ihre Kalibrierung vielleicht in einer anderen persönlichen Lage entstanden und passt jetzt nicht mehr? Ich kannte persönlich ein Ehepaar, das Millionen Euro in Eigentumswohnungen und Bankkonten hatte, aber abgelegte Kleidung der Nachbarn aufgetragen hat und die Teppiche abdeckte, damit sie nicht ausbleichen. Ich kenne andere, die ostentativ Luxusartikel zur Schau stellen und zugleich nicht wissen, wie sie ihre Raten bezahlen sollen.

Schlaf. Die meisten Menschen halten einen konkreten Sollwert für die Anzahl der Stunden Schlaf pro Nacht. Aber ist der noch aktuell oder hat er sich vielleicht im Lauf des Lebens verschoben? Wäre es vielleicht sinnvoller, frühmorgens aufzustehen, anstatt zerknirscht zu sein, dass man vermeintlich schlaflos ist?

Bildschirmzeit. Welcher Wert erscheint Ihnen normal? Welcher Abstand zu Ihrem Handy erscheint Ihnen normal?

Hintergrundbeschallung. Ist es sinnvoll, dass im Hintergrund immer ein Podcast läuft, oder sollte man bewusst Zeiten einlegen, in denen das eigene Gehirn kreativ ist und träumend eigenen Gedanken nachgeht? Das gilt zum Beispiel auch beim Joggen, Essen und S-Bahn- oder Autofahren. Wie ruhig ist es, wenn Sie allein in Ihrem Wohnzimmer sind?

Länge und Art einer Präsentation. Auch das Berufsleben ist voller Sollwerte. Die Vorstellung, wie eine Präsentation oder auch ein Protokoll auszusehen hat, ist oft willkürlich und historisch bedingt. Ebenso die Länge eines Meetings.

Gepflogenheiten im Handwerk. Wann ist eine Arbeit genau genug? Wie gleicht man Ungenauigkeiten aus? Es gibt hier winzige Unterschiede, die enorm viel in der Empfindung ausmachen können. Zum Beispiel ist es im Buchdruck und somit im Verlagsgewerbe üblich, dass sich die Zeilen auf einer Doppelseite genau auf Grundlinie gegenüberstehen, »im Register sind«, wie das heißt. Weil das den automatisierten Satz direkt aus einer Textverarbeitung erschwert, ist aber genau dieses Qualitätsmerkmal der einen eine Abweichung vom Sollwert der anderen.

Zeitpunkt, etwas zu erledigen. Muss man immer bis zur letzten Minute warten oder kann man auch vorher anfangen? So seltsam es klingt, oft fühlt es sich einfach völlig falsch an, eine Arbeit vor der Deadline abzugeben. Den optimalen Zeitpunkt sehen wir uns optional noch ausführlich an im Bonuskapitel »Die Wahrheit über Prokrastination« ab Seite 114.

Grad der Ordnung. Wann gilt ein Schreibtisch oder Arbeitsplatz als aufgeräumt? Was ist der Sollwert für die Position von abgelegten Dokumenten oder Arbeitsmitteln?

Reaktion des Partners. Ein Klassiker: Der eine Ehepartner hat den einen Sollwert gespeichert, der andere einen anderen. Und so gibt es ständig Ärger darüber, ob sich jemand zu oft oder zu selten meldet; zu welcher Gelegenheit Blumen angemessen sind und zu welcher nicht; welche Ausgaben zulässig und welche Verschwendung sind; oder wann das Abendessen auf den Tisch kommen sollte – und was es nicht alles gibt.

Sie können die Liste beliebig fortsetzen, und ich empfehle auch, das zu tun. Sie werden sich wundern, was Sie alles entdecken! Die Position von Schranktüren (angelehnt statt ganz geschlossen), den Durchfluss des Wassers beim Wasserhahn, die Dicke der Marmelade auf dem Brot, die Festigkeit der Schuhsohle, den Gegendruck des Gaspedals, die Menge an Wasser im Wasserkocher, die Dauer des Zähneputzens.

Woher kommen unpassende Sollwerte?

Es gibt viele Gründe dafür, weshalb Zielwerte nicht mehr stimmig sind, ohne dass es einem wirklich auffällt. Oft ist es so, dass wir uns in einer Lebenssituation an etwas gewöhnen, was dafür auch genau passt; wir stellen den Wert dann aber nicht um, wenn sich die Situation ändert. Die Bereiche Finanzen, Bewegung und Nahrung sind typisch für althergebrachte Sollwerte in oft gänzlich neuen Umständen.

Sehr oft ist es auch einfach so, dass wir die Sollwerte aus unserer Umgebung übernehmen und nicht darauf achten, was die Feinheiten sind. Wir verwenden die Häufigkeitsheuristik: Das, was wir häufig beobachten, empfinden wir als wahr und richtig. Leider wird diese Heuristik zunehmend gekapert, weil wir in einer verzerrten Welt leben. Die sehen wir uns jetzt an.

KAPITEL 6

Ihr Guru spielt falsch – Referenzpunkte, die keine sind

Armstrongs sieben Toursiege von 1999 bis 2005 wurden in den Geschichtsbüchern der Rundfahrt derweil schon lange gelöscht, weil er betrogen hat wie kaum ein Zweiter. EPO, Blutdoping, Wachstumshormone – der gebürtig aus Texas stammende Armstrong hat Maßstäbe gesetzt, nicht nur sportlich.

Die *Sportschau* über den ehemaligen Radsportstar Lance Armstrong[48]

In dem Dorf Kleinkahl in Bayern wird regelmäßig die Strohballenkönigin gekrönt. Sie ist der Star des jährlichen Strohballenfestes, an dem mehr oder weniger alle Dorfbewohner teilnehmen. Für ihre Amtszeit ist die Strohballenkönigin die beste Frau im Dorf, die schönste und auch die aktivste, denn sie besucht die Vereine und vertritt das Dorf nach außen. Es ist eine große Ehre, Strohballenkönigin zu sein, und für die Königinnen ist es ein Ereignis, das für ihr ganzes Leben wichtig bleibt und von dem sie noch ihren Enkeln erzählen werden.

Obwohl es immer nur eine amtierende Königin gibt, ist es, rein statistisch gesehen, recht wahrscheinlich, dass eine intelligente junge Frau, die in dem Dorf wohnt, Strohballenkönigin wird. Rein rechnerisch gibt es pro Wahl vielleicht 10 bis 30 potenzielle Kandidatinnen für dieses Amt. Jede einzelne Frau hat daher eine sehr realistische Chance, einmal in ihrem Leben Strohballenkönigin zu werden, wenn sie das denn will. Das Gleiche gilt fürs Nachbardorf, in dem zwar keine Strohballen-, aber eine Mistgabelkönigin gekürt wird (okay, das habe ich jetzt erfunden, aber Sie erkennen das Prinzip).

Verlegen wir unseren Blick eine Autostunde weiter nach Bad Homburg, einer größeren Kleinstadt, die etwa 50 Mal so groß ist wie Kleinkahl. Dort gibt es eine Laternenkönigin, bei deren Abschlussrede regelmäßig mehrere Tausend Zuschauer mit Tränen in den Augen auf die Worte warten: »Ich erkläre das Laternenfest für beendet.« Laternenkönigin zu werden, ist nicht nur eine deutlich größere Aufgabe, sondern auch viel schwieriger zu erreichen. Wenn eine junge Frau Laternenkönigin werden will, stehen die Chancen sehr viel schlechter als bei der Strohballenkönigin, denn hierfür kommen jedes Jahr mehrere Hundert Frauen infrage. Aber immerhin, wenn sie frühzeitig darauf hinarbeitet, rechtzeitig Kontakte knüpft, sich auf die öffentlichen Auftritte vorbereitet und Kontakte zum Kulturverein knüpft, dann haben viele Frauen eine ernsthafte Chance, Laternenkönigin zu werden.

Früher lebten wir alle in Kleinkahl. Jeder hatte eine realistische Chance, Schützenkönig zu werden, den größten Fisch des Jahres zu fangen oder den besten Kuchen zu backen. Und selbst wenn man nur den zweitbesten Kuchen backen konnte, war der Abstand zum besten nicht sehr groß.

Aber aus Kleinkahl ist Großinternet geworden, und mit einem Schlag konkurrieren wir nicht mehr mit 50 Kandidatinnen, sondern mit Millionen. Schlimmer noch, wir kennen den Sieger dieses Rennens, als würden wir mit ihm zusammen in einem kleinen Dorf leben, denn Kim Kardashian und Jordan Peterson sind täglich in unserer Timeline auf Instagram und YouTube, also so nah wie früher die Strohballenkönigin in der Dorfkneipe.[49]

Konnten wir uns früher durch die Wahl der Waffen noch irgendwo einen ersten Platz sichern (»Zugegeben, mein Auto ist nicht das schnellste, aber beim Wettpflügen macht meinem Lokomobil niemand etwas vor!«), können wir heute sicher sein, dass es nicht nur irgendwo auf der Welt jemanden mit einem noch stärkeren Lokomobil gibt, sondern dass er es uns auch noch auf irgendeiner Plattform zeigt. Konnten wir vor einigen Jahren noch König des Berges sein, der die Heimbergstrecke am schnellsten mit dem Rennrad hochgefahren ist, kommt heute garantiert irgendein Radprofi aus der Schweiz und fährt die Strecke noch schneller hoch, weil er sie im Internet gefunden hat und einfach Spaß daran hat, dem lokalen Amateur nicht nur seinen Titel abzuluchsen, sondern ihn auch durch den großen Abstand zu demütigen.

Egal, wie schnell Ihr Auto ist, wie viele Finger Sie an einer Hand haben oder wie gut Sie sich mit Ihrem Partner verstehen, irgendwo wird es jemanden geben, der es noch besser kann und noch mehr hat. Oft genug auch, weil Sie nicht nur gegen die Schlauesten und Stärksten antreten, sondern auch gegen die, die am meisten Glück hatten.

Und natürlich gegen die, die am besten betrügen. Dass die Beziehung des Traumpaars auf YouTube in echt doch nicht ganz so gut war, wie sie auf dem Bildschirm aussah, fällt erst auf, wenn sich das Paar Knall auf Fall trennt (und das auch noch, während in Deutschland das Abitur geschrieben wird![50]). Dass der Radprofi doch etwas weniger gut war, als seine vielen Bergrekorde vermuten lassen, fällt erst auf, wenn ihn jemand mit einem dicken Akku zwischen den Beinen erwischt. Und dass der Instagram-Star zu nicht unerheblichen Teilen aus Silikon, Photoshop und KI besteht, weiß zwar jeder, ignoriert es aber. Schlimmer noch, das ganze System schaukelt sich immer weiter hoch, weil das Falschspielen zum Standard wird und jeder wie ein Zurückgebliebener aussieht, der wirklich noch mit seinem Rennrad den Berg hochfährt.

Das ist fatal für die Agenten in Ihrem Kopf, die irgendetwas erreichen sollen. Wozu Kuchen backen, wenn es doch sowieso irgendwer besser kann? Wieso Klavier spielen, wenn wir nicht nur wissen, dass es den Weltstar gibt, sondern er auch noch täglich auf unserem Bildschirm auftaucht? Und es so viel einfacher ist, digital ein wenig nachzuhelfen, wo es analog nicht perfekt aussieht?

Dies sind Musterbeispiele für völlig verstellte Sollwerte. Sehen wir uns also an, wie wir den Regler wieder anders einstellen.

Sollwerteinstellung für Selbstüberlister

Wenn klar ist, wo der neue Sollwert liegen soll, ist es einfach: Sie müssen einen Stopppunkt setzen, der bei jedem Aufruf des Automatikprogramms eine Überprüfungsroutine aktiviert. An Beispielen wird es schnell deutlich, dass das wirklich einfach ist, wenn man das Prinzip versteht.

Der vergiftete Geheimagent und die abgebrochene Fritte

Nehmen wir an, Sie haben einen Sollwert ausfindig gemacht, den Sie gern ändern wollen. Das kann eine Kleinigkeit sein. Zum Beispiel ist Ihnen bei Ihrem letzten Deadline-Sprint bei McDonald's aufgefallen, dass der Milchshake größer ist, als er sein sollte. So viel Nährwert wollen Sie gar nicht zu sich nehmen, aber ein wenig Milchshake wäre schon in Ordnung. Leider haben Sie aber einen ungünstigen Sollwert gespeichert, nämlich: Keine Packung darf noch etwas enthalten, bevor Sie sie in den Müll werfen. Dieser Sollwert ist unsinnig. Denn Sie wollten eigentlich nur 200 ml Milchshake haben, bekommen zum Menü aber nur einen 400-ml-Becher.

Es wäre jetzt die richtige Vorgehensweise, die Hälfte zu trinken und die andere Hälfte wegzuwerfen. Dem steht aber der Sollwert »Der Teller wird leergegessen!« aus einer anderen Zeit gegenüber, auch wenn der hier nicht anzuwenden ist. Das Automatikprogramm läuft trotzdem noch und sieht einen leeren Becher vor. Egal, wie oft Sie bewusst versuchen zu intervenieren, immer wieder drückt die Automatik den flüssigen Nachtisch in Sie hinein.

Deshalb ist jetzt Schritt 1 der Selbstüberlistung, einen Stopppunkt zu setzen. Sie programmieren sich so um, dass von nun an ein Sonderprogramm läuft, wenn Sie den großen Milchshakebecher sehen. Dieses Programm sagt nur: »Vorsicht! Falsche Sollwerteinstellung! Bitte Maßnahmen ergreifen!« Der normale Mensch versucht das zwar auch, beendet aber das Programm sofort wieder und wird direkt danach rückfällig.

Nicht so der Selbstüberlister. Denn der konstruiert nun ein Spielchen, indem er sich eine Geschichte erzählt. Er zückt einen Stift und markiert den Becher in halber Höhe. Die Geschichte lautet, dass der Agent kein einfacher Agent, sondern ein Geheimagent ist, und den will jemand vergiften. Das tut er, indem er zwei Flüssigkeiten geschichtet hat; unter dem Strich ist das Gift. Sie wollen nicht, dass der andere weiß, dass Sie wissen, dass er Sie vergiften will, und müssen daher etwas aus dem Becher trinken, aber das darf nur die obere Hälfte der Flüssigkeit sein. – Ich weiß, dass Sie jetzt die Hände ringen. Und genau deshalb werden Sie es beim nächsten Milchshaketrinken ausprobieren. Weil solcher Unfug Spaß macht und ein Spiel nun mal darin besteht, sich das Leben etwas schwer zu machen.

Falls Sie allerdings wirklich ein Griesgram sind und es etwas sachlicher angehen wollen, suchen Sie eine Fritte heraus, die etwa so lang ist, wie der Füllstand am Ende sein soll, wenn Sie den Becher in den Müll werfen. Jetzt ist es das Ziel, durch Saugen möglichst genau den Füllstand der Frittenlänge zu erreichen, was Sie natürlich erst nach dem Saugen überprüfen können. Mir gefällt die Geheimagentenstory besser, aber ganz ehrlich: Die Höhe des Strichs ist ziemlich egal, weil Sie durch die meisten Becher sowieso nicht durchsehen können und deshalb die Füllhöhe schätzen müssen.

Die Methode funktioniert aber trotzdem, weil sie ein aktives Programm des Agenten in den Vordergrund holt und damit den Automatikmodus abschaltet. Das hätte nicht funktioniert, wenn Ihre Direktorin einfach besserwisserisch gesagt hätte: »Lass uns heute doch nur die Hälfte trinken!« Der Agent hätte garantiert geantwortet: »Ach komm, das Schlückchen noch. Und das noch. Und das. Ups, jetzt ist der Becher leer.« Aber beim Frittenspiel ist er auf einmal derjenige, der das Ziel erreichen *will*.

Probieren Sie es. In Kürze wird es sich einfach richtig anfühlen, nur die Hälfte zu trinken, obwohl Sie die andere Hälfte auch bezahlt haben.

Falls Sie jetzt fragen: »Wieso sollte ich überhaupt noch in Fast-Food-Restaurants gehen? Ist das nicht etwas, was ich mir abgewöhnen sollte?« Möglich, dass Sie das wollen (ich will es nicht, denn wo sollte ich dann meine Deadline-Sprints einlegen?). Aber das ist nicht mehr das Verstellen eines Sollwertes, sondern das ist die Kunst, etwas nicht zu tun, und verlangt andere Selbstüberlistungstechniken (siehe Kapitel 12, »Die Kunst, etwas nicht zu tun«, ab Seite 245).

Der Agent, der nicht zu spät kommen will

Anderes Beispiel. Sie haben festgestellt, dass Sie zu Verabredungen immer abgehetzt kommen und oft zu spät sind. Das stresst Sie und macht andere sauer.

Wenn Sie die Situation analysieren, werden Sie feststellen, dass das nicht an Ihrer knappen Zeit liegt, wie Sie sich vermutlich bisher immer eingeredet haben. Denn ob Sie die vorausgehende Aktivität um die zehn Minuten verkürzen, die Sie immer zu spät sind, macht dieser anderen Aktivität faktisch gar nichts aus. Das Problem besteht darin, dass Sie als Sollwert abgespeichert haben, zu spät loszufahren, und deshalb fühlt es sich nur mit Hetze richtig an. Rechtzeitig losfahren fühlt sich falsch an. Insgeheim wussten Sie das natürlich schon vorher, dieses Wissen hat Ihnen nur nichts genützt. Bisher.

Deshalb müssen Sie jetzt eine Selbstlist anwenden, um sich umzuprogrammieren. Wenn Sie sich einfach vornehmen, vorher loszufahren, dann fühlt es sich immer noch falsch an. Tun Sie etwas anderes: Sie nehmen sich vor, vor dem Treffen noch etwas Sinnvolles zu tun, also einen Deadline-Sprint einzulegen. Etwas, das Sie in kleine Häppchen einteilen können, wie einen kleinen Stapel Vokabeln zu lernen (falls Sie das regelmäßig tun) oder noch eine bestimmte Mail vom Handy aus zu beantworten. Nehmen Sie möglichst eine konkrete Tätigkeit, keine allgemeine (also zum Beispiel eine konkrete Mail, nicht abstrakt Mails beantworten; ganz konkrete Vokabeln, kein diffuses Vorhaben).

Die Wirkung ist die gleiche wie beim Geheimagentenspiel. Der aktive Agent hat wegen der aktuellen »Quest« (Sonderaufgabe in einem Spiel) mit so viel Vorlauf anzukommen, dass er die kleine Aufgabe noch erledigen kann. Wieder wird damit der Automatikmodus mit dem falschen Sollwert ausgeschaltet und die Kräfte des Agenten werden aktiviert, um eine Aufgabe auszuführen. Nicht weil er soll, sondern weil er will. Denn er *will* die Quest lösen, der komische Sollwert ist ihm egal, denn der gilt ja nur im Automatikmodus.

Das Gute ist: Je öfter Sie nun vor der Zeit ankommen, desto mehr entwickelt sich das zur neuen Sollwerteinstellung.

Speichern Sie dieses Muster für sich ab. Es gibt viele Fälle, in denen es eine Kleinigkeit dieser Art ist, die uns in Stress versetzt. Zu spät kommen und unvorbereitet sein haben meistens dieselbe Ursache: einen falschen Sollwert. Lehrer, die unvorbereitet in den Unterricht kommen; Anwältinnen, die ohne Aktenkenntnis in Meetings auftauchen; Berater, die die Dokumente nicht gelesen haben. Meist würden verhältnismäßig kurze Zeiten reichen, aber weil ein falscher Sollwert gespeichert ist, leben wir von der Hand in den Mund.

Oft entsteht diese Sollwertverstellung übrigens durch eine Ausnahmesituation. Eine immer gut vorbereitete Lehrerin kann zum Beispiel durch die Krankheit eines Verwandten aus dem Tritt kommen und sich einige Wochen lang nicht mehr richtig vorbereiten. Nur zu oft passiert es, dass sie dann diesen neuen, falschen Sollwert abspeichert und ab da dauerhaft gestresst ist und ausbrennt.

Und dann gibt es noch eine Besonderheit, die zwar eigentlich völlig offensichtlich ist, aber in mindestens 80 Prozent der Fälle trotzdem vergessen wird: Fahrtzeiten. Vielfach ist für die Fahrtzeit zu einer Verabredung ein Sollwert gespeichert, so als wäre das Beamen schon erfunden. Dagegen gibt es ein einfaches Mittel: zu jeder Verabredung die Fahrtzeit als eigenen Termin mit in den Kalender eintragen. Damit wird dann auch schon visuell deutlich, wie viel Zeit des Tages wirklich verplant werden kann.

Der Agent und sein Gegenspieler

Vielleicht sind Sie am Monatsende immer pleite oder haben jedes Mal Schwierigkeiten, Ihre Kreditkartenrechnung zu begleichen. Sie reden sich gern ein, dass Sie einfach zu wenig Geld und schon zu viele Schulden haben. Aber sehen Sie sich die Sache genau an. Wenn Sie 10 000 Euro Schulden aus einem Darlehen haben und am Monatsende die Kreditkartenabrechnung für 200 Euro nicht bezahlen können, dann sind nicht die 10 000 Euro das Problem, sondern die 200 – mit anderen Worten, das Ausgabeverhalten innerhalb des Monats. Das ist wie beim Zuspätkommen.

Angenommen, Sie könnten den großen Kredit auf 10 200 Euro aufstocken, dann müssten Sie ab da Ihr 200-Euro-Problem ja dauerhaft beseitigt haben und in Zukunft immer genau hinkommen. Aber das wird nicht so sein. Stattdessen werden Sie im nächsten Monat wieder um 200 Euro zu knapp dran sein. Weil Sie diesen Zustand unbemerkt als Zielwert gespeichert haben und sich immer exakt so verhalten, dass er wieder eintreten wird.

Zur Selbstüberlistung müssen Sie daher etwas auf einer anderen Ebene ändern. Inzwischen wissen Sie auch schon, wie das geht: Sie müssen einen Agenten auf Ihre Seite ziehen und ihn zu einem Partner machen, der etwas erreichen *will.* Daher setzen Sie jetzt einen neuen Agenten ein, dem Sie die 200 Euro zum Anfang des Monats in die Hand drücken und ihn beauftragen, darauf aufzupassen, indem er das Geld möglichst gut versteckt. Sie warnen ihn, dass spätestens am Monatsende ein feindlicher Agent kommen wird, um das Geld zu entwenden.

Erinnern Sie sich an dieser Stelle daran, dass die Agenten nicht nur Zeitgestalten sind, sondern in erster Linie logische Entitäten. Dieser Agent hat jetzt also auch eine Quest und lebt als logische Einheit weiter. An anderer Stelle haben wir das mentales Konto genannt.

Dieser neue Agent versteckt den Betrag jetzt also auf einem eigens dafür eingerichteten Konto. Zum Beispiel auf dem Konto eines Robo-Advisors, der das Geld konservativ verwaltet und per Handy-App bedienbar ist.[51] Denn Sie wissen ja: Die Aktivierungsenergie sollte so gering wie möglich sein. Am besten, er richtet einen Dauerauftrag ein, bei dem der Betrag an jedem Monatsanfang gleich auf das Konto des Robo-Advisors umgebucht wird.

Kommen Sie jetzt nicht auf den Gedanken, den Agenten damit spielen zu lassen. Es ist nicht sein Job, riskante Sachen zu machen oder schlaue Ideen zur Geldvermehrung zu haben. Sein Job ist, den Ende-des-Monats-Agenten zu überlisten und notfalls mit ihm zu kämpfen.

Vielleicht gelingt die List schon dadurch, dass der Automatikmodus der normalen Geldausgebenagenten nur auf den Kontostand des laufenden Kontos sieht und sich durch das Verstecken des Geldes genauso verhält wie sonst auch, sich aber um 200 Euro ärmer fühlt und daher 200 Euro weniger ausgibt. Es ist sogar sehr wahrscheinlich, dass das passiert. Damit werden am Ende des Monats allerdings wieder 200 Euro fehlen.

Spätestens jetzt fällt ihm ein, dass es da ja noch einen versteckten Schatz gibt, und den will er sich holen. Normalerweise könnte die Direktorin jetzt nur machtlos zusehen, weil sie ja nie selbst eingreifen kann. Aber diesmal hat sie einen verbündeten Agenten. Der stellt sich mit einem Schwert vor sein mentales Konto und verteidigt es. Falls Ihnen das zu kindisch ist, dann lassen Sie solche Spielgeschichten und definieren Sie eine persönliche Regel, der zufolge kein Agent an dieses Robo-Konto rangehen darf. Aber tun Sie etwas, was die Agenten zu aktivem Handeln zwingt und damit den Automatikmodus abschaltet. Da es nun einen Agenten gibt, für den es eine Niederlage wäre, das Geld herzugeben, haben Sie gute Chancen, dass er am Ende gewinnt.

Aber selbst wenn nicht: Merken Sie, dass Sie jetzt am Monatsende auf null wären, selbst wenn Sie das Konto plündern? Nicht schlecht, oder?

Für den Fall, dass Sie das mit dem Sparen der 200 Euro überhaupt ganz und gar nicht hinbekommen, dann warten Sie auf eine Gehaltserhöhung oder vielleicht auch den Wegfall einer Rate, die Sie zu bezahlen haben. In genau diesem Augenblick nehmen Sie exakt den Wert der Gehaltserhöhung oder der weggefallenen Rate und richten den Dauerauftrag für das Robo-Konto ein. Wenn jetzt der Ausgebeagent kommt und behauptet, zu wenig Geld zu haben, kann der Bergtroll mit Schwert, der den Goldschatz verteidigt, immer entgegenhalten: »Wieso, bisher ging es doch auch. Du hast genauso viel zur Verfügung wie im letzten Monat, nur dass dein Geld jetzt nicht die Raten einer fremden Bank bedient, sondern unser Konto füllt. Also verzieh dich und lass dir gefälligst was einfallen, wie du klarkommst!«

Die Quest und die Faktor-10-Methode

Ich denke, das Prinzip ist klar geworden: Um einen Sollwert neu einzustellen, muss die Direktorin einen Agenten beauftragen, manuell einen Sonderauftrag (eine Quest) zu erfüllen. Dann stellt derjenige den Automatikmodus aus und kalibriert den zugehörigen Sollwert zugleich neu.

Wenn Sie sich im Einzelfall fragen, wie Sie so eine Quest in Gang setzen, gibt es eine einfache Methode: Machen Sie Dinge einmal bewusst anders.

Am einfachsten, indem Sie sich eine nette Spielgeschichte dazu erzählen, aber die ist nicht das Entscheidende, sondern das Andersmachen ist es. Die Geschichte dient nur dazu, dass Sie es auch wirklich tun. Um Ihre Fantasie anzuregen, hier noch ein paar kurze Beispiele:

Laden Sie Ihr Handy einmal auf einen anderen Wert auf als sonst. Wenn Sie Ihr Handy normalerweise im Bereich von 50 bis 100 Prozent halten, ändern Sie das einmal auf 30 bis 80 Prozent. Sie werden sehen, wie merkwürdig sich das anfühlt. Wenn Sie Ihre Jacke normalerweise mit dem rechten Arm zuerst anziehen, tun Sie es mal mit dem linken. Wenn die Sportschuhe normalerweise versteckt hinten stehen, stellen Sie sie nach vorn.

Oder: Wenn Präsentationen normalerweise eine Stunde lang sind, dann verkürzen Sie sie einmal auf fünf Minuten. Erklären Sie einen komplizierten Zusammenhang nicht in zehn Minuten, sondern in einer Minute.

Und damit sind wir schon bei einer besonderen Form der Quests: der Faktor-10-Methode. Es ist eine Form des Denkens, die auf Google zurückgeht. Dort wurde die Entdeckung gemacht, dass es manchmal einfacher ist, eine Verbesserung um den Faktor 10 (also 1000 Prozent) zu erreichen als um 10 Prozent. Das klingt erst einmal paradox, aber es steckt ein einfaches Prinzip dahinter: das lokale Maximum.

Oft haben Sie jahrelang etwas optimiert und merken, dass es in keine Richtung mehr besser wird. Aber es kann sein, dass Sie auf einem kleinen Hügel stehen und neben Ihnen ist ein großer Berg. Sie erreichen ihn aber nicht, weil es ja in jede Richtung bergab geht und Sie sich daher nicht mehr um 10 Prozent verbessern können. Kaum entfernen Sie sich aber eine viel weitere Strecke von Ihrem derzeitigen Ort, können Sie den hohen Berg erreichen.

Dieses Problem haben übrigens auch Optimierungsalgorithmen für solche Anwendungen wie Routenplanung oder die Beladung von Flugzeugen. Deshalb gehen diese oft so vor, dass sie einmal kräftig an ihrem vermeintlichen Optimum »rütteln« und ganz andere Lösungskandidaten untersuchen, um die Wahrscheinlichkeit zu verringern, in einem lokalen Optimum stecken geblieben zu sein.

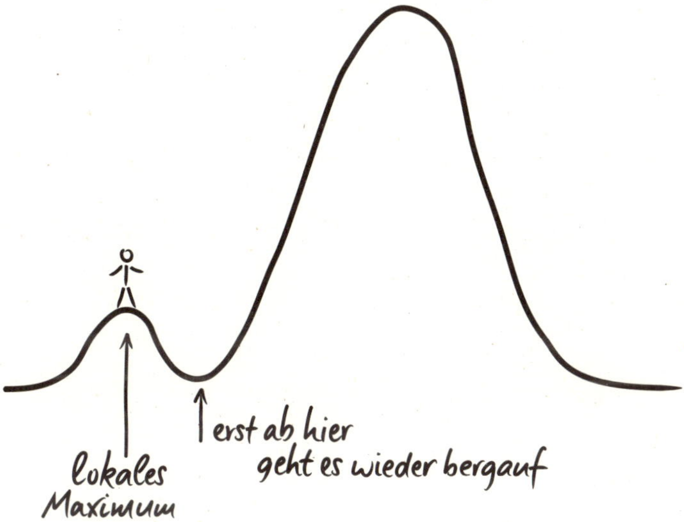

Im lokalen Maximum wird es in alle Richtungen schlechter; deshalb finden wir das globale Maximum nicht, selbst wenn es viel höher ist.

Tatsächlich ist es deshalb auch bei Ihren Sollwerten einfacher, sie in eine ganz andere Größenordnung zu verschieben als nur graduell zu ändern. Denn eine kleine Änderung enthält immer die Erinnerung an den alten Wert. Denken Sie noch mal an das Waschpulver. Dort war das Problem, dass die Dosierung auf ein Drittel verringert wurde; damit war die Erinnerung an den alten Wert noch zu nah, und der Automatikmodus hat das verwechselt.

Wäre die Dosis reduziert worden auf einen Teelöffel, dann hätte es ziemlich sicher funktioniert. Denn dann wäre jede Dosierung zu einer erkennbaren Quest geworden, und der Sollwert der Agenten hätte sich umgestellt.

KAPITEL 7

Weitere Techniken der Selbstüberlistung

»Du!« – »Ja?«
»Ich rede mit mir selbst!« – »Ich doch auch.«

Badesalz, »Zarte Metzger«[52]

Im Kapitel 4, »Im produktiven Panikmodus: der Deadline-Sprint«, ab Seite 83 habe ich eine der wichtigsten Selbstüberlistungstechniken vorgezogen. In diesem Kapitel sehen wir uns weitere Techniken an.

So sprechen Sie mit Ihrem zukünftigen Ich

Es ist leicht, vom Kitesurfen auf Lanzarote oder vom Beruf des Schriftstellers zu träumen; es ist etwas ganz anderes, sich die Freiräume dafür auch wirklich zu schaffen und die frustrierenden Phasen der verhedderten Kiteschirme und der endlosen Schreibhemmungen zu durchlaufen. Anders gesagt: Es ist schwierig, seine zukünftigen Agenten davon zu überzeugen, etwas zu tun, was sie nicht so unmittelbar angenehm finden wie eine Packung Chips vorm Bildschirm.

Deshalb ist Selbstüberlistung zu großen Teilen eine Kommunikation zwischen dem jetzigen und dem zukünftigen Ich. Ich möchte Ihnen deshalb zwei unterschiedliche Ansätze für diese Kommunikation zeigen.

Der organisierte Oliver

Der hochorganisierte Student Oliver betreibt Zeitmanagement und stellt immer seinen Wecker. Wir begleiten hier seinen soeben von diesem Wecker aus dem Schlaf geschreckten Agenten.

Agenten leiden bekanntlich an Gedächtnisschwund, und so fragt er sich, was er mit dem kurzen Leben dieses Tages anfangen könnte. Zum Glück findet er einen Zettel seines Vorgängers:

An meinen Nachfolger: Wir arbeiten jetzt nach der Methode GTD[53] *(Getting Things Done = Dinge erledigt kriegen). Hier ist alles, was du heute zu tun hast:*[54]

- *Vorlesung fängt morgen schon um 8:15 Uhr an*
- *Skript ausdrucken*
- *Buch in die Bibliothek zurückbringen*
- *Müll rausbringen*
- *Masterarbeit schreiben*
- *Verabredung mit Lisa*
- *Wohnung aufräumen*
- *Urlaub in Spanien planen*
- *Termin beim Zahnarzt machen*

Der Agent hält sich für die Direktorin und beginnt zu kategorisieren (»Ist der Zahnarzttermin eine private oder eine geschäftliche Angelegenheit?«) und zu priorisieren (»Was ist wichtiger: Lisa oder der Müll?«[55]). Auf diese Weise verbringt er 29 Minuten und 15 Sekunden (er ist gern vor der Deadline fertig) mit Planung und arbeitet sodann die Liste in optimierter Reihenfolge ab. Am Ende des Tages hat er fast 90 Prozent erledigt, nämlich acht von neun Listeneinträgen.

Welchen Punkt wird er wohl nicht als »erledigt« markiert haben? Richtig: die Masterarbeit. Die hat er noch nicht einmal angefangen, denn andernfalls hätte er ja nicht so viele Dinge »erledigt bekommen«.

Wenn man Studenten mit ausgeklügeltem Zeitmanagement fragt, wieso sie denn so wenig an ihrer Abschlussarbeit gearbeitet haben, kommt gern die Antwort, sie hätten eben andere Prioritäten gesetzt.

Dennoch kann man Oliver eines nicht absprechen: Er hat seinen Tagesablauf im Griff. Aber nicht sein Leben.

Die chaotische Christina

Besuchen wir nun den Agenten der chaotischen Studentin Christina, der ebenso unsanft aus dem Schlaf gerissen wurde wie der Agent von Oliver, aber folgenden Zettel ihres Agenten des Tages zuvor vorfindet:

> *An meinen Nachfolger: Ich habe eine Simulation für unsere Masterarbeit gestartet und über Nacht laufen lassen. Sieh bitte nach, was rausgekommen ist, und schreibe die Ergebnisse in die Datei Masterarbeit08.doc, die ich dir geöffnet gelassen habe.*

Christina wird am Ende des Tages gar nicht wissen, dass sie acht von neun Punkten unerledigt gelassen hat. Sie geht erst zum Zahnarzt, wenn der Zahn wehtut; bringt den Müll erst raus, wenn eine Ratte eingezogen ist; bucht den Urlaub überhaupt nicht, sondern wirft am Tag der Abfahrt ihr Zelt ins Auto (wobei sie auch schon mal das Außenzelt vergisst); muss grundsätzlich die Mahngebühr der Bibliothek zahlen. Und sie übersieht auf jeden Fall, dass die Vorlesung vorverlegt wurde.

Prioritätensetzung

Die beiden fiktiven Personen haben sehr unterschiedliche Prioritätensetzungen. Natürlich wird Oliver seine Prioritätensetzung verteidigen: »ProfRieck hat mir erklärt, dass der Urlaub in Spanien und die Verabredung mit Lisa zu den Lebenswichtigkeiten gehören. Der Zahnarztbesuch ist mindestens alltagswichtig (für diese Begriffe hat Oliver schon etwas vorgearbeitet und das Kapitel 8, »Was ist wichtig – im Leben und am Tag?«, ab Seite 165 gelesen). Folglich muss ich diese Aufgaben entsprechend priorisieren. Ist doch klar, dass dann die Masterarbeit etwas weniger Zeit abbekommt.«

ProfRieck würde allerdings antworten: »Oliver, du verwechselst etwas. Der Urlaub ist wichtig, aber nicht die *Planung* des Urlaubs. Die Verabredung mit Lisa ist wichtig, aber nicht der Vorgang der Verabredung mit ihr. Wenn du deinen Tag mit dieser Form der Bürokratie füllst, dann hast du weniger der wichtigen Qualitätszeit *und* verfolgst nicht dein Lebensprojekt der Masterarbeit. Außerdem ist ein Treffen mit Freunden oder die Planung eines Urlaubs keine Aufgabe, sondern etwas, was Spaß macht und was du genießen kannst, *nachdem* du deine Aufgaben erledigt hast.«

Selbstgespräche

Kommen wir jetzt zu den beiden unterschiedlichen Kommunikationsstilen mit sich selbst.

Oliver vermischt Aufgaben völlig unterschiedlichen Typs miteinander. Triviales wie Aufräumen steht dort gleichberechtigt neben der Masterarbeit, Minutenaufgaben stehen neben Monatsaufgaben und es findet sich sogar ein Eintrag, bei dem das Eintragen in die Liste gleich lang gedauert hat wie die Aufgabe selbst (das Stellen des Weckers für die vorverlegte Vorlesung). Die Erwähnung der Masterarbeit wiederum ist so unspezifisch, dass der Agent keine Ahnung hat, was er eigentlich tun soll. Bei diesem einen Eintrag liegt ein so großer Berg vor ihm, dass er gar nicht erst anzufangen braucht; das kann er sowieso nicht erledigen. Deshalb fängt auch kein Agent jemals damit an – außer dem, der von einer ganz konkreten Note 5,0 bedroht ist.

Christina hingegen wendet bereits etliche Methoden der Selbstüberlistung an, wahrscheinlich ohne es zu wissen, denn so weit ist sie in dem Buch ja noch gar nicht gekommen:

- Sie hat nur einen einzigen Punkt auf ihrer »Liste«: die Masterarbeit. Sonst nichts. Deshalb braucht sie auch nicht zu priorisieren.
- Diese Fünfmonatsaufgabe hat sie bereits auf eine agentengerechte Tätigkeit heruntergebrochen: »Schreibe die Simulationsergebnisse auf.« Für diese Tätigkeit erhält der betreffende Agent in seiner Lebenszeit noch seine Belohnung, indem er sie erfolgreich fertigstellt.
- Sie hat am Tag vorher einen Cliffhanger eingebaut, der den Agenten am nächsten Tag neugierig sein lässt und damit motiviert, mit der Arbeit anzufangen: Was kommt denn jetzt eigentlich raus bei der Simulation?
- Damit er mehr macht, als seine Neugier zu stillen, hat sie die Aktivierungsenergie so niedrig wie nur möglich gehalten und die Datei gleich offen gelassen. Vielleicht war sie auch nur zu faul, sie zu schließen, aber im Resultat ist es das Gleiche.

Aber auch Christina hat ihre Macken. Die beiden fiktiven Personen sind auf sehr unterschiedliche Weise Prokrastinierer:

Oliver macht alles sofort. Außer den Dingen, die wichtig sind; die macht er in der letzten Minute, wenn überhaupt.

Christina macht alles in der letzten Minute, wenn überhaupt. Außer den Dingen, die wichtig sind; die macht sie andauernd.

Bei Oliver hat sich ein Agent in den Chefsessel der Direktorin geschlichen. Weil Agenten aber jede Aufgabe auf 100 Prozent Größe skalieren, fehlt ihm jeder Sinn für Wichtigkeit. Seine Priorisierung wird deshalb grotesk falsch.

Christina hingegen hat ihre Agenten zu Wichtigkeitsjunkies gemacht. Sie hat sie motiviert, endlos an einem einzigen wichtigen Problem zu arbeiten. Leider fehlt ihr jeder Sinn für Dringlichkeit. Dadurch ist sie wie ein Computer, der vermeintlich abgestürzt ist, in Wahrheit aber an einer umfangreichen Rechenoperation arbeitet. Nur kann niemand mehr etwas mit ihm anfangen. Sie ist auch einer riesigen Gefahr der Nonfinisierung ausgesetzt und stürzt dann wirklich ab.

Trotz meiner unbestreitbaren Vorliebe für die Variante Christina muss sie lernen, mehr hinzubekommen als eine 1,0 in der Masterarbeit (sofern sie nicht versehentlich drei Jahre daran weiterschreibt, weil sie sowohl den Abgabetermin als auch die Zwangsexmatrikulation übersehen hat). Zum Beispiel könnte sie lernen, sich am Abend mit Lisa zu treffen, auch ohne dass es auf einer To-do-Liste steht. Oder den Zahnarztbesuch und den Urlaub als Mittel einzusetzen, um noch produktiver an ihrem aktuellen Lebensprojekt zu arbeiten, der Masterarbeit (siehe Abschnitt »Der kleine Tod – besser als der letzte Tag des Lebens« ab Seite 141). Dann allerdings stehen die Chancen gut, dass sie mit ihrem Zelt ohne Außenhaut mehr Erlebnisse provoziert als Oliver mit seiner sorgsam durchgeplanten Reise.

Meine Sympathie für eine der beiden erfundenen Personen muss nicht dieselbe sein wie Ihre. Echte Menschen sind (meist) nicht so extrem wie diese prototypischen Charaktere, aber alle tragen Züge des einen oder des anderen in sich. Man kann sich etwas umprogrammieren, aber nur zu einem gewissen Grad. Selbstüberlistung ist ein mächtiges Tool, aber nur im Rahmen der eigenen Persönlichkeit.

Oliver und Christina sind beide gut beraten, einen Beruf zu wählen, der zu ihrem Grundtypus passt. In diesem Rahmen können sie nachjustieren und Probleme beseitigen, die sich aus ihren individuellen Lebensstilen ergeben. Christina wäre völlig ungeeignet als Sachbearbeiterin oder Projektleiterin, aber als Journalistin, Lehrerin, Professorin oder in einer Entwicklungsabteilung wäre sie wahrscheinlich sehr gut. Oliver hingegen würde in diesen Berufen verzweifeln. Als Sachbearbeiter oder Steuerberater, als Bauleiter oder Fertigungsingenieur kann ich ihn mir hingegen gut vorstellen. Beide zusammen könnten vielleicht sogar ein Unternehmen gründen.

Ein Ziel engt ein, ein Weg macht frei

Wenn du nicht weißt, wohin du willst, ist es egal, welchen Weg du nimmst.

Lewis Carroll, *Alice im Wunderland*

Bei öffentlichen Ausschreibungen muss vorab ganz exakt definiert werden, wie das Resultat auszusehen hat; bei der Ausschreibung einer Professur ist vorher genau anzugeben, nach welchen Kriterien auszuwählen ist. Einmal angenommen, es bewirbt sich anschließend ein Nobelpreisträger, der aber nicht haarklein auf die Ausschreibung passt, dann müsste ein anderer Bewerber vorgezogen werden, bei dem die einzelnen Punkte besser abgehakt werden können als bei dem Nobelpreisträger. Wenn ein Anbieter eine andere Idee hat, wie man den Zweck der Ausschreibung besser erreichen kann, als in der Ausschreibung formuliert ist, dann darf er nicht genommen werden.

Das passiert, wenn man präzise Ziele hat. Man beraubt sich der Flexibilität, ein anderes Ziel zu verfolgen, wenn auf dem Weg neue Informationen auftauchen. Sie können das wundervoll beobachten, wenn Touristengruppen mit dem Reiseführer in der Hand brav all das abhaken, was andere für sehenswert halten. Sie haben genaue Ziele und erreichen die wahrscheinlich auch – nicht wissend, was sie alles verpassen, hätten sie einfach einmal nicht auf den Plan, sondern auf die echte Welt geschaut.

Ziele stammen aus einer anderen Zeit. Wenn Sie Chefarzt oder Bundeskanzler werden wollen, dann ist es wahrscheinlich immer noch erstrebenswert, dieses Ziel spätestens ab der sechsten Schulklasse zu verfolgen und jeden damit verbundenen Schritt exakt auszuführen. Für die meisten anderen »Ziele« aber gilt, dass Sie sie in der sechsten Schulklasse noch gar nicht genau genug kennen können, um sie zu haben. Das Zitat aus *Alice im Wunderland* kann auch bedeuten »Wenn du nicht weißt, wohin du willst, ist jeder Weg der richtige«, sprich: »Du kannst nur dann falsch gehen, wenn du dich vorher auf ein Ziel festgelegt hast.«

Ziele sind typische Direktorinnendenke. Für unsere Agenten hingegen sind sie eine motivationale Katastrophe.

Stellen Sie sich ein Computerspiel vor, das zehn Level hat und an dessen Ende Sie dem fast unbesiegbaren Dr. Eisenfaust gegenüberstehen. Sie befinden sich in der Mitte des ersten Levels. Denken Sie dann die ganze Zeit an Dr. Eisenfaust? Wohl kaum, denn der Gedanke an das letzte Level bringt überhaupt nichts für die aktuellen Aufgaben. Im Gegenteil, es frustriert den aktuellen Agenten zu sehen, wie weit er noch vom »Ziel« entfernt ist.

Er hat ganz andere Probleme als das oberste Level. Er muss Fertigkeiten erlernen; er muss an Soldaten vorbeikommen; er muss Wege durchs Labyrinth finden. Er hat haufenweise Aufgaben, die seiner Größe entsprechen. Die zu erledigen, macht ihm Spaß. Das zeigen auch Forschungen aus der Psychologie: Sich auf den Prozess zu konzentrieren, führt zu Spaß an der Sache, sich aufs Ziel zu konzentrieren, zu weniger Spaß und mehr Ablenkungspotenzial.[56]

Was also ist die Alternative zu Zielen? Eine Richtung. »Fahre Richtung Leuchtturm« ist etwas anderes als »Du musst den Leuchtturm erreichen«. »Sieh zu, dass du den Berg höher kommst« ist etwas anderes als »Du musst den Gipfel erreichen«.

> Ersetzen Sie Ziele durch Richtungen. Eine Richtung gibt der Reise einen Sinn.

Ohne Richtung gehen wir versehentlich im Kreis und sind frustriert, wenn wir es bemerken (oder denken, im Kreis zu gehen, obwohl es gar nicht stimmt). Eine Richtung führt zu den hellen Motivatoren 1 (Tieferer Sinn und Berufung), 2 (Entwicklung) und 3 (Selbstwirksamkeit). Eine Richtung hilft über die Spielmüdigkeit der dunklen Motivatoren hinweg, ohne den Agenten das dauernde Misserfolgserlebnis zu geben, dass das Ziel noch so weit entfernt ist.

Zugleich lässt uns eine Richtung genug Spielraum, flexibel zu reagieren, wenn neue Informationen auftauchen. Auf diese Weise beziehen wir unsere Agenten mit ein und geben ihnen Herausforderungen, die sie auch sinnvoll meistern können. Deshalb ist eine wichtige Technik, die Agenten zu bewegen, diese:

Vertrauen Sie dem Prozess.

Dieses Prinzip lädt dazu ein, sich auf das Hier und Jetzt zu konzentrieren und dem Weg zu vertrauen, auch wenn kein »Ziel« feststeht. Es geht darum, den Prozess des Wachstums und der Veränderung zu schätzen, statt sich nur auf ein Endergebnis zu konzentrieren, das festgelegt wurde, als der Weg noch gar nicht bekannt war und das Ziel nicht mehr als eine vage Vermutung sein konnte. Kurz, dieses Prinzip vertraut den Agenten und macht sie damit zu Verbündeten statt zu Ausführenden. Es ist letztlich die gleiche Methode, mit der im Leadership die Mitarbeiter mitgenommen werden.

Die Aufgabe besteht nicht mehr darin, den Agenten haarklein vorzuschreiben, was sie tun sollen, sondern ihnen Aufgaben zu geben, die sie einerseits erfüllen können, deren Ausführung sie aber andererseits mitgestalten können. Dazu gehört es, ein großes Projekt in kleine, agentengerechte Portionen aufzuteilen – und dann die Agenten machen zu lassen. Der nachfolgende Entdeckungsprozess ist es, der die Agenten immer wieder motiviert, an der großen Richtung aus Eigeninteresse mitzuwirken.

Es genügt nicht, wenn die Direktorin motiviert ist, ein »Ziel« zu erreichen. Diese Motivation verpufft bald, wenn die Agenten keine Lust mehr haben. Die Agenten müssen ein Motiv haben, jeden einzelnen Schritt auch wirklich zu gehen.

Konzentrieren Sie sich auf den nächsten Schritt, und lassen Sie ihn mit einem Erfolgserlebnis enden.

Letztlich geht es darum, die agilen Methoden des Projektmanagements auf unser Leben zu übertragen. Sie betonen die Wichtigkeit des gegenwärtigen Moments, der Flexibilität, der Anpassungsfähigkeit und des ständigen Lernens.

Agile Methoden stellen den Prozess über das Endergebnis. Anstatt sich auf ein festgelegtes Endziel zu konzentrieren, versuchen agile Teams, ständig Wert zu liefern und sich auf Basis von Feedback und Veränderungen anzupassen und weiterzuentwickeln. Zusätzlich setzen agile Methoden stark auf Selbstorganisation und Eigenverantwortung des Teams. Anstatt von oben herab Ziele und Pläne vorzugeben, legt das Team seine eigenen nächsten Schritte fest und plant seine Arbeit selbständig. Dies fördert sowohl Flexibilität als auch Engagement und sorgt dafür, auch bei großen Projekten nicht aus Angst vor deren Größe gar nichts mehr zu tun.

Detailtechniken dazu sehen wir uns noch im Kapitel 10, »Die dunkle und die helle Seite der Belohnungen«, ab Seite 193 an. Denken Sie bis dahin an die fiktive Studentin aus dem Kapitel zuvor, wie sie das Mammutprojekt Masterarbeit auf eine handhabbare Aufgabe heruntergebrochen und dabei akzeptiert hat, dass sie keinen exakten Masterplan haben kann, weil sie ja die Ergebnisse der einzelnen Schritte noch gar nicht kennt.

Und so kehren wir noch einmal zu unseren beiden Kandidaten zurück, zu dem organisierten Oliver und der chaotischen Christina.

Der letzte Tag des Lebens ist überbewertet

Stirb an einem anderen Tag.

James Bond 007

Greifen wir die größten Probleme der beiden fiktiven Studenten auf: ihr völliges Fehlen des Gefühls für Dringlichkeit (Christina) beziehungsweise für Wichtigkeit (Oliver). Wir werden uns in einem späteren Kapitel (Seite 259) noch die Theorie dahinter ansehen und verstehen, dass Dringlichkeit und Wichtigkeit durch ein unerwartetes Band eng miteinander verbunden sind.

Weil das so ist, hilft auch für beide die gleiche Kur:

Begrenzen Sie die Zeit für das, wovon Sie mehr tun wollen!

Nein, ich bin nicht durchgedreht. Ich kenne nur Ihre Agenten. Wenn wir einen einsetzen und ihm sagen: »Schau mal, hier ist ein gigantischer Stapel unerledigter Papiere der letzten 15 Jahre, den müssen wir uns jetzt wirklich mal vornehmen«, dann bricht er unter der mentalen Last zusammen und geht auf Instagram. Denn er weiß, dass er das sowieso nicht schaffen wird und daher nicht mit einem Erfolgserlebnis rechnen kann. Also sagen wir ihm: »Dann mache eben einfach nur die obersten drei Papiere oder Mails, das kann doch nicht so schlimm sein!« Leider sagen wir das zu unserem Mail-Beantwortungs-Agenten und der müsste jetzt den Fall an einen anderen Agenten übergeben, was immer mit mentaler Last verbunden ist. Zudem riecht der Agent Lunte und weiß ganz genau, dass wir ihn nur mit dieser List in die Arbeit hineinlocken wollen.

Das ist der Grund dafür, weshalb der Deadline-Sprint so gut funktioniert. Und genau deshalb verallgemeinern wir dieses Prinzip und wenden es auf einer größeren Skala an. Wenn wir Liegestütze machen wollen, dann fangen wir mit drei Liegestützen an. Mehr *dürfen* wir nicht auf einmal machen. Wenn wir Vokabeln lernen wollen, dann *dürfen* wir nicht länger lernen als zehn Minuten (was übrigens länger ist, als sich die meisten vorstellen, die immer bei null Minuten geblieben sind). Wenn wir arbeiten, dann *dürfen* wir nicht länger arbeiten als bis 18 Uhr. Wenn wir eine Bachelorarbeit schreiben, dann dürfen wir nicht länger daran schreiben als bis zum 15. Mai, obwohl der Abgabetermin am 18. Mai ist.

Um das durchzusetzen, müssen wir natürlich eine List anwenden, damit wir das auch einhalten. Aber gehen wir hier einmal davon aus, dass das bereits gelungen ist. Es passieren jetzt nebenbei mehrere Dinge, an die man nicht gleich denkt.

Ihr Planungshorizont wird länger. Wenn Sie die Arbeit an einem Thema pro Tag strikt begrenzen, dann müssen Sie die Tätigkeit über einen längeren Zeitraum, also über mehr Tage, strecken. Auf einmal rechnen Sie gedanklich nach, wie lange das wohl dauern wird, und nehmen eine Dringlichkeit wahr, selbst für eine Deadline, die noch weit in der Zukunft liegt.

Oft gilt das Prinzip des *abnehmenden Grenzertrags*. Wenn Sie von einer Tätigkeit immer mehr machen, dann nimmt die Wirksamkeit dieses Mehreinsatzes normalerweise im Zeitablauf ab. Zum Beispiel bringt die erste Stunde an einem Thema mehr als die zweite, diese mehr als die dritte usw. Indem Sie nun Ihre Arbeitszeit pro Thema begrenzen, sorgen Sie dafür, dass die anderen Themen auch noch zum Zuge kommen, die aktuell einen höheren Grenzertrag liefern, also mehr Output pro eingesetzter Zeiteinheit. Falls Sie den seltsamen Begriff *Grenzertrag* noch nie gehört haben, stören Sie sich nicht daran. Der Grenzertrag ist hier einfach das, was man mehr bekommt, wenn man eine kleine Einheit Zeit mehr einsetzt (eine ausführlichere Erklärung gibt es im Kapitel 17, »Wieso Aufräumen Zeitverschwendung ist«, ab Seite 337).

Sie können die Freizeit intensiver erleben. Denn Sie legen sich nun im Anschluss an die Arbeit eine Tätigkeit, die Sie mögen. Das Fahrradfahren, das Sie in den letzten Jahren immer wegen zu viel Arbeit haben wegfallen lassen, das unternehmen Sie jetzt aktiv als Begrenzung im Anschluss an Ihre Arbeit. Damit eliminieren Sie die langen Zeiten der Vorhölle, in denen

Sie bisher weder richtig gearbeitet haben noch Freizeit hatten. Freizeit ist eine aktive Begrenzung der Arbeit.

Der umgekehrte Terminkalender

Eine sehr ähnliche Vorgehensweise beschreibt Neil Fiore in seinem Buch *The Now Habit* unter dem Namen »The Unschedule«, was man wohl am besten mit »umgekehrter Terminplan« übersetzen kann.

Die Idee ist, dass wir in unseren Terminkalender zuerst angenehme Tätigkeiten eintragen, die somit die Arbeitszeiten für die wichtigen Dinge aktiv begrenzen. Allerdings macht Fiore meines Erachtens den Fehler, die Freizeit primär als Belohnung zu sehen und nicht als Begrenzung der Zeit für die Arbeit. Vielleicht ist diese Unterscheidung letztlich nur Haarspalterei – vielleicht aber auch nicht, wie Sie im Kapitel 10, »Die dunkle und die helle Seite der Belohnungen«, ab Seite 193 sehen können.

Jedenfalls erkennen Sie hier das Prinzip des Deadline-Sprints wieder. Nur dass wir uns Freizeitaktivitäten als Deadlines eintragen. Aber natürlich können wir auch andere Termine nehmen.

Der kleine Tod – besser als der letzte Tag des Lebens

Vor allen Dingen lässt sich das Prinzip des Deadline-Sprints so verallgemeinern, dass er auch auf anderen Zeitskalen wirkt, als wir ihn bisher eingesetzt haben. Bisher haben wir ihn im Minutenbereich verwendet, um unseren Agenten Beine zu machen. Aber das muss nicht so bleiben.

Wenn wir uns einen Abendtermin mit Freunden eintragen, denn wirkt diese Deadline auf eine Gruppe von Agenten. Wenn wir einen Urlaub buchen, dann wirkt die Deadline auf die Direktorin in uns. Vielleicht kennen Sie das Bonmot »An dem Tag, an dem du erfährst, dass du sterben wirst, beginnst du zu leben«. Deshalb sollten wir uns künstliche Deadlines setzen, weil sonst nur der eigene Tod die Begrenzung wäre. Und der liegt gefühlt zu weit weg, auch wenn das eines Tages nicht stimmen wird.[57]

Organisieren wir unser Arbeitsleben daher so, dass wir kleine Tode dazwischen haben. Vielleicht kennen Sie den Effekt, dass man am letzten Tag vor dem Urlaub so viel wegschafft wie in den zwei Wochen davor. Verabreden wir uns also mit Freunden und buchen wir einen Urlaub, auch wenn es vor lauter Arbeit völlig verrückt klingt. Aber wenn ein Urlaub die Deadline bildet, dann lernt auch Oliver, was wichtig ist, und Christina, was dringend ist. (Auch wenn es unglaubwürdig klingt: Ich wollte diese Passage schon vor Wochen schreiben, habe es aber aus irgendwelchen Gründen nicht getan. In wenigen Tagen beginnt aber ein Urlaub, den ich vor Wochen in weiser Voraussicht gebucht habe. Das Resultat sehen Sie. Wahrscheinlich hätte ich dieses Kapitel mit mehr Zeit noch besser schreiben können – wenn ich es getan hätte.)

Noch besser: Weil die Arbeit ja jetzt vorher getan ist, können wir die Qualitätsfreizeit auf einmal ohne Schuldgefühle genießen. Ich jedenfalls werde im Urlaub wissen, dass ich vorher fertig geworden bin.

Wenn da nun nicht die Kleinigkeit wäre, dass unsere Agenten Agenten bleiben und die letzten von ihnen immer behaupten werden, jetzt sei die Arbeit aber gerade doch wichtiger, und den Urlaub genauso absagen wollen wie das Treffen mit Lisa.

Was wir dagegen tun können, sehen wir uns jetzt an.

Schenken Sie Ihren Agenten ein längeres Leben

Denken Sie bitte noch einmal an die Agenten unseres Marshmallow-Tests. Das ganze Problem entsteht dadurch, dass die einzelnen Zeitpunkte durch verschiedene Agenten verwaltet werden. Lebt ein Agent nur vier Minuten, dann sieht die Welt anders aus, als wenn er elf Minuten leben würde. Denn wenn die Versuchsleiterin nach jeweils fünf Minuten mit der doppelten Zahl Marshmallows zurückkommt, dann kann der Elf-Minuten-Agent zwei solcher Verdoppelungsschritte mitnehmen und davon profitieren. Der Vier-Minuten-Agent hingegen kann noch nicht einmal den ersten Schritt abwarten, ohne dabei sein Marshmallow an einen Nachfolger zu verlieren.

Eine wesentliche Technik der Selbstüberlistung besteht deshalb darin, die Agenten länger leben zu lassen. Das ist nicht nur möglich, sondern es steht dahinter ein viel allgemeineres Prinzip, als man auf den ersten Blick sieht.

Die Agentenexplosion

Nehmen wir eine Verabredung, wie sie um das Jahr 1900 war. Sie haben sich persönlich irgendwo gesehen und dabei ein Treffen für das kommende Wochenende vereinbart. Es gab kein WhatsApp, keine SMS und noch nicht einmal ein Telefon. Deshalb war es aufwendig, eine solche Verabredung zu treffen; genauso aufwendig wäre es gewesen, sie zu verändern. Wenn man sich nur alle paar Tage zufällig einmal sieht und Verabredungen für die Zeit in mehreren Tagen vereinbart, dann liegt dazwischen eine Phase der Selbstbindung. Die beteiligten Spieler hatten deshalb genau zwei Agenten: den einen, der die Verabredung trifft, und den anderen, der die Verabredung einhält. Aus Entscheidungssicht existiert die Zeit zwischen diesen beiden Zeitpunkten nicht, denn es gibt dort nichts zu entscheiden. Der Agent dieser Verabredung umfasste also mehrere Tage.

Und nun führen wir ein Handy ein. Wir können nun nicht nur einmal in der Woche etwas ändern und somit neu entscheiden, sondern wir können es jetzt minütlich. Wo in der Welt unserer Ururgroßeltern zwei Agenten unter einen Hut zu bringen waren, sind es heutzutage Hunderte. Jede Minute kann einer von denen dazwischenreden, sich unwohl fühlen, sauer werden, zu viel zu tun haben, und jeder von ihnen kann es mit einem Knopfdruck der Welt kundtun. Wir haben einerseits eine Explosion der Agenten (okay, ihrer Anzahl), andererseits eine immer kürzere Zeitspanne, die sie verwalten.

Dies führt zu dem Frust, der spätestens mit der Generation Z aufgekommen ist, dass Verabredungen so unfassbar schwierig und unzuverlässig geworden sind. Anstatt einfach eine Verabredung zu treffen und dann eine Woche später mit einem Blumenstrauß in der Hand aus dem Abendnebel aufzutauchen, entsteht heutzutage eine endlose Folge von Geschnatter über die verschiedensten Plattformen hinweg, das minütlich alles wieder infrage stellt und Umplanungen ins Gespräch bringt.

Das Partyparadoxon

Ein anderes Beispiel ist das Partyparadoxon, das ich vor vielen Jahren bereits in meinem Spieltheorielehrbuch beschrieben habe.[58] Auf einer Party ist es üblich, dass die letzten verbliebenen Gäste beim Aufräumen helfen – eine Tätigkeit, die die meisten als unangenehm empfinden. Stellen Sie sich jetzt vor, Sie sind kurz vor dem Zeitpunkt, zu dem Sie zu den letzten Gästen gehören würden. Auch wenn Sie die Party eigentlich positiv bewerten, gibt es eine kurze Zeitspanne, bei der der positive Nutzen der zusätzlichen Partyminuten kleiner ist als der Schaden, den Sie durch das Aufräumen erleiden würden.

Leben Ihre Agenten länger, als dieses Zeitintervall andauert, dann ist das alles kein Problem. Der letzte Agent genießt auch die letzten Minuten der Party in vollen Zügen und stört sich nicht daran, dass er anschließend aufräumen muss. Denn in der Summe waren auch die letzten Minuten noch lohnenswert; es ist die gleiche Situation wie beim langlebigen Agenten, der auf das Marshmallow wartet. Nicht so bei einem kurzlebigen Agenten. Der erlebt nur wenige der angenehmen Minuten des Partyendes, sodass für ihn der Schaden des Aufräumens größer ist als der Nutzen der letzten Minuten.

Bei einer Party mit lauter solchen Gästen gibt es ein Problem: Keiner will zu den letzten Gästen gehören und jeder versucht deshalb zu gehen, kurz bevor die Aufräumzwangschwelle erreicht ist. Dummerweise wollen das alle, wodurch jeder etwas vor den anderen gehen will. Wenn die Party zum Beispiel im Zeitpunkt 12 zu Ende wäre, dann versucht jeder schon zum Zeitpunkt 11 aufzubrechen. Damit ist die Party aber zum Zeitpunkt 11 zu Ende, und jeder versucht zum Zeitpunkt 10 zu fliehen; und so weiter bis zum Zeitpunkt 0. Was bedeutet, dass die Party gar nicht erst anfängt.

Glauben Sie nicht, das sei alles nur graue Theorie. Bei echten Partys gibt es als Lösung des Problems eine Konvention, die zwar wenigstens die Party beginnen lässt, aber meist doch zu einem überstürzten und vorzeitigen Ende führt: Man gilt nicht als letzter Gast, wenn man im Pulk mit anderen gleichzeitig geht. Daher gibt es einen Zeitpunkt, zu dem einige Gäste gleichzeitig fluchtartig aufbrechen. Wenn sich eine kritische Masse zum Gehen bereitmacht, stürmen deshalb auch alle anderen zur Garderobe und ziehen sich schnell den Mantel an. Dann ist niemand der Letzte und die traurig zurückgebliebenen Gastgeber müssen allein aufräumen.

Es sei denn, es verbleiben noch einige Gäste, deren Agenten länger leben und die dadurch auch nach dem Wegrauschen des großen Pulks noch so viel Spaß einsammeln können, dass sie keine Angst vorm Aufräumen haben. Vielleicht sind das aber auch einfach die besseren Freunde.

Selbstbindung als Lebensverlängerung eines Agenten

... der ganze Witz der Weltvernichtungsmaschine ist doch dahin, wenn Sie sie geheim halten. Wieso haben Sie die Welt nicht unterrichtet, hm?

Dr. Seltsam, oder: Wie ich lernte, die Bombe zu lieben

Wodurch genau entsteht eigentlich das Lebensende eines Agenten? Es entsteht, wenn ein zukünftiger Agent eine in einer Strategie getroffene Entscheidung revidieren kann. Vom Räuber Hotzenplotz über die Marshmallows bis zur nuklearen Abschreckungsstrategie taucht immer wieder das gleiche Problem auf.

Ebenso klar ist deshalb die Abwehrstrategie. Die Direktorin muss die Möglichkeiten des zukünftigen Agenten beschränken; damit macht sie die beiden ursprünglich separaten Agenten faktisch zu einem: den Agenten, der den Selbstbindungsmechanismus in Gang setzt, und den anderen, der dadurch gebunden ist.

Wir sind auf diesen Vorgang bereits mehrfach in Form eines Weckers gestoßen, weil es wohl der offensichtlichste Fall einer Selbstbindung ist.

Aber die Selbstbindung kann auch in ganz anderer Form erfolgen. Denken Sie an den Sagenhelden Odysseus, der zwar gern die Verlockungen der Sirenenklänge hören wollte, aber bitte ohne ihnen zu erliegen. Er hat sich an den Mast seines Schiffes binden lassen, damit sein zukünftiger Agent nicht weich wird und wider besseres Wissen ins Verderben fährt. Seiner Mannschaft hat er Pfropfen in die Ohren gesteckt, damit sie die verführerischen Klänge gar nicht erst hören. Das ist ein Musterbeispiel für Selbstbindung, das darüber hinaus zeigt, dass dieses Problem keineswegs neu ist.

Es ist auch nicht etwa typisch menschlich, wie viele denken. Sondern es unterliegt einer allgemeinen Logik, die bei jedem Entscheider auftritt, der sich umentscheiden kann. Dabei ist es egal, ob das eine Pflanze, ein Tier, ein Mensch, ein Roboter oder eine militärische Abschreckungsstrategie ist.

Ebenso sind die Möglichkeiten der Selbstbindung unterschiedlich.

- Wenn Sie im Supermarkt stehen und geschälte Möhrchen zum Knabbern kaufen statt fetttriefender Kartoffelchips, dann binden Sie Ihr zukünftiges vorm Fernseher sitzendes Ich.
- Wenn Sie einen Sparplan abschließen, der am Anfang viele Kosten hat und zum Ende der Laufzeit hin immer lukrativer wird, dann binden Sie Ihre zukünftigen Agenten, den Plan durchzuhalten.
- Wenn Sie sich in eine Entziehungskur begeben (was bei Ihnen hoffentlich nicht nötig ist, aber rein hypothetisch), dann geben Sie Ärzten die Kontrolle über das, was Sie in dieser Zeit tun können, und nehmen es Ihrem zukünftigen Ich aus der Hand.
- Wenn Sie in eine Selbsthilfegruppe gehen oder auch nur bei Ihren Freunden einen Neujahrsvorsatz kundtun, dann erhöhen Sie die sozialen Kosten, sich einfach über den Vorsatz hinwegzusetzen.
- Wenn Sie beschließen, Veganer zu werden, dann machen Sie die pflanzliche Kost zum Teil Ihrer Persönlichkeit und erhöhen die mentalen Kosten des Abweichens von dieser Regel.
- Wenn Sie bestimmte Handlungen automatisiert ausführen und somit in der Regel nicht mehr erneut über das Ob entscheiden, dann erhöhen Sie die mentalen Kosten, etwas anderes zu tun.

Wir sehen hier auch, dass eine vollständige Selbstbindung kaum möglich ist. Selbst bei Odysseus sehe ich gewisse Restrisiken (was würde zum Beispiel passieren, wenn ein Mitglied der Schiffsmannschaft den Befehl missachtet, die Petersilie aus den Ohren nimmt und deshalb die Sirenen hört, die ihn magisch anziehen werden?). Aber es gibt zumindest Mechanismen, die die Kosten des Umentscheidens so hoch werden lassen, dass es sich für den zukünftigen Agenten nicht lohnt und er deshalb aus seiner lokalen Optimierung heraus zu dem Ergebnis kommt, doch lieber bei der geplanten Entscheidung zu bleiben.

Jedenfalls ist Selbstbindung erstaunlich schwierig in die Praxis umzusetzen. Zu einem großen Teil ist Selbstbindung eine Einstellungssache.

Ich gebe Ihnen mal ein Beispiel aus dem Unialltag. Aus Studentensicht scheint es ein Vorteil zu sein, wenn man sich noch kurz vor dem Klausurtermin abmelden kann. Tatsächlich ist das aber ein Nachteil, der in der Mehrzahl der Fälle studienverlängernd wirkt. Denn es gibt jetzt faktisch keine Deadline mehr mit allen negativen Folgen. Wir erinnern uns: Externe Deadlines wirken dann sehr stark, wenn sie spürbar werden. Da der letzte Agent in der Kette jetzt die ganze Last des Trödelns seiner Vorgänger abbekommt, zieht er aber die Reißleine und meldet sich von der Prüfung ab. Als Konsequenz davon, weil diese Möglichkeit überhaupt besteht, haben seine Vorgänger mehr getrödelt, als sie es andernfalls getan hätten.

Gäbe es keine Möglichkeit zur Abmeldung, dann würden die Agenten vorher besser arbeiten und es würde gar keine Veranlassung mehr bestehen, sich abzumelden.

Natürlich rennt in der Praxis der letzte Agent dann doch noch zum Arzt und behauptet, krank zu sein. Das ist zwar aufwendiger, als sich einfach abzumelden, aber immer noch ein Ausweg, den er nehmen kann und deshalb nur zu oft auch nehmen wird. Sie glauben nicht, wie viele Fälle ich hatte, bei denen ein Student zu einer Präsentationsprüfung sogar erst anwesend war, aber direkt vor der Präsentation regelrecht geflüchtet ist, weil er für sich einen Notfall konstruiert hat (Durchfall, Katze krank, Kind krank, Freund auf der Autobahn nicht erreichbar, Anruf aus dem Krankenhaus erwartet).

Wenn immer so viele Notfälle auftreten würden wie direkt vor Präsentationen und Prüfungen, dann wären wir schon längst alle verstorben.

Am Ende läuft es darauf hinaus, dass der Spieler persönliche Regeln oder sogar Rituale (siehe Abschnitt »Gewohnheiten, Routinen und Rituale« ab Seite 152) etabliert haben muss, die er nicht übertritt. Somit haben Rituale eine Bindungswirkung, die stärker sein kann als beispielsweise echte Kosten externer Verträge.

Viele Fitnesscenter haben zum Beispiel Verträge mit extrem langer Laufzeit und Flatrate (die allerdings inzwischen gesetzlich stark gegenüber früher eingeschränkt ist). Es ist also ziemlich teuer, nicht hinzugehen. Ohne persönliche Regel denkt aber jeder einzelne faule Agent: »Hey, wenn ich nicht hingehe, bewirke ich keinen Verlust. Der Beitrag ist sowieso schon bezahlt.« Er hat einfach noch zu viele Freiheiten.

Was viel besser wirkt, ist ein vorgegebener Terminplan. Ein Theaterabonnement mit festen Terminen wird viel eher in Anspruch genommen als eine Fitnesscenter-Flatrate ohne Termine. Oder eine regelmäßige Unterrichtsstunde pro Woche immer zur selben Zeit, die man bezahlen muss, egal, ob sie in Anspruch genommen wird oder nicht (was bei vielen Yoga- oder Tanzkursen so gemacht wird). Oftmals steht hier nicht die Bezahlung im Vordergrund, sondern die Regel, keine Theateraufführung oder eingeplante Unterrichtsstunde zu verpassen.

Wir nähern uns damit einer der wirksamsten Formen der Selbstbindung: den persönlichen Regeln.

Persönliche Regeln: »Ich bin Antialkoholiker«

In der Spieltheorie bilden Regeln immer den Rahmen, innerhalb dessen die Spieler Entscheidungen treffen können. Diese sind exogen (also von außerhalb des Spiels) vorgegeben.

In diesem Abschnitt sprechen wir jedoch von einem anderen Typus von Regeln: den persönlichen Regeln, die sich ein Spieler selbst auferlegt. Streng genommen sind dies keine Spielregeln, aber sie sind nah dran.

Um das zu verstehen, vergleichen Sie bitte folgende Aussagen gegenüber Ihren Kumpels in einer Kneipe:

- Ich möchte eigentlich keinen Alkohol mehr.
- Ich darf keinen Alkohol trinken, weil ich Auto fahre.
- Ich trinke keinen Alkohol.
- Ich bin Antialkoholiker.

Bei der ersten Aussage haben Sie »eigentlich« schon verloren. Sie werden nun so lange genötigt, bis Sie endlich doch noch etwas trinken, denn es geht nicht um ob, sondern um wie viel. Damit gibt es keine klare Grenze, und das wiederum ist eine Einladung, mit Ihren Agenten zu verhandeln. Da diese ja nur »eigentlich« nicht möchten (was so viel heißt wie, dass sie es eben doch möchten, aber die Direktorin es nicht wollte), wird das eine leichte Verhandlung. Für die Gegenseite.

Die zweite Aussage ist deutlich stärker, weil es einen externen Bindungsmechanismus gibt. Wenn die Verkehrskontrollen häufig genug wären, dann wäre das ein gutes Argument. Leider sind die Kontrollen so selten, dass Sie trotzdem weiterhin von Ihren Kumpels genervt werden. Denn mit dem Wort »darf« haben Sie indirekt eingeräumt, es – Sie ahnen es: eigentlich – doch zu wollen. Und schon wieder gibt es eine Verhandlung mit Ihrem gerade aktiven Agenten, dessen Lebenszeit vermutlich vor dem Einsteigen ins Auto endet und der deshalb das Leben des gesamten Spielers gefährdet.

Erst bei der dritten Aussage sieht das anders aus. Wer keinen Alkohol trinkt, hat sich aktiv dagegen entschieden. Will man ihn jetzt überzeugen, es doch zu tun, dann zweifelt man seine Entscheidung und damit seine Entscheidungsfähigkeit an. Noch eine Stufe weiter geht die vierte Aussage.

Ein Antialkoholiker ist jemand, der aus Überzeugung generell keinen Alkohol trinkt. Das Nichtalkoholtrinken ist Teil seiner Persönlichkeit. Null heißt null, wie mir einmal ein Muslim sagte. Wer ihn überreden will, trotzdem Alkohol zu trinken, greift seine Persönlichkeit an. Dafür sind die Kosten so hoch, dass die meisten das lieber bleiben lassen – ihn selbst eingeschlossen.

Man diskutiert nicht mit einem Veganer, ob er vielleicht dieses eine Stück Fleisch jetzt doch essen sollte. Vielleicht diskutiert man über seine oder ihre Überzeugung, aber nicht über den Einzelfall.

Persönliche Regeln sind eine Art der Selbstbindung Ihrer Agenten. Normalerweise haben Agenten den vollständigen Entscheidungsspielraum der Direktorin. Nicht so, wenn sie durch eine persönliche Regel gebunden sind. Denn diese geben einen Sollwert vor, der nicht mehr im Einzelfall hinterfragt wird, und wenn doch, dann ist dies ein Anschlag auf die Persönlichkeit des gesamten Spielers. Menschen sind gut darin, kulturelle Techniken zu erlernen und zum Teil ihrer Persönlichkeit zu machen.

Dies ist der Grund dafür, dass wir bei manchen Diskussionen komplett auf Granit beißen und mit noch so überzeugenden Fakten und Sachargumenten nicht durchkommen. Wenn jemand (Sie, der Sie das lesen, und ich, der ich das schreibe, eingeschlossen) mit einem Fakt konfrontiert wird, der einer persönlichen Überzeugung widerspricht, dann setzen wir alle Hebel in Bewegung, diese Tatsache nicht zur Kenntnis nehmen zu müssen. Der Name dafür ist *Myside Bias* und diese Art zu denken wurde lange Zeit für irrational gehalten – aber zu Unrecht. Keith Stanovich schrieb ein ganzes Buch darüber, in dem er sagt:

> *Die alte Literatur zu Heuristiken und Entscheidungsfehlern betrachtete Voreingenommenheit (Myside-Denken) zu oft als irrational.*[59]

Denken Sie an die Zeit, in der das Tragen oder Nichttragen von Gesichtsmasken keine medizinische Frage mehr war, sondern Ausdruck der eigenen politischen Überzeugung. Sie können jede Menge derartiger Beispiele finden, indem Sie nach Tabus suchen. Tabuthemen sind derartig stark mit der eigenen Persönlichkeit verbunden, dass ich sie hier noch nicht einmal ansprechen werde, weil oft schon das reine Ansprechen als Tabubruch empfunden wird. Oft sind das ungeschriebene Gesetze, aber weil es als Affront gilt, diese zu brechen, wirken sie mitunter stärker als geschriebene Gesetze. Wenn Sie mir das nicht glauben, überlegen Sie bitte, ob Sie lieber über eine rote Fußgängerampel gehen oder ein Tabuwort öffentlich aussprechen. Das ist so stark, dass wir lieber nur von einem N-Wort sprechen, selbst wenn wir das Wort gar nicht verwenden wollen, sondern lediglich über das Wort sprechen.

Diese Eigenschaft menschlicher Psyche macht politische und fachliche Diskussionen mitunter unglaublich schwer. Aber sie ist kein Fehler in unserem System, sondern sie ist eine Voraussetzung dafür, dass wir unsere eigenen Spielregeln gestalten können. Das gilt für personenübergreifende Regeln (Religion und Kultur) ebenso wie für persönliche Regeln. Indem wir einen Sachverhalt zum Teil unserer Persönlichkeit machen, wirkt er wie eine unverletzliche Spielregel (»Den Schiedsrichter zusammenzuschlagen ist schlimmer, als ein Spiel zu verlieren«), weil eine solche Regelverletzung so hohe persönliche Kosten verursachen würde, dass wir sie nicht mehr ernsthaft in Betracht ziehen. An den vielen kleinen Übertretungen der offiziellen Regeln können Sie sehen, dass sie nicht viel gelten, solange sie nicht zugleich eine persönliche Regel geworden sind.

Deshalb sind die Agenten in den Fällen der persönlichen Regeln gebunden. Sie betrachten solche Regeln dann als Rahmen, innerhalb dessen sie entscheiden – wie Spielregeln eben.

Hier sind einige Beispiele für solche persönlichen Regeln:

- Kein Fernsehen vor 19 Uhr (gelebte Familienregel)
- Kein Bier vor vier (= 16 Uhr), außer wenn das Gelage des Vortags fortgesetzt wird (Regel in Studentenverbindungen)
- Ich fahre nicht mit dem Aufzug hoch (Regel für die Alltagsfitness)
- Ich putze meine Hände nicht an der Tischdecke ab (stand angeblich in der ersten Auflage des Knigge, hat sich seitdem aber etabliert)
- Ich trinke keinen Kaffee nach 14 Uhr (Regel von Schlafexperten)
- Ich esse kein Schweinefleisch (religiöse Regel)
- Was auf meiner Aufgabenliste für heute steht, wird vor dem Schlafengehen erledigt, auch wenn ich dafür bis zwei Uhr morgens arbeiten muss (Zeitmanagementregel)

- Ein Vorgang, den ich angefangen habe, wird abgeschlossen, komme, was wolle – echte Notfälle ausgeschlossen (Zeitmanagementregel)
- Ich bezahle meine Rechnungen auch dann, wenn es für den Verkäufer zu aufwendig wäre, die Forderung gerichtlich durchzusetzen (Regel im Geschäftsverkehr)
- Jeden Samstag kommt ein Video von mir raus (YouTuber-Regel)

Einige dieser Regeln erscheinen Ihnen vielleicht sehr natürlich, andere würden Ihnen schwerer fallen. Aber all diese Regeln sind in bestimmten Kontexten sinnvoll, weil sie die Beliebigkeit aus den Entscheidungen der Agenten herausnehmen und ein besseres Zusammenleben mit anderen Personen oder auch mit den eigenen Agenten der Zukunft ermöglichen. Deshalb sind Religionen so effektive Regelsysteme. Sie helfen, das Zusammenleben zu organisieren und die einzelnen Spieler vor sich selbst zu schützen.

Gewohnheiten, Routinen und Rituale

Verwechseln Sie persönliche Regeln nicht mit Gewohnheiten. Gewohnheiten führen Sie aus, ohne aktiv darüber nachzudenken. Natürlich gibt es einen fließenden Übergang zwischen Regeln und Gewohnheiten, und es gibt Überlappungen. Aber der Hauptunterschied besteht darin, dass Sie bei Regeln noch eine zweite Verteidigungslinie haben, falls die Gewohnheit durch irgendetwas zusammenbrechen sollte.

Gute Gewohnheiten sind nicht so stark wie ihr Ruf. Wenn Sie sich gewöhnlich abends die Zähne putzen, dann ist es fast gratis, es auch einmal nicht zu tun. Dann erlernen Sie, dass es viel einfacher ist, mit ungeputzten Zähnen ins Bett zu gehen, und ehe Sie sichs versehen, ist eine andere Gewohnheit da. Nicht so bei einer Regel. »Ich gehe nur mit geputzten Zähnen ins Bett!« Dies ist eine Regel, die Sie aktiv brechen müssten, um es nicht zu tun. Das ist ein großer Unterschied.

Es gibt eine fast unüberschaubare Anzahl von Büchern, die Ihnen empfehlen, Dinge, die Sie tun wollen, als Gewohnheiten zu etablieren. Sie wollen mehr joggen, rohes Gemüse knabbern, Blumen verschenken? Kein Problem, betreiben Sie »Habit Stacking«, eine Methode, bei der Sie eine Gewohnheit auf die andere stapeln, indem Sie immer mit einer Mohrrübe in der Hand joggen und unterwegs eine Blume pflücken (meist sind die Ratschläge sogar unkreativer, aber ich habe noch ein kleines Spielelement hinzugefügt). Nach 1000 Wiederholungen hat sich dann angeblich eine Abfolge etabliert, die Sie ausführen, ohne es überhaupt noch zu bemerken.

Leider wird das so nicht sein, zumindest nicht dauerhaft. Denn die Folge der 1000 Tage aufrechtzuerhalten, ist einer der dunklen Motivatoren. Deshalb setzt sehr bald die Spielmüdigkeit ein. Irgendwann merkt ein Agent, dass ganz schön viel Zeit mit den gestapelten und inzwischen echt langweiligen Gewohnheiten draufgeht, und lässt es einfach bleiben. Meist sogar zu Recht, denn die Direktorin kann sich im Überschwang der Gefühle schnell zu viel des Guten wünschen. Wenn aber der ganze Tag mit Fitnessprogramm, Blumenpflücken und Mohrrübenschälen verbracht wird, dann haben wir es mit einer unsinnigen Verwendung unserer knappen Ressourcen zu tun. Habit Stacking ist ein bisschen zu schön, um wahr zu sein. Das dämmert inzwischen sogar den Erfindern dieser Methode und so fragt sogar Stephen Guise in seinem Buch über Minigewohnheiten zum Abnehmen: »Habe ich zu viele Minigewohnheiten?«[60]

Schlechte Gewohnheiten hingegen sind genauso schlimm wie ihr Ruf. Zum Teil deshalb, weil sie nicht bewusst gewählt wurden. Wenn Sie chronisch zu dicht auffahren und andere Autofahrer schneiden, gewohnheitsmäßig lügen und zu spät kommen, wenn Sie Stresssituationen mit Rauchen verbinden und den Teller immer viel zu voll schaufeln, dann haben Sie das nicht bewusst zum Teil Ihrer Persönlichkeit gemacht (hoffe ich zumindest), sondern Ihren Agenten wurde von irgendwoher ein ungünstiger Sollwert einprogrammiert.

Deshalb sollten wir Gewohnheiten von Sollwerten, Routinen und Ritualen unterscheiden.

Rituale sind feststehende Abläufe, die eine besondere Bedeutung haben, oft eine symbolische. Rituale können eine Bindungswirkung haben, die so stark ist wie die persönlichen Regeln aus dem vorangegangenen Abschnitt. Es ist zum Beispiel ein Ritual, dass man in definierten Schritten Tee zubereitet, in festgelegter Sitzordnung gemeinsam trinkt und diejenige Person den Tee einschenkt, die in der informellen Rangordnung die oberste Position einnimmt. Es wäre ein Affront, würde jemand anderes den Tee einschenken oder würde ein nicht dem Anlass angemessener Tee serviert.

Routinen sind Sequenzen von Handlungen, die meist aus praktischen Gründen wiederholt ausgeführt werden. So kann es sinnvoll sein, sich nach dem Duschen zu rasieren, weil dann die Barthaare weicher sind, aber es hat keine tiefergehende Bedeutung, wenn die Reihenfolge umgekehrt wird. Im Unterschied zur Gewohnheit besteht hier oft ein in erster Linie planerisches Element.

Gewohnheiten können Einzelhandlungen oder Abläufe sein, die unhinterfragt und automatisiert ablaufen. Eine Gewohnheit ist zum Beispiel, mit welchem Arm zuerst Sie Ihre Jacke anziehen. Gewohnheiten vereinfachen den Alltag, weil man nicht mehr in jedem Einzelfall nachdenken muss. Das Leben ist voller Gewohnheiten, und auch bewusste Abläufe greifen auf Gewohnheiten als Module zu. Beispielsweise können Sie bewusst entscheiden, welches Paar Schuhe Sie sich anziehen; das Binden läuft dann aber als Gewohnheit ab.

Sollwerte können in all diesen ablaufenden »Programmen« enthalten sein und sind oft unbewusst. Die Menge an Teeblättern kann ein solcher Sollwert sein; die hat dann keine symbolische Bedeutung, obwohl jede Abweichung davon als Fehler oder als persönlicher Stil wahrgenommen wird. Die Menge an Schaum beim Rasieren oder die Höhe, bis zu der der Reißverschluss an der Jacke hochgezogen wird, sind Sollwerte. Dies sind die Parameter, die bei den zuvor genannten Typen von Abläufen eine Rolle spielen.

Diese Unterscheidung ist deshalb wichtig, weil eine Änderung am Ablauf mitunter gar nichts bringt, solange der Sollwert unverändert bleibt. Es hilft nichts, eine neue Heizung einzubauen, wenn bei dieser der gleiche falsche Vorgabewert eingestellt wird wie bei der alten. Dieser Fehler wird in der Literatur zu Gewohnheiten aber oft gemacht. Es wird so getan, als müsse man eine Gewohnheit loswerden, obwohl in Wahrheit die Gewohnheit selbst sinnvoll ist, aber ein falscher Sollwert eingestellt ist. Aber das kennen Sie bereits aus dem Kapitel 5, »Wann es klug ist, dumm zu sein: Kybernetik und Nichtspieler«, ab Seite 101.

Sehen wir uns jetzt eine Methode an, Routinen dauerhaft zu etablieren. Dafür werfen wir zuerst einen Blick auf eine Zeit Ihres Lebens, an die Sie vielleicht nicht die besten Erinnerungen haben: die Schulzeit.

Wieso wir die Schule hätten lieben sollen

Viele haben mit dem Ende der Schule schlagartig Probleme, den Hintern hochzubekommen und ihre Aufgaben zu erledigen. Kaum in der Uni oder bei einer selbständigen Arbeit danach, sind die meisten einfach nur noch »lost« (so der Fachausdruck der Experten für diesen Sachverhalt: Es ist das Jugendwort des Jahres 2020).

Dabei war doch die Schule so eine grässliche Zeitverschwendung! Hätten wir die Zeit nicht viel besser nutzen können, ein Unternehmen zu gründen, mit unserer Rockband berühmt zu werden oder einfach nur großartige Reisen zu machen, die damals leider auf die Schulferien begrenzt waren?

Theoretisch könnten wir all das jetzt machen, wo uns die Schule nicht mehr davon abhält. Stattdessen sind wir »lost«. In der Schule dagegen waren wir das nicht. Sehen wir uns noch mal an, wie es dort abläuft.

Die Klassenarbeiten bilden eine extern vorgegebene Deadline. Wie durch ein Wunder waren wir an diesen angekündigten Tagen vorbereitet; zumindest ein wenig. An den Tagen dazwischen komischerweise nicht, wie man bei Überraschungstests sehen konnte. Der Attesttrick zieht in der Schule auch nicht, weil es normalerweise eine zeitnahe Nachprüfung gibt.

Es gibt einen festen Stundenplan. Dienstag, vierte Stunde, ist Mathe. Jeden Dienstag. Immer. Egal, ob es schneit, ob ich lieber Deutsch machen würde oder Geburtstag habe: Vierte Stunde ist Mathe. Das war nicht immer angenehm, aber es hat dazu geführt, dass diese Stunde Mathe in der Woche untergebracht wurde.

Die Anforderungen passen sich dem eigenen Leistungsstand an. Wenn man ein Level gemeistert hat, kommt man ein Level weiter. Wenn nicht, muss man das Level wiederholen. Etwas schade, dass ein Level ein ganzes Schuljahr dauert, aber da ist die Motivation wenigstens hoch.

Der Schwierigkeitsgrad liegt im Sweet Spot zwischen Überforderung und Langeweile. In Klassenarbeiten sind die Aufgaben so gestaltet, dass sie von leicht zu immer schwieriger reichen (okay, manche Lehrer haben ein eingeschränktes Verhältnis zur Schwierigkeit aus Sicht der Schüler, aber das Prinzip haben sie zumindest im Kopf). Die Schwierigkeit der Klassenarbeiten passt sich auch dynamisch dem (erhofften) Leistungsstand der Schüler an.

Wir treffen andere Menschen, weil wir uns physisch im Klassenzimmer versammeln. Jeden Tag und ebenfalls bei Sonne wie bei Regen. Vielleicht mögen wir nicht alle, vielleicht entstehen manchmal unschöne Eigendynamiken, aber wir sind unter Menschen. Wie wichtig das ist, konnte man in der Coronazeit sehen, als das auf einmal verboten wurde.

Es gibt andauernd Abwechslung. Ein Fach dauert zwischen 45 und 90 Minuten, aber dann kommt etwas Neues. Engagierte Lehrer wechseln sogar innerhalb dieser Zeit die Sozialform, das heißt, sie wechseln während einer Unterrichtsstunde zwischen Frontalunterricht, Übungsphasen, Gruppenarbeit, Diskussion und was es sonst noch so gibt.

Was kommt, ist zu einem gewissen Grad zufällig. Agenten lieben es, überrascht zu werden wie von einem Glücksspielautomaten. Zur Überraschung gehört dazu, dass manchmal etwas Schlechtes, aber manchmal auch etwas sehr Gutes kommt.

Man bekommt häufiges und schnelles Feedback. »Christian muss noch lernen, dass das Heranziehen von Kresse auf dem Teppichboden nicht als biologisches Experiment gewertet werden kann.«

So seltsam es klingt, aber Schule ist aufgebaut wie ein Computerspiel. Das können Sie sehen, wenn Sie die Liste noch einmal mit den Kerntreibern aus dem Abschnitt »Die acht Elemente guter Spiele« ab Seite 73 vergleichen. Das ist auch kein Wunder, denn Didaktik ist inzwischen eine jahrhundertealte Disziplin, in der die Didaktiker auch schon vor dem Zeitalter der Computerspiele dazugelernt haben. Das meinte auch Scott Adams mit seinem berühmten Satz »Ziele sind für Loser, Systeme sind für Gewinner«.[61]

»Aber«, fragen Sie jetzt vielleicht verdutzt, »wieso bin ich dann so ungern in die Schule gegangen?« Das fragen Sie mal Ihre Direktorin, die kann es Ihnen erklären:

Nie durften wir authentisch sein. Immer mussten wir uns fragen, »was der Lehrer hören will«, nicht, was richtig, sinnvoll oder unsere echte Meinung war.

Nie durften wir entscheiden, was wichtig war, und noch nicht einmal, was wann gemacht wurde. Oft sogar noch nicht einmal, wo wir sitzen, geschweige denn, wie wir die Woche gestalten wollten. Immer wurden uns die Inhalte einfach aufgedrückt, ohne Rücksicht auf unsere Interessen.

Nie durften wir nach dem Sinn fragen, *wieso* wir etwas lernen sollten. Es war immer nur ein Selbstzweck. Oder hat uns irgendwer gezeigt, wie man mit Kurvendiskussion die Welt zu einem besseren Ort macht?

Bis zum Ende haben uns die Lehrer von oben herab behandelt, so als wären wir immer noch Fünftklässler, die nie auf Augenhöhe mit den Lehrern kommen können.

Zwar haben wir unsere Fertigkeiten weiterentwickelt, aber auch das nur nach den Kriterien der Lehrer. Die viel zu oft Checklisten abgehakt haben, um zu beurteilen, ob ein Text gut ist.

Als Experte für Gamifizierung haben Sie in der Liste der schulischen »Motivatoren« natürlich längst erkannt, dass es sich überwiegend um dunkle Treiber handelt. Das sind die, die die Agenten dazu bewegen, bei der Stange zu bleiben, selbst wenn sie es gar nicht wollen. Das hilft, damit sie überhaupt etwas tun, besonders so etwas Anstrengendes wie Lernen. Insofern ist das schon eine ziemlich gute Leistung, die die Schule da erbringt.

Sie schafft das, was Uniklausuren und Fitnesscenter nicht schaffen: uns so weit zu binden, dass wir regelmäßig an einer Sache arbeiten.

Aber sie macht eben auch ein paar entscheidende Fehler:

1. Die Schule setzt zu wenige der hellen Motivationstreiber ein.
2. Sie lehrt zu wenig, wie man seiner eigenen Arbeit eine sinnvolle Struktur gibt.

Die Schule ist eine zutiefst agentenoptimierte Veranstaltung. Die Direktorin kommt fast nie zu Wort. Genau zweimal darf sie einen Mucks von sich geben. Einmal, wenn es um die Wahl des Schultyps geht; dann noch mal bei der Wahl der Leistungskurse. Danach hat sie jeweils für die nächsten Jahre Feierabend. Deshalb sind die Direktorinnen in uns so schlecht aufs Leben vorbereitet: Die Schule ignoriert sie nicht nur, sie missachtet sie geradezu.

Dann kommt die Direktorin völlig untrainiert aus einer Schule, die die Agenten ständig angetrieben und die Direktorin kleingehalten hat. Und wir wundern uns, wieso sie ein ahnungsloses und unsicheres Verhalten an den Tag legt. Also »lost« ist.

Klar, dass jetzt die Agenten einfach weitermachen und glauben, den Laden schmeißen zu können, nur um sich innerhalb kürzester Zeit zwischen Bergen von mit Schimmel überzogenen Pizzapackungen wiederzufinden und 22 Stunden am Tag die verrücktesten Onlinespiele zu zocken. Sie schaffen es noch nicht einmal bis in die Hängematte mit Piña Colada. Geschweige denn zum Strand oder – Gott bewahre – zu einem Arbeitgeber. Männer-WG eben.

Denn die Agenten brauchen den Rahmen von außen. Sie brauchen den Lehrer, auch wenn sie ihn hassen, damit er ihnen Deadlines setzt und sie bespaßt. So, wie sie es die gesamte Schul- und Lehrzeit gewohnt waren. Die Schule gibt nicht einfach »Ziele« vor und fragt dreizehn Jahre später nach, was daraus geworden ist. Sondern sie schafft ein System, mit dem diese Ziele erreicht werden können. Dabei setzt sie etwas Zuckerbrot (helle Motivationstechniken) und ziemlich viel Peitsche (dunkle Motivationstechniken) ein.

Damit aber haben wir bereits die Blaupause, wie wir vorgehen müssen, um nicht mehr »lost« zu sein und um nützliche Routinen zu etablieren:

nämlich wie in der Schule; vielleicht mit einem Hauch mehr hellen Motivatoren. Ein Aspekt dieser Methode ist der Stundenplan.

Der Stundenplan

Sie erinnern sich an die effektive Methode, unsere Agenten zu binden, indem wir ihnen Rituale an die Hand geben. Ein solches Ritual kann sein, an einer Industriemesse teilzunehmen und dort eine Neuigkeit vorzustellen. Es wirkt so, als wäre das unsinnig, weil dort ja alle Konkurrenten gleichzeitig Innovationen vorstellen und sich damit gegenseitig die Aufmerksamkeit nehmen.

Aber das verkennt die Situation. Eine Messe organisiert den Entwicklungszyklus so, wie der Redaktionsschluss einer Zeitung den Redaktionstag organisiert. Faktisch verlängern solche fixen Termine die Lebensspanne von Agenten und geben der planenden Direktorin Struktur über längere Zeiträume. Daher ist die Qualität von Zeitungen auch deutlich zurückgegangen, seit es nicht mehr den fixen Redaktionsschluss gibt, sondern einen gleitenden (der bekanntlich die Lebensdauer der Agenten verringert).

Da wir Selbstüberlister unter anderem die Lebenszeit unserer Agenten verlängern wollen (siehe Abschnitt »Schenken Sie Ihren Agenten ein längeres Leben« ab Seite 142), gehen wir also wieder den Weg zurück und schaffen uns Strukturen in Form eines Stundenplans – wie in der Schule. Es ist ein agentengerechtes Aufbereiten der Arbeiten. Neben der Lebensverlängerung der Agenten nehmen Sie ihnen auch die Last, darüber nachdenken zu müssen, wann denn nun diese Arbeit untergebracht werden kann. Denn dann wäre Aktivierungsenergie fällig, und das führt nur zu oft zum Desaster. Ist dagegen immer eine konkrete Zeit dafür vorgesehen, dann wird es eben gemacht, ohne Aktivierungsenergie zu verschwenden. Manche Lebensratgeber haben das auch erkannt:

> *Schaffen Sie Struktur. Geben Sie sich selbst einen Stundenplan, um beispielsweise täglich zu einer bestimmten Zeit aufzustehen, selbst wenn*

Sie keine Lust haben, und immer zur gleichen Zeit zu essen. Tägliche Vorhaben, wie duschen und sich anziehen, sind sehr hilfreich …[62]

Das Schöne an dieser Art von Planung ist, dass auch der Endtermin feststeht, es sich also um einen natürlichen Sprint handelt. Wie der Gong in der Schule. Das war schon gar nicht so schlecht gestaltet damals.

Tipps für das Schaffen eines Stundenplans

Realistisch sein. Wenn Sie einen realistischen Blick auf Ihre Woche werfen, werden Sie feststellen, dass ein Großteil der Zeit schon verplant ist. Es hat also keinen Zweck, jetzt eine Liste mit all den schönen Dingen aufzustellen, die Sie tun könnten – Sie werden sie sowieso nicht unterbringen.

Sparsam sein. Seien Sie deshalb sehr sparsam mit dem, was Sie in den Stundenplan aufnehmen. Ich empfehle, zuerst nur eine einzige Aktivität hinzuzufügen, wie »Mittwochabend: Fitnesscenter« (am besten verabredet mit anderen, um sozialen Druck und Spaß zugleich zu haben). Dann: »Sonntagmorgen Mountainbike fahren«. »Jeden Freitag von 15:00 bis 15:30 Uhr wird die Buchführung gemacht.«

Zeitlich ausmisten. Sie werden feststellen, dass Sie oft nur dann überhaupt etwas dazunehmen können, wenn Sie etwas anderes weglassen. Wir werden uns im folgenden Kapitel genauer ansehen, was wichtig ist und was nicht, aber ich gebe Ihnen hier mal eine ganz einfache Faustregel: Fernsehen und Social Media zu Unterhaltungszwecken sind fast immer Zeitverschwendung. Legen Sie sich eine neue Aktivität wie das Fitnesscenter auf eine Zeit, in der Sie normalerweise fernsehen. Schon reicht Ihr Zeitbudget.

Hauptfächer auf die besten Zeiten legen. Ihr aktuelles »Lebensprojekt« ist wie ein Hauptfach in der Schule und sollte einen regelmäßigen Platz haben, idealerweise früh am Morgen. Mir ist völlig bewusst, dass es Nachtarbeiter gibt, die erst dann kreativ arbeiten können, wenn die anderen im Bett liegen und das Routinearbeitswerk erledigt ist. Ich selbst war lange

Jahre einer, daher erteile ich Ihnen hiermit die offizielle Genehmigung, Ihre Hauptfächerstunden auf die Zeiten nachts oder am Wochenende zu legen. Lediglich eine Warnung: Wenn Sie sich für einen Nachtarbeiter halten und jeden einzelnen Tag »nur heute« einfach zu müde sind, dann sind Sie keiner.

Nicht nur Wochen planen. Der Stundenplan muss sich nicht nur auf Wochen beziehen, sondern es kann auch Aktivitäten geben, die sich in längeren Intervallen wiederholen. Zum Quartalsanfang: Zahnbürste wechseln. Zum Jahresende: Kaffeemaschine entkalken. Jeden Freitagnachmittag: mit einem Freund telefonieren, den Sie schon länger nicht mehr gesprochen haben. Wie Sie sicherstellen, sich in all dem nicht zu verzetteln, erfahren Sie im Kapitel 15, »Methoden der Priorisierung«, ab Seite 197.

Vorziehen, nicht verschieben. Wenn Sie an dem einen Tag wirklich ganz und gar nicht können, dann verschieben Sie die geplante Einheit zeitnah, idealerweise auf einen Zeitpunkt davor.

Hausaufgaben und Minigewohnheiten

Neben dem Stundenplan gab es in der Schule auch Hausaufgaben. Die haben wir nicht gemocht, weil sie wieder einmal von außen an uns herangetragen wurden, überwiegend langweilig waren und in der Summe verdammt viel Zeit in Anspruch genommen haben. Aber sehen Sie sich einmal die genaue Spielmechanik der Hausaufgaben an: Es sind meist lächerlich einfache Aufgaben. Sie zwingen uns trotzdem, uns zwischen den festen Unterrichtsstunden noch einmal mit dem Thema zu beschäftigen.

Und jetzt zitiere ich mal eine Passage aus dem beliebten Buch *Mini Habits* von Stephen Guise, das uns verspricht, mühelos unser Verhalten zu ändern, indem wir Minigewohnheiten anwenden:

> *Eine Minigewohnheit ist ein sehr kleines positives Verhalten, zu dem Sie sich täglich zwingen; … [es ist] eine überlegene Strategie zur Bildung von Gewohnheiten.*[63]

Ups. Mit ein klein wenig Reframing sind wir auf einmal bereit, uns selbst Hausaufgaben zu geben. Habit Stacking (Aneinanderreihung von Gewohnheiten, die sich gegenseitig auslösen) ist nichts anderes als Hausaufgaben in unterschiedlichen Fächern.

Wenn Sie Mini Habits wirklich anwenden, dann werden Sie zwei Entdeckungen machen:

1. Sie bringen wirklich etwas.
2. Sie nehmen genauso viel Zeit in Anspruch, wie die Hausaufgaben es getan haben.

Damit Sie nicht den Fehler Ihrer Lehrer wiederholen und sich selbst zu viele oder zu langweilige Hausaufgaben aufgeben, erzähle ich Ihnen hier noch ein wenig mehr über Minigewohnheiten.

Die Grundidee ist, mit lächerlich kleinen, leicht zu erreichenden Vorhaben zu beginnen. Diese Minigewohnheiten sollen, auch wenn sie klein sind, den Weg für größere Verhaltensänderungen ebnen.

Ein Beispiel für eine Minigewohnheit könnte sein, jeden Tag eine Seite in einem Buch zu lesen. (Fällt Ihnen übrigens auf, dass dieses Buch zwar insgesamt umfangreich ist, aber in winzigen Häppchen gelesen werden kann? Das habe ich speziell für Ihre Agenten so gemacht.) Eine Seite lesen mag wie eine winzige Aufgabe erscheinen, aber wenn sie täglich ausgeführt wird, kann sie letztendlich dazu führen, dass wir es normal finden, täglich zu lesen. Minigewohnheiten können in jedem Bereich des Lebens angewendet werden, zum Beispiel Fitness, Ernährung, Lernen. Sie helfen, das Gefühl der Überforderung zu verringern, das wir sonst schnell verspüren, weil wir dazu neigen, mehr abzubeißen, als wir kauen können.

Deshalb verringern sie den Widerstand gegen neue Tätigkeiten. Indem wir eine Aufgabe so klein machen, dass sie kaum Widerstand hervorruft, erhöhen wir die Wahrscheinlichkeit, dass wir sie tatsächlich ausführen. Und durch das regelmäßige Ausführen der Aufgabe werden wir so viel besser darin, dass wir sehr bald ähnlich mühelos größere Aufgaben angehen können. Wie in der Schule. Sehen Sie sich einmal an, wie schwer es einem Erstklässler fällt, den Buchstaben M zu schreiben (und wie oft eine wohlwollende Lehrerin zeigt, wie man aus dem missglückten Versuch wenigstens noch Elefanten malen kann); wie viel schwieriger eine Aufgabe aber schon wenige Wochen später sein kann. Oder gar Jahre später. Wenn Sie gerade dabei sind, sehen Sie sich auch einmal den Unterschied im Schwierigkeitsgrad unterschiedlicher Level eines Computerspiels an.

Wenn wir jetzt nur noch wüssten, wie wir Wichtiges von Unwichtigem trennen, dann wüssten wir auch, in welche Richtung wir eigentlich laufen sollten. Ein Glück, dass das im nächsten Kapitel steht.

KAPITEL 8

Was ist wichtig – im Leben und am Tag?

Obwohl es wichtig ist, die langfristigen Folgen jeder … Entscheidung zu berücksichtigen, können diese nicht durchgehend wichtiger sein als die kurz- oder mittelfristigen.

Suzy Welch, *10-10-10 – A Life-Transforming Idea*[64]

Unsere Direktorin sitzt im bequemen Sessel vor untergehender Sonne auf der Terrasse und fragt sich, in welche Richtung ihre Agenten eigentlich laufen sollen. Führen mit Zielen: Sie denkt sich die Richtung aus, die Agenten setzen die Ideen dann um und sorgen dafür, dass die Richtung beibehalten wird, auch wenn sich Hindernisse in den Weg stellen oder Ablenkungen am Straßenrand auftauchen. Die eine oder andere List, um sie auch wirklich dazu zu bringen, zeichnet sich schon am Horizont ab. Aber woher soll sie eigentlich die richtige Richtung kennen?

Abstrakt gesprochen, ist das einfach: Sie muss die Dinge in der Reihenfolge der Wichtigkeit vorgeben. Konkret ist es aber erstaunlich schwierig, Wichtiges von Unwichtigem zu unterscheiden. Es stimmt zwar, dass wir klare Beispiele für unwichtige Tätigkeiten finden können: fernsehen, ziellos shoppen, sich auf Twitter mit wildfremden Leuten herumstreiten, in der Nase bohren. Aber wie sieht es mit folgenden Tätigkeiten aus: eine Kundenmail beantworten; Schuhe putzen; mit der eigenen Frau ausgehen; ein gutes Buch lesen; ein gutes Buch schreiben?

Ist das nicht alles auf eine eigene Weise wichtig? Natürlich ist die Kundenmail wichtig, denn bleibt sie unbeantwortet, verliert man vielleicht einen Auftrag oder sogar einen Kunden. Liest man aber vor lauter Kundenmails nie ein gutes Buch, macht man auch wieder etwas falsch im Leben. Ganz offenbar gibt es unterschiedliche Formen der Wichtigkeit.

Lebenswichtigkeit

Arbeiten Sie an Ihrem Leben oder in Ihrem Leben?

Angelehnt an einen Vortrag des Verlegers Norman Rentrop – allerdings ging es da um Unternehmen

Es hat sich inzwischen herumgesprochen, dass wir uns auf dem Sterbebett voraussichtlich nicht wünschen werden, doch noch diese eine Kundenmail mehr geschrieben zu haben. Es ist ebenfalls unwahrscheinlich, dass wir unseren letzten Lebenstag damit verbringen wollten, die unbeantwortete Geschäftspost aufzuarbeiten. Aber vielleicht bereuen wir es, nicht die Energie aufgebracht zu haben, das Studium abgeschlossen zu haben, und ganz gewiss bereuen wir es, nicht genug Zeit mit unseren Kindern verbracht zu haben.

Diese Methode der Beurteilung einer jetzigen Handlung aus Sicht der Zukunft ist eine Methode aus der Zukunftsforschung und wird – zurückgehend auf Matthias Horx – als *Regnose* bezeichnet. Der Begriff ist in Anlehnung an *Prognose* entstanden. Bei der Pro-gnose versucht man, die Zukunft aus heutiger Sicht zu sehen. Dagegen bedeutet Regnose:

Regnose: Die Betrachtung der Gegenwart aus Sicht der Zukunft.

Regnose ist ein mächtiges Instrument, um Wichtiges von Unwichtigem zu unterscheiden. Überlassen wir diese Unterscheidung dem Agenten des Augenblicks, dann hält er all das für wichtig, was zufällig in diesem Moment präsent in seinem Denken ist. Das Formular 982a-6 muss ausgefüllt werden, der Kunde Schmitz motzt, der Sohnemann muss irgendwie zum Fußballtraining kommen. Alles schrecklich wichtig für den Agenten. Aber die Regnose ist ein wirksames Mittel, all dem den Rang zuzuweisen, den es verdient, und die Direktorinnensicht zu aktivieren.

Womit sich ein einfach anzuwendendes Kriterium ergibt, woran man die wirklich wichtigen Dinge erkennen kann. Es sind die, die sich durch die folgende Frage identifizieren lassen:

> **Für das eigene Leben wichtig:** Werde ich die Tätigkeit auf dem Sterbebett liegend rückblickend für wichtig halten?

Diese Form der Wichtigkeit umfasst Dinge, auf die wir später positiv zurückblicken können, zum Beispiel mit Stolz oder Freude.

Betrachten wir ein paar Beispiele für Dinge, an die wir uns auf dem Sterbebett noch erinnern werden und die wir nicht werden missen wollen:

- Examens- oder Meisterprüfung
- Der erste Kuss (und weitere zu besonderen Gelegenheiten)
- Die besten Konzerte
- Die Fahrt mit dem Motorrad nach San Tropez (einschließlich der Verbrennung am Oberschenkel durch den heißen Auspuff)
- Die Ernennung zum Chef
- Sex am Strand
- Abschluss der Bachelorarbeit oder des Gesellenstücks
- Ein wichtiger Vertragsabschluss, der die Firma gerettet hat
- Der Entschluss zur Selbständigkeit und seine erfolgreiche Umsetzung
- Weihnachten, als die Kinder noch im Haus waren und alle noch gelebt haben
- Teilnahme am Ironman

Wenn Sie Lust haben, können Sie jetzt eine solche Liste für die vergangene Zeit Ihres Lebens erstellen, denn das ist eine gute Vorübung für die Regnose. Es ist wahrscheinlich, dass alle Punkte darauf aus den folgenden Bereichen stammen:

- Beziehungen zu anderen (Familie, Freunde, Liebesbeziehungen, Kollegen, Mentoren, Schüler …)
- Etwas erschaffen oder geschafft haben (Meisterprüfung, Auftritt auf der Bühne, Bachelorabschluss, Hausbau, Buch geschrieben, drei Kinder großgezogen, Video fertiggestellt, K2 bestiegen, Europa mit dem Fahrrad bereist …)
- »Unvernünftiges« (300 km/h mit dem Auto gefahren, nackt im Meer geschwommen, beim Punkkonzert über den Zaun geklettert, bei minus zehn Grad im Pappkarton übernachtet, nachts die Toilettenschüssel in der Wohngemeinschaft mit Klarsichtfolie abgedeckt …)

Wenn man nur oberflächlich darüber nachdenkt, ist man leicht geneigt, Dinge falsch einzuordnen. Schabernack, Verschwenderisches, Spontanes und »Unvernünftiges« findet sich in dieser Liste ebenso wie Anstrengendes, Herausforderndes oder auch das Erreichen wichtiger Meilensteine, denen jahrelange Anstrengungen vorausgingen und die somit hochgradig »vernünftig« sind.

Es zeigt sich auch, dass das Gefühl während der Ausführung ein verblüffend schlechter Indikator für die rückblickende Beurteilung ist. Die Übernachtung bei minus zehn Grad im Pappkarton in der Fußgängerzone war grässlich; aber sie geschafft zu haben, ist ein Erlebnis fürs Leben. Große Teile des Studiums waren fürchterlich, aber der Abschluss war die Eintrittskarte für ein ganz anderes Leben und komischerweise konnten die weltfremden Professoren doch Weisheiten und Methoden mitgeben, die den Rest des Lebens prägen. Was es damit auf sich hat, sehen wir uns noch in dem Kapitel über die Formen des Glücks an (Kapitel 9, »Die Formen des Glücks: Nutzen – Hedonie – Eudämonie«, ab Seite 175).

Jedenfalls sind die Punkte der Lebenswichtigkeit die Dinge, die die Direktorin unbedingt irgendwie unterbringen muss. Deshalb kommen sie nach ganz oben auf die Liste.

Ein häufiges Merkmal dieser Gruppe ist auch, dass die Punkte jeweils ein Meilenstein sind und oft Anstrengung erfordert haben. Wenn sie zu früh im Leben kommen, sind sie abgeschmackt und meist nichts wert. Nehmen Sie die Fahrt mit 300 km/h. Wer das einen Tag nach seinem Führerschein mit Papas Porsche macht, ist ein Angeber, der idiotische Risiken eingeht, aber noch nichts Eigenes auf die Beine gestellt hat. Wer sich hingegen einen Porsche selbst erarbeitet hat, hat etwas vollbracht und im Laufe seines Lebens die Fertigkeiten erworben, mit diesen Geschwindigkeiten zu fahren (auch wenn mir bewusst ist, dass ein Großteil meiner Leser dieses Erlebnis infolge eines Tempolimits wohl nicht mehr haben wird).

Alltagswichtigkeit

Nun stellt sich natürlich die Frage, wieso man denn nicht ausschließlich Dinge macht, die auf dieser Liste stehen? Die landläufige Antwort lautet, dass es eben Sachen gibt, die man machen *muss*. Selbst dann, wenn sie keinen Spaß machen und wenn sie auch rückblickend vom Sterbebett aus betrachtet immer noch nicht sonderlich attraktiv wirken.

Um dieses *Müssen* besser zu verstehen, führen wir ein kleines Gedankenexperiment durch: Was passiert eigentlich, wenn man diese Dinge einfach nicht macht? In vielen Fällen zunächst nicht viel. Aber dann kommen die Mahnungen ins Haus geflattert, die Säumniszuschläge, die Kündigungen, der Gerichtsvollzieher und der Notarzt.

Die Kundenmail und die Geschäftspost mögen zwar nicht die Wichtigkeit haben, die uns noch auf dem Sterbebett bewegt, aber wer diese Tätigkeiten wegen ihrer unbestrittenen Lästigkeit beharrlich vernachlässigt, kann anschließend gar nicht mehr mit seiner Frau ausgehen, weil er arbeitslos ist. Die Alltagswichtigkeit betrachtet die Welt vom Jetzt ausgehend in die Zukunft. Sie betrifft die Disziplin, nicht von der Hand in den Mund zu leben, sondern das zukünftige Leben zu verbessern, indem man es im Jetzt verschlechtert. Es ist gewissermaßen ein andauernder Marshmallow-Test (siehe Abschnitt »Marshmallows und der innere Konflikt« ab Seite 35).

Tätigkeiten aus der Alltagswichtigkeit zu ignorieren, hat negative Konsequenzen; oft allerdings mit zeitlichem Abstand. Das Geschäftsleben und der Alltag sind voll solcher Notwendigkeiten. Sie sind mit folgenden einfachen Fragen zu erkennen:

> **Für den Beruf oder Alltag wichtig:** Verschafft mir diese Tätigkeit einen längerfristigen Vorteil – gegebenenfalls auch dann, wenn sie im Moment einen Nachteil verursacht?
>
> **Ein alternatives Erkennungszeichen für Alltagswichtigkeit:** Ist die Tätigkeit selbst zwar unwichtig, aber dennoch eine Voraussetzung für eine wichtige Tätigkeit?

Es sind dies die Dinge, die ein geordnetes Leben überhaupt erst ermöglichen:

- Aufstehen aus dem Bett, auch wenn es dort gemütlicher ist als im kalten Zimmer
- Abgabe der nervigen Steuererklärung
- Kündigung des Abos, das man schon seit zwei Jahren nicht mehr nutzt
- Wäsche waschen
- Rechnung stellen, ein Angebot für den lästigen Kunden schreiben
- Projektbericht schreiben
- Auto zur Inspektion bringen
- Ausgefranste Zahnbürste ersetzen
- Kreuzkümmel kaufen

Wir sehen hier, weshalb man keineswegs jeden Tag so leben kann, als wäre es der letzte. Denn die Alltagswichtigkeit umfasst Investitionen in die Zukunft. Wenn es keine Zukunft mehr gibt, dann entfällt der Ertrag aus dieser Gruppe und wir würden nur noch Dinge aus der Gruppe der Lebenswichtigkeit auswählen. Was aber für den letzten Tag des Lebens eine sinnvolle Entscheidung wäre, würden wir sehr bald bereuen, wenn es doch noch eine Zukunft gibt. Auf Techniken, wie man es besser macht, haben wir ja schon einen Blick geworfen (siehe Abschnitt »Der letzte Tag des Lebens ist überbewertet« ab Seite 139).

Die Eigenschaft, sich erst in der Zukunft einen Vorteil zu verschaffen, ist auch der Grund dafür, dass in mittleren Lebensphasen die Alltagswichtigkeit höher gewichtet wird und in späteren Lebensphasen die Reue darüber kommt, nicht mehr in die obere Gruppe der Lebenswichtigkeit eingezahlt zu haben.

Unwichtigkeit

Und dann gibt es noch die Tätigkeiten, die zwar für den Moment recht angenehm sind, aber weder im weiteren Rückblick noch für die nahe Zukunft von Bedeutung sein werden.

Es sind die »Mir ist langweilig«-Zeiten, an deren Inhalt man sich schon Minuten später nicht mehr erinnert und die gefüllt wurden mit einem endlosen Strom von YouTube-Videos, einem Durchschalten durchs Fernsehprogramm, dem Suchten von Endlosserien, dem Daddeln auf Social Media, Frustkäufen, dem Herumlesen auf Nachrichtenseiten und dem Zocken von Computerspielen. Man erkennt diese Tätigkeiten daran, dass es keinerlei Anstrengung erfordert, mit ihnen anzufangen, und dass sie nichts erschaffen. Die Zeit ist danach einfach weg. Es sind Phasen des reinen Konsumierens, ohne etwas zu schaffen.

Nicht, dass hier ein falscher Eindruck entsteht: Solche Zeiten können wichtig sein, um den eigenen Akku wieder zu laden. Ein Strandurlaub, in dem wir nichts anderes tun als lesen, schwimmen und uns den Bauch vollschlagen, kann eine der wichtigen Erinnerungen fürs Leben sein und zugleich den Tatendrang für die Zeit danach aktivieren. Ein Buch, Zeitschriftenartikel oder sogar ein Tweet kann Ideen liefern. Insofern gibt es also auch Phasen dieser Art, die zugleich Zeitkonsum und Zeitinvestition sind.

Problematisch wird es jedoch immer dann, wenn der Anstoß dazu nicht von einem selbst kommt, sondern von außen vorgegeben wird. Wenn man noch nicht einmal mehr bis zum Strand kommt, weil das zufällig flimmernde Fernsehprogramm vom Aufstehen abhält. Die Extremformen sind der Zwang, ständig Schokolade in sich hineinstopfen zu müssen, an der Zigarette ziehen zu müssen, oder gar die voll ausgeprägte Sucht in Form einer Abhängigkeit von Alkohol, Medikamenten oder Drogen.

Es hilft eine wichtige Unterscheidung:

> **Herumgammeln und Qualitätsfreizeit sind zwei völlig unterschiedliche Dinge.**

Um zu verstehen, was hier vorgeht, fehlen uns offenbar noch wichtige Elemente. Es ist offensichtlich, dass wir das Vergnügen nicht dauerhaft zurückstellen können, denn dann kommt es vielleicht nie. Gleichzeitig ist aber auch offensichtlich, dass es »billige« Vergnügungen gibt, die schon wenige Minuten danach einen faden Nachgeschmack hinterlassen. Und dass wir in der gleichen Zeit andere Vergnügungen hätten genießen können, die auch im Rückblick noch einen Wert haben, die aber aus irgendwelchen Gründen schwieriger zu erreichen sind.

Dahinter stehen die Konzepte *Hedonie* und *Eudämonie*. Die sehen wir uns jetzt genauer an.

Eimer mit Steinen

Als ich studiert habe, sprach man von einem Professor, der in der ersten Stunde des ersten Semesters mit einem leeren Eimer in der einen und einer vollen Bierflasche in der anderen Hand den voll besetzten Hörsaal betrat. Hinter ihm folgten seine Assistenten mit weiteren Eimern, die mit Bauschutt gefüllt waren.

Da er damit sofort die volle Aufmerksamkeit des gesamten Hörsaals hatte, verkündete er, er wolle den Erstsemestern demonstrieren, wie sie am besten ihr Studium planen sollten. »Das hier«, verkündete er, den leeren Eimer hochhaltend, »ist Ihre Aufnahmefähigkeit. Mehr können Sie nicht mitnehmen. Und das hier«, er deutete er auf die Eimer mit Bauschutt, »ist das, was wir Ihnen anzubieten haben. Ich empfehle Ihnen, sich die großen Brocken zuerst auszusuchen.« Damit nahm er einige große Stücke Bauschutt und legte sie in den leeren Eimer. Es passten nur wenige Stücke hinein, dann stand schon ein Stück oben über. »Anschließend nehmen Sie sich die kleineren Brocken.« Hier füllte er größere Steine in die Zwischenräume und rüttelte, füllte noch kleinere in die verbliebenen Zwischenräume und rüttelte wieder. »Der Kleinkram«, er nahm einige Hände voll Sand und fügte sie rüttelnd hinzu, »passt am Ende immer noch rein.«

Alle waren beeindruckt, aber einer fragte nach dem Applaus: »Wozu ist denn jetzt die Flasche Bier da?« Woraufhin der Professor antwortete: »Ich dachte schon, Sie würden nie fragen. Denn für ein gutes Bier sollte auch immer noch Platz sein.« Und schüttete das Bier zu den Steinen hinzu.[65]

KAPITEL 9

Die Formen des Glücks: Nutzen – Hedonie – Eudämonie

Ein menschlicher Körper, uralt, mumienhaft runzlig und vertrocknet, am ganzen Leib schwarz verfärbt, die Gliedmaßen zum größten Teil verfault – und doch lebendig. Er lag da auf dem steinernen Tisch, den Kopf in strahlendes Gold getaucht, und bewegte sich kaum merklich, aber unablässig, wand sich, erzitterte, erschauerte alle paar Sekunden und stieß dabei keuchende Laute aus, ein geradezu wollüstig klingendes Stöhnen. … Je länger er den fortwährenden Bewegungen des verkrüppelten, verrotteten Körpers zusah, von dessen Gesicht nur noch Löcher und fleischige Stummel übrig waren, umso mehr wurde er den Eindruck nicht los, dass dieses … Ding da sich in monströser Wonne wand, in einem Orgasmus, der seit Jahrhunderten andauerte.

Andreas Eschbach, *Teufelsgold*[66]

Um zu verstehen, dass Glück keine eindimensionale Angelegenheit ist, möchte ich Ihnen zur Einstimmung zwei Personen vorstellen: die faule Zora und den glücklichen Fischer.

Die faule Zora

Zora hat keinen Wecker, sondern geht jeden Morgen nach einer Phase mehrstündigen Hin-und-her-Wälzens vom Halbschlaf ins Halbwache über. Wenn das Wachheitslevel gegen Mittag etwa 60 Prozent erreicht hat, greift sie nach der herumliegenden Packung Gummibärchen und swiped sich parallel dazu durch Instagram, Facebook und YouTube. Über Tiefkühlpizza, Aufputschmittel, mit Kaffeeflecken übersäte ungeöffnete Briefe von Inkassodiensten sowie einem Kündigungsschreiben chillt sie sich bis zum Abendjoint vor, damit sie noch rechtzeitig vor dem Morgengrauen ein Schlaflevel von etwa 80 Prozent erreichen kann.

Die meisten würden Zora wahrscheinlich als behandlungsbedürftig ansehen, aber sie behauptet, ihr Glück gefunden zu haben.

Urteilen wir nicht voreilig, sondern sehen wir uns die nächste Person an.

Der glückliche Fischer

Auf einer abgelegenen Insel lebt ein überaus glücklicher Fischer. Er fährt jeden Tag nur kurz mit seinem Boot aufs smaragdgrüne Meer hinaus, fängt ein paar Fische für den Abend und grillt sie dann am Strand vor der untergehenden Sonne. Den größten Teil des Tages und der Nächte verbringt er allerdings träumend in seiner Hängematte und stopft sich das eine oder andere Pfeifchen mit getrocknetem Kraut.

Ist der Fischer behandlungsbedürftig oder Vorbild für ein glückliches Leben?

Es ist vielen nicht klar, aber Spieltheorie ist eine Theorie des Glücks. Man merkt das nicht sofort, weil wir Spieltheoretiker nicht von Glück sprechen, sondern von *Nutzen* oder – noch verwirrender – von *Auszahlungen* (und es dauert lange, bis man versteht, dass auch damit Nutzenauszahlungen gemeint sind, die keinesfalls nur in Geld gemessen werden können). Die gesamte Spieltheorie rankt sich um das Problem, den Nutzen zu maximieren, also so glücklich wie möglich zu sein. Aber obwohl es ein so zentraler Punkt ist, macht es sich die Spieltheorie leicht und tut so, als könne man diese Auszahlung einfach in einem Zahlenwert messen – und delegiert die lästigen Details an andere Wissenschaftsdisziplinen, zum Beispiel an die Psychologie, die Soziologie oder die Philosophie.

Die Spieltheorie arbeitet sodann so, als wüsste jeder Entscheider einfach von innen heraus ganz exakt, was er wie gut und oder wie schlecht findet.

Der Vorgang heißt *Introspektion* (»in sich hineinblicken«). Wir schließen die Augen, blicken und hören ganz tief in uns hinein und wissen dann ganz exakt, welchen Nutzenwert wir einem Ergebnis zuordnen. Wir können ihn sogar meist genau in den Nutzen eines Universalguts namens Geld umrechnen.

Die Spieltheorie mit ihrer klassischen Herkunft aus der Mathematik fragt jetzt nicht mehr nach der Qualität dieser Nutzenwerte, sondern sieht sich diese Werte nur noch rein formal an. Wenn ein Entscheider beispielsweise sagt, dass er Äpfel lieber mag als Birnen, Birnen lieber als Snickers und Snickers lieber als Äpfel, dann ruft der Spieltheoretiker süffisant aus: »Ha, erwischt! Das war nicht konsistent, denn die Reihung verstößt gegen das Transitivitätsaxiom![67] Du warst nicht rational!«

So sinnvoll diese Art der Betrachtung manchmal ist, so gefährlich wird sie, wenn wir dadurch die formalen Anforderungen mit einer Erklärung verwechseln, was Nutzen eigentlich inhaltlich ist. Lassen Sie mich ein paar Beispiele geben, wieso diese Sichtweise – Rationalität rein formal zu definieren – für das echte Leben zu kurz greift.

Essen wird von den meisten als etwas Angenehmes empfunden. Wir sind bereits genetisch so programmiert, dass wir den Nährstoffgehalt von Nahrungsmitteln geschmacklich gut erkennen, indem wir Süßes als wohlschmeckend ansehen. Ein Problem ist daraus nie entstanden, weil Nahrung immer ein Engpass war.

Nachdem wir unsere Umwelt jedoch immer stärker selbst gestalten konnten, haben wir Nahrungsmittel designt, die die Eigenschaften des Gut-Schmeckens isoliert immer weiter optimiert haben, leider oftmals zulasten der anderen positiven Eigenschaften, die dieser Geschmack ursprünglich signalisierte (wir kommen darauf noch zurück im Abschnitt »Falsche Belohnungen erkennen« ab Seite 209). Ein klassischer Nachtisch ist daher zugleich süß und fett, damit wir sogar nach einem umfangreichen Essen immer noch Lust darauf haben. Süße Schokoriegel oder salzige Kartoffelchips sind ebenfalls so optimiert, dass sie unmittelbare Glücksgefühle auslösen. Aber machen sie uns auch glücklich?

Erinnern Sie sich an den Marshmallow-Test aus dem Abschnitt »Marshmallows und der innere Konflikt« ab Seite 35. Ziemlich sicher werden Sie sich schon dort gesagt haben, dass 4096 Marshmallows nicht unbedingt zu einer Glückserhöhung führen werden. Irgendetwas fehlt in dieser Mehr-ist-mehr-Philosophie.

Es gibt noch andere Präparate, die sogar viel mehr unmittelbare Glücksgefühle hervorbringen, indem sie nicht den Kick des Essens liefern, sondern einen unnatürlich überhöhten: Drogen. Machen sie uns glücklich?

Die klassische Spieltheorie ist bei dieser Frage vollkommen hilflos. Bei einer naiven Betrachtung des Nutzens gibt es kaum ein Gegenargument, wieso man sich nicht den ganzen Tag mit Drogen zudröhnen sollte. Der Ökonom und Nobelpreisträger Gary S. Becker hat zusammen mit seinem Koautor Kevin Murphy im Jahr 1988 Aufsehen erregt, weil die beiden erstmalig behauptet haben, es könne eine völlig rationale Entscheidung sein, Drogen zu konsumieren und sich sogar aktiv dazu zu entscheiden, abhängig zu werden.[68]

Drogen sind ein extremer Fall, aber es steht das gleiche Prinzip dahinter wie beim Heißhunger. Völlerei fühlt sich während des Schlemmens gut an, aber oft kommt die Reue schon wenige Stunden danach. Macht man es jeden Tag, wird man fett und fetter, ruiniert seine Gesundheit und macht sich das tägliche Leben schwer, weil man bei jeder Treppe einen angewachsenen Rucksack mit 40 Kilogramm hochschleppen muss und beim Schuhebinden am Bauch anstößt. Zwar sind wir kulturell gerade nach Kräften bemüht, diese Nachteile herunterzuspielen und die Verantwortung für den eigenen Fettbauch anderen zuzuschieben, aber das Problem bleibt erhalten: Immer den leichtesten Weg zum unmittelbaren »Glück« auszuleben, macht nicht glücklich.

Zumindest nicht, wenn man sich darauf beschränkt. Ich kannte entfernt jemanden, der sein Leben lang so gern Kuchen gegessen hat, dass er schließlich daran gestorben ist. So glücklich, wie er beim Kuchenessen war, kann ich mir gut vorstellen, dass ihm dieses Vergnügen etliche Lebensjahre wert gewesen ist, auch rückblickend betrachtet. Selbstverständlich müssen wir unsere Glückspunkte zeitnah einsammeln, denn immer nur für eine

Zukunft zu leben, die vielleicht nie kommt, ist eine gefährliche Strategie, die schneller als erwartet zu einer Abfolge aus Ehescheidungen, Psychiatersitzungen und leeren Händen führen kann. Wer nie genussvoll über die Stränge schlagen kann, ist ein blutleerer Langweiler. Wer aber nur über die Stränge schlägt, ist ein disziplinloser Taugenichts. Was ist also zu tun?

Die zwei Dimensionen des Glücks: Hedonie und Eudämonie

Der Schlüssel zur Frage, ob es auch zu viel des Guten geben kann, ist erfreulicherweise schon lange bekannt. Denn das Problem des glücklichen Lebens ist mindestens so alt wie unsere Kultur und wurde deshalb schon in der Antike von den griechischen Philosophen behandelt. Die haben eine Lösung gefunden, die ebenso einfach wie zeitlos ist: Glück hat nicht nur eine Dimension, sondern zwei.

Dass man eine weitere Dimension braucht, überrascht an dieser Stelle des Buches vermutlich niemanden mehr. Denn die bisherigen Glücksauszahlungen vom Sahnekuchen bis zum Handykonsum richten sich ausschließlich an unsere Agenten. Die Direktorin aber ist ein separater Spieler und sie hat einen qualitativ anderen Glücksbegriff. Weil es zwei Spieler sind, lassen sich die beiden Glücksauszahlungen nicht einfach miteinander verrechnen und in einer Maßzahl abbilden.

Sehen wir uns zunächst die Glückswelt der Agenten an, denn hier finden wir die Werte, die wir in der Spieltheorie normalerweise als *Auszahlungen* bezeichnen. Die Agenten leben in der Welt der Freude und des Genusses ohne weiteres Brimborium. Bei den alten Griechen war der Name für diese Form des Glücks *Hedonie*.

Das Glück der Agenten: Hedonie

- (Sofortige) Freude
- Spaß
- Genuss
- Vergnügen
- Befriedigung

Der Begriff *Hedonie* ist im Deutschen nicht gebräuchlich, wir kennen eher das Wort Hedonismus, also die Bezeichnung einer Philosophie, die das Streben nach Hedonie als das Ziel des Lebens betrachtet.

Viele Errungenschaften unserer Zeit entspringen dem Geist des Hedonismus. Vom Energydrink statt Prüfungsvorbereitung über Fast Food, Ein-Minuten-Videos und 280-Zeichen-Nachrichten bis zur Melatoninkapsel am Abend haben wir unsere Welt so gestaltet, dass wir die Sofortigkeit der Hedonie überall erleben können.

Aber diese Form von Glück ist nicht vollständig. Bei Computerspielern gibt es den Begriff der *game fatigue* (Spielmüdigkeit), auf den wir schon im Kapitel über die Gamifizierung auf Seite 77 gestoßen sind. Spielmüdigkeit ist eine Erscheinung, die auftritt, wenn man zu viel Zeit mit Computerspielen verbringt und dadurch andere wichtige Aktivitäten oder soziale Kontakte vernachlässigt.

Die Agenten können während des Spiels durchaus glücklich sein, aber die Direktorin wird zugleich immer unglücklicher. Sie spricht es meist erst im Rückblick laut aus, aber schon vorher macht sie sich mit einem Ziehen im Magen bemerkbar. Die Agenten schreien Sie in dieser Zeit allerdings einfach tot und hangeln sich von einem Dopaminschub zum nächsten.

Wie es sich für die Direktorin gehört, ist die Sachlage dort etwas komplizierter als bei den einfach gestrickten Agenten. Die Auszahlungen der Direktorin stammen aus einer Art von Glück, die qualitativ anders ist als die hedonischen Reize. Sie sucht nach einer »durchgeistigteren« Form der Erfüllung, nach einem »guten Geist«. *Gut* wird im Griechischen bei Wortneuschöpfungen gern mit der Vorsilbe *eu* gekennzeichnet, das vom Griechischen abgeleitete Wort für Geist ist *Dämon* – beides zusammen führt zu dem Begriff der *Eudämonie*. Eudämonie ist das Glücksempfinden der Direktorin. Inhaltlich verbirgt sich dahinter Folgendes:

Das Glück der Direktorin: Eudämonie

- Authentizität (man selbst sein; nicht die eigenen Handlungen aus der vermuteten Sicht anderer beurteilen)
- Selbstwirksamkeit (Kontrolle über den eigenen Weg haben)
- Sinnstiftung (nicht nur für sich leben, sondern auch für die Gemeinschaft; das Staffelholz weitergeben)
- Vervollkommnung (Fertigkeiten; Ethik)
- Persönliche Entwicklung (Wachstum; Reifung, Herausforderungen bestehen; den Lebenszyklus des eigenen Lebens akzeptieren)

Eudämonie mag auf den ersten Blick weniger greifbar sein als Hedonie, aber sie ist mindestens ebenso wichtig. Denn sie vermeidet den faden Nachgeschmack, der auftritt, wenn ausschließlich die kurzfristigen Freuden genossen werden.

Wir haben gelegentlich über Spielmechaniken gesprochen und über die Motivatoren. Hedonie ist die Form des Glücks, die aus dem Moment heraus entsteht. Sie entsteht beim Ballerspiel aus der First-Person-View; beim Sport aus dem Kick, den Ball in der Luft zu halten und den Gegner gleichzeitig daran zu hindern, es auch zu schaffen; mit dem Geld, das man im Börsenspiel gewonnen hat (sei es nun echt oder virtuell). Eudämonie hingegen ist das, was bleibt: der virtuelle Freizeitpark, den man gestaltet hat; die Fahrt mit der Mannschaft zu den Spielen; das Dazulernen während der Tätigkeit.

Dass diese zweite Form des Glücks (bzw. der Auszahlungen) in der Spieltheorie bisher nicht behandelt wurde, liegt daran, dass ein Spieler als eine unteilbare Entscheidungseinheit angesehen wurde. Aber wenn man die innere Aufteilung eines Menschen in die beiden Einheiten der Direktorin und der Agenten akzeptiert hat, dann muss man auch die unterschiedlichen Auszahlungen für diese beiden Spieler akzeptieren. Wie immer bei unterschiedlichen Spielern sind die Auszahlungen unabhängig voneinander. Es ist also nicht etwa so, dass das eine grundsätzlich zulasten des anderen geht, sondern man kann auch von beiden Größen gleichzeitig viel oder wenig haben.

Zugleich sind aber die Direktorin und die Agenten derselbe persönliche Spieler. Und dieser fühlt sich nur so gut, wie sich der schlechter fühlende seiner beiden Entscheidungsinstanzen fühlt. Wenn der persönliche Spieler zum Beispiel immer mehr hedonisches Glück hinzufügt, aber kein eudämonisches, dann wird er dadurch insgesamt nicht glücklicher. Eigentlich bräuchte man an dieser Stelle eine umfangreichere Theorie, wie die beiden Größen miteinander verrechnet werden, aber gehen wir hier zur Vereinfachung davon aus, dass das Minimum der beiden Werte der begrenzende Faktor ist. Man wird nicht glücklicher, indem man nur die Agenten glücklicher macht und die Direktorin verkümmern lässt – oder umgekehrt.

Durch diese pragmatische Sichtweise haben wir am Ende doch wieder eine einfache Maßzahl für den Nutzen und verstehen zugleich besser, wie der Nutzen zu erhöhen ist: indem wir auf seine beiden Dimensionen achten. Ich vermute, dass die Theorie an dieser Stelle noch ausgebaut werden muss, aber diesbezüglich prokrastiniere ich ein wenig aktiv (siehe Abschnitt »Aktive Prokrastination: Gründe, wieso Sie verschieben sollten« ab Seite 289) und verschiebe es in die Zukunft.

Für die Aufgaben dieses Buches genügt es, sich die beiden Dimensionen und deren Auswirkungen bewusst zu machen.

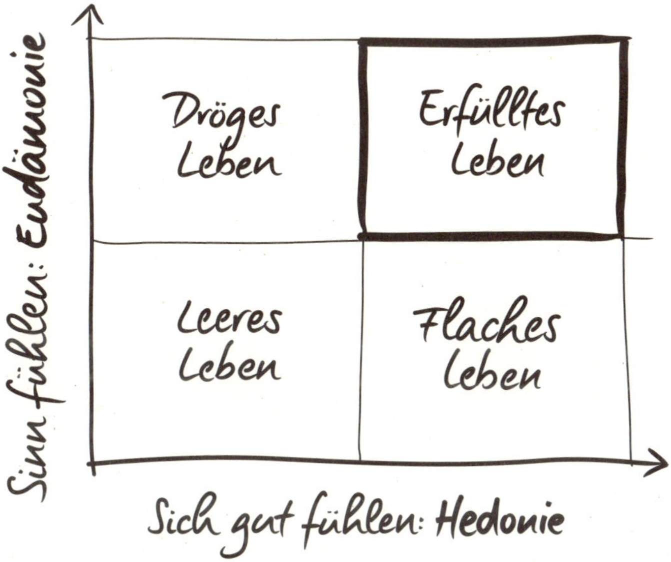

Die zwei Dimensionen des Glücks: Hedonie und Eudämonie.[69] Die Spieltheorie bildet beide Dimensionen auf den Nutzen ab.

Die meisten Personen bleiben in dem Quadranten oben links oder unten rechts stecken, weil sie – vermutlich ohne sich dessen bewusst zu sein – die beiden Ziele für einander widersprechend halten.

Das sind sie aber nicht. Die Kunst des Lebensglücks besteht darin, gleichzeitig die beiden Formen des Glücks zu erlangen. Das gelingt, indem die Agenten mit der ihnen eigenen spielerischen und unmittelbaren Freude am Augenblick etwas schaffen, das die Direktorin anschließend ebenfalls als glückswürdig empfindet.

Akrasia – wieso wir wider besseres Wissen handeln

Wir sollten hier noch einer Frage nachgehen, die Philosophen über Jahrhunderte hinweg beschäftigt hat: Kann es Akrasia geben, also die Situation, dass wir das eine tun, obwohl wir wissen, dass das andere besser ist? Diese Situation sieht aus wie ein Widerspruch, denn wenn wir A wählen, obwohl wir gleichzeitig wissen, dass wir B besser finden, machen wir nicht nur einen Fehler, sondern wissen, dass wir einen Fehler machen. Also machen wir ihn absichtlich. Folglich kann das nur bedeuten, dass wir in Wahrheit A besser gefunden haben und zugleich geglaubt haben, B besser zu finden (Taten sprechen lauter als Worte). Es sieht somit so aus, als könne es keine echte Akrasia geben.

Dieser vermeintliche Widerspruch löst sich aber auf, wenn wir erkennen und akzeptieren, dass wir zwei Entscheidungsinstanzen in uns tragen, die qualitativ unterschiedliche Ziele verfolgen. In Fällen, in denen die Eudämonie der Direktorin im Widerspruch zur Hedonie der Agenten steht, hält eine der Instanzen eine Handlung A für die bessere, wogegen die andere Instanz B für besser hält. In den Fällen von Akrasia, dem Handeln wider besseres Wissen, tun wir ebendas, was eine der beiden Instanzen für besser hält, und gleichzeitig ruft die andere, dass sie diese Entscheidung für falsch hält. Das sieht aus wie ein Widerspruch, weil wir beide Instanzen derselben natürlichen Person zuordnen. Wir machen damit aber den gleichen Fehler, wie wenn wir ein Land mit seinen Einwohnern verwechseln.

Eine Aussage vom Typ »Jetzt hat sich das Land endlich zu einer Entscheidung durchgerungen, und schon wieder gibt es Proteste« zeigt genau, wo das Problem liegt. Denn »das Land« gibt es nicht, sondern es gibt Regeln, die zu einer Entscheidung auf Landesebene führen. Aber natürlich kann es einzelne Personen geben, die diese Entscheidung für falsch halten, vielleicht sogar die Mehrheit. Akrasia ist ein vollkommen normaler Vorgang, der noch nicht einmal der Rationalität widersprechen muss – in Systemen aus mehreren Entscheidern.

Glück und Verzicht

Wir leben in einer Welt, in der viele Lebensmodelle auf die Erlangung sofortigen Glücks ausgerichtet sind (also auf Hedonie). Das liegt daran, dass man als Anbieter gutes Geld verdienen kann, indem das angebotene Produkt Hedonie liefert. Ein Cheeseburger ist allgegenwärtig und verschafft sofortige Befriedigung, wenn man vorher Hunger hatte. Auch ein kurzer Videoclip verschafft sofortige Befriedigung, und eines schließt sich ans andere an. Ein Computerspiel präsentiert immer wieder neue Elemente von exakt dem richtigen Schwierigkeitsgrad in dichter Folge; es ist eine Glücksgenerierungsmaschine (weshalb wir Selbstüberlister uns ja auch die dort verwendeten Methoden zunutze machen).

All diese Reize sind bewusst so gestaltet, dass sie uns andauernd die richtigen hedonischen Glücksgefühle geben, durch die wir auf der entsprechenden Plattform bleiben. Die Anbieter haben ein enormes Eigeninteresse, uns in dieser Dimension so glücklich wie nur möglich zu machen. Deshalb gibt es ganze Forschungslabore, in denen nichts anderes gemacht wird, als hedonisches Glück zu designen. Und deshalb ist unsere Umgebung voll damit.

Zugleich spüren aber viele eine »Glücksfatigue«. Sie merken, dass das empfundene Glück nicht ansteigt, egal, wie viele Cheeseburger man isst, wie viele Videoclips man schaut und wie viele Computerspiele man spielt. Diese Form des Glücks wirkt wie eine Droge, die irgendwann den Zustand des Glücks zu einem Gefängnis der Qual werden lässt.

Es gibt deshalb zunehmend Denkrichtungen, die zu Verzicht aufrufen. Das kann eine Wegwerforgie im Mikrokosmos der eigenen Wohnung sein (»Simplify your Life«) bis hin zu dem Aufruf, alle anderen müssten sich an der eigenen Hedonieentziehungskur beteiligen. Das firmiert dann unter dem Namen *Postwachstum* oder *Degrowth* und bedeutet – etwas zynisch formuliert –, dass man durch ein Leben in Armut glücklicher werde.

Aber hinter diesen Ansätzen steht meist ein Denkfehler. Sie gehen von der Beobachtung aus, dass ein Mehr an leichten Genüssen unglücklicher macht. Es wirkt so, als würde zu viel schnelle Befriedigung unglücklicher machen. Aber das Problem ist nicht ein Zuviel an hedonischem Genuss, sondern ein Zuwenig in der anderen Dimension, an eudämonischem Genuss. Der Zusammenhang zwischen den beiden Größen ist nur äußerst indirekt. Es kann sein, dass zu viel Zeit mit Instagram und Computerspielen dazu führt, dass keine Zeit mehr für die Genüsse der Direktorin bleibt. Aber es reicht in dieser Situation eben nicht, einfach weniger zu konsumieren, um dadurch glücklicher zu werden. Wenn es nicht gleichzeitig gelingt, ein Mehr an Eudämonie zu erlangen, dann wandert man nur vom oberflächlichen (flachen) Leben zum leeren Leben.

Wir werden uns deshalb Methoden ansehen, wie wir die Interessen der Agenten und der Direktorin in Übereinstimmung bringen, etwa durch ein geeignetes Maß an Widrigkeiten im eigenen Leben (zum Beispiel im Abschnitt »Bestrafende Belohnungen, Handicap und Adversity« ab Seite 194).

Woran erkennt man Eudämonie?

… nur damit Du nicht das Geheimnis meiner Liebe zu Dir erraten könntest, das Dich gewiß erschreckt hätte – denn Du liebst ja nur das Leichte, das Spielende, das Gewichtlose …

Stefan Zweig, *Brief einer Unbekannten*

Zuvor müssen wir allerdings noch der Frage nachgehen, woran man erlangte Eudämonie überhaupt erkennt. Bei der Hedonie ist das einfach. Eben noch hungrig, jetzt satt. Eben noch müde, jetzt wacher. Eben noch pelziger Geschmack im Mund, jetzt frisch. Die Currywurst, der Kaffee und die Zahnpasta verlangen fast keine Anstrengung und geben unmittelbar ein befriedigendes Feedback.

Bei der Eudämonie ist das dagegen nicht so einfach, denn sie wirkt in der Regel zeitversetzt. Deshalb zeigt sich meist erst in der Rückschau, ob man Eudämonie erreicht hat. Eigentlich ist es sogar noch schlimmer: Es zeigt sich eher, ob man sie *nicht* erreicht hat. Das Fehlen kann in den verschiedensten Formen auftreten. Bei den einen zeigt sich im Alter von 55 Jahren, dass es doch keine so gute Entscheidung war, kinderlos zu bleiben. Bei anderen zeigt sich im gleichen Alter, dass es keine so gute Entscheidung war, ständig zu arbeiten, um den Kindern ein großes Haus und eine Privatschule zu bezahlen, aber keine Zeit miteinander verbracht zu haben.

Die klischeehafte Midlife-Crisis ist ein lauter Schrei der Direktorin, dass sie auf der Zeitskala des Lebens keine Eudämonie-Punkte einsammeln konnte. Würde Eudämonie nur auf dieser Zeitskala wirken und nie im täglichen Leben eine Rolle spielen, dann könnte man diese Form des Glücks getrost vernachlässigen. Denn dann wäre die optimale Strategie, so viel Hedonie wie nur irgendwie möglich einzusammeln und zu hoffen (oder gar zu provozieren), dass man früh genug stirbt, um die fehlende Eudämonie nie zu bemerken. Kein Unternehmen aufgebaut, keine Kinder bekommen, noch nicht einmal einen Beruf gelernt oder ein Studium abgeschlossen? Macht nichts. Sportwagenfahren ist gefährlich genug, damit der vor sich hingammelnde Playboy den Schrei der Direktorin nie hören muss.

Aber das funktioniert nicht, denn die Direktorin in uns schläft nicht ein halbes Jahrhundert lang, bevor sie sich erstmals meldet. Sie meldet sich dann zwar der Größe des Schadens angemessen laut, aber ihre Unzufriedenheit zeigt sich auch beim Rückblick an jedem Tag und teilweise sogar nach einer einzelnen Tätigkeit.

Diese Aussage gilt auf den verschiedensten Zeitskalen. Deshalb zeigt sich fehlendes Glück der Direktorin, also fehlende Eudämonie, schon auf der Zeitskala des Jahres, des Monats, des Tags und der einzelnen Minute. Die Direktorin ist nur leiser als die Agenten, deshalb nimmt man sie oft nicht sofort wahr. Aber der Schmerz, wenn ihr etwas fehlt, ist genauso intensiv, wie wenn die Agenten immer leer ausgehen – wenn nicht sogar schlimmer. Viel schlimmer, sagen die, die ihn zu spät wahrhaben wollen.

Für Praktiker: Nein, Sie brauchen kein Mission Statement

Die Tradition verlangt, dass in einem Buch über Selbstmanagement an irgendeiner Stelle der Hinweis auf ein persönliches Mission Statement kommt, das man bitte anzulegen habe, und zwar schriftlich. Dort solle man sich lange quälende Gedanken machen, was denn im eigenen Leben *wirklich* wichtig sei. Ob man so sein will wie Bill Gates oder doch lieber wie der

Dalai-Lama, ob man eine Million verdienen wolle oder doch lieber zehn, ob man den ganzen Tag arbeiten will oder lieber manchmal faulenzen.

Machen Sie sich nicht die Mühe, die Verschriftlichung Ihrer Mission auf Ihre Liste der unvollendeten To-dos zu setzen. Jetzt, wo wir wissen, was Eudämonie ist, wissen wir auch, dass wir alle mehr oder weniger dieselben Dinge brauchen, um sie zu finden:[70]

- Genug Geld, um keine Sorgen zu haben
- Einige wahre Freunde
- Familie
- Eines oder mehrere persönliche Projekte, die wir verfolgen

Geld wird zum Problem, wenn es zu wenig ist oder wenn es zu viel ist. Dazwischen ist alles in Ordnung. Mit anderen Worten: Sie wollen so viel Geld verdienen, dass Sie gleichzeitig gut leben können und sich nicht mit ungeliebten Dingen überarbeiten müssen. So einfach ist das. Das muss also schon mal nicht ins Mission Statement.

Freunde erkennen Sie daran, dass Sie sich gegenseitig etwas zu sagen haben und dass Sie sich freuen, wenn Sie sich sehen, auch nach einer längeren Pause. Müssen Sie sich aufschreiben, dass gute Freunde wichtig sind? Wir alle wissen das auch so.

Familie (oder deren Fehlen) ist sehr schwer zu ignorieren. Wenn Sie Kinder haben, müssen Sie sich dann wirklich aufschreiben, dass Sie ein guter Vater oder eine gute Mutter sein wollen? Einer, der nicht nur gegen Mitternacht nach Hause kommt und sich fragt, wer da ständig die ganzen Spielsachen im Wohnzimmer verstreut? Oder reicht es, ein Eselsohr in diese Seite zu machen und immer mal wieder in das Buch hineinzusehen?

Persönliche Projekte sind das Einzige, was Sie etwas individualisieren müssen. Sie sind wichtig, weil Sie ohne solche Projekte richtungslos durch den Tag und durch Ihr Leben taumeln.

Persönliche Projekte

Ein persönliches Projekt ist eine Richtung, entlang derer man sich weiterentwickelt, und damit eine Grundvoraussetzung für Eudämonie. Es ist eine Richtungsvorgabe, durch die man vorankommt, anstatt sich im Kreis zu drehen. In jungen Jahren kommen die Projekte zu uns, weil die Schule und vielleicht auch noch die ersten Karriereschritte dafür sorgen, dass wir uns weiterentwickeln. Aber danach müssen wir uns selbst darum kümmern.

Wer kein persönliches Projekt mehr hat, ist wie ein Baum, der nicht mehr wächst. Wer kein Projekt mehr hat, ist alt.

Beispiele für persönliche Projekte sind:

- Eine Bachelorarbeit
- Produktrezensionen oder Wikipedia-Beiträge verfassen
- Sich die Fähigkeiten für einen Job erarbeiten
- Ein Unternehmen gründen oder ausbauen
- Eine Sprache lernen
- Eine Fahrradtour zum Nordkap
- Einen Oldtimer restaurieren
- Auftritte mit einer Rockband
- Ein Produkt entwickeln und im Markt einführen
- Ein Softwareprojekt
- Eine Bauleitung für einen Neubau
- Arbeiterkindern zum Studienerfolg verhelfen[71]
- Vorstand einer Großbank werden

Ein persönliches Projekt zu verfolgen, gibt einer bedeutungslosen Alltagsaktivität einen Sinn. Wenn Sie ein Buch nur zur Unterhaltung lesen, dann lesen Sie es anders, als wenn Sie eine Bachelorarbeit zu dem Thema schreiben. Die ungeliebte Steuererklärung, die schon viele Agenten dieses Buches wahnsinnig gemacht hat, erhält einen Sinn, wenn sie der Entwicklung des eigenen Start-ups dient.

Personen, die persönliche Projekte haben, sind jung, egal, wie viele Lebensjahre sie schon haben, denn sie entwickeln sich weiter. Sie kommen in höhere Spiellevel und finden Eudämonie. Die anderen haben vielleicht Spaß und finden Hedonie, aber irgendetwas wird fehlen.

Müssen Sie sich all das aufschreiben? Natürlich nicht. Es ist nicht schwer herauszufinden, ob Sie in der Freizeit lieber Astronomie betreiben wollen, Kitesurfing, einen Unterwassergarten im Aquarium oder eine Modelleisenbahn bauen wollen. Oder ob Sie im Beruf lieber Softwareingenieur, Bauleiter oder Romanautor sein wollen. Besonders gut ist es natürlich, wenn der eigene Beruf aus solchen Projekten besteht, aber darauf sollte man sich nicht verlassen. Im Zweifelsfall sollte man sich auch nicht seine Liebe für etwas, das man gern macht, dadurch zerstören, dass man es machen muss.

Die Kunst besteht eher darin, die eigenen Tätigkeiten nachzuverfolgen und sich eine Metrik anzulegen, mit deren Hilfe Sie sehen können, wo Sie stehen. Denn in der Hektik des Alltags verliert man sonst schnell den Überblick. Es wäre schade, wenn das erst vorm Scheidungsrichter oder durch das Kündigungsschreiben auffällt. Und wir nutzen die gleiche Methode, die Agenten dazu zu bewegen, die schönen Dinge auch umzusetzen. Wie das geht, sehen wir uns im nächsten Kapitel über Belohnungen an – aber zuvor besuchen wir noch einmal den glücklichen Fischer.

Das Glück des glücklichen Fischers

Ein ewiger Urlaub ist eine gute Arbeitsdefinition für Hölle.

George Bernard Shaw

Um unsere Konzepte praktisch anzuwenden, begleiten wir jetzt noch kurz einen Anthropologen, der gerade seine Doktorarbeit über Glück schreibt und deshalb den glücklichen Fischer vom Anfang dieses Kapitels besucht (die Koordinaten hat ihm ein Geschäftsmann gegeben, der seinen Job an den Nagel gehängt hat, nachdem er dem glücklichen Fischer begegnet war).

Weil der Fischer wieder einmal vor sich hin döst, spricht der Anthropologe mit dessen Frau, die gerade das Abendessen vorbereitet. »Sie leben wirklich im Paradies«, sagt der Doktorand, der sich inzwischen fragt, wieso er solche anstrengenden Sachen macht, wie eine Dissertation zu schreiben.

»Wenn dies das Paradies ist, wie definieren Sie dann die Hölle?«, fragt jedoch die Frau den überraschten Anthropologen. »In der Zeit, in der mein Herr Gemahl in der Hängematte liegt, muss ich mich um die Kinder kümmern, den Haushalt machen und das Gemüse anbauen, denn von Fischen allein kann man nicht leben. Mein Mann tut so, als hätte er ein lebenslanges Stipendium, bei dem das gute Wetter und ich ihn mit allem versorgen. Er ist der große Lebenskünstler, der mit den Kindern kurz Spaß hat, während ich sie versorgen und erziehen muss. Ich wünschte, wir hätten wie Sie jedes Jahr ein paar Monate schlechtes Wetter, damit er wenigstens ein klein wenig die Zukunft planen muss.« Sie schleppt in einem großen Krug Wasser aus dem Brunnen heran und schrubbt das Gemüse. »Können Sie sich vorstellen, wie gern ich eine elektrische Pumpe oder gar eine Waschmaschine hätte?«

Eines ihrer Kinder ritzt sich am Bein und sie verbindet den Schnitt notdürftig. »Wir leben jeden Tag am Rande des Ruins«, erzählt sie, inzwischen den Tränen nah. »Stellen Sie sich einen noch so kleinen Haiunfall vor, der einen von uns selbst nur für kurze Zeit aus der Arbeit reißt. Was sollen wir denn dann tun?«

»Jeden Tag habe ich Angst, dass irgendwer von der Nachbarinsel oder gar ein Geschäftsmann zu uns zieht – neulich war schon einer da. Denn dann ist es schnell vorbei mit dem einfachen Fischfang. Unser Lebensstil hängt davon ab, dass niemand anderes das Reservoir der Fische anzapft oder Wasser aus dem Brunnen holt. Ich habe wenigstens Lesen gelernt, aber mein Mann kann absolut nichts. Er lernt nichts dazu, und seine Welt reicht vom Kopf eines Fisches bis zur Hängematte. Er kennt kein Buch, keine Kunst, keine Wissenschaft, und selbst den Fischfang hat er einmal im Alter von zwölf Jahren gelernt und seitdem nicht mehr verfeinert.«

»Soll ich beim Essenmachen helfen und dabei etwas über die Welt da draußen erzählen?«, fragt der Doktorand, dessen Kapitel über Eudämonie und Alltagswichtigkeit gerade Formen angenommen hat.

KAPITEL 10

Die dunkle und die helle Seite der Belohnungen

Die Direktorin wird sich langsam klar darüber, was sie selbst will. Aber sie versteht noch nicht richtig, womit sie die Agenten motivieren kann. Deshalb trifft sie sich konspirativ mit dem Betriebsrat der Agenten und fragt nach.

Der antwortet lapidar: »Jetzt überlege mal, was wir richtig gut können und sogar den ganzen Tag freiwillig machen?«

»Social Media daddeln, Onlinespiele zocken, Pornos anschauen!«, ätzt die Direktorin genervt zurück.

»Genau«, bestätigt der Betriebsrat und geht zufrieden zu seinen Kollegen. »Sie hat es endlich verstanden.«

Eines der ganz elementaren Axiome (Grundannahmen) der Spieltheorie ist, dass wir auf Anreize reagieren. Wenn wir einen Spielausgang als positiv bewerten, dann versuchen wir ihn herbeizuführen und andere zu vermeiden, die wir als schlechter empfinden. Das Positiv-Bewerten eines Spielausgangs ist das, was wir im vorausgegangenen Kapitel als *Auszahlungen* bezeichnet haben. In der Praxis wird dafür aber oft ein anderer Name verwendet: Belohnungen.

Auszahlungen bzw. Belohnungen sind die entscheidende Größe, um zu steuern, was wir tun. Und wir Selbstüberlister gestalten ja das Spiel selbst, das unsere Agenten spielen.

Aber wir sind nicht die Einzigen, die uns mit Belohnungen steuern wollen, und Belohnung ist nicht gleich Belohnung. Beim Zeithorizont der Direktorin ist etwas anderes eine Belohnung als bei den Agenten. Und es gibt sogar Belohnungen, die unsere strategische Ausgangslage so stark verschlechtern, dass sie eigentlich eher Bestrafungen sind, wenn wir das Gesamtbild berücksichtigen; andererseits werden auch manche Bestrafungen als Belohnung eingesetzt. Gary Wilson beschreibt das so:

> *Das medizinische Phänomen der Sucht tritt auf, wenn das Belohnungssystem aus der Balance gerät und übermäßig auf eine Art von Belohnung abgestimmt wird, die nachweislich schädlich für unser Wohlbefinden ist.*[72]

Weil das so seltsam klingt, beginnen wir mit diesem Typus unsere Betrachtungen über Belohnungen.

Bestrafende Belohnungen, Handicap und Adversity

> *Lebenswidrigkeiten (Adversity) können eine anschließende Resilienz fördern, mit daraus resultierenden Vorteilen für die psychische Gesundheit und das Wohlbefinden. In einer mehrjährigen Längsschnittstudie … berichteten Personen mit einem mittleren Wert an Lebenswidrigkeiten über bessere psychische Gesundheit und Wohlbefinden, nicht nur im Vergleich zu Menschen mit einer umfangreichen Geschichte von Widrigkeiten, sondern auch im Vergleich zu Menschen ohne die Erfahrung von Widrigkeiten.*
>
> Mark Seery, Alison Holman, Roxane Cohan Silver, »Whatever Does Not Kill Us: Cumulative Lifetime Adversity, Vulnerability, and Resilience«[73]

Die Bezeichnung *bestrafende Belohnung* ist weniger paradox, als sie aussieht, wie Sie an einfachen Beispielen sehen können:

Sie strampeln sich auf dem Radtrainer ab und belohnen sich mit einem Stück Kuchen (rechnen Sie mal den Nettoeffekt nach: Abschnitt »Der Reboundeffekt: Dick durch Sport« auf Seite 208); da können Sie auch gleich Ihre gelungene Diät mit einem All-you-can-eat-Büfett belohnen. Oder Sie sparen jahrelang fürs Alter und belohnen sich dafür spontan mit einem Auto, das weit über Ihren Verhältnissen ist.

Übersetzen Sie das einmal in die Sprache der Spielmechaniken. Sie erfüllen in einem Onlinespiel eine Mission und zur Belohnung wird Ihnen etwas von Ihren Fähigkeiten genommen (»Herzlichen Glückwunsch, Sie sind nun Ritter der sanften Berührungen« – nachdem Ihr Schwert durch eine Feder ersetzt wurde). Ihnen würde sofort auffallen, was das für ein Unfug ist. Deshalb wird es dort auch andersherum gemacht: Wenn Sie die Mission erfüllen oder ein Level gemeistert haben, dann nehmen Ihre Fähigkeiten zu, zum Beispiel indem Sie einen stärkeren Motor für Ihr virtuelles Auto bekommen oder eine größere Kanone für Ihren Ego-Shooter.

Aber jetzt, wo wir darüber reden, fällt Ihnen vielleicht etwas auf: Es gibt auch Bestrafungen, die wir als Belohnung empfinden. Wenn wir ein Spiellevel geschafft haben, dann wird alles viel schwieriger als vorher – aber für uns ist diese »Bestrafung« eine Belohnung. Ein Handicap ist keine Bestrafung, sondern ein Symbol für Erfolg. Denn eine solche Anpassung des Schwierigkeitsgrads erfolgt, weil Sie eine höhere Spielstärke erlangt haben. Nachdem Sie die »belohnende Bestrafung« bekommen haben, werden die Aufgaben schwieriger, damit sie weiterhin herausfordernd bleiben und Sie nicht anfangen, sich zu langweilen.

Dahinter steckt ein Konzept, dem wir entwicklungsgeschichtlich immer ausgesetzt waren: *Adversity* (Widrigkeiten). Das sind Phasen, in denen das Leben schwer ist. Denken Sie sich einmal einige Tausend Jahre zurück. Unsere Vorvorfahren haben natürlich ebenso wie wir versucht, das Leben angenehm zu gestalten. Aber ganz oft war das auf einer elementaren Ebene nicht möglich. Dann musste man sich mit Kojoten um die Jagdbeute streiten; in der Kälte mit dürren Stöckchen zündeln, weil zu wenig Brennholz fürs Dauerheizen da war; weite Strecken mit um die Füße gebundenen Lederfetzen zurückgehen, um Handel zu betreiben. Das ist Adversity.

Diese Phasen der Widrigkeit waren zugleich Phasen des Trainings. Wir Menschen versuchen natürlich, sie so weit wie möglich zu vermeiden – aber sie sind wichtig, damit wir wachsen, uns weiterentwickeln und gesund bleiben. Zur damaligen Zeit waren wir gezwungen, sie zu absolvieren, ob wir wollten oder nicht. Heute jedoch haben wir es im Wohlstandswesten geschafft, unsere materielle Basis so weit zu verbessern, dass wir auf einer elementaren Ebene keinen Widrigkeiten mehr ausgesetzt sind. Unsere heutigen Widrigkeiten liegen auf ganz anderen Ebenen. Aber wir sind nicht gebaut, um ohne elementare Widrigkeiten zu leben. Weil die nun aber nicht mehr automatisch kommen, müssen wir sie mit anderen Methoden in unseren Alltag einbauen.

Deshalb funktioniert Selbstüberlistung sehr oft so, dass wir uns bewusst Widrigkeiten aussetzen. Sie erinnern sich: Es ist die Definition eines Spiels, sich das Leben schwer zu machen (siehe Kapitel 3, »Wieso wir uns das Leben schwer machen sollten«, ab Seite 67). Das ist oft kontraintuitiv, und deshalb ist unser Impuls meist der, unser Lebensspiel falsch zu gestalten, indem wir versuchen, alle Widrigkeiten zu beseitigen.

Werfen Sie mal einen Blick auf diese Alltäglichkeiten:

- **Stühle.** Bekanntlich machen sie das Sitzen einfacher; es gab Zeiten, in denen nur Könige auf solchen Gegenständen thronten. Aber indem sie Adversity verhindern, werden unsere Muskeln immer schwächer und das Sitzen wird immer schwieriger. Es ist verblüffend zu sehen, in welch hohem Alter Personen in Korea noch außerordentlich beweglich sind. Das ist eine Kultur, in der man auf dem Boden sitzt und schläft. Unsere dauerhafte VIP-Karte für vermeintliche Bequemlichkeit dagegen beschert uns Bandscheibenvorfälle.
- **Punktelastische Betten.** Die Theorie der Bequemlichkeit besagt, dass wir schön einsinken müssen, damit die Wirbelsäule genau gerade liegt. Die Theorie der Adversity würde sagen, dass wir Muskeln aufbauen und dynamisch liegen müssen; und dass das Entlasten in einen Teufelskreis führt, weil wir immer mehr Muskeln verlieren. Es erinnert ein wenig an einen Hometrainer, in den ein Motor eingebaut ist.
- **Fußbett im Schuh.** Indem der Fuß »gestützt« wird, schwinden die Muskeln, die ihn wölben könnten. Schon der Name »gestützt« erinnert an den Stock, an dem wir Selbstüberlister gehen, wenn wir dieses Argument hören.

- **Rolltreppe und Aufzug.** Der Alltag könnte voller kleiner Trainingseinheiten sein. Aber weil wir so oft Aufzug fahren, wird die Treppe anstrengender und wir gehen sie noch seltener. Am Ende fahren wir mit dem Aufzug ins Fitnesscenter, um dort zuzusehen, wie andere computergesteuert Treppen steigen.
- **Warmes Duschen.**
- **Testosteron.** Genau, für den – meist männlichen – Muskelaufbau. Es gibt Bodybuilder, die Hormone schlucken, um den Muskelaufbau zu beschleunigen. Das geht eine Zeit lang gut, aber dann geht die körpereigene Hormonproduktion zurück. Die Vorstellung, dass besonders große Muskeln mit besonders kleinen Hoden einhergehen, ist etwas verstörend.
- **Essen.** In unseren Breitengraden steht es praktisch überall zur Verfügung, und somit ist es kein Wunder, dass wir die Fähigkeit verloren haben, auch einmal die Widrigkeit einer längeren Phase ohne Nahrungsaufnahme zu ertragen.

Solche Warmduschereien im Alltag sind, einzeln betrachtet, winzig, aber sie können über die lange Zeit eines Lebens zu einem riesigen Unterschied anwachsen.

Vom Sporttraining her ist bekannt, dass der Muskelaufbau nicht in der Phase des Trainings selbst erfolgt, sondern in der Ruhephase danach. Deshalb plädiere ich hier nicht etwa für ein rein asketisches Leben, sondern für eine Abwechslung von Phasen der Bequemlichkeit mit denen der Widrigkeit. Es hilft nichts, das Leben ausschließlich immer bequemer gestalten zu wollen. Sie passen sich diesem Zustand an und empfinden danach immer winzigere Unbequemlichkeiten als genauso schlimm wie zuvor die echten Widrigkeiten. Deshalb bauen Sie diese lieber bewusst ein.

Wenn Sie dann größere Widrigkeiten wegstecken, können Sie anschließend darüber nachdenken, sich das Leben wieder zu erleichtern – aber nicht, um danach weniger Widrigkeiten zu haben, sondern um größere meistern zu können. Belohnen Sie sich mit einem schärferen Schwert, aber nicht mit einem süßeren Kuchen.

Extrinsische Belohnungen und der Sawyer-Effekt

In England gibt es wohlhabende Herren, die im Sommer täglich vierspännige Passagierkutschen über zwanzig oder dreißig Meilen fahren, weil dieses Privileg sie beträchtliche Summen Geldes kostet; würde man ihnen aber einen Lohn für diesen Dienst anbieten, würde es zu Arbeit, und sie würden es verweigern.

Mark Twain, *The Adventures of Tom Sawyer*[74]

Machen wir uns bewusst, was Belohnungen klassischerweise sind – Objekte, die Sie von außen bekommen, nachdem Sie Wohlverhalten gezeigt haben. Diese Art von Belohnungen haben eine gemeinsame Eigenschaft: Sie richten sich an die Direktorin.

Überlegen Sie einmal kurz: *Eigentümer* eines neuen Gravelbikes zu sein, ist Direktorinnensache. Agenten hingegen sind so gestrickt, dass sie schnelles Feedback brauchen. Die Agenten werden glücklich, wenn sich das Rad toll fährt und sie in einen Flow kommen, indem sie einen Singletrail entlangjagen. Einige beziehen bestimmt auch Glücksgefühle, wenn das Bike im Wohnzimmer fabrikneu an der Wand hängt und die Agenten von dem flowigen Singletrail träumen können, auf dem sie nie fahren werden (schon in Ermangelung der dazu erforderlichen Fertigkeiten). Aber *Eigentümer* des Bikes zu sein, ist eine abstrakte Angelegenheit, die den Agenten nicht viel bringt.

Belohnungen dieser Art werden extrinsisch genannt, denn sie kommen nicht aus der Tätigkeit selbst heraus, sondern von außen. Falls wir uns selbst eine solche Belohnung versprechen, kann das bereits eine Form der Selbstlist sein (allerdings nicht immer eine gute). Normalerweise bekommen wir extrinsische Belohnungen zum Beispiel durch den Chef, der ein Gravelbike als Preis für den besten Verkäufer des Jahres auslobt. Oder der uns eine Provision verspricht. Oder uns einfach dafür bezahlt, dass wir jeden Tag erscheinen und Rohre zusammenschrauben, was wir dann nicht mehr Be-, sondern Entlohnung nennen.

Extrinsische Belohnungen sind solche, die nicht durch das Ausführen einer Tätigkeit entstehen, sondern durch äußere Anreize.

Da große Belohnungen in der Regel abstrakt sowie zeitversetzt zur Tätigkeit sind und nicht mit der Tätigkeit direkt in Zusammenhang stehen, haben sie kaum eine Motivationswirkung auf die Agenten in uns.

Beispiele für extrinsische Belohnungen sind finanzielle Anreize, Lob, aber auch Macht- oder Statusgewinn. Die extrinsischen Belohnungen können auch ein negatives Vorzeichen haben, damit wir sie vermeiden, zum Beispiel in Form von Strafzahlungen, Strafarbeiten oder sozialen Konsequenzen.

Extrinsische Belohnungen haben eine gefährliche Eigenschaft: Sie können die soziale Bedeutung einer Situation völlig verwandeln. Um das praktisch zu erfahren, bieten Sie einmal Ihrer Freundin in spe – mit der Sie eine romantische Nacht verbringen wollen – an, das Geld des Restaurantbesuchs und der Blumen in bar an sie auszuzahlen. Falls Sie diesen Fall für rein hypothetisch halten: Von Wirtschaftswissenschaftlern unserer Nachbaruniversität kam vor einiger Zeit ein Angebot dieses Stils an unsere Uni. Die dortigen Vertreter verstehen vermutlich bis heute nicht, was sie da über die von ihnen vorgeschlagenen »Anreize« ausgedrückt haben und wodurch die Zusammenarbeit in letzter Minute mit einer empörten Ablehnung geendet ist.

Oder stellen Sie sich ein Onlinespiel vor, bei dem Sie mit fünf Euro entlohnt werden, damit Sie eine bestimmte Zeit spielen oder vorgegebene Aufgaben lösen (das gibt es übrigens wirklich, zum Beispiel indem die Teilnehmer im Akkord Marktforschungsfragen beantworten sollen). Ist das dann noch ein Spiel?

Extrinsische Belohnungen haben häufig die Eigenschaft, Spiel in Arbeit zu verwandeln (ja, auch bei der Freundin in spe). Daniel Pink benennt diesen Effekt aufgrund der Darstellung in *The Adventures of Tom Sawyer* so:

Sawyer-Effekt: Praktiken, die entweder Spiel in Arbeit verwandeln oder Arbeit in Spiel.[75]

Dies können monetäre Anreize sein, aber auch Geschichten, mit denen wir eine Handlung darstellen.

Wir haben von diesem Effekt bereits regen Gebrauch gemacht, aber bisher nur in der anderen Richtung, indem wir potenziell unangenehme Alltagssituationen gedanklich in Spiele umgewandelt haben und seitdem die Treppen in Hochhäusern hochhüpfen oder Monster in Buchführungsprogrammen abschießen.

Hier haben wir aber gesehen, dass durch falsch überlegte Spielmechanik mit extrinsischen Belohnungen der Sawyer-Effekt auch in der ungünstigeren Richtung wirken kann. Das ist der Grund, wieso wir bei der Selbstüberlistung besser auf diese Art von Belohnung verzichten und auf einen anderen Typus von Belohnung setzen sollten, den wir uns jetzt ansehen.

Intrinsische Belohnungen und der Flow

Als Königsform der Belohnungen gelten oftmals die intrinsischen Belohnungen.

Intrinsische Belohnungen sind solche, die man durch die Ausführung einer Tätigkeit selbst gewinnt, zum Beispiel Freude, innere Zufriedenheit und Erfüllung.

Während der Ausführung machen nur solche Tätigkeiten Spaß, die intrinsische Belohnungen schaffen.

Es gibt zwei Typen intrinsischer Belohnungen, die man aber nur versteht, wenn man die Unterscheidung in Direktorin und Agenten kennt: Framing und Flow.

Das Framing ist die Geschichte, die wir uns selbst zu einer Tätigkeit erzählen. Wer sich zu Punkten auf dem Bildschirm die Geschichte erzählt, er sei bei der Flugsicherung und müsse Flugzeuge sicher zur Start- und Landebahn geleiten, empfindet es anders als jemand, der die Pünktchen als Augendaten eines Patienten interpretiert. Sie sehen die unglaubliche Wirkung solcher Geschichten bei Sportveranstaltungen, wenn Sie keine Ahnung von den Regeln haben. Alle stehen herum, irgendwer fuchtelt mit einer Keule, ein unsichtbarer Ball fliegt, irgendwer rennt, alles schreit ganz außer sich, fällt sich in die Arme, irgendwer schluchzt, alle stehen wieder herum. Dass so ein Spiel ganze Staaten verbindet und von anderen trennt, liegt ausschließlich an dem zugrunde liegenden Narrativ.

Jemand anderes betrachtet zwei Räder, die um einen Motor herum gebaut wurden, und erzählt sich die Geschichte von Freiheit, gebändigter Kraft, eleganten Konstruktionen sowie der Verbindung von Natur und Technik. Irgendwer anderes hört nur Lärm und riecht Abgase.

Diese Geschichten bestimmen, wie wir eine Tätigkeit empfinden. Sie werden oft mit einem Begriff aus der Film- und Fotokunst beschrieben: den Bildausschnitt festlegen oder auf Englisch: *framing*.

Framing ist das Hervorheben, Kombinieren und Deuten einzelner Aspekte einer Gesamtsituation, sodass ein bestimmter Eindruck entsteht.

Es ist genau das Gleiche, wie wenn man bei einer Fotografie den Bildausschnitt *(frame)* festlegt und dabei bestimmte Aspekte hervorhebt, andere verkleinert darstellt, die nächsten ganz weglässt. Es ist die Basis, auf der die Direktorin entscheidet, ob etwas positiv und wichtig ist oder negativ und unwichtig. Wenn sie entscheidet, dass eine bestimmte Musikform grässliches Geschrei mit kindischer Show für zombiehafte Zuschauer ist, dann ist, objektiv gesehen, nicht klar, ob sie von Death Metal oder Opern spricht; und bei beiden Formen redet sich irgendwer ein, nur die andere habe die genannten Eigenschaften, wogegen es sich bei der eigenen um eine hohe Kunstform handele.

Der andere Typus der intrinsischen Belohnungen richtet sich an unsere Agenten und ist so wichtig, dass wir uns ihm noch einmal auf andere Weise nähern als bisher:

> **Flow** liegt vor, wenn wir während des Ausführens einer Tätigkeit zeitnah belohnt werden und dadurch in einem Strom aus Glücksgefühlen versinken.

Flow und Framing müssen nicht in die gleiche Richtung weisen. Sehen wir uns Beispiele für intrinsische Belohnungen an:

Motorradfahren belohnt intrinsisch, denn in jeder Kurve gibt es die Genugtuung der Präzision und nach jeder Kurve die Befriedigung der Beschleunigung. Fotografieren belohnt intrinsisch, denn jedes Auslösen fängt einen Moment ein und belohnt durch dessen Anblick. Kochen, Schreinern, im Orchester spielen, Rätsel lösen, Sport gehören dazu. Auch Hausputz und Mails beantworten können sofortige Erfolgserlebnisse bringen und deshalb intrinsisch belohnen. Und natürlich Flippern, Computerspiele spielen, Süßigkeiten essen, Social Media daddeln, Pornografie, Glücksspiel; denn diese Gruppe ist speziell dafür designt, uns zur dauernden Nutzung zu animieren.

Wir sehen an dieser Liste: Ob etwas mit Flow belohnt, sagt nichts darüber aus, ob es auch wichtig fürs Leben oder langfristig in irgendeiner Weise positiv ist. Es hat einen Grund, weshalb wir die Arbeit am Sitzungsprotokoll aufschieben, indem wir die Wohnung putzen. Denn jede erlegte Küchenschabe entlohnt intrinsisch, der Bericht nicht.

Wenn wir Pech haben, dann führen uns bestimmte intrinsisch belohnende Tätigkeiten genau in die Richtung, die wir später bereuen werden. Das Problem ist, dass unser intrinsisches Belohnungssystem gekapert werden kann. Und genau das passiert regelmäßig, weil derjenige uns beeinflussen oder gute Geschäfte mit uns machen kann, dem dieses Kapern gelingt.

Je nach Kontext kann Flow ein großes Unbehagen in uns auslösen (bevorzugt, wenn der Flow bei einem anderen auftritt, nicht bei einem selbst). Ein historisches Beispiel erwähnten Larry Downes und Paul Nunes in ihrem Buch *Big Bang Disruption*:

> *In den 1940er-Jahren war das Flippern Ziel einer Kampagne, die auch gegen andere Unterhaltungsformen geführt wurde, von denen man annahm, dass sie zur Jugendkriminalität beitrugen, zum Beispiel Comics, Filme und Trivialliteratur.*[76]

Denken Sie an die Glücksspielbranche und die ganzen Social-Media-Anbieter, aber auch an die Anbieter von Süßigkeiten oder Zigaretten und Alkohol. Sie verschaffen uns intrinsische Belohnungen, führen uns damit aber in eine Richtung, die wir, mit etwas Abstand betrachtet, gar nicht wollen (denken Sie an den Abschnitt »Akrasia – wieso wir wider besseres Wissen handeln« ab Seite 183 und wie sich unsere Zeitpräferenzen ändern, wenn wir von der Direktorin auf die Agenten umschalten, und umgekehrt im Abschnitt »Inkonsistente Zeitpräferenz: Wann unsere Gier die eigene Zukunft auffrisst« ab Seite 46).

Flow und Framing können Käfige für die Agenten einerseits und die Direktorin andererseits sein.

Intrinsische Motivation hat daher einen viel zu guten Ruf. Es stimmt, ohne sie geht nicht viel. Aber sie ist eine notwendige, wenn auch keine hinreichende Bedingung für ein gutes Leben. Nur wenn wir das Spiel selbst gestaltet haben, werden wir langfristig glücklich damit.

Merken Sie, dass wir hier wieder die altbekannten Elemente wiederfinden? Hedonie (intrinsische Belohnungen), Eudämonie (selbstbestimmte langfristige Entwicklung) und Gamifizierung (Setzen der Regeln, durch die unsere intrinsisch motivierten Agenten in eine langfristig sinnvolle Richtung laufen).

Wieso wir Dinge tun, die wir nicht tun wollen

Eigentlich sollte man meinen, dass die Agenten mit ihrer kurzen Lebens- und Aufmerksamkeitsspanne so viel Spaß wie möglich einsammeln und sich von kaum etwas anderem ablenken lassen. Das genau ist auch das Prinzip des Flows.

Erstaunlicherweise gibt es aber Techniken gegen die Agenten, die sie in einem Käfig ihrer eigenen Verhaltensweisen gefangen halten und sie dauernd Dinge tun lassen, die sie eigentlich gar nicht tun wollen. Diese Techniken können sowohl von außen an sie herangetragen werden (dann sind die Folgen fast immer schädlich) oder auch von ihrer Direktorin selbst bewusst eingesetzt werden. Streng genommen kennen Sie sie bereits: Sie fallen in die Klasse der dunklen Kerntreiber aus dem Abschnitt »Dunkle Motivationstechniken« ab Seite 76. Es sind die Techniken, die uns einerseits in eine Abhängigkeit treiben können, andererseits aber auch bei der Stange halten können, um kurzzeitige Tiefs zu überwinden.

Ich zeige Ihnen hier ein paar Gründe, warum wir etwas tun, obwohl es überhaupt keinen Spaß macht. Ich greife sie hier auf, weil sie, oberflächlich betrachtet, aussehen wie ein Flow.

Verlustvermeidung. Statt mit Belohnungen kann man auch mit Bestrafungen arbeiten: Du warst immer ein guter Schüler, aber wenn du diesmal nicht lernst, nehme ich dir deine Eins weg. Wenn du nicht täglich dein Gemüsebeet wässerst, nehme ich dir deine Radieschen weg. Wenn du nicht täglich auf Rieck-Chat gehst, nehme ich dir deinen Streak weg (siehe Abschnitt »Belohnungen, aber richtig« ab Seite 213).

Befürchtete oder erhoffte Zufallsereignisse. Es macht keinen Spaß, stundenlang auf einen Bildschirm zu starren und auf das Auftauchen bestimmter Zahlen zu warten. Aber FOMO bringt uns dazu; FOMO heißt Fear Of Missing Out und ist die Angst, etwas Wichtiges zu verpassen.

Zufallsereignisse halten uns viel länger bei der Stange als ein regelmäßiger Strom kleiner Belohnungen. Die Aussicht auf seltenen großen Gewinn motiviert die Agenten noch viel stärker, denn: Viel schlimmer, als keinen Gewinn zu haben, ist, keinen Gewinn zu haben, obwohl der große Gewinn vor unserer Nase lag. Deshalb bleiben so viele bis spätabends im Büro, ohne produktiv zu arbeiten, und besuchen tagsüber Meetings, die zu 95 Prozent Wahrscheinlichkeit nur Unfug hervorbringen werden. Die seltenen Bröckchen großer Gewinne oder großer Strafen führen zu einem FOMO-Käfig.

Sunk-Cost-Falle. Wir haben einen Agenten nach dem anderen überredet, eine lästige Tätigkeit auszuführen, zum Beispiel unsinnige statistische Verfahren zu erlernen. Auf diese Weise haben wir zwar Wissen angehäuft, aber eben unsinniges. Stellen Sie sich nun einen Agenten vor, der zugibt, dass dieses Wissen unsinnig ist. Damit entwertet er alle Mühen seiner Vorgänger mit einem Schlag. Deshalb ist es so schwer, seine Meinung zu ändern, selbst wenn die Evidenz erdrückend ist. Schon für die Direktorin wäre es schwer zu akzeptieren, das angehäufte Wissen eines Jahres zu entwerten, selbst wenn der Weg danach ein besserer wird. Ein Agent aber verliert alles, was er hat, ohne etwas Neues aufbauen zu können.

Wenn Sie genauer darauf achten, werden Sie viele Situationen bemerken, in denen Sie durch derartige Methoden dazu gebracht werden, immer und immer wieder etwas zu tun, was Sie im Direktorinnenmodus für unwichtig oder sogar schädlich halten. Wir gehen im Kapitel 12, »Die Kunst, etwas nicht zu tun«, ab Seite 245 darauf ein, wie Sie solche Auswirkungen vermeiden; im Abschnitt »Belohnungen, aber richtig« ab Seite 213 erfahren Sie Methoden, wie Sie diese Effekte zu Ihrem eigenen Nutzen einsetzen.

Der Reboundeffekt: Dick durch Sport

»Irgendwann« – nach etwa 8 Stunden – verschwindet die Wirkung des Nasensprays. Die bis dahin abgeschwollene Schleimhaut schwillt wieder an und der Platz für die Atemluft wird wieder kleiner. Wie weit schwillt die Nasenschleimhaut an? Bis zum »Startwert«, wie er sich unmittelbar vor der Nasensprayanwendung zeigte? – Nein. Weit gefehlt! – Die Schleimhaut schwillt stärker an als zuvor! Das kann bis zur vollständigen Atemluft-Blockade im Naseninneren führen.

Dr. med. Wolfgang Wahle, »Nasenspraysucht«[77]

Die Liste von eben können wir fortsetzen durch Situationen, in denen wir durch unser eigenes Verhalten auf den Käfig zurückwirken, der uns gefangen hält. Und zwar so, dass sich die Käfigtür noch fester verschließt. Das geht zum Beispiel so:

Desensibilisierung. Ein Teenager hört zum ersten Mal in seinem Leben Rockmusik in hoher Lautstärke. Das gibt ihm einen unglaublichen Kick, und den möchte er gern wieder haben. Allerdings hat er sich jetzt daran gewöhnt und bekommt den Kick nur bei noch lauterer Musik. *Desensibilisierung* bezeichnet den Prozess, bei dem wiederholtes Sich-einem-Reiz-Aussetzen (Exposition) wie etwa der Musiklautstärke die Reaktion auf diesen Reiz abnehmen lässt.

Wenn er Pech hat, ist das Gehör unseres Teenagers nach einiger Zeit geschädigt, und er muss die Musik schon allein deshalb immer lauter aufdrehen, um sie subjektiv gleich laut wahrzunehmen wie früher. Das schädigt sein Gehör aber noch stärker, sodass er sie beim übernächsten Mal noch lauter machen muss. Da unser Gehör logarithmisch arbeitet, reichen keine linearen Lautstärkesteigerungen, sondern sie müssen exponentiell erfolgen. Nicht allzu lange Zeit später dreht er die Energie auf das 10 000-Fache des ursprünglichen Wertes auf und verspürt trotzdem keinen Kick mehr.[78]

So funktioniert Drogensucht. Sie führt in einen Teufelskreis aus Verlangen nach dem Kick auf der einen Seite und einer physiologischen Desensibilisierung auf der anderen (das nennt sich dann *Toleranzentwicklung*). Zudem gilt dies nicht nur für die Wirkung der Droge selbst. Wenn drogeninduzierte Glücksgefühle für einen User zum Maßstab werden, dann kann das auch bewirken, dass man ohne Drogeneinfluss weniger Vergnügen oder Glück bei Tätigkeiten empfindet, die man früher noch genossen hat. Denken Sie bitte noch einmal an den kybernetischen Teil unserer Agenten zurück: Der eine Teil des Regelkreises hat eine negative Abweichung vom Sollwert und versucht die Stellgröße anzupassen. Aber während er das macht, verändert sich die Wirkung der gesteuerten Größe. Das führt in eine Rückkopplung bis zur Zerstörung der Hardware. Deshalb sind Drogen so gefährlich. Legale Drogen wie Alkohol oder Medikamente unterliegen natürlich denselben Gesetzmäßigkeiten. Drogen werden in ihrer Wirkung von ihrem rechtlichen Status, der von Land zu Land variiert, nicht beeinflusst.

Natürlich ist es »rational«, eine Größe zu erhöhen, die offenbar zu niedrig ist. Nicht rational aber ist es, nicht zu verstehen, dass die Veränderung der Steuerungsgröße ihrerseits zu einer Verringerung der Wirkung oder sogar Verstellung des Sollwerts führt und somit das gewünschte Ziel gar nicht erreichen kann. Nehmen wir ein paar Beispiele:

Hunger. Wir haben Hunger, also essen wir. Wir nehmen jetzt aber zu, sodass es anstrengender ist, sich zu bewegen, und die vorhandene Körpermasse will versorgt werden. Also haben wir noch mehr Hunger und essen mehr. Damit wird Bewegung aber noch anstrengender, die Körpermasse nimmt noch weiter zu, es wird noch mehr gegessen. Weiter beim Start.

Medikamente. Irgendetwas tut weh; nach einer Tablette hört das sofort auf. Die Nase ist verstopft? Nasenspray, dann ist sie wieder frei. Leider ist ab da die Ausgangsbasis verschlechtert und die nächste Dosis wirkt schwächer als zuvor. Erinnern Sie sich noch, wie Ihre Mutter Sie davor gewarnt hat, zu leichtfertig Schmerztabletten zu nehmen? Das war der Grund.

Schlaf. Sie haben schlecht geschlafen und fühlen sich müde. Deshalb machen Sie tagsüber ein Nickerchen. Dadurch sind Sie am Abend aber weniger müde, schlafen zu spät ein und sind am Folgetag noch müder. Als Folge wird Ihr Nickerchen noch länger und der Kreislauf geht von vorn los, nur von einem schlechteren Ausgangswert.

Überkompensation beim Sport

Erstaunlicherweise kann man durch solche falschen Belohnungen sogar durch Sport dick werden. Das liegt an der Überkompensation. Weil wir denken, dass wir uns nach dem Sport mehr gönnen können, gönnen wir uns mehr, als wir uns leisten können.

Lassen Sie uns kurz nachrechnen, wie lange Sie auf einem Kardiotrainer Treppen steigen müssten, um den Energiegehalt eines (!) Stücks Kuchens abzuarbeiten. Nehmen wir dafür ein Stück Kuchen mit einem Energiegehalt von ungefähr 1200 Kilojoule[79] (kJ), wobei ein Joule das Gleiche wie eine Wattsekunde ist. Wenn Sie halbwegs erfolgsorientiert auf Ihrem Kardiotrainer unterwegs sind, dann leisten Sie dabei etwa 120 Watt, also 0,12 Kilowatt (das dürfte der typische Wert sein, den man in Fitnesscentern beobachten kann). Der Wirkungsgrad unseres Körpers beträgt etwa ¼ (= 25 Prozent), sodass wir intern viermal so viel »verbrennen« müssen, wie wir extern abgeben; um die 0,12 Kilowatt extern zu leisten, müssen wir also intern 4*0,12 kW = 0,48 kW aufbringen. Um das Stück Kuchen abzuarbeiten, müssten Sie also (1200/0,48) Sekunden trainieren – das sind läppische 2500 Sekunden oder ungefähr 42 Minuten.[80]

Sie merken, dass es sich um ein begrenzt Erfolg versprechendes Unterfangen handelt. Das Training auf dem Treppengerät ist sicherlich gut für die gesamte Gesundheit, und Ihr Herz wird es Ihnen danken, aber es bringt erschreckend wenig gegen zu viel Energieaufnahme in Form von Kuchenstücken.

Höchstwahrscheinlich gibt es in Bezug auf den Energieverbrauch sogar einen Reboundeffekt. Denn durch das viele Kardiotraining bekommt man Hunger, hat aber das Gefühl, dass man ja auch viel geleistet hat und deshalb guten Gewissens essen dürfe. Folglich wird der Teller Nudeln danach deutlich größer ausfallen als sonst und das Stück Kuchen trotzdem noch dazukommen.

Deshalb können wir durch Sport dick werden. Sie merken, wieso es sich lohnt, spieltheoretisch zu analysieren und mehr als einen Schritt vorauszudenken.

Falsche Belohnungen gehören zu den größten Gefahren für unsere Agenten, weil sie ihnen vorgaukeln, in die richtige Richtung zu gehen, obwohl es genau die falsche ist.

Falsche Belohnungen erkennen

Vor einiger Zeit habe ich in einer konservativen Zeitschrift einen Beitrag darüber geschrieben, dass Unternehmen gegen uns spielen (im spieltheoretischen Sinn) und Produkte absichtlich so ausgestalten, dass sie unser Belohnungssystem kapern und uns damit verführen. Ich wurde mit erbosten Kommentaren überschüttet, ob ich denn vielleicht wolle, dass die Anbieter Produkte anbieten, die nicht gut schmecken und die uns nicht gefallen. Nein, das will ich nicht.

Was ich aber will, ist, dass uns die Produkte nicht täuschen. Und wenn sie es schon tun, wir es wenigstens erkennen und bewusst dagegen arbeiten. Kurz, dass wir nach unseren eigenen Regeln spielen und nicht nach denen, die sich jemand anderes ausgedacht hat. Denn diese anderen Regeln sind so gestaltet, dass sie gut für jenen anderen sind, aber nicht für uns.

Es geht darum, dass wir uns nicht täuschen lassen. Beachten Sie bitte, dass ich diesen Begriff hier nicht juristisch meine, sondern im Rahmen der spieltheoretischen Gedankenwelt. Ich sage Ihnen jetzt einige sehr offensichtliche Formen der Täuschung in diesem Sinn und dann subtilere.

Wir haben in Deutschland zum Glück recht klare Vorgaben, wie die Preisauszeichnung zu erfolgen hat. Dennoch gibt es auch bei uns Täuschungen. Zum Beispiel werben Mobilfunkanbieter mit einem niedrigen Preis – und schreiben dann in einem kleinen Sternchenhinweis, dass dieser Preis nur für die ersten drei Monate gilt und danach leider dreimal so hoch ist. Schade, dass das bei einem 24-Monats-Vertrag gilt. Ich vermute, dass diese Preisverschleierungspraxis irgendwann untersagt wird, aber in Amerika geht es ohnehin viel heißer her.

Dort kann man auf ein großes Schild mit einem Sonderangebot stoßen; an der Kasse wird dann aber mit genervter Stimme erläutert, dass das nur für das zweite Produkt gilt, wenn man zwei gleichzeitig kauft, und das auch nur dann, wenn man Klubmitglied wird und sich mit Werbung vollmüllen lässt. Ob man denn keine Lupe verwendet habe, um die genauen Bedingungen zu lesen? Oder das beworbene Angebot gilt zwar überall bis auf Kalifornien; dummerweise steht das Schild in Kalifornien. Und außerdem ist es eine Mogelpackung, bei der der gallonengroße Behälter nur zur Hälfte befüllt ist, wie man betrüblicherweise erst nach dem Öffnen bemerkt. Aber es ging alles mit rechten Dingen zu, denn das Gewicht war ja klar und deutlich angegeben.

Ein schönes Beispiel finde ich auch, wenn in einem Supermarkt teure Waren »versehentlich« in dem Regalfach mit dem vermeintlichen Sonderangebot eingeräumt sind und man dann nach zehn Minuten Anstehen an der Kasse den doppelten Preis zahlen soll. (»Ach, da haben Sie wohl danebengegriffen. Kein Problem, ich nehme alles Eingetippte raus und Sie stellen sich einfach noch mal an.«)

Ich könnte ein ganzes Buch mit solchen Beispielen schreiben, aber hier ist nur eines wichtig: Es sind Methoden, uns zu täuschen. Wir würden das Produkt nicht greifen, wenn wir wüssten, dass es nicht das Sonderangebot ist, das wir eigentlich kaufen wollten; wir würden die Mogelpackung nicht kaufen, wenn wir wüssten, dass viel weniger drin ist, als wir denken.

Und genauso ist es auch bei der Täuschung durch Produkte mit »Sucht«-Charakter. Wir sind evolutionär so verdrahtet, dass wir süß mit gesund verbinden, weil das bei Früchten der Fall ist. Indem nun Produkte diesen Geschmack nachahmen, täuschen sie uns auf einer vorbewussten Ebene, denn sie liefern nur den Geschmack, nicht aber die Nährstoffzusammensetzung der gesunden Früchte.

Dito bei Social Media. Sie gaukeln uns eine Welt vor, die es nicht gibt, schaffen falsche Referenzpunkte und täuschen soziale Beziehungen vor, die es nicht gibt. Oder Computerspiele bringen uns in einen Flow (was durchaus hedonisches Glück liefern kann), halten uns dort aber viel länger, als wir normalerweise bleiben würden, weil sie Achievements (Erfolge bzw. erreichte Meilensteine) vortäuschen, die rein virtuell sind, um der ansonsten bald einsetzenden Spielmüdigkeit entgegenzuwirken. Dieser Sachverhalt wird interessanterweise auch zum Kern des Romans *The Circle*:

> *Weißt du, wie sie dieses Essen entwickeln? Sie erforschen mit wissenschaftlichen Methoden, wie viel Salz und Fett sie hinzufügen müssen, um dich zum Essen zu bringen. Du bist nicht hungrig, du brauchst das Essen nicht, es bringt dir nichts, aber du isst weiterhin diese leeren Kalorien. Das ist es, was du befürwortest. Dasselbe Prinzip. Endlose leere Kalorien, nur digital-sozial. Und du justierst es so, dass es genauso süchtig macht.*[81]

Ich möchte mich hier keinesfalls so weit aus dem Fenster lehnen, dass ich derartige Glücksauszahlungen generell verdamme. Wenn jemand besondere Fähigkeiten in einem Onlinespiel entwickelt, kann das den gleichen Rang haben wie das Erlangen von Meisterschaft im Cellospielen oder beim Golfsport. Meinetwegen soll auch jemand ein Kloßwettessen oder eine Masturbationsmeisterschaft[82] gewinnen (beides sind keine fiktiven Beispiele).

Aber das alles sind Spiele, die von außen her an uns herangetragen werden – um genau zu sein, an unsere Agenten. Und das ist das Problem. Agenten lassen sich leicht verführen, weil sie von ihrer Natur her nur kurzfristig orientiert sind. Genau das kann ein vernunftbegabter Gegenspieler für seine eigenen Zwecke ausnutzen, besonders wenn er ganze Forschungsabteilungen unterhält, die nach solchen Zusammenhängen suchen und die zugehörigen Spiele, Medien und Nahrungsmittel entwickeln.

Deshalb besteht der erste Schritt auf dem Weg, unser eigenes Spiel zu spielen, darin, dass wir uns einen Rahmen schaffen, in dem wir uns gern aufhalten. Womit wir beim ersten Schritt auf dem Weg zu guten Belohnungen sind.

Flow-Belohnungen: Verbinden Sie das Nützliche mit dem Angenehmen

Der bekannte Verhaltensökonom Dan Ariely beschreibt in seinem Buch *Predictably Irrational*[83], wie er in seiner Jugend schwere Verbrennungen erlitten hatte, die eine lange und schmerzhafte Behandlung erforderten. Er musste sich über einen Zeitraum von mehreren Jahren hinweg regelmäßig intensiven Behandlungen mit einer neuen Methode unterziehen, die zwar wirksam war, die aber außer ihm keiner der anderen Patienten durchgehalten hat, weil sie einfach zu unangenehm war. Was war sein Trick? Seine Selbstlist bestand darin, dass er sich vor jeder dieser unangenehmen Behandlungen Filme ausgeliehen und während der Behandlung angesehen hat.

Sein jeweiliger Agent, der die Schmerzen durchleiden musste, war damit kein Leideagent, sondern ein Filmansehagent. Das war etwas, worauf er sich freuen konnte und wodurch er die Kleinigkeit mit den Nebenwirkungen nur noch am Rande bemerkte. Zudem tat er etwas, was ihm selbst offenbar nicht richtig klar geworden ist: Er sah viele Filme mehrfach. Damit stellte er sicher, dass er wirklich gute Filme ansah. Wir hören ja auch die gleiche Musik mehrfach, wieso dann nicht auch gute Filme mehrfach ansehen?

Mir ist aufgefallen, dass ich unangenehme Arbeiten durch winzige Änderungen meiner Arbeitsumgebung viel leichter erledigen kann. Ich hatte früher manchmal Hunderte von Klausuren allein zu korrigieren, was wirklich kein Spaß ist. Wenn ich das mit meinem Lieblingsstift machte und dabei einen Eistee im Garten nuckelte, dann schaffte ich das dennoch teilweise in Windeseile und war nach zwei Tagen fertig – eine Geschwindigkeit, die außer mir niemand schaffte.

Auch bin ich an Supermarktkassen fürchterlich ungeduldig. Aber ich habe gelernt, dass ich umschalten kann. Wenn mein Agent anfängt, Vokabeln zu lernen oder YouTube-Kommentare zu lesen, dann ist die Warteschlange auf einmal viel zu kurz. Das liegt daran, dass ich auf einmal ständig Glückspunkte einsammeln kann, wo es vorher nur Ärgerpunkte gab. Und es macht etwas anderes deutlich: Die Zeit an der Kassenschlange ist, objektiv betrachtet, sehr kurz im Vergleich zu den Zeiten, die ich bereit bin für andere Dinge aufzuwenden. Aber das nur als Randbemerkung.

Diese Technik ist nicht wirklich erstaunlich, denn es gibt viele, die einen Podcast beim langweiligen Sport hören oder beim Wäschezusammenlegen Filme ansehen. Dennoch wenden wir sie viel zu selten an. Beachten Sie dabei bitte eine Besonderheit.

> Der Trick der Flow-Belohnungen besteht darin, sie mit der zu fördernden Tätigkeit zu verbinden und so die Belohnung *während* der Tätigkeit zu bekommen, nicht danach.

Viele machen den Fehler, sich die Flow-Belohnung vorzuenthalten, bis die Arbeit erledigt ist. Völlig falsch. Denn jetzt macht die Arbeit keinen Spaß mehr, sondern wir empfinden im schlechten Fall die Belohnung als Bezahlung für die Arbeit, die wir andernfalls nicht getan hätten. Wenn die Belohnung mit der Arbeit verbunden ist, dann belohnt sie uns intrinsisch in eine Richtung, die wir selbst gewählt haben; kommt sie erst danach, ist sie extrinsisch. Auch extrinsische Belohnungen können wichtig sein, aber Flow liefern sie nicht.

Belohnungen, aber richtig

Es geht in diesem Abschnitt in erster Linie darum, Belohnungen zu finden, mit denen wir unsere Agenten so belohnen können, dass sie Spaß daran haben, das zu tun, was die Direktorin für sinnvoll hält.

Vor den Tipps beginnen wir mit einer Warnung:

Identifizieren Sie vorgetäuschte Belohnungen von außen. Ist das angebliche Achievement eines, das es wert ist? Es ist in Ordnung, wenn Sie zu dem Schluss kommen, dass dies bei der Goldmedaille aus Plastik des Volkswandertags der Fall ist (ich habe eine, die ich seit Jahrzehnten in Ehren halte). Aber stellen Sie sich die einfache Frage, ob dieses Achievement die Zeit wert ist oder ob ein anderes Achievement nicht noch einen viel größeren Wert für Sie hätte. Vielleicht kommen Sie dann zu dem Schluss, dass Sie sich einfach einen echten Golfschläger kaufen und damit die Computersimulation ersetzen sollten. (Nein, ich spiele nicht Golf. Aber so oft, wie ich es als Beispiel verwende, bekomme ich langsam Lust darauf.)

Und jetzt die Tipps:

Verwenden Sie nicht den zukünftigen Besitz als Belohnung, sondern den Vorgang des Beschaffens. Es gibt eine Art »extrinsische Belohnung light«, die Sie ausprobieren können. Wenn es Ihren Agenten Spaß macht, Dinge zu kaufen, können Sie sie damit belohnen, dass sie nach vollbrachter Arbeit eine Bestellung tätigen, die Sie sowieso ausführen wollten. Die Betonung liegt in diesem Fall auf *nach der Arbeit*. Das ist kein Widerspruch zu dem Ratschlag, das Nützliche mit dem Angenehmen zu verbinden. Denn wir können zwar gleichzeitig Musik hören und Formeln auflösen, aber nicht gleichzeitig Mathe machen und online shoppen. Es geht hier also nicht um Flow-Belohnungen, sondern um eine abgeschwächte Form der extrinsischen Belohnung.

So komisch es klingt, ist es einem Agenten fast egal, was er online kauft, weil er das Paket ja sowieso nicht selbst in Empfang nehmen wird. Das ist auch der Grund dafür, dass bei einer ausgeprägten Onlinekaufsucht die Pakete mitunter unausgepackt herumstehen. Der Fachbegriff für Kaufzwang bzw. Kaufsucht ist *Oniomanie*. Sie entsteht, weil der Agent den Prozess des Kaufens will, nicht des Erhaltens oder gar Verwendens. Beim Onlinekauf ist das besonders stark ausgeprägt, weil der Vorgang des Kaufens vom Vorgang des Erhaltens getrennt ist.

Verschieben Sie deshalb den Kaufvorgang auf die Zeit nach der zu erledigenden Arbeit, dann schlagen Sie vier Fliegen mit einer Klappe (oder einem elektrischen Fliegenfänger in Tennisschlägergröße): Erstens verlieren Sie keine Zeit vor dem Arbeiten (bzw. vor dem Anfangen) durch die unwichtige Tätigkeit des Bestellens. Zweitens gibt es die Aussicht auf eine angenehme Tätigkeit, die aber nicht als Bezahlung empfunden wird und für die Sache selbst auch nicht schädlich ist. Drittens kann das Shoppen als Qualitätsfreizeit aufgefasst werden und so die Arbeitsgeschwindigkeit sogar erhöhen, weil der Agent in seiner Lebenszeit gern noch bis dahin kommen möchte. Streng genommen ist das eine Variante des Deadline-Sprints. Und viertens kaufen Sie ja hoffentlich etwas Nützliches. Sonst tricksen Sie nicht den Agenten aus, sondern sich selbst!

Identifizieren Sie bestrafende Belohnungen und vermeiden Sie sie. Sie erkennen diesen Typus daran, dass die angebliche Belohnung die Ressource verzehrt, die Sie in der zu fördernden Aktivität erst aufgebaut haben. Also das Kuchenstück nach dem Sport oder der überzogene Spontankauf beim Blick auf den Kontostand der Altersvorsorge.

Aber verwechseln Sie hier nichts. Ein Wochenende lang Dauerparty nach dem Abitur verbraucht nicht das im Abitur erworbene Wissen, sondern es markiert einen Abschluss, indem es eine symbolische Sondersituation schafft. Und damit haben Sie bereits eine weitere Form der »guten« Belohnungen: symbolische Abzeichen.

Wählen Sie symbolische Belohnungen. Der Sänger Udo Jürgens hat sich nach jeder großen Tournee mit einer teuren Uhr »belohnt«, wie er es selbst ausdrückte. Aber er hat die Tourneen ja nicht gemacht, um die Uhr zu bekommen, sondern die Uhr war eher ein Abzeichen für ein erfolgreich durchgespieltes Spiellevel und ein Souvenir als Erinnerung an den persönlichen Erfolg. Denn auch wenn die Uhren teuer waren – gemessen an den Erlösen der Tournee, waren sie sicherlich eher ein symbolisches Zeichen. Die Uhrensammlung war natürlich trotzdem wertvoll und wurde ihm traurigerweise später von Einbrechern gestohlen, die seinen Tresor aufgeknackt haben.[84]

Eine Medaille, ein Pokal oder auch nur ein Erinnerungsfoto im Album sind solche symbolischen Belohnungen, die helfen können, einen Meilenstein zu erreichen. Das sind zwar formal extrinsische Belohnungen, aber sie kommen nicht in den Verdacht, eine Bezahlung zu sein, und erhalten damit den Charakter der Tätigkeit als Spiel und nicht als Arbeit. Und auch ein Agent freut sich, wenn er derjenige ist, der den Pokal in Empfang nehmen darf, selbst wenn ihm klar ist, dass er auf den Schultern seiner vielen Vorgänger reitet.

Wählen Sie Belohnungen, die Ihre Fähigkeiten verbessern und durch die Sie anschließend herausforderndere Aufgaben angehen können. Wenn Sie mit dem Fahrrad bestimmte Trainingszeiten gemeistert haben, dann können Sie über ein IPTE (Ionen-Plasma-Transmissions-Elastomer) anstelle des bisherigen Kettenantriebs als Belohnung nachdenken; das ist dann auch gleich Motivation, im nächsten Level voranzukommen, um damit herumspielen zu dürfen. Das Herumspielen bedeutet dann zum Beispiel, dass Sie mit dem neuen Fahrrad eine etwas längere Strecke in der gleichen Zeit meistern wie bisher mit dem alten. (Ich schreibe dies zum Beispiel gerade auf einem nigelnagelneuen Laptop mit omnidirektionaler Magnetresonanztastatur, und Sie glauben gar nicht, wie viel schneller als vorher.)

Aber machen Sie nicht den Fehler, sich solche Belohnungen *vor* der Erreichung einer Leistung zu gönnen. Denn dann wird der Kauf schnell zum Ersatz für die Leistung selbst. Wer sich sein Karbonrad kauft, ohne auch nur 50 Kilometer mit irgendeinem Fahrrad zurückgelegt zu haben, wird das schöne neue Rad vermutlich eher als Ersatz für Träumereien einsetzen, als darauf zu fahren. Sehen Sie sich einmal an, wie viele Oberklassefahrräder auch nach Jahren noch in einem fast fabrikneuen Zustand sind, und überlegen Sie sich, wie viel der Besitzer wohl damit gefahren sein mag. Nichts gegen Träumereien. Aber die helfen nicht, unsere Agenten zu etwas zu bewegen, was wir aus dem Blickwinkel der Regnose für wichtig halten.

Es ist deutlich besser, den neu anzufangenden Sport mit museumsreifen Laufschuhen zu beginnen, die noch irgendwo im Keller herumstanden, weil der eigene Großvater vor vielen Jahren auch schon mal einen Fitnesspfad absolvieren wollte. Denn dann gibt es eine Steigerung im Spaßlevel des Sportvorgangs selbst, die das Problem des Sawyer-Effekts vermeidet.

Deshalb ist eine der besten agentengerechten Belohnungen das Loggen (Protokollieren) von Erreichtem. Die Geheimnisse dahinter sehen wir uns jetzt an.

Der Saturn-Tüten-Effekt: Gewinnpunkte, Badges, Achievements und Levels

In allen erfolgreichen Computerspielen werden die vom Spieler erbrachten Leistungen protokolliert. Nur nennt man das nicht so, sondern es wird so geframt, dass die Protokolldatei als Belohnung dasteht. Dafür gibt es Einträge unterschiedlichen Typs, sodass sowohl kurzfristig als auch langfristig die Entwicklung sichtbar wird. Das Kurzfristige dient dazu, die Agenten glücklich zu machen, das Langfristige gibt Orientierung für die Direktorin. Es handelt sich um folgende Elemente:

Gewinnpunkte gibt es laufend für viele Kleinigkeiten:

- Einen **Badge** gibt es, wenn Sie einen Zwischenschritt erreicht haben.
- Ein **Achievement** bedeutet, dass Sie ein Projekt abgeschlossen haben.
- Ein **Level** heißt, dass Sie in eine neue Spiel- oder Lebensphase eintreten.

Es ist wichtig, dass Sie bei der Gestaltung Ihres Belohnungssystems mit allen diesen Stufen denken, denn nur die Kombination daraus führt dazu, dass Sie sowohl kurzfristig bei der Stange bleiben als auch einen langfristigen Sinn darin erkennen. Ebenso ist es wichtig, sich klarzumachen, dass derartige Belohnungen symbolisch sind. Symboliken sind offenbar tief in unserer menschlichen Psyche veranlagt, wie man zum Beispiel an Grabbeigaben von Menschen sehen kann, die vor vielen Tausend Jahren gelebt haben. Auch wenn wir die exakte Symbolik heute nicht mehr verstehen, ist uns sofort klar, dass es sich um Symbole gehandelt haben muss.

Um zu erlernen, wie Sie diese Spielelemente in Ihr echtes Leben einbauen können, sehen wir uns ein Echte-Welt-Beispiel für eine Belohnung an.

Bei dem Elektronikmarkt Saturn gab es früher kostenlose Plastiktüten mit dem Saturn-Logo. Diese Tüten waren oftmals riesig, weil Elektronikprodukte inklusive Verpackung sehr groß sein können. Sie waren ein Symbol für einen großen Fang. Eine dieser riesigen Saturn-Tüten durch die Stadt zu tragen, war, wie mit einem enormen Hirsch von der Jagd zurückzukommen. Sie konnten das an den Gesichtsausdrücken der beteiligten Personen sehen. Die großen Tüten wurden ächzend, aber mit großem Stolz getragen, und sie waren Ziel heimlicher Bewunderung von allen Seiten. Die riesige, schwere Tüte in die eigene Höhle zu schleppen, war bereits genauso viel Belohnung, wie sie auspacken zu dürfen, und das Saturn-Logo war das anerkannte Symbol für eine große Beute. Der Inhalt war fast egal, das Saturn-Logo war bereits Qualitätssiegel genug.

Seit dem Verbot der Plastiktüten verlangt Saturn Geld für die neuen Papiertüten – und versteht gar nicht, was sie damit anrichten. Die vermeintliche Kleinigkeit einer nicht mehr kostenlosen Tüte hat die gesamte Spielmechanik zerstört.

Achten Sie darauf, dass Ihnen das nicht im Spiel Ihres eigenen Lebens passiert. Achten Sie auf die vermeintlich winzigen symbolischen Belohnungen und setzen Sie diese gezielt ein.

Sie können Ihrem Agenten virtuell auf die Schulter klopfen, indem er sich ein Kreuzchen in den Kalender machen darf. Bei der Pomodoro-Technik gibt es deshalb Protokollbögen, bei denen Sie schön in einer Reihe Tomaten abhaken können, wenn Sie 25 Minuten konzentriert gearbeitet haben.

Es ist verblüffend, wie motivierend eine virtuelle Tomate sein kann. Aber der Trick liegt darin, dass der Agent eine zeitnahe Bestätigung bekommt, etwas erreicht zu haben. Bei vielen Tätigkeiten bleibt das andernfalls aus oder wird für den Agenten nicht sichtbar. Das sieht auch John Perry so, der Erfinder des Konzepts der strukturierten Prokrastination:

Die Hauptfunktion der täglichen Aufgabenliste besteht darin, dem Aufschieber die Befriedigung zu geben, Aufgaben abzuhaken, sobald sie erledigt sind. Ein Häkchen in das Kästchen neben dem Eintrag zu setzen oder es mit Schwung durchzustreichen, verleiht uns ein kleines psychologisches Hochgefühl. … Es wäre noch befriedigender, wenn eine große rote Linie durch die Aufgabe gezogen würde, begleitet von einem triumphalen Geräusch. Allerdings habe ich bisher kein Programm gefunden, das dies ermöglicht.[85]

Deshalb: Legen Sie sich einen Kalender an, mit dem Sie protokollieren, was Sie getan oder erreicht haben. Das kann ganz nach Geschmack eine handgezeichnete Tabelle auf einem karierten Blatt Papier sein, eine Excel-Datei, ein Glas mit Murmeln darin, ein wunderschönes Notizbuch mit Ledereinband oder auch eine App. Die genaue Ausgestaltung hängt von Ihren persönlichen Vorlieben der Gamifizierung ab. Wichtig ist nur, dass es einen solchen Ort gibt und dass er für Sie selbst dadurch eine Bedeutung erlangt.

Sehen wir uns nun die unterschiedlichen Möglichkeiten an, wofür Sie sich eine Belohnung eintragen dürfen.

Gewinnpunkte: Die Tätigkeit wurde vorgenommen, egal, wie lang. Wenn Sie eine Tätigkeit ausgeführt haben, für die Sie sich belohnen wollen, dann dürfen Sie sich einen Bonus gutschreiben. Sie haken die abgeschlossene Tätigkeit auf Ihrem Gewinnbogen ab und geben sich damit einen Gewinnpunkt. Wenn Sie sich also vorgenommen haben, Liegestütze zu machen, dann reicht eine für den Eintrag.

Sie erkennen natürlich messerscharf, dass dies eine Schummeltechnik ist. Aber so eine Form des sanften Schummelns ist eine Methode, erst einmal in ein Spiel hineinzukommen und Erfahrungen mit anderen Teilen der Wegstrecke zu machen als nur mit dem Anfang. Daher ist diese Methode hervorragend geeignet, um überhaupt erst einmal in ein solches System einzusteigen. Etwas später kann man dann zu der folgenden seriöseren Variante übergehen.

Gewinnpunkte: Die Tätigkeit wurde mit einer gewissen Mindestintensität vorgenommen. In diesem Level protokollieren Sie nur noch

Tätigkeiten, wenn Sie eine bestimmte Stufe erreicht haben. Die muss nicht hoch sein, aber eben mehr als nur ein Liegestütz. Zum Beispiel 10 oder 15. Oder ein fester Set von Mobility- und Kraftübungen am Morgen. Natürlich können Sie nach Tätigkeiten variieren und bei den für Sie besonders schwierigen großzügiger Punkte vergeben als bei anderen. Sie schaffen sich damit Ihr eigenes Handicap. Sorgen Sie aber auf jeden Fall dafür, dass weiterhin Gewinnpunkte klingeln.

Badge: Die Tätigkeit hat mit einem Erfolg geendet. Diese Einträge sollten Sie nicht alternativ zu den anderen vornehmen, sondern zusätzlich. Sie können zum Beispiel am Ende des Tages zurückblicken und sich fragen, ob Sie gefühlt etwas erreicht haben. Wenn ja, dann geben Sie sich am Ende des Tages den Badge für »etwas erreicht«. Das muss nichts Großes sein, sondern es reicht, wenn Sie eine Sache vom Tisch bekommen haben, die Sie schon lange belastet hatte und die Sie vor sich hergeschoben haben. Wenn Sie endlich die neuneinhalb Minuten zu deren Erledigung aufgebracht haben, dann haben Sie etwas erreicht. Wenn Sie rückblickend sagen können, nicht den ganzen Tag vertrödelt oder mit Busywork (geschäftig wirkender Pseudoarbeit) verbracht zu haben, dann geben Sie sich den Badge.

Ein Badge kann eine besondere Zeile in Ihrem Belohnungsbuch sein oder meinetwegen ein Bierdeckel, den Sie auf eine Stellwand tackern. Sie können auch Saturn-Tüten nehmen, aber leider muss man die jetzt kaufen.

Achievement: Ein großer Meilenstein wurde absolviert. Bei ganz besonderen Ereignissen wie dem Abschluss der Bachelorarbeit oder des Gesellenstücks darf ruhig etwas mehr Show gemacht werden. Ich würde das mindestens mit einem Montblanc-Füller eintragen, dessen Tinte per Luftpost aus Japan zugestellt wurde. Und eine Party feiern, auf der ein speziell dafür gedrucktes T-Shirt erstmalig getragen wird. Ab der Einkommensklasse von Udo Jürgens kann man auch Rolex-Uhren nehmen – wobei bedruckte T-Shirts wahrscheinlich weniger diebstahlgefährdet sind.

Die Zeit, die für die geplante Tätigkeit aufgewendet wurde, darf gezählt werden. Im Unterschied zu den Methoden von eben zählt hier nur die Zeit, nicht das Ergebnis. Beispielsweise könnte man seine morgendlichen Mobility- und Kraftübungen nicht als festen Set, sondern variierend genau zehn Minuten lang absolvieren. Um diese Zeiten zu protokollieren, können Sie sich eine App für die Erfassung von Projektzeiten herunterladen und minutengenau mitlaufen lassen, wie lange Sie an einem Projekt gearbeitet haben. Auch wenn es pingelig klingt, sollten Sie ausschließlich die reine Nettozeit messen. Der Gang zur Toilette wird dann genauso abgezogen wie das tagträumerische Beobachten der Eichhörnchen vorm Fenster der Bibliothek. Der Vorteil dieser Methode besteht darin, dass Sie ein Gefühl für die eigene Konzentration entwickeln. Sie machen sich bewusst, wenn Sie abschweifen, und haben einen Überblick darüber, wie oft das passiert. Besonders anfangs wird das übrigens erschreckend oft der Fall sein. Aber das zu ändern, ist ja der Plan.

Ob man eher die Zeit, die Tätigkeiten oder die Ergebnisse zählen sollte, hängt stark davon ab, in welcher Projektphase man sich befindet. Ganz am Anfang eines Projekts fehlt Ihnen schlichtweg der Überblick zu wissen, was alles zu tun ist. Für diese Phase ist ein Zeitprotokoll am besten geeignet. Es diszipliniert Sie während der Arbeit, nicht abzuschweifen und die vorgenommene Nettozeit am Ball zu bleiben. Erinnern Sie sich an den organisierten Oliver aus dem Abschnitt »So sprechen Sie mit Ihrem zukünftigen Ich« ab Seite 129, auf dessen To-do-Liste lapidar der Punkt »Masterarbeit schreiben« stand? Er ist offenbar noch so weit vom Überblick über die Inhalte entfernt, dass er sich besser vorgenommen hätte, »mindestens zwei Stunden netto an der Masterarbeit zu arbeiten«.

Allerdings verführt dieses Verfahren dazu, verschwenderisch mit der Zeit umzugehen. Ich habe eine Studentin erlebt, die alle meine Übungsaufgaben eines ganzen Semesters mit der Hand und viel Zeiteinsatz fein säuberlich abgeschrieben hat. Aber gelöst hat sie sie nicht. Sie hat sich eingeredet, lange gelernt zu haben, aber in Wahrheit war es überflüssiges Busywork.

Eine Motivationstechnik, die oft im Zusammenhang mit solchen Belohnungssystemen eingesetzt wird, ist der Streak (Strähne). Dies ist die

Länge einer ununterbrochenen Folge von tageweise aufeinanderfolgenden Einträgen. Die Betonung liegt auf *ununterbrochen*. Weil ein Streak immer wertvoller wird, je länger er schon besteht, nimmt seine Motivationswirkung im Laufe der Zeit immer weiter zu. Auf viele übt ein Streak eine enorme Motivationswirkung aus. Mir wurde von Studenten erzählt, dass sie abends in einer Billardbar noch kurz vor 24 Uhr eine Lernsession bei einer Onlinelernplattform absolviert haben, um ihren Streak nicht zu verlieren. Ein Streak ist eine der dunklen Motivationstechniken (Angst vor Verlust), aber eine sehr wirkungsvolle.

Im Prinzip ist sie auf jedem Blatt Papier anwendbar, aber wirkungsvoller ist sie in einer App, die wirklich nur in Echtzeit protokolliert, ob Sie die Aufgabe rechtzeitig ausgeführt haben. Auf dem Papier neigen Sie ein wenig zum Cheaten, und zudem wird der Zahlenwert nicht gleich automatisch angezeigt. Aber keine Frage, ein ganzes Büchlein mit durchgehend abgehakten Tomaten hat auch seinen Reiz.

	M	D	M	D	F	S	S	M	D	M	D	F	Erreicht
	1	2	3	4	5	6	7	8	9	10	11	12	
Lernen	X	X	X	X	X	X		X	X	X			
Lesen				X		X	X			X			
Sport	X	X	X	X	X	X	X	X	X	X			
<30 Min Inst	X	X							X				
...													
...													

Grundtyp eines Habit-Trackers. Das geht auf einem Blatt karierten Papier, mit Wandkalender oder auch mit Excel.

Übrigens ist ein wichtiges Feature des Streaks der Streak-Freeze, also ein »eingefrorener« Streak. Dies ist eine Art Versicherung, mit der man verhindert, seinen Streak zu verlieren, wenn man nur einmal kurz aussetzt. Denn es kann immer wieder Situationen geben, in denen man an einem einzelnen Tag einfach nicht dranbleiben kann – sei es wegen Krankheit, Familienfest oder Fehlbedienung der App.

Bei einer guten App kann man auch einstellen, dass man zum Beispiel nur an fünf Tagen der Woche an dem Streak arbeiten will. Gibt es diese Funktion nicht, dann ziehen sich berufliche Tätigkeiten ungewollt ins Wochenende.

Das Führen eines solchen Gewinnpunkte-Logfiles ist eine der besten Methoden, gleichzeitig die Agenten glücklich zu machen und für die Direktorin in uns die notwendigen Informationen bereitzustellen, wo wir eigentlich stehen. Aber passen Sie höllisch auf, dass das Eintragen der Gewinnpunkte nicht selbst zu einer lästigen Arbeit wird. Es hängt viel von Ihrer Fähigkeit ab, sich selbst eine überzeugende Geschichte zu erzählen, wieso diese Einträge Spaß machen und eine Belohnung sind.

Der eine mag die nerdige Statistik mit unterlegten Excel-Formeln, die andere mag vielleicht ein schön gestaltetes Bullet-Journal und der nächste führt ein ausführliches Tagebuch, in das er sein persönliches Leaderboard integrieren kann (»2021 habe ich 43 Wochen ununterbrochen Spaß gehabt, mal sehen, ob ich das in diesem Jahr übertreffe«). Sie wissen selbst am besten, was Sie motiviert.

KAPITEL 11

Anfangen hilft!

»Neuneinhalb Minuten!«, sagte sie mir. »Ich habe monatelang etwas vor mir hergeschoben, wofür ich neuneinhalb Minuten gebraucht habe!«

Neil Fiore in *The Now Habit* über seine Klientin Carolyn[86]

Wir wissen, dass wir etwas tun sollten, tun es aber einfach nicht. Je nach Kontext wird das manchmal als Knowing-Doing-Gap bezeichnet, aber meist nennen wir es Aufschieberitis oder Prokrastination. Da wir uns in immer mehr Berufen die Arbeit selbst einteilen müssen, ist für sehr viele von uns Prokrastination zu einer echten psychischen Belastung geworden.

Aber sehen Sie einmal genau hin.

> Meist ist gar nicht das Problem, dass wir etwas nicht machen; das Problem ist, dass wir nicht *anfangen*.

Das hat Gründe, die man leicht an einem Beispiel verstehen kann: dem Wandern. Wandern ist ein erstaunliches Phänomen. Man ist am Tag viele Stunden unterwegs, und es geht bergauf und bergab, durch Sonne und Regen, mit Blasen an den Füßen – kurz, das ist kein Spaziergang. Streng genommen ist Wandern über große Teile des Tages hinweg sogar ziemlich unangenehm. Und dennoch gibt es Leute, die das regelmäßig und gern tun. Natürlich wissen wir inzwischen, woran das liegt: Wandern liefert helle Motivatoren in einer Großhandelspackung. Die eigene Entwicklung, die neuen Eindrücke, der persönliche Erfolg, die Gespräche unterwegs sind nur erreichbar, wenn es, technisch betrachtet, ausgedehnte Strecken der Anstrengung gibt. Es gibt auch genau die richtige Menge dunkler Motivatoren, wie den Schrittzähler und die Aussicht, nicht an der Hütte anzukommen, sondern bibbernd unter einem Felsvorsprung übernachten zu müssen.

Aber obwohl man am Tag unverdrossen viele Stunden freudig leidet und in elegantem Flow durch den Tag gleitet, gibt es eine Stelle, an der es hängt: den Einstieg. Ich weiß nicht, wie oft ich einfach nicht den Anfang des geplanten Weges gefunden habe, wie oft ich den ersten Kilometer wieder zurückgehen musste oder fluchend vor unüberwindlichen Verblockungen gestanden habe. Wer in solchen Fällen eine Wahl hat, läuft schnell Gefahr, gar nicht erst anzufangen. Genauso ist das auch mit den Vorhaben des normalen Lebens: Der Anfang ist oft das Schwierigste.

Den Einstieg planen, den Weg gehen

Wie beim Wandern besteht die Lösung darin zu erkennen, dass die Arbeit selbst und der Anfang zwei unterschiedliche Dinge sind. Deshalb müssen wir auch zwei unterschiedliche Agenten damit beauftragen. Wenn der Wanderagent den Einstieg sucht, dann wird er immer versuchen zu präkrastinieren (also überstürzt loszulegen), weil er ja wandern will, nicht Karten lesen. Deshalb sagen Sie ihm: »Relax. Du bist noch gar nicht dran. Hier ist erst mal dein Kollege, der Karten liest und die Sachen bereitlegt.«

Während es für den Wanderagenten ein Misserfolg ist, stehend Karten und Wanderführer zu studieren oder sich die Strecke in einer Wander-App zurechtzulegen, ist es für den Einstiegsagenten das, wofür er überhaupt existiert und wofür er seine Belohnung bekommen wird, sobald er den Weg gefunden hat.

Gut ist es, wenn er eine Beschreibung dieses Typs findet: Gleich hinter der Kirche steht eine alte Eiche. Den großen Weg dort nimmst du *nicht*, aber du kannst etwa zwanzig Meter weiter rechts einen versteckten Trampelpfad finden, der im Sommer fast zugewachsen ist. Du erkennst ihn an einem hinkelsteinförmigen Stein und wirst dort sofort über mehrere natürliche Stufen hinunterklettern müssen. Der Pfad führt dann zu dem eigentlichen Weg, den du weder von hier noch von der Eiche aus sehen kannst und der aus unerfindlichen Gründen keinen anderen Zugang hat. (Ich wünschte, die Autoren von Wanderführern würden diesen Text lesen; denn die schreiben alle: »Ganz in der Nähe der alten Eiche ist der Einstieg zu dem wunderschönen Wanderweg«; aber wahrscheinlich freuen sie sich diebisch, dass ab da Horden von Leuten im Kreis laufen, über Zäune klettern und sich die Hosen aufreißen.)

Jedenfalls ist dies der erste Schritt, mit einer Arbeit anzufangen; die Kurzfassung hatten wir oben schon einmal beim Deadline-Sprint. Stellen Sie sicher, dass Sie ganz exakt wissen, wo alle erforderlichen Arbeitsmaterialien sind. Dafür hilft es natürlich, ein geeignetes Ordnungssystem zu haben. Aber dazu kommen wir später noch, denn auch dieses System sieht deutlich anders aus, als Sie es sich jetzt wahrscheinlich vorstellen (siehe Kapitel 17, »Wieso Aufräumen Zeitverschwendung ist«, ab Seite 337).

Wichtig ist, dass Sie die potenziellen Probleme des ersten Schrittes *vorher* lösen. Wie bei dem Einstieg in eine Wanderung verlagern Sie das Recherchieren nach dem zugewachsenen Weg auf die Zeit vor der Wanderung.

Das ist ein mentaler Hack. Indem Sie das Suchen des Einstiegs von der eigentlichen Aufgabe trennen, verlieren beide Teile ihren Schrecken. Denn Sie weisen damit dem Gesamtvorgang zwei verschiedene Agenten zu und haben nun keinen Systembruch mehr innerhalb des Tätigkeitsbereichs eines Agenten. Der Aufgaben-abarbeiten-Agent kann dadurch vergnügt losmarschieren, der Planungsagent hat die Vorbereitung schon getroffen. Viele vermeintlich unüberwindliche Aufgaben verlieren ihren Schrecken, sobald sie auf »Spezialagenten« aufgeteilt werden, sprich: die jeweilige Aufgabe in kleinere Teilstücke heruntergebrochen wird.

Wichtig ist aber, dass Sie einen Planungsagenten wirklich nur auf den Einstieg ansetzen. Er darf nicht die ganze Strecke planen. Denn sonst plant er bis zum Sonnenuntergang – und wird sowieso scheitern, weil die eigentlichen Probleme unterwegs auftreten. Er soll sich auf seine Nachfolger verlassen, denn die werden näher am Geschehen sein. Stellen Sie ihm meinetwegen einen Grobe-Richtungs-Agenten an die Seite, aber nicht viel mehr.

> Den ganzen Weg bis ins Kleinste genau zu planen, ist ein sicheres Mittel, nie loszugehen. Verlassen Sie sich auf Ihre Agenten der Zukunft; die finden den Weg schon.

Beginnen Sie die Arbeit ungewaschen: Aktivierungsenergie verringern

Natürlich ist das Finden des Einstiegs eine Form der Aktivierungsenergie. Es ist manchmal unglaublich, welche winzigen Kleinigkeiten uns vom Einstieg in die Arbeit abhalten können.

Ein Laptop, der nicht sofort an ist, sondern erst 30 Sekunden hochfährt, kann ausreichen, dass unser Agent »nur noch schnell gleichzeitig« nach dem Wetter auf dem Handy sehen will und im Kaninchenbau der Onlineverlockungen verschwindet. Bis er sich wieder an den gestarteten Laptop erinnert, ist dessen Akku schon leer. Mir ist aufgefallen, dass ich das Rasierwasser nehme, das ich eigentlich an dem Tag gar nicht nehmen wollte, nur weil es offen dasteht und nicht in einer Papphülle steckt wie das andere, das ich eigentlich nehmen wollte. Eine Schranktür, die man öffnen muss, um an die Joggingschuhe zu kommen, kann ausreichen, um das Vorhaben Jogging für diesen Tag final zu beenden. Die Schuhe ohne Schuhspanner haben eine viel größere Chance, verwendet zu werden; der schon aufgeschnittene Apfel hat eine viel größere Chance, als Snack eingesetzt zu werden, als ein ganzer Apfel.

Auch nützliche Tätigkeiten können uns im Weg stehen. Wenn Sie sich morgens waschen, anziehen, Kaffee kochen, die Zähne putzen, Klimmzüge machen, Nachrichten lesen, den Tag planen – dann hätten Sie stattdessen schon eine Stunde lang an Ihrem Lieblingsprojekt arbeiten können. Das ist mehr, als viele andere am ganzen Tag schaffen.

Ich weiß, dass es verrückt klingt, aber für viele Projekte ist es der beste Einstieg in den Tag, sofort nach dem Aufstehen damit zu beginnen und den ersten Deadline-Sprint bis zum Frühstück einzulegen. Irgendwann müssen Sie unter Menschen (hoffentlich), und damit haben Sie eine echte Deadline. Wenn Sie den Einstieg am Abend des Vortages vorbereitet haben, dann haben Sie schon vorm ersten Kaffee und vor der Dusche die erste Aufgabe des Tages erledigt, und zwar an einem Projekt, das Ihnen wichtig ist. Das fühlt sich gut an. Sie haben gleich am Morgen ein Achievement (also gut: einen Badge) ohne jedes schlechte Gewissen, denn alle Routinetätigkeiten haben danach ja noch die ganze Zeit des Tages. Deshalb kommen wir nicht in Versuchung, das kleine Dringende vor das große Wichtige zu schieben.

> Starten Sie ungewaschen mit Ihrem wichtigsten Projekt in den Tag.

Womit wir bei einer anderen wichtigen Technik sind.

Große Projekte beginnen: Speedrunning, Glitches und Cheats

Lehrer hassen diesen Trick.

Werbung einer Onlinelernplattform

Ich beobachte bei meinen Studenten, meinen Kollegen und bei mir selbst einen wiederkehrenden Effekt: Wenn ein Projekt groß und wichtig ist, dann wird zu lange geplant, zu weit ausgeholt, verkompliziert, vergrößert, zu langsam angefangen.

Gerade bei großen Projekten, die mehrere Monate dauern (wie eine Masterarbeit) oder sogar mehrere Jahre (wie eine Doktorarbeit), neigen wir am Anfang dazu, das Projekt immer weiter vergrößern zu wollen. Wir haben das Gefühl, dass wir ganz viel Material und Themen brauchen, um dem großen Anspruch gerecht zu werden.

Große Projekte haben eine Tendenz, uns zu hemmen. Wenn Sie eine spontane Ad-hoc-Party machen, dann akzeptieren Sie, dass Dinge nicht perfekt laufen werden. Aber bei der Hochzeit oder dem 50. Geburtstag muss auf einmal alles ganz genau stimmen, wodurch wir erstens Panik vor dem Anfang bekommen und zweitens die Enttäuschung vorprogrammiert ist, weil der absolut perfekte Zustand (was immer das genau ist) als Referenzwert vorliegt und es von dem per Definition fast nur negative Abweichungen geben kann. Dabei ist es gar nicht so schlimm, wenn man die Hochzeitstorte vergisst, die Ringe in eine Ritze im Kirchenboden kullern und ein Gast nach der Feier in einer Hecke übernachtet, weil sein Limousinenservice nicht gekommen ist. Die richtige Einstellung vorausgesetzt: nämlich dass die Hochzeit kein Berg, sondern eine Party mit Spaß sein soll.

Das Gleiche gibt es auch bei der Geldanlage. 1000 Euro anzulegen, geht flüssiger von der Hand als 100 000. Wegen der wahrgenommenen Größe wird gelesen, herumgefragt und gezaudert. So lange, bis der Zeitpunkt schon längst nicht mehr optimal ist und die Chancen verpasst sind, weil das Geld langsam zum Aufbessern der eigenen Rente gebraucht wird.

In dem Wahn, es besonders gut machen zu wollen, machen wir es besonders schlecht. Denn erstens fangen wir deshalb »nie« an und zweitens überladen wir das Projekt. Drehen Sie deshalb den Prozess um und denken Sie in Abkürzungen.

Erinnern Sie sich noch einmal daran, was ein Spiel ist: ein künstliches Hindernis und seine Überwindung. Wir haben über viele gute Gründe gesprochen, weshalb solche Hindernisse sinnvoll sein können. Aber bei unseren Projekten geht es meistens nicht darum, auf einem vorgegebenen Weg anzukommen wie beim Marathon, sondern überhaupt anzukommen. Es ist völlig egal, ob wir das Ziel mit dem Taxi oder zu Fuß erreichen. Meist wird sogar erwartet, dass wir das Taxi nehmen. Wir dürfen diese Situationen nicht verwechseln.

Deshalb drehen Sie den Prozess bei einem großen Projekt völlig um. Es geht hier nicht darum, das Projekt zu verkomplizieren, sondern es zu vereinfachen. Stellen Sie sich immer diese Fragen:

> Wie kann ich das Ergebnis auf möglichst einfache Weise erreichen?
> Was kann ich weglassen?
> Welche unkonventionellen Wege gibt es?

In der Produktentwicklung gibt es das Konzept des *Minimum Viable Product* (MVP). Das ist ein Produkt mit gerade genug Funktionen, um es an erste Kunden auszuliefern und Feedback für zukünftige Produktentwicklungen zu sammeln. Manche Studenten und Schüler sind gut beraten, ein solches MVP als Seminararbeit abzugeben; aber bitte nicht verraten, dass der Vorschlag von mir kam. Verwenden Sie dieses Konzept auch großzügig bei Ihren anderen Projekten. Fragen Sie sich:

> Wie kann ich mich so durchschummeln, dass ich mit minimalem Aufwand durchkomme?

Auf einmal können Sie mit Ihrer Arbeit anfangen. Denn mit dieser Methode haben Sie ja ein fertiges Produkt in greifbarer Nähe. Das Erstaunliche bei dieser Methode ist, dass auch das große Endergebnis meistens besser wird. Denn auf dem Weg zum Schummelprodukt MVP lernen Sie so viel, dass Sie genau wissen, wo Sie das Ergebnis überall verbessern können. Sie haben mit dieser Methode sowohl frühzeitig ein funktionales Produkt als auch einen Weg zu einem noch besseren Produkt. Das schlägt jeden Projektplan und jede ausufernde Verkomplizierung vor Projektbeginn.

Eine interessante Praxis bei Computerspielen, die mit dem MVP verwandt ist, ist das *Speedrunning*. Dies ist die Methode, ein Spiel so schnell wie möglich durchzuspielen, indem man alternative und unkonventionelle Methoden nutzt. Auf diese Weise wird Zeit gespart und das Spiel schneller abgeschlossen als in der normalen Spielmechanik vorgesehen. Zum Beispiel hatte ich einmal die Aufgabe, mehrere Tausend Antworten von Probanden zu zählen. Das war eine öde Aufgabe, aber was sollte ich machen? Es lohnte sich nicht, hierfür ein Programm zu schreiben, weil es dafür dann doch zu wenig Antworten waren. Ein Kollege von mir hatte eine bessere Idee: Weil sich einige Antworten ständig wiederholten, schlug er vor, die Antworten zu ordnen und dann die Zeilennummern der so entstandenen Gruppen zu verwenden, um herauszufinden, wie viele jeweils gleiche Antworten vorhanden waren. Das war Speedrunning (und außerdem war meine Vorgehensweise Präkrastination: Wenn ich erst nachgedacht hätte, wäre ich selbst darauf gekommen).

Allein Speedrunning in Betracht zu ziehen, kann die Angst vor der Aufgabe in Luft auflösen. Denn mit einem Schlag denken wir nicht mehr darüber nach, wie wir sie verkomplizieren, sondern wie wir möglichst schnell zu Ergebnissen kommen.

Manche Speedruns nutzen Programmfehler (Glitches) aus, um das Spiel noch schneller durchzuspielen. Manchmal finden Spieler auch Shortcuts (Abkürzungen) oder versteckte Wege, die vom normalen Spielpfad abweichen, um das Ende des Spiels schneller zu erreichen. Das gibt es auch im echten Leben, indem Sie in Aufgabenstellungen nach versteckten Wegen suchen, an die der Auftraggeber nicht gedacht hat. Oft werden Sie in der echten Welt auch gar nicht daran gemessen, ob Sie etwas besonders gut machen, sondern daran, dass Sie eine Zielgröße besonders gut erreichen, selbst dann, wenn das Ergebnis völlig unsinnig ist. Solche Fälle sind das Ausnutzen von Glitches.

Ein Beispiel dazu: In Controllingsystemen werden Sie oft daran gemessen, dass ein Wert besonders gut im Vergleich zu einem anderen ist, sagen wir zum Vorjahreswert oder zum Wert in einer vergleichbaren Filiale. Dieser andere Wert wird als Referenz genommen, an dem Sie sich messen müssen. Natürlich denkt der Auftraggeber, dass die Referenzgröße fix sei. Woran er üblicherweise nicht denkt, ist, dass Sie den Referenzwert indirekt ändern können, indem Sie die Gruppen anders definieren, zu denen die Werte zusammengefasst werden. Das Bundesland Bayern wendet diesen Trick seit Jahren erfolgreich an, um im Bildungssystem besonders gute Werte ausweisen zu können, indem man dort die Gruppenzusammensetzungen zwischen den Schultypen Gymnasium, Realschule und Hauptschule anders vornimmt als im Rest Deutschlands.

Natürlich ist der Übergang zum Cheat nicht weit. Im Gegensatz zum Glitch ist ein Cheat (Schummelei) etwas, was die Grenze zum Verbotenen überschreitet. Wenn Sie sich Ihre Hausarbeit von einem Ghostwriter oder von ChatGPT schreiben lassen, Daten erfinden oder seitenweise die Arbeit eines anderen kopieren, dann ist das ein Cheat. In Spielen sind manchmal solche Cheats möglich (und käuflich oder unter der Hand erhältlich), weil die Programmierer sich selbst Hintertüren eingebaut haben, um ihr eigenes Spiel testen zu können.

Und damit sind wir bei einer sinnvollen und legalen Anwendung von Cheats: zu Trainingszwecken. Es hat keinen Zweck, immer wieder mit frühen Stadien eines umfangreichen Projekts zu verbringen, weil man einfach nie zu den anderen Phasen gelangt. Das ist so, wie wenn man bei einem Musikstück immer nur die ersten Takte spielt, noch nicht zufrieden ist und wieder von vorn anfängt; dann wird der Teil danach nie geübt.

Ich habe deshalb in einem Uniseminar gern die Aufgabe gegeben, eine bestehende Studie exakt nachzubilden (man nennt das eine *Replikationsstudie*, bei der die Originalstudie natürlich zitiert wird). In gewisser Weise habe ich damit meine Studenten in ein höheres Spiellevel hineingecheatet. Die konnten bei der Gelegenheit viele Speedruns entdecken, mit denen die Autoren der Originalstudien gearbeitet haben. Sie glauben nicht, wie viele berühmte Ergebnisse in Wahrheit darauf basieren, dass ein Glitch ausgenutzt wurde, ohne zum Cheat zu werden. Genau deshalb kommen solche Arbeiten so weit – und sind am Ende oft wirklich gut.

Das Besondere beim Ausnutzen von Glitches und bei Cheats ist, dass sich die eigene Einstellung ändert. Man verliert die Angst vor der Autorität der Aufgabensteller und vor der Größe der Aufgabe. Indem man sich erst mal zu den Levels hinschummelt, in denen man andernfalls gar nicht spielen dürfte, lernt man so viel, dass das Projekt unvermittelt den Schrecken verliert. Auf einmal rückt das große Finale in greifbare Nähe und bleibt nicht eine nur abstrakte Größe, die man lediglich entfernt aus Legenden kennt. Auf einmal können wir vom Endergebnis her denken.

Indem wir schon einmal andere Teile der Wegstrecke gesehen haben, können wir die Schritte viel besser beurteilen, die wir insgesamt absolvieren müssen. Der gesamte Weg ist nicht mehr eine diffuse Vorstellung, sondern wir lernen ihn konkret kennen. Wenn man mit Personen spricht, die sehr lange studiert haben, sagen sie oft, dass sie es jetzt ganz schnell machen würden. Das stimmt vermutlich. Denn beim ersten Mal waren sie so langsam, weil sie die Wegstrecke nicht im Überblick hatten und an jeder Abzweigung gestrauchelt sind, weil es immer wieder wie ein weiterer Anfang war. Hätten sie sich mit einem Taxi schon mal testweise auf diesen Strecken durchgecheatet, wären sie bestimmt schon beim ersten legalen Durchlauf viel schneller gewesen.

Und dann gibt es noch etwas, was man nicht vergessen sollte: Selbst in der finalen Arbeit können Cheats völlig legal sein – indem man sie klar angibt. Wenn Sie sich von einem Hubschrauber in ein verlassenes Gebiet bringen lassen, um von dort mit Survival-Techniken zu überleben, dann haben Sie natürlich in gewisser Weise gecheatet. Aber nur so lange, wie Sie die Aufgabe nicht umdefinieren. Sofern Sie diesbezüglich aber völlig ehrlich sind, verwandeln Sie den Cheat in eine Methode, großartige Dinge zu tun, die Sie anders nicht hätten tun können.

Manchmal reicht es sogar, sich einzureden, eine Vorgehensweise sei ein Cheat (»Lehrer hassen diesen Trick«). Als ich noch Schüler war, musste ich oft darüber lachen, wie einfach es ist, gute Noten zu bekommen. Wenn uns ein Lehrer einen Zettel (für die heutigen Schüler: ein Handout) in die Hand gedrückt hat, dann habe ich ihn einfach gelesen – und zwar im Gegensatz zu fast allen anderen *vor* dem nächsten Unterricht. Das waren fünf Minuten Arbeit, die mir erstens 30 Minuten vor der Klausur erspart haben (weil ich es früher gelernt hatte und es deshalb schon in mein Langzeitgedächtnis gesickert war) und zweitens für die betreffende Unterrichtsstunde einen riesigen Vorsprung vor all jenen verschaffte, die den Zettel ignoriert hatten.

Ein ganz toller Cheat war es, in irgendeinem nichtschulischen Buch ein paar Seiten dazu nachzulesen und dann etwas zu wissen, was selbst der Lehrer noch nie gehört hatte. Oder den Unterrichtsstoff in Fragen und Anschlussfragen umzuformen, diese zu beantworten und dann in der Klausur nur noch breit zu grinsen, weil das natürlich exakt das war, was drankam. Mir selbst kam das vor wie cheaten, denn ich hatte mir ja Geheiminformationen besorgt und kannte die Klausurfragen vorher, ohne sie je vorab gesehen zu haben – vermutlich war das der Grund dafür, dass es so viel Spaß gemacht hat.

Heute weiß ich, dass das einfach nur Selbstüberlistung war.

Probieren Sie es aus. Speedrunning und Cheats sind die wahrscheinlich wichtigsten Selbstüberlistungstechniken für schwierige Aufgaben und große Projekte.

Den Übergang von »Es ist ja noch viel Zeit« zu »Jetzt lohnt es sich auch nicht mehr« meistern

Die Überschrift von eben ist ein altbekannter Studentenspruch, und wahrscheinlich haben die meisten von uns auch schon mindestens einmal die Erfahrung gemacht, dass man den Absprung zwischen den beiden Phasen nicht gut hinbekommt. Es gibt einen Grund dafür: Wir denken linear, aber die Situation ist nichtlinear.

Nehmen wir als ein konkretes Beispiel, dass wir ein Paket verpacken und zur Post bringen müssen, das noch an diesem Tag weitertransportiert werden soll. Bei der Postfiliale werden die Pakete um 14 Uhr abgeholt und das Verpacken dauert meistens irgendwo zwischen 15 und 30 Minuten; nur mit sehr viel Pech würde es viel länger dauern (zum Beispiel, weil wir uns in den Finger schneiden, die Sackkarre einen Platten hat oder die kleine Tochter in der Schule an einer akuten Gummibärchenvergiftung leidet und abgeholt werden muss).

Wenn wir nun die Wahrscheinlichkeit des Gelingens gegen die Zeit abtragen, dann sehen wir, dass die Wahrscheinlichkeit bis etwa 13:30 Uhr praktisch unverändert bei annähernd 100 Prozent bleibt. Aber dann ändert sich etwas, und das sehr plötzlich: Die Wahrscheinlichkeit des Gelingens sinkt innerhalb von 15 Minuten von fast 100 Prozent auf fast 0 Prozent. (Nur auf *fast* 0 Prozent, weil eine minimale Chance besteht, dass der Abhollastwagen heute verspätet ist oder wir den freundlichen Herrn in der Post bewegen können, noch etwas länger auf uns zu warten. Aber das sind eher theoretische Überlegungen ohne große praktische Relevanz.)[87]

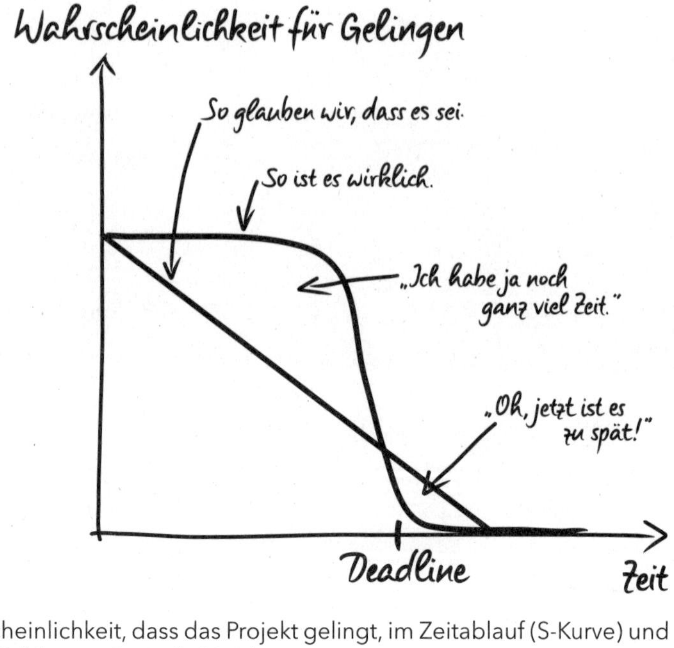

Wahrscheinlichkeit, dass das Projekt gelingt, im Zeitablauf (S-Kurve) und die subjektive Schätzung (gerade Linie).

Die Wahrscheinlichkeitsfunktion ist also hochgradig nichtlinear und beschreibt eine S-Kurve. So denken wir aber nicht, weder unsere Agenten noch die Direktorin. Wir denken linear. Deshalb stellen wir uns vor, die Wahrscheinlichkeit des Gelingens nehme über den Tag hinweg mehr oder weniger linear ab. Somit haben wir einen halben Tag lang das Gefühl, es sei ja noch ganz viel Zeit; schlimmer noch, wir werden darin bestärkt, weil der Abstand unserer (nicht bewusst vorgenommenen) linearen Schätzung zum tatsächlichen Wahrscheinlichkeitswert zunächst sogar zunimmt. Die Agenten wiegen sich also in Sicherheit und verplempern die Zeit.

Doch dann kommen wir in den steilen Bereich. Innerhalb von Minuten verkehrt sich unser vermeintlicher Zeitpuffer in ein Zeitdefizit, und noch ein paar Minuten später ist es vorbei für heute, denn wir kommen in die Phase des »Jetzt lohnt es sich auch nicht mehr«. Der Übergang ist bei anderen Aufgaben nicht ganz so steil wie in diesem Beispiel, aber das Prinzip gilt immer, solange es einen Zeitpuffer gibt (also fast immer).

Neben dem eher gutmütigen Aufschieber von eben gibt es noch Personen, die mindestens bedingt vorsätzlich in die Risikozone hineinrutschen:

> Ein **Deadline-Junkie** ist jemand, der Aufgaben bis zur letzten Minute hinauszögert, um den Nervenkitzel des möglichen Scheiterns zu haben, da er andernfalls die Aufgaben als zu langweilig empfindet.

Deadline-Junkies werden erst dann produktiv, wenn der Adrenalinspiegel einen gewissen Minimalwert überschreitet. Das ist nicht das, was man sich als bevorzugte Charaktereigenschaft eines Kollegen wünscht. Aber es ist Realität. Falls Sie dieser Kollege sind:

- Offenbar wollen Sie ein Spiel spielen, denn durch das Betreten des Gefahrenbereichs machen Sie sich ja das Leben etwas schwer. Spielen Sie das Spiel doch einfach bewusst. Besorgen Sie sich kleine Kerzchen, die man auf Geburtstagskuchen verwendet. Kürzen Sie ein solches Kerzchen an der Unterseite nach Bedarf, zünden Sie es an und versuchen Sie, die Aufgabe vollständig abzuschließen, bevor die Kerze ausgegangen ist. Erscheint Ihnen kindisch? Es soll ja auch nicht die Direktorin spielen, sondern der jeweilige Agent! Fragen Sie den mal. Übrigens gibt es dieses Verfahren in völlig seriösem Umfeld bei der sogenannten *Candle-Auction*. Dort darf man so lange Gebote abgeben, bis eine brennende Kerze verlöscht. Es soll damit ein teilweise zufälliges Auktionsende erreicht werden.[88]

- Versuchen Sie, den Kick zu bekommen, indem Sie ständig unwichtigere Projekte am Rande des Untergangs jonglieren und sich damit motivieren, die wichtigen zu erledigen (siehe Abschnitt »Dinge erledigen mit strukturierter Prokrastination« ab Seite 280).

Essen Sie Ihren Obstkuchen von der Seite!

In dem klassischen Zeitmanagementbuch *Time Power* schrieb Charles Hobbs, wir Europäer würden Torten oder Obstkuchen mit der »Kruste« zu uns auf den Teller legen. Ich kenne niemanden, der das so macht, aber er leitet eine Metapher daraus ab. Einer seiner Freunde habe nämlich das Kuchenstück mit der Kruste zu sich auf den Teller gelegt und dann zu allem Überfluss auch von dort aus angefangen zu essen, weil er die Kruste nicht mag und sie schnell weghaben wollte.

Kuchenstück mit leckerer Spitze und zu harter Kruste

Aufs Anfangen übertragen, firmiert diese Vorgehensweise manchmal unter dem Namen »Die größte Kröte zuerst schlucken«, mit anderen Worten: den Tag mit der Aufgabe beginnen, die man am wenigsten mag. Aus Direktorinnensicht ergibt diese Vorgehensweise komplett Sinn – aber agentengerecht ist das nicht. Denn die Agenten sehen nicht die Abwägung zwischen der unangenehmsten und der zweitunangenehmsten Aufgabe, sondern die Abwägung zwischen überhaupt eine Aufgabe ausführen oder lieber erst mal zocken. Legen wir ihnen am Morgen die größte Kröte auf den Tisch, dann ist die Gefahr verdammt groß, dass sie lieber gar nicht erst anfangen.

Deshalb geben wir ihnen immer die Spitze der Torte zuerst. Denn die erste Schwierigkeit besteht darin, sie überhaupt in Richtung Arbeit zu locken. Dafür muss die Hürde möglichst klein sein. Die Spitze ist klein, weich und süß – da gehen sie mit. Aber es wäre ein Fehler, die Kruste bis zum Ende übrig zu lassen, denn dann wird die Zeit seltsamerweise an keinem Tag ausreichen, auch diese noch abzuarbeiten. Dieser Effekt dürfte ein wichtiger Grund für die Nonfinisierung sein (siehe Abschnitt »Nichtfertigstelleritis (Nonfinisierung)« ab Seite 63).

Deshalb machen wir etwas, was einen Amerikaner möglicherweise noch mehr verstört, als das Kuchenstück falsch herum auf den Teller zu legen: Wir essen abwechselnd von der Spitze und der Kruste.

So locken wir unsere Agenten mit winzigen Schrittchen in den Arbeitstag. Wenn sie sich dann im mentalen Account des Arbeitsmodus befinden, dann schmuggeln wir die härteren Brocken unter. Aber belohnen immer wieder mit den weichen Stellen der anderen Seite, um den Flow aufrechtzuerhalten. So viel List muss sein.

Was heißt das ganz konkret für die Praxis?

Es gibt viele, die den Arbeitstag mit E-Mails beginnen. Der klassische Zeitmanagementguru rät strikt davon ab, weil diese Tageszeit zu wertvoll dafür sei. Grundsätzlich stimmt das, und manchmal sind Ihre Agenten auch so motiviert, dass sie sich voller Elan in die wichtigste Aufgabe des Tages stürzen (zum Beispiel durch die Cliffhanger-Methode, die wir uns in Kürze ansehen). Aber oft sind sie morgens auch ziemlich lustlos und vor allen Dingen denkfaul.

Dann ist es gut, ihnen eine Aufgabe zu geben, die kleinteilig abgearbeitet werden kann und komplett von außen vorgegeben ist. So etwas wie E-Mails. Es ist die Spitze des Kuchens, die sie dazu bringt, überhaupt loszulegen.

Während die Bearbeitung von E-Mails also hochgradig sinnvoll sein kann, trifft das auf das Lesen von Onlinenachrichten nicht zu (nein, auch nicht auf das Lesen einer Zeitung auf Papier). Denn dies fällt in den Bereich der Freizeit und damit in einen anderen mentalen Account (es sei denn, es ist Ihr Job, die aktuellen Nachrichten des Tages auszuwerten).

Achten Sie bei den E-Mails allerdings darauf, dass Sie ihre Bearbeitung zeitlich strikt begrenzen (zum Beispiel mit Deadline-Sprint, Pomodoro oder dem umgekehrten Terminkalender). Man kann in dem endlosen Strom der Mails beliebig lange verharren, ohne ihn jemals trockenzulegen. Dafür ist der Arbeitstag zu schade.

Die So!-Technik

Ich weiß nicht, wie lange Ihre Schulzeit zurückliegt, aber an eines können Sie sich bestimmt noch erinnern: Wenn eine Lehrerin »So!« sagte, wurde es ernst (besonders wenn das O kurz gesprochen wird).

- So! Die Zeit ist um, legt die Stifte weg und gebt die Klassenarbeiten ab!
- So! Genug diskutiert, jetzt kommen die Merksätze, die ich mir schon vorher ausgedacht habe.
- So! Jetzt werden zehn Bahnen geschwommen!

»So!« wird im Deutschen körperlich begleitet, indem man sich mit beiden Händen sowie einem lauten Klatsch auf die Oberschenkel schlägt und dabei den Oberkörper aufrichtet. »So!« beendet die gemütliche Runde in der Kneipe, nachdem die letzten drei Verabschiedungen nicht zum Verlassen des Etablissements geführt haben. »So!« ist der Anfang der Arbeit, die heute noch fertiggestellt werden muss.

»So!« ist ein kulturell verankertes Startritual. Wer »So!« sagt und sich auf die Schenkel klopft, muss auch handeln. Wer nach »So!« nicht ins Wasser springt oder die Kneipe verlässt, verliert seine Glaubwürdigkeit, sowohl anderen als auch sich selbst gegenüber.

Deshalb ist es eine »so!« unglaublich wirksame Selbstüberlistungstechnik. Nach »So!« wird nicht mehr gezaudert, sondern gemacht.[89] Machen heißt: nicht mehr über das *Ob* nachdenken, sondern über das *Wie*. Und das wiederum heißt, sofort die erste physische Bewegung auszuführen, die zu der angekündigten Tätigkeit gehört. Also Stift zwischen die Finger klemmen; vom gemütlichen Platz aufstehen; Schritt zum Startklotz am Beckenrand machen; Ordner aus dem Schrank ziehen; Maus bewegen und klicken.

»So!« enthält die gleiche Idee, die der 5-Sekunden-Regel von Mel Robbins unterliegt, deren Buch *The 5 Second Rule* zwei Millionen Mal verkauft wurde – wobei es im Englischen nicht unser schönes »So!« gibt. Bei ihr liest sich das so:

Mit der Regel ersetzte ich meinen Hang zum Überplanen durch eine Tendenz zum Handeln … Vor der 5-Sekunden-Regel machte Laura endlose To-do-Listen und saß herum, während sie Ausreden suchte.[90]

Für Tätigkeiten, bei denen der Anfang schwerfällt, empfiehlt sie, einen Countdown von fünf auf eins herunterzuzählen und dann sofort mit dieser Tätigkeit zu beginnen. Ich frage mich immer wieder, wie sie es geschafft hat, darüber ein ganzes Buch zu schreiben, aber ein paar wichtige Punkte gibt es bei dieser Technik durchaus.

Visualisieren Sie das, womit Sie anfangen wollen. Rennfahrer visualisieren die zu fahrende Strecke im Voraus im Kopf, und oft ist diese mentale Vorbereitung ein wesentlicher Teil des Erfolgs. Auch Sie sollten bei der So!-Technik eine klare visuelle Vorstellung davon haben, was Sie beginnen wollen. Nicht alle Teile, aber wichtige Elemente. Das hilft, die Gedanken auf diese zu beginnende Tätigkeit auszurichten und alles andere auszublenden.

Aktivieren Sie gedanklich die erste physische Bewegung. Während sich das Visualisieren auf das Ausführen der Tätigkeit bezieht, ist für den Einstieg in die Tätigkeit die erste Muskelbewegung entscheidend. Schließlich ist es Ihr Ziel, sich zu aktivieren, und dafür ist immer irgendeine Bewegung erforderlich. Es reicht nicht, sich die Tätigkeit vorzustellen – man muss sie auch ausüben. Vielleicht haben Sie sich an früheren Stellen dieses Buches gewundert, wieso ich noch von dem altmodischen Flipper spreche. Der Grund liegt darin, dass man dort eine klar definierte erste physische Bewegung hat, mit der man die Kugel auf das Spielfeld katapultiert. Deshalb veranschaulicht der Flipper die erste Muskelbewegung besser als jedes andere Spiel.

Schaffen Sie einen Kontrast zwischen Entspannung und physischer Anspannung. Wenn Sie beim »So!« genau hinsehen, werden Sie feststellen, dass wir das nicht aus heiterem Himmel heraus tun. Stattdessen holen wir davor tief Luft und sind für einen kurzen Moment entspannt, bevor die Muskelanspannung durch das Schenkelklopfen kommt. Dieser Kontrast ist entscheidend. Mel Robbins stellt das nach, indem sie erst einen Countdown zählt. Es ist wie das Ende eines kurzen autogenen Trainings, das durch einen physischen Ruck beendet wird. Dieser Kontrast hilft, anschließend wirklich die Tätigkeit auszuführen und nicht nur bei dem Gedanken daran zu bleiben.

Schaffen Sie einen Punkt ohne Wiederkehr. Bei den klassischen 36 Strategemen[91] (Kriegslisten aus China) handelt gleich das erste Strategem davon, wie die Generäle eines zaudernden Kaisers ihn dazu gebracht haben, endlich den Angriff zu beginnen, den sie ausführlich vorbereitet hatten. Sie lockten ihn dafür auf ein Schiff der Kriegsflotte, ließen ihn feiern, während das Schiff mit der gesamten Flotte bereits ablegte. Als der Kaiser bemerkte, was los war, war es längst zu spät, um umzukehren. Der Point of no Return war überschritten. Genau das erreichen Sie mit dem »So!« und der ersten Bewegung. Sie sind mit einem Schlag in der Handlung drin und haben den Anfang hinter sich. Ab da geht es um das Wie, nicht mehr um das Ob.

Cliffhanger statt Zeigarnik-Effekt

Es gibt öfter den Vorschlag, dass man sich nach einer Unterbrechung den sogenannten Zeigarnik-Effekt zunutze machen solle. Dies ist ein psychologisches Phänomen, laut dem sich Menschen eher an unerledigte oder unterbrochene Aufgaben als an erledigte erinnern. Das liegt daran, dass unerledigte Aufgaben eine Art von psychischer Spannung erzeugen, die die Aufmerksamkeit auf die Aufgabe lenkt und dazu beiträgt, dass sie im Gedächtnis bleibt. Benannt ist der Effekt nach der russischen Psychologin Bluma Zeigarnik.

Vielleicht haben Sie bemerkt, dass ich diesen Effekt auch in diesem Buch an verschiedenen Stellen einsetze (suchen Sie danach, ich verrate es Ihnen nicht genauer). Aber für meine Begriffe wird der Effekt oft falsch verstanden. Um ihn richtig anzuwenden, überlegen wir uns eine einfache Sache: Wie bringen uns Serien dazu, dass wir uns unbedingt die nächste Folge der Staffel ansehen wollen? Richtig: durch einen Cliffhanger. Ein Cliffhanger ist nicht einfach ein Abbrechen des Films mitten im Satz, sondern es ist eine Stelle, an der man unbedingt wissen möchte, wie es weitergeht. Meist hat man auch schon eine gewisse Ahnung, in welche Richtung es wohl gehen wird, aber die Details fehlen.

Genau so können Sie sich motivieren, nach einer Pause oder am nächsten Morgen an einem angefangenen Projekt weiterzuarbeiten. Es gibt vorgegebene Zeitpunkte, an denen Sie Ihre Arbeit unterbrechen müssen; sei es, weil ein anderer Termin vorliegt, weil Sie auch noch an anderen Dingen arbeiten müssen oder einfach weil Sie irgendwann so erschöpft sind, dass Sie vom Stuhl kippen.

Versuchen Sie in einer solchen Situation, einen Zwischenschritt gerade noch abzuschließen, sogar wenn Sie etwas überziehen müssen – auch wenn die Jünger der Pomodoro-Sekte Sie dafür mit Tomaten bewerfen werden. Damit beenden Sie die aktuelle Folge Ihrer Projektstaffel. Aber Sie haben schon eine Ahnung, wie es weitergeht. Diese Ahnung schreiben Sie sich in wenigen Stichpunkten an die entsprechende Stelle. Wenn Sie zu den wenigen gehören, bei deren Arbeit kein Computer im Spiel ist, dann legen Sie sich ruhig einen Zettel mit diesen nächsten Punkten hin. Dann ist erst mal Schluss für heute.

Sie haben hiermit zwei Fliegen mit einer Klappe geschlagen: Fliege 1: Der Agent hat eine Belohnung bekommen, indem er ein Teilergebnis erreicht hat. Damit verwenden Sie einen hellen Motivator statt eines dunklen (wenn Sie den unvollständigen Satz im Geiste schweben lassen würden, dann wäre ständig ein Gefühl im Kopf, wie wenn das Internet vor Abschluss der Folge Ihrer Lieblingsserie ausgefallen wäre). Fliege 2: Sie brauchen am nächsten Tag keine langen Recherchen, wie Sie einsteigen können, denn Sie brauchen ja nur genau das umzusetzen, was Sie schon vorbereitet haben, als Sie gedanklich ganz tief drin waren.

Diese Technik ist eine besonders effektive Methode, die Aktivierungsenergie zu verringern und den Einstieg zu vereinfachen.

KAPITEL 12

Die Kunst, etwas nicht zu tun

Übe dich im Nichttun.

Laotse

Die Entscheidung für das eine ist auch immer eine Entscheidung gegen das andere. Insofern sind die Probleme, etwas zu tun oder etwas nicht zu tun, eng miteinander verwandt. Ging es eben um das aktive Tun von etwas, liegt hier nun der Schwerpunkt auf dem aktiven Nichttun.

Timeboxing und Monotasking

Etwas nicht zu tun, kann zum Beispiel heißen, eine Tätigkeit nicht zu unterbrechen. Der Deadline-Sprint ist auch deshalb so unglaublich effektiv, weil er den vollen Fokus auf eine einzige Tätigkeit legt. Diese Konzentration wird manchmal *Timeboxing* oder auch *Monotasking* genannt. Wir kennen diese Techniken schon, aber sehen wir uns hier noch einmal ein paar Kernelemente an.

Timeboxing ist eine Methode des Zeitmanagements, bei der eine vorbestimmte Zeitspanne für eine bestimmte Aufgabe oder eine Reihe von Aufgaben festgelegt wird. Wir kennen das bereits vom Deadline-Sprint, der Pomodoro-Technik und dem »kleinen Tod« vorm Urlaub. Das Ziel ist es, die Aufgabe innerhalb einer »Box« zu beenden oder zumindest so viel wie möglich zu erreichen. Da Sie langsam zu den fortgeschrittenen Selbstüberlistern gehören, brauchen Ihre Timeboxen nicht mehr nur im Minutenbereich zu liegen, sondern sie können länger sein und Sie können die Technik sogar auf mehrere Tage ausdehnen (dann natürlich unterbrochen durch notwendige und dringende kurze Tätigkeiten, damit Sie nicht aus Sicht Ihrer Umwelt abgestürzt sind; um Dringlichkeit kümmern wir uns noch im Bonuskapitel »Die Wahrheit über Prokrastination« ab Seite 259). Achten Sie aber darauf, immer unter der Schwelle zu bleiben, bei der sich Ihre Agenten aufregen und blockieren. Je nach Aufgabe und Typus ist die Pomodoro-Technik die richtige Methode.

Monotasking bedeutet, sich auf eine einzige Aufgabe zu konzentrieren, anstatt mehrere Aufgaben gleichzeitig zu jonglieren (bekannt als Multitasking). Um Monotasking zu praktizieren, wählen Sie eine Aufgabe aus, auf die Sie sich konzentrieren möchten, und lassen Sie alle anderen Aufgaben und Ablenkungen beiseite. Auch das kennen Sie bereits vom Deadline-Sprint. Wie wenn Sie ein Computerspiel spielen, schalten Sie in dieser Zeit alle Ablenkungen aus, also zum Beispiel Benachrichtigungen auf Ihrem Computer oder Smartphone. Oft ist es sogar sinnvoll, für sehr intensive Phasen physisch an einen anderen Ort zu gehen. Ich beispielsweise schreibe längere Texte nicht an meinem Schreibtisch, an dem ich auch Routinetätigkeiten abarbeite.

Timeboxing und Monotasking haben die bekannten Vorteile. Erstens fördern sie einen fokussierten Arbeitsansatz: Indem Sie sich auf *eine* Aufgabe konzentrieren und einen festen Zeitrahmen für ihre Fertigstellung festlegen, gewinnen Sie ein tieferes Verständnis und eine größere Konzentration auf die Aufgabe. Zweitens können diese Techniken dazu beitragen, Aufschieberitis zu überwinden, weil Ihre Agenten wissen, dass Sie nur eine bestimmte Zeit für eine Aufgabe haben.

Aber was tun, wenn die Versuchung doch immer zu groß ist und Sie nicht in Ihrer Timebox bleiben, sondern immer wieder verbotene Früchte naschen?

Zeitschloss und Yogapositionen

Wir haben beim Problem des Anfangens gesehen, wie stark wir auf Aktivierungsenergie reagieren. Während wir dort versucht haben, sie für bestimmte Tätigkeiten möglichst niedrig zu halten, können wir sie natürlich auch durch Erhöhen dafür einsetzen, uns von etwas abzuhalten.

Tatsächlich gehören kleine Hürden zu den wirksamsten Methoden, uns von etwas abzuhalten. Sagen wir einmal, Sie merken, dass Sie zu viele Kekse essen. Sie könnten sich jetzt theoretisch vornehmen, es nicht mehr zu tun. Natürlich wird das nicht sehr viel bringen, einfach weil es viel zu viel mentale Energie verlangt, sich abzuhalten.

Also setzen Sie eine Selbstbindungstechnik ein und hängen ein Zeitschloss vor die Keksbox. Es gibt solche Schlösser tatsächlich zu kaufen (suchen Sie nach *Handy-Gefängnis* oder *Zeitschloss*, aber wundern Sie sich nicht, wenn Sie bei Bondage-Zubehör landen). Diese Hilfsmittel sind aber weniger wirksam, als man denken sollte, denn sie haben zwei Nachteile: 1. Weil sie uns gar nicht mehr an den weggeschlossenen Gegenstand heranlassen, binden sie ungewollt unsere Aufmerksamkeit. Man bekommt immer wieder das Gefühl, nachsehen zu müssen, ob die Zeit endlich um ist. Das erfordert unnötig Energie und führt zum nächsten Problem. 2. Wir neigen dazu, die wiedererlangte Freiheit auszunutzen, kaum dass das Schloss wieder frei ist. Weil wir uns also vorgenommen haben, zwei Stunden durchzuhalten, halten wir auch nur genau diese zwei Stunden durch, auch wenn wir andernfalls mehr geschafft hätten.

Aber wir kennen das schon. Oft ist es besser, uns selbst etwas nicht zu verbieten, sondern einen Agenten zur Verteidigung einzusetzen. Deshalb gehen wir hier anders vor und verbieten gar nichts, sondern installieren eine kleine Hürde, in der ein Abwehragent aktiv wird. Zum Beispiel etablieren wir eine persönliche Regel, nach der wir vor jedem Öffnen der Keksdose erst einmal drei Sekunden lang Luft holen und uns aktiv fragen, ob wir sie wirklich noch öffnen wollen. Das ist wie eine umgedrehte So!-Regel. Statt mit der Bewegung zu starten, verhindern wir die physische Bewegung für eine kurze Zeit.

Wenn Sie also an die Keksdose gehen wollen, halten Sie direkt vorm Öffnen kurz die physische Bewegung an, zählen Sie bis drei und holen Sie tief Luft. Fragen Sie sich in dieser Zeit, ob Sie sie wirklich öffnen wollen. Oft lautet die Antwort Nein. Das funktioniert deshalb so gut, weil Sie hier einen Agenten zu Ihrem Verbündeten machen. Wo sich bisher der Keksdosen-Öffnungsagent nur mit der Direktorin herumschlagen musste, ist sein Gegenspieler jetzt ein Agent mit einer Quest (siehe Abschnitt »Der Agent, der nicht zu spät kommen will« ab Seite 121).

Besonders am Anfang ist dieser Agent aber noch recht schwach, weil er so untrainiert ist. Deshalb ist es eine gute Trainingsmethode, ihn mit einer kleinen externen Fünf-Sekunden-Hürde zu unterstützen. Statt eines Zeitschlosses hängen Sie jetzt also ein einfaches Zahlenschloss vor die Keksdose. Das können Sie so oft öffnen, wie Sie wollen, aber es ist jedes Mal ein klein wenig lästig. Das reicht, damit Ihr Agent die Quest ausführen kann und immer weiter erstarkt.

Fürs Handy gibt es entsprechende Apps[92], die nichts weiter tun, als beim Öffnen einer App mit Suchtcharakter drei Sekunden lang höflich nachzufragen, ob man das wirklich wolle, jetzt, wo man noch mal darüber nachdenkt. Das ist eine unglaublich starke Unterstützung für den Verteidigungsagenten.

Kleine Anekdote am Rande: Wir haben solche Techniken an der Uni erprobt, indem wir Studenten gefragt haben, ob sie sie einmal ausprobieren wollen. Interessanterweise haben im normalen Semesterbetrieb viele mitgemacht, wogegen die Teilnahme in der Klausurvorbereitungszeit deutlich zurückging, obwohl es in dieser Zeit besonders wertvoll gewesen wäre. Das ist ein weiteres Beispiel für Präkrastination.

Zurück zum Zeitschloss. Es ist fast immer wirkungsvoller für unsere Agenten, wenn wir ihnen eigentlich die volle Freiheit lassen, sie sich aber »freiwillig« für die gewünschte Tätigkeit entscheiden. Deshalb sollten Sie unbedingt einmal folgende Varianten probieren.

Sie können so viel Social Media nutzen, wie Sie wollen – aber nur in Yogapositionen oder Skigymnastikpositionen. Das müssen keine schwierigen Stellungen sein. Es reicht, auf einem Bein zu stehen, in der tiefen Hocke zu sein, in einer Kniebeuge, einem Ausfallschritt usw. Das ist nicht nur gesund und begrenzt die Nutzungsdauer sehr wirkungsvoll, sondern es macht die Nutzung auch viel intensiver. Ähnlich wie beim Deadline-Sprint wird die Nutzung jetzt nicht mehr zum Zeitvertreib, sondern zu einer bewusst ausgeführten Tätigkeit.

Eine andere Möglichkeit besteht darin, sich ein Gerät mit eingeschränktem Funktionsumfang zuzulegen. Viele können zum Beispiel schlecht einschlafen, weil sie im Bett noch mit dem Handy auf Social Media herumsurfen. Das war beim Lesen von Büchern nicht so. Hierfür ist ein E-Book-Reader die optimale Lösung. Weil Sie damit nicht auf Social-Media-Seiten gehen können, tun Sie es auch nicht. Falls Sie etwas mehr Funktionen haben wollen als nur die Lesefunktion (zum Beispiel, um sich Notizen zu machen), können Sie ein altes iPad nehmen, auf dem Sie nur die wichtigsten Apps installiert haben.

In vielen Fällen genügt es, die Aktivierungsenergie geringfügig zu erhöhen. Nehmen Sie die Batterien aus der Fernsteuerung des Fernsehers oder verstecken Sie die Fernsteuerung oben im Schrank, wo Sie nur durch ein Treppchen herankommen. Dann holen Sie jedes Mal tief Luft, bevor Sie hochklettern, und fragen sich aktiv, ob Sie das jetzt wirklich wollen.

Nullbasis statt Detox und Fasten

Wie viel sollten wir eigentlich von irgendetwas tun? Wo liegt die optimale Sollwerteinstellung für den Autopiloten unserer Agenten? Um diesen Wert zu ermitteln, gehen wir normalerweise so vor wie bei den Kostenbudgets in Unternehmen. Wir nehmen den Vorjahreswert, passen ihn minimal an, und fertig ist der neue Wert. Leider schreiben wir damit Fehler der Vergangenheit immer weiter in die Zukunft fort.

Außerdem leidet das Verfahren an einer Asymmetrie. Denn wir bewerten Änderungen nach oben anders als nach unten. Wenn wir einen Sollwert nach unten korrigieren wollen, dann schlägt die Verlustaversion zu und wir bewerten die Änderung stärker, als wenn wir etwas dazubekommen würden. Um herauszufinden, wie viel Milchshake wir eigentlich gern trinken würden, fragt die Direktorin vielleicht den Agenten, der gerade vor dem 400-ml-Becher sitzt. Der nimmt diese Größe von Flüssignachtisch nun als Ausgangspunkt und fragt sich, wie er sich wohl fühlen würde, wenn man ihm 200 ml davon wegnimmt. Eigentlich nicht so toll, wenn er ehrlich ist.

Hätte man die Frage andersherum gestellt und ihn, von null ausgehend, gefragt, ob er sich über 200 ml Shake als Nachtisch freuen würde, dann wäre die Antwort vermutlich deutlich positiver ausgefallen.

Damit nähern wir uns einem Konzept, das man in der Budgetierung als *Zero-Base-Budgeting (Nullbasis-Budgetierung)* kennt. Anstatt das Vorjahresbudget fortzuschreiben, setzt man alle Budgets auf null zurück und denkt dann neu nach. Wir haben das bei uns an der Uni bei der Umstellung der Diplom-Studiengänge auf Bachelor und Master so gemacht. Während bei den Diplomstudiengängen der Vergangenheit im Wesentlichen über viele Jahre hinweg fortgeschrieben wurde, haben wir hier mit einer leeren Seite angefangen und uns (sowie andere) gefragt, was in den Studiengang wohl hineingehört. Dabei sind völlig neue Gewichtungen entstanden, und wir konnten den Abschluss um ein Semester verkürzen, ohne etwas Wichtiges wegzulassen.

Wenn Sie einen Ihrer unzähligen Sollwerte umstellen wollen, dann ist es deshalb wichtig, ebenfalls von einer Nullbasis auszugehen. Sie vermeiden damit auch, dass Sie auf Agenten stoßen, die sich im Direktorinnenmodus wähnen. Anders gesagt: Das, was im Moment klar und deutlich vor Ihren Augen steht, wirkt überproportional groß. Denn wenn sich ein Agent der Sache annimmt, dann skaliert er ja alles auf 100 Prozent.

Deshalb sorgen Sie zunächst einmal dafür, dass die Nullbasis auch wirklich hergestellt wird. Es gibt in einigen Kreisen den Ratschlag, eine »Detox-Phase« durch Fasten einzulegen. Das Fasten muss sich dabei nicht auf Nahrung beziehen, sondern kann auch etwas anderes sein, zum Beispiel Handyfasten, Alkoholfasten, Social-Media-Fasten, Autofasten, was auch immer. Auch wenn Sie die Idee des Entgiftens für Unfug halten, ist dies die Art, eine Nullbasis herzustellen. Vielleicht sind Detox und Fasten sogar einfach nur eine Metapher für Nullbasis-Budgetierung.

Maximalbasis statt Nullbasis

Das Prinzip gilt auch an jedem einzelnen Tag. Die ersten Tätigkeiten am Morgen bilden einen Referenzpunkt, an dem sich die nachfolgenden Agenten ausrichten. So seltsam es klingt, sollten Sie daher den Tag nicht mit besonders angenehmen Dingen beginnen – zumindest nicht aus Agentensicht. Wenn Sie als erste Maßnahme ein Computerspiel zocken oder auch nur entspannt Zeitung lesen, dann fühlt sich anschließend fast alles andere unangenehm an.

Deshalb machen Sie lieber Liegestütze, lernen einen kleinen Stapel Karteikarten und duschen Sie einmal kurz kalt. Sie erinnern sich an die Widrigkeiten. Sie wissen ja, wie Sie den Einstieg finden: ein einziger Liegestütz, eine Karteikarte, ein Schwall kaltes Wasser. Erzählen Sie sich interessante Geschichten dazu; wenn das beginnt, Spaß zu machen, dann können Sie sich zu höheren Spiellevels hocharbeiten.

Nicht »nicht«, sondern »sondern«

Stellen Sie sich bitte *keinen* rosa Elefanten vor. Jetzt. Keinesfalls an einen rosa Elefanten denken! Hier ist eine Liste, von Dingen, an die Sie nicht denken dürfen:

- Rosa Elefant
- Kleiner rosa Elefant
- Rosa Elefant mit langem Rüssel

Na, hat es geklappt? Eher nein. Das war die etwas abgewandelte Aufgabe, die die bekannte und leider früh verstorbene Managementtrainerin Vera F. Birkenbihl öfter ihrem Publikum gestellt hat. Die meisten haben es nicht geschafft, sich den rosa Elefanten nicht vorzustellen, weil sie ihn sich ja vorstellen müssen, um zu wissen, was sie sich nicht vorstellen dürfen.

Und nun begleiten wir die Direktorin bei ihrem Vorhaben, etwas nicht zu tun. Auf dieser virtuellen Liste notiert sie all die Dinge, die die Agenten meiden sollen. Keine Süßigkeiten; kein Instagram; kein Zocken; kein Alkohol; keine Serien. Die Direktorin liebt eine solche Liste natürlich, denn die ist ganz vernünftig und sie kann sich einreden, so richtig schön den Daumen drauf zu haben. Wie werden die Agenten wohl reagieren?

Für die ist die Liste ein wenig wie der Katechismus für einen Katholiken: eine Zusammenstellung all der Dinge, die Spaß machen, was man daran erkennt, dass sie verboten sind. »Iss nichts Süßes!« ist geradezu eine Aufforderung, eben genau das zu tun. Eine Liste voller rosa Marshmallows in Elefantenform, schön in Reih und Glied vor ihnen aufgebaut, um möglichst die Aktivierungsenergie zu verringern, die andernfalls notwendig gewesen wäre, sich an die Süßigkeiten zu erinnern.

Eine Zeit lang wird der Agent durchhalten, weil die Direktorin ihn beaufsichtigt. In dieser Zeit wird er sich so richtig mies fühlen. Aber irgendwann wird die Direktorin abgelenkt sein, und dann schleicht sich der Agent an die verbotenen Früchte und nascht an einer. Das Sich-mies-Fühlen wird also zwischen der Direktorin und den Agenten immer hin und her geschoben.

Welchen Anreiz hat nun ein Agent, nachdem er gesündigt[93] hat (und das wird er)? Da er ja jetzt schon ein Sünder ist, kann er nicht nur weitermachen, er muss es geradezu. Bei kleinen Sünden überwiegt das schlechte Gewissen, das ihm die Direktorin machen kann. Aber das kann eine bestimmte Größe nicht überschreiten; die Größe der Sünde dagegen ist unbegrenzt. Aus Sicht des Agenten gibt es daher einen Anreiz, die erste kleine Sünde möglichst schnell zu einer großen zu machen, damit es sich wenigstens gelohnt hat.[94] Das sind die Heißhungerattacken. Es ist ein Schuldzyklus gegenüber sich selbst (siehe dazu den Abschnitt »Der Schuldzyklus« ab Seite 330).

Wie macht die Direktorin es besser? Genau so, wie man es machen würde, wenn man einen geschnittenen Apfel vom Sauerstoff fernhalten will, damit er nicht braun wird: Man füllt die Plastiktüte mit Stickstoff.

Anstatt also einfach etwas nicht tun zu wollen, brauchen Sie etwas, was Sie stattdessen tun werden. Bei unseren Experimenten mit Studenten zeigte sich, dass es überhaupt nichts nützt, unerwünschte Tätigkeiten einfach nur abzublocken: Anstatt die frei gewordene Social-Media-Zeit zu nutzen, wird einfach die nächstbequeme Tätigkeit eingesetzt, wie Tagträumen oder Fernsehen. Etwas besser sieht es in der Bibliothek aus, weil dort nicht alle Möglichkeiten bestehen und eine gewisse soziale Kontrolle gegeben ist.

Richtig produktiv wird es aber nur dann, wenn die Freiräume aktiv mit sinnvollen Tätigkeiten gefüllt werden. Das erfordert zwei Voraussetzungen:

1. Vorherige Planung
2. Keinen allzu großen Unterschied der Auszahlungen für die Agenten gegenüber vorher

Ein Beispiel. Sie wollen weniger Schokoriegel essen. Im ersten Schritt ist zu planen, was es stattdessen sein soll. Die Direktorin schießt jetzt schnell übers Ziel hinaus und verordnet nur noch saure Äpfel und Biomöhren. Aber vielleicht ist Schokolade mit 99 Prozent Kakaogehalt erst einmal das bessere Substitut. Dann tasten wir uns langsam an die anderen Varianten heran.

Das Verfahren lässt sich natürlich noch ausbauen und nennt sich dann *Behavioral Design*.

Behavioral Design und Nuding

Sie wissen, dass Sie zu viele Chips essen, wenn Sie Netflix-Serien ansehen. Jetzt sind Sie im Supermarkt vor dem Chipsregal (das natürlich sehr prominent mitten im Weg steht, wenn Sie zu den Regalen gehen, an denen Sie eigentlich einkaufen wollten, oder im engen Gang kurz vor der Kasse – der Supermarktbetreiber ist leider ebenfalls ein raffinierter Gegenspieler).

Eine naheliegende Möglichkeit würde darin bestehen, einfach keine Chips zu kaufen. Das würde ihr zukünftiges Ich binden, denn wenn keine Chips im Haus sind, dann kann es auch keine essen. Eigentlich wirkt das wie eine Strategie des Odysseus, der sich an den Mast seines Schiffes hat binden lassen, um einer Versuchung zu widerstehen. Aber Sie kennen Ihr zukünftiges Ich; Sie wissen, dass es sich mies fühlen wird. Sie wissen, dass es raffiniert ist. Es wird sich nicht traurig in den Sessel fallen lassen und Netflix ohne Chips ansehen. Stattdessen wird es Sie beschimpfen: »Siehst du, jetzt hast du mit deiner blöden Selbstbindung unseren Netflix-Abend versaut!« Es wird Sie bestrafen: »Fahre jetzt sofort zur Tankstelle und kaufe Chips! Dass das deine schöne Zeit verbraucht und mehr Geld kostet, ist deine Sache, nicht meine.« Es wird ausweichen: »Na gut, dann eben keine Chips. Aber da war doch noch eine Rum-Trauben-Nuss-Schokolade hinten im Schrank, oder?«

Der unerfahrene Selbstüberlister gibt an dieser Stelle auf und räumt den Einkaufswagen mit Chipstüten voll. Bio, damit das Gewissen wenigstens etwas Ruhe gibt. So wird das also nichts. Sie müssen sich auf den Kampf schon besser vorbereiten und eine List anwenden.

Nun wissen wir zum Glück, dass Ihre kurzsichtigen Agenten eines sind: kurzsichtig. Vor die Wahl gestellt, etwas Anstrengendes zu tun, um später mehr zu haben, oder sich auf die Couch zu werfen, werden sie immer die Couch wählen, wenn das nur irgendwie vertretbar ist. Zur Tankstelle zu fahren, ist ein ziemlich großer Aufwand für diese Agenten. Sie tun es notfalls, um Paprikachips zu bekommen, insbesondere, wenn man damit die Direktorin bestrafen kann, um solchen Unfug wie einen chipsfreien Einkaufswagen zukünftig nicht wieder anzuzetteln. Wenn aber auf dem Weg zur Haustür etwas ist, was genügend ablenkt und besänftigt, dann reicht das höchstwahrscheinlich schon aus. Kurzsichtig, wie die Agenten nun mal sind, sehen sie dann nur die Ablenkung und vergessen diese anstrengende Fahrt zur Tanke.

Es ist das gleiche Prinzip, das Sie schon im Supermarkt überhaupt erst in das ganze Schlamassel gebracht hat: Wenn etwas Vergnügliches mitten im Weg steht, dann übt das eine unglaubliche Anziehungskraft aus.

Deshalb biegen Sie jetzt im Supermarkt in einen anderen Gang ab und kaufen eine Packung Cocktailtomaten und geschälte Mohrrübchen (bitte beachten Sie jedes Wort und kommen Sie nicht auf den Gedanken, naturbelassene Möhren zu kaufen; deren Aktivierungsenergie wäre prohibitiv hoch). Einen Gang weiter können Sie auch noch ein paar eingemachte Gurkenschurken mitnehmen (schon allein wegen des Namens). Zu Hause angekommen, stellen Sie die Cocktailtomaten direkt neben den Fernsehsessel; das dient als Mottenfalle für Ihr zukünftiges Ich. Die Mohrrübchen müssen gekühlt werden und kommen deshalb ins Gemüsefach des Kühlschranks, sind aber ebenfalls Teil des Plans. Die Gurkenschurken sind im Glas und deshalb lange haltbar; sie kommen nach hinten in den Schrank. Dann warten Sie ab, was passiert.

Irgendwann kommt Ihr zukünftiges Ich leicht misstrauisch, aber überwiegend arglos ins Wohnzimmer geschlurft und lässt sich in den Fernsehsessel fallen. Es will jetzt Chips. Das ist ärgerlich, denn es sind keine da. Eigentlich will es sich jetzt strampelnd auf den Boden werfen und das ganze Repertoire abziehen, als ihm etwas auffällt: Da stehen ja kleine, süße Tomaten. Vor die Wahl gestellt, wenigstens eine kleine Befriedigung sofort zu erhalten oder diesen Stress mit der Tankstelle auf sich zu nehmen, entscheidet es sich für die unmittelbare Befriedigung. Die List beginnt zu wirken. Kleine Tomaten haben zwar nicht diesen Suchtfaktor von gesalzenen und überfetteten Kartoffelchips mit Paprikabestäubung, aber so schlecht sind sie jetzt auch wieder nicht. Besonders wenn man jede einzelne durch einen kleinen Unterdruck in den Mund flutschen lässt und dann nuckelt, bis sie aufplatzt und gegen den Gaumen spritzt. Das gefällt Ihrem zukünftigen Ich.

Nach einiger Zeit sind die Tomaten weg und der Couchagent, Ihr zukünftiges Ich, bekommt einen Gedanken: Kartoffelchips. Mit Salz. Und Paprikabestäubung. Der Gedanke ist aber etwas schwächer, als er anfangs war; die Aktivierungsenergie reicht gerade noch, um ein Aufstehen aus dem Sessel zu bewirken und sehr zögerlich über die Fahrt zur Tanke nachzudenken. Auf dem Weg zur Garderobe fällt ihm jedoch etwas ein: Mohrrübchen. Man kann jetzt mit wenig Aufwand Möhrrübchen haben oder mit viel Aufwand Paprikachips. Also doch lieber zur Küche und ans Gemüsefach. Schon ist die Aktivierungsenergie, die zum Aufstehen geführt hat, umgelenkt auf die Mohrrübchen.

Zurück im Sessel, fällt Ihrem zukünftigen Ich auf, dass auch die Rübchen schön knacken und ganz gut schmecken. So knuspert es eine nach der anderen weg und bemerkt irgendwann, dass jetzt eigentlich auch Zeit fürs Schlafengehen wäre. Bingo! Keine Chips und trotzdem ein gelungener Abend für den Couch-Potato, der nun zum Couch-Tomato wurde.

Bitte beachten Sie alle Zutaten für diese Selbstüberlistung:

1. Exakt an der Stelle und zu der Zeit, wenn Ihr zukünftiges Ich etwas Schädliches machen will, muss der erste Köder sein. Es darf keinerlei Aktivierungsenergie brauchen, um anzubeißen. Keinerlei. Schon aufstehen zu müssen, wäre zu viel; eine Schranktür zu öffnen, verursacht prohibitive Kosten. Mehr als den Arm auszustrecken, darf nicht nötig sein.
2. Wie es sich für einen Köder gehört, muss er gut sichtbar platziert sein. Ihr zukünftiges Ich wirkt nicht an der eigenen Überlistung mit und weigert sich deshalb, sich an die ihm gestellte Falle freiwillig zu erinnern.
3. Ein zweiter Köder muss so platziert sein, dass er die zweite Welle der Aktivierungsenergie aufbraucht, die kommen wird. Und ja, sie wird kommen.
4. Der Köder muss ähnliche Eigenschaften haben wie das Objekt der Sucht. So etwas wie das Knacken im Gaumen oder der Geruch einer Speise. Die wichtigen Eigenschaften sind manchmal nicht sofort sichtbar. Eine Motte zum Beispiel fällt auf eine Pheromonfalle herein, die aus unserer Sicht keinerlei Ähnlichkeit mit einer Motte hat. Für die Motte jedoch sind das Eigenschaften einer Supermotte. Auf die gleiche Weise müssen wir bei der Selbstüberlistung manchmal kreativ vorgehen, um einen geeigneten Köder zu finden.

Gut, und wofür brauchen wir jetzt die Gurkenschurken?

5. Es sollte ein weiterer Köder in der Hinterhand sein, falls die Befriedigung noch nicht ausgereicht haben sollte und Ihr zukünftiges Ich doch noch nach einer stärkeren Stimulierung lechzt.

Nudging. Die Technik dahinter ist heutzutage auch unter dem Namen *Nudging*[95] bekannt. Nudging bedeutet, einen Entscheider zu beeinflussen, ohne die zugrunde liegenden ökonomischen Auswahlmöglichkeiten wesentlich zu verändern. Ein wichtiges Mittel dahinter ist das Verändern von erforderlicher Aktivierungsenergie.

Ursprünglich wurde der Begriff *Nudging* verwendet, um Methoden zu beschreiben, mit denen man andere Personen beeinflussen kann. Aber natürlich funktioniert das auch für unser zukünftiges Ich, also unsere Agenten. Das ist letztlich das, was wir in den vorausgegangenen Abschnitten dieses Kapitels überwiegend gemacht haben.

Zum Abschluss noch ein Beispiel aus dem Bereich der Finanzen: Verstecken Sie gespartes Geld vor sich selbst. Mir ist eine amerikanische Familie bekannt, die zwar nicht reich, aber recht wohlhabend war. Da es in Amerika aber ein katastrophales Gesundheitssystem gibt, mussten sie ihr Ferienhaus verkaufen, um die ärztliche Behandlung nach einem Unfall zu bezahlen. Natürlich war noch ein Großteil des Geldes übrig, aber es war auf einmal sichtbar geworden. Dadurch wirkte es wie Geld, das man schnell ausgeben konnte, und genau das ist dann auch geschehen. Es folgte ein unglaublich schneller sozialer Abstieg. Es wäre hier aus Selbstüberlistungssicht deutlich besser gewesen, das Ferienhaus zu beleihen und einen Kredit aufzunehmen. Obwohl das rein rechnerisch teurer war, hätte diese Methode die zukünftigen Agenten gebunden zu knausern, weil sie sich arm gefühlt hätten. Der Nettolisteffekt wäre deutlich positiv gewesen.

Das ist übrigens auch der Grund dafür, dass Personen, die durch eine selbst genutzte Immobilie zwangsgespart haben, meistens reicher sind als ihre Freunde, die immer zur Miete gewohnt haben – obwohl die Rendite von Immobilien ziemlich niedrig ist. Nicht die Investition selbst macht den Unterschied, sondern die Rückwirkung auf das eigene Verhalten.

Es sind manchmal vermeintlich winzige Kleinigkeiten, die über Wohl und Wehe eines ganzen Lebens entscheiden können. Denken Sie daran, wenn Sie die Entscheidungsumgebung Ihres zukünftigen Ichs gestalten.

BONUSKAPITEL

Die Wahrheit über Prokrastination

Prokrastination ist nicht Faulheit.

Brad Meier, *The Once-a-Week Strategy to Stop Procrastination*[96]

Wir haben in vorausgegangenen Kapiteln schon des Öfteren über Prokrastination gesprochen – deshalb habe ich dieses Kapitel etwas vor mir hergeschoben, genauer gesagt, vor Ihnen hergeschoben. Denn es ist ein echtes Theoriekapitel, sogar mit einem Inhalt, den Sie in dieser Form meines Wissens nirgendwo anders finden werden. Ich greife auch einige der bisherigen Betrachtungen erneut auf, diesmal jedoch etwas analytischer. Das wird etwas schwerer verdaulich als der Rest.

Deshalb gebe ich Ihnen dieses Kapitel als Gratiszugabe zum Rest des Buches dazu. Falls Sie Herzrhythmusstörungen beim Gedanken an Mathematik bekommen, dann schieben Sie es ruhig ein bisschen vor sich her und lesen Sie es erst später. Dann werden Sie nachträglich unter anderem erfahren, dass es manchmal völlig rational sein kann, Dinge zu verschieben. Und wie gesagt: Alle Seiten dieses Kapitels sind völlig gratis für Sie. Sie haben nur für den Rest des Buches bezahlt.

Oh, da fällt mir gerade noch ein: In diesem Bonuskapitel gibt es ein paar kurze Definitionen zu leider nicht unwichtigen Begriffen, die Sie vielleicht doch gleich mitnehmen sollten. Sie erkennen diese Begriffe am Fettdruck und dem Rahmen, der um die Definition gelegt ist. Der eine oder andere dieser Begriffe könnte später noch mal auftauchen. Vielleicht sollten Sie doch gleich das ganze Bonuskapitel lesen …

Steigen wir ein mit einer Überlegung, wie man seinen Aufgabenberg abarbeitet (was übrigens auch die Frage betrifft, in welcher Reihenfolge man die Kapitel eines Buches lesen sollte und welche man ganz weglässt). Es wirkt so, als würden zwei elementare Prinzipien genügen, damit wir vergnügt loslegen können:

1. Eines nach dem anderen[97]
2. Das Wichtige zuerst[98]

So gut diese Ratschläge sind, so sehr steckt die Tücke im Detail – wodurch die beiden schlauen Ratschläge in den meisten Fällen nicht hilfreich sind. »Eines nach dem anderen« bedeutet in Wahrheit, dass alle größeren Aufgaben bereits so weit vorstrukturiert sind, dass wir sie in kleinen Häppchen abarbeiten können. Vielfach fehlt aber besonders bei größeren Projekten zu Beginn jegliche Struktur. Die Mammutaufgabe muss also erst einmal heruntergebrochen werden. »Wähle eine neue Heizung aus und baue sie ein« ist eine ganz andere Situation als »Hier ist die neue Heizung, arbeite die folgenden Schritte ab, um sie einzubauen«.

Auch »Das Wichtige zuerst« ist nicht so hilfreich, wie es auf den ersten Blick aussieht. Denn wir haben inzwischen zwar ein gutes Verständnis für die Wichtigkeit ganzer Projekte, aber das sagt noch nicht viel über die Wichtigkeit einzelner Aufgaben. Nehmen wir die Doktorarbeit unseres Anthropologen aus Kapitel 9, ab Seite 190. Was ist dort wichtiger: die Einleitung oder der Abschnitt über den Fischer? Ist es überhaupt wichtig, in welcher Reihenfolge er diese Abschnitte schreibt? Und wenn wir gerade dabei sind: Der TÜV seines Autos ist soeben abgelaufen. Zweifellos ist das Projekt »Dissertation« wichtiger als das Projekt TÜV-Stempel; aber soll er deshalb wirklich erst dann den TÜV machen lassen, wenn die Dissertation fertiggestellt ist? Wie sagte doch Herr Meier so treffend?[99]

Da ist ein riesiger Berg an Fragen im Raum. Aber eines nach dem anderen; beginnen wir mit dem Wichtigsten: der Priorisierung.

Ohne Priorisierung keine Prokrastination

Wir tun an dieser Stelle einmal so, als hätten wir das erste Problem bereits in den Griff bekommen und als wären große Projekte schon in handliche Häppchen heruntergebrochen, die wir nacheinander abarbeiten können. Dann müssen wir jetzt die Reihenfolge festlegen, in der wir die Schritte abarbeiten. Das hat folgende Bezeichnung:

Priorisieren bedeutet, die Reihenfolge festzulegen, in der Aufgaben erledigt werden.

Priorität bezeichnet den Rang innerhalb der Reihenfolge, in der Aufgaben abgearbeitet werden.

Eine Reihenfolge ist von ihrer Natur her etwas, das Elemente in einer Reihe anordnet, also hintereinander; definitionsgemäß gibt es kein Nebeneinander. Es werden Rangplätze vergeben, und kein Rang kann doppelt vergeben werden. Oft verstehen wir das englische Wort besser: Ranking.

Während es mehrere Projekte geben kann, die gleich wichtig sind, kann es keine zwei Aufgaben mit der gleichen Priorität geben. Eine Priorisierung verlangt per Definition, dass entweder A vor B steht oder umgekehrt; sie können nicht nebeneinanderstehen. Man spricht hier von einer *strikten Ordnung* im Gegensatz zu einer *schwachen Ordnung*, bei der die Elemente auch an derselben Stelle in der Ordnungsreihenfolge stehen können.

Die Priorität sagt per se nichts über die Wichtigkeit einer Aufgabe aus. Wir sind frei darin, nach völlig anderen Kriterien zu priorisieren, und tatsächlich tun wir das auch sehr oft. Zum Beispiel ziehen wir Aufgaben vor, die eine kurze Erledigungsdauer haben oder die man besonders leicht anfangen kann (erinnern Sie sich an die Präkrastination).

Egal, ob wir ein Spiel, den Tag oder unser Leben planen: Wir müssen die Tätigkeiten in eine strikte Reihenfolge bringen. Es kann keine zwei Prio-1-Aktivitäten geben und auch keine zwei Prio 69. Wenn wir mehrere Elemente gleichwertig nebeneinanderstehen haben wollen, bilden wir keine Rangfolge, sondern eine Klasseneinteilung. Das ist nicht nur ein rein akademischer Unterschied, sondern eine Klasseneinteilung reicht eben noch nicht aus, um zu wissen, was wirklich als Nächstes gemacht wird bzw. gemacht werden soll. Wir brauchen dann immer noch weitere Regeln, die innerhalb der Klassen priorisieren.

Sehen wir uns ein Bei-*Spiel* an, wie man eine solche Priorisierung vornehmen kann.

Wieso Sie Arbeiten immer aufschieben, bis sie zeitkritisch werden

Ich möchte Sie hier durch ein kleines Spiel begleiten, in dem wir recht einfach überblicken können, was wir in einem gegebenen Zeitpunkt am besten tun sollten. Wie immer bei solchen Modellen konstruieren wir uns eine Spielwelt, die zwar stark vereinfacht ist, die aber wichtige Elemente der echten Welt enthält. Ich beschreibe Ihnen kurz das Spiel, dann überlegen wir uns, wie man es am besten spielt.

Unser Spieler ist der Künstler Beuygritte, der zwei Einkommensquellen hat: den Verkauf seiner Kunstwerke und den Verkauf individualisierter Autogrammkarten. Er arbeitet gerade an einem Kunstwerk, das in einer Galerie in 30 Tagen versteigert werden soll. Er kann bis zu zehn Tage Arbeit in das Kunstwerk stecken, und jeder Tag Arbeit erhöht den zu erzielenden Auktionspreis um 100 Euro. Für eine Autogrammkarte braucht er einen Tag, und er kann sie für 50 Euro verkaufen. Er kann an jedem Tag nur entweder an dem Kunstwerk oder an einer individualisierten Autogrammkarte arbeiten, nicht beides auf einmal. Autogrammkarten müssen aber immer schnell fertiggestellt werden; wenn sie nicht innerhalb von drei Tagen ausgeliefert sind, dann will der Kunde sie nicht mehr haben.

Es ist leicht zu entscheiden, welches Projekt wichtiger ist: Das Kunstwerk bringt ihm 1000 Euro, jede Autogrammkarte aber nur 50; das Kunstwerk ist also das viel wichtigere Projekt als jede einzelne Autogrammkarte. Auch die rechnerische Auszahlung pro Tag Arbeit ist einfach zu ermitteln: Ein Tag Kunstwerk bringt 100 Euro, ein Tag an einer Autogrammkarte bringt 50.

Vergessen wir an dieser Stelle einmal das uns bekannte Problem, dass die Agenten bei den Autogrammkarten während ihrer Lebenszeit noch eine Entlohnung abbekommen, beim Kunstwerk wegen der Zeitverzögerung aber nicht (das ist wie bei dem Marshmallow-Test ab Seite 35). Wir betrachten die Entscheidungssituation also ab jetzt aus Direktorinnensicht, die in diesem Fall der Goldstandard für Rationalität ist.

Wie spielt der Künstler dieses Spiel optimal?

Gehen wir hierfür zu Tag 20 vor der Auktion. Der Künstler hat in den vorausgegangenen zehn Tagen gechillt und noch nichts an dem Kunstwerk gearbeitet, aber er hat sich vorgenommen, an diesem Tag mit der Arbeit zu beginnen. Genau da kommt eine Anfrage für eine Autogrammkarte. Seine Direktorin denkt kurz nach und kommt schnell zum optimalen Ergebnis: Da er nur maximal zehn Tage für das Kunstwerk braucht, ist es für ihn unbedenklich, den Beginn der Arbeit am Kunstwerk um einen Tag zu verschieben und stattdessen eine Autogrammkarte zu gestalten.

An dieser Stelle halten wir bitte an, um uns zu vergegenwärtigen, was gerade passiert ist: Der Künstler hat die Arbeit an seinem wichtigen Projekt verschoben und ein unwichtiges Projekt vorgezogen. Er hat prokrastiniert. Dahinter steckt diesmal aber nicht irgendein naseweiser Agent, sondern es war die Direktorin höchstpersönlich, die das entschieden hat. Je nach Auftragslage kann das nun jeden Tag passieren, und jeden Tag wird der Künstler abermals den Beginn der Arbeit verschieben.

Wenn Beuygritte die einschlägige Literatur zur Prokrastination gelesen hat, dann beginnt er im Zuge dieser Aufschiebereien, echte Depressionsanfälle[100] zu bekommen. Denn Tag für Tag schiebt er den Beginn der Arbeit an seinem wichtigen Projekt vor sich her.

Es sieht aus, als wäre Beuygritte ein Prokrastinator, der sein Leben nicht im Griff hat und einfach nicht mit dem wichtigen Projekt beginnt. Aber rechnen Sie bitte nach: Die Verschiebung ist an jedem einzelnen Tag eine sinnvolle Entscheidung. Durch das Verschieben verdient der Künstler jedes Mal 50 Euro mehr, als wenn er bei seinem Plan geblieben wäre, an dem Kunstwerk zu arbeiten.

Woran liegt das? Es liegt daran, dass Wichtigkeit nicht das einzige Kriterium für die Priorisierung ist. Denn die beiden Tätigkeiten unseres Herrn Beuygritte unterscheiden sich nicht nur in der Wichtigkeit, sondern auch in zwei weiteren Dimensionen:

- In der benötigten Dauer für die Fertigstellung
- In der Abgabefrist

Weil die Autogrammkarten innerhalb eines Tages abgearbeitet werden können, lohnt es sich, diese Arbeit vor die wichtigere Arbeit am Kunstwerk vorzuziehen. Wegen der kurzen Fristen kann er diese auch nicht aufschieben, sondern muss sie zeitnah abarbeiten. Würde er mit der unwichtigen Aufgabe warten, bis die wichtige beendet ist, wäre die unwichtige wertlos geworden. Wir haben eine Bezeichnung dafür: Die kleinen Projekte der Autogrammkarten sind *dringender* als das große Projekt. Wir definieren die beiden Begriffe *dringend* und *wichtig* gleich noch genauer, aber schon jetzt haben wir ein recht gutes Verständnis, was sich dahinter verbirgt.

In diesem Fall sticht das Kriterium *dringend* das andere Kriterium *wichtig*. Das ist ziemlich erstaunlich, denn fast überall werden Sie das Gegenteil lesen und hören.

Springen wir nun zum Tag 10 vor der Abgabe. Das große Projekt wird an diesem Tag *zeitkritisch*.[101] Ab diesem Zeitpunkt kostet es den Künstler jeden Tag 100 Euro, nicht am Kunstwerk zu arbeiten. Wenn jetzt ein Fan vorbeikommt und eine Autogrammkarte beauftragen will, wird die Direktorin ihm einen Korb geben. »Sorry«, sagt sie, »wir arbeiten jetzt an einem dringenden Projekt.« Das Argument ist nicht, dass es ein *wichtiges* Projekt ist, denn das war es auch schon vorher; das schlagende Argument ist, dass das Projekt jetzt *dringend* ist.

Merken Sie, dass Herr Beuygritte die Arbeit an seinem Kunstwerk bis zum letzten Moment verschoben hat und erst dann ernsthaft damit anfängt, wenn es zeitkritisch wird? Er macht genau das, wovor uns praktisch jedes Buch über Prokrastination warnt.

Aber merken Sie auch, dass diese Entscheidung völlig rational begründet war (sofern er genug Anfragen nach Autogrammkarten hatte)?

Es kann sogar noch schlimmer kommen. Am Tag 8 vor Abgabe kommt ein aufgeregter Kunde und will unbedingt noch eine Autogrammkarte für den Geburtstag seiner Freundin. Das ist ihm so wichtig, dass er 150 Euro bietet. Beuygritte rechnet nach. Er weiß, dass er bei Umwidmung dieses Arbeitstages sein Kunstwerk nur noch für 100 Euro weniger wird verkaufen können, aber dafür bekommt er ja auch 150 für die Autogrammkarte; somit ist das Geburtstagsgeschenk für den Kunden gesichert und der Künstler um 50 Euro reicher, als wenn er ein besseres Kunstwerk gestaltet hätte.

Verstehen Sie jetzt, wieso manche abgegebenen Arbeiten nicht so gut sind, wie sie sein könnten? Noch mal zur Sicherheit: Hier waren keine fehlgeleiteten Agenten am Werk, sondern alle Entscheidungen des Herrn Beuygritte fanden auf Direktorinnenlevel statt. Der Galerist hält ihn für einen schrecklichen Prokrastinator (»Künstler eben!«). Aber all seine Entscheidungen waren völlig rational, und Beuygritte hat einfach nur seine Gesamtauszahlung maximiert.[102]

Aber der Galerist sieht, dass seine Auktion ins Wanken gerät, und ist besorgt. Am Tag 5 vor der Auktion ruft er deshalb Beuygritte an und sagt ihm klipp und klar: »Wenn du bei dem Kunstwerk nicht eine Mindestqualität von 500 Euro (also fünf Tagen Arbeit) ablieferst, dann kannst du es behalten!«

Direkt danach (also ebenfalls am Tag 5 vor Abgabe) kommt nun ein weiterer aufgelöster Fan und braucht eine Autogrammkarte für die goldene Hochzeit seiner Eltern. 150 Euro sind kein Problem. Tja, heute reicht das nicht mehr. Denn wenn der Künstler jetzt nicht jeden Tag an dem Kunstwerk arbeitet, dann verliert er 500 Euro. Also lehnt er die Erstellung der Karte zum großen Entsetzen seines treuen Fans ab.

Was ist jetzt passiert? Einfach: Jetzt ist nicht nur ein kleiner Teil des großen und wichtigen Projekts dringend geworden, sondern nun steht das verbleibende Gesamtprojekt auf dem Spiel, wenn nur ein einziger Tag Arbeit fehlt. Damit schaffen es die kleinen Projekte nicht mehr, sich mit dem Argument der Dringlichkeit vor das große zu schieben, selbst dann nicht, wenn sie für ihre Verhältnisse eine sehr hohe Entlohnung generieren.

Ich weiß nicht, ob es Ihnen aufgefallen ist: Indem der Galerist ein Ultimatum stellt, fasst er faktisch die letzten fünf Agenten des Künstlers zu einem Superagenten zusammen. Es ist eine Form der Bindung, die einen ähnlichen Effekt erzielt, wie wir es oftmals mit der Selbstbindung erreichen wollen.

Dringend ist wichtiger als *wichtig*

Lassen Sie uns etwas organisieren, was wir eben beobachtet haben. Wir haben gesehen:

- Die Wichtigkeit eines Projekts wird nicht automatisch an die einzelnen Aufgaben weitervererbt, die zu dessen Fertigstellung nötig sind.
- Neben der Wichtigkeit gibt es auch Dringlichkeit; diese kann dazu führen, dass es optimal wird, eine dringende Aufgabe vor einer wichtigen zu priorisieren.

Wie definieren wir nun, dass eine Aktivität wichtig ist?

Als Spieltheoretiker wollen wir diese Größe natürlich irgendwie zahlenmäßig erfassbar machen. Es ist naheliegend, den Wert eines Projekts als das Maß für dessen Wichtigkeit zu nehmen:

> Die **Wichtigkeit eines Projekts** ist definiert als die erwartete Auszahlung, wenn der Spieler ab jetzt alle zur Fertigstellung erforderlichen Aktivitäten erbringt.

Natürlich erinnern wir uns daran, dass die Auszahlung nicht (nur) in Geld gemessen wird, sondern eine Auszahlung in Glückspunkten ist und dass Glück unterschiedliche Qualitäten haben kann. In unserem Beispiel des Künstlers Beuygritte wird es sicherlich so sein, dass das große Kunstwerk mehr Eudämonie liefert als die Autogrammkarten und die Autogrammkarten mehr Hedonie, weil sie zu schnelleren Erfolgserlebnissen führen. Auch wird es soziale Kosten geben, etwa weil andere Personen ärgerlich oder enttäuscht sind. Aber gehen wir einmal davon aus, dass wir diese Aspekte bereits so zu einer einzigen Größe »Auszahlung« verknüpft haben, dass es der Situation gerecht wird. Wenn ich also von Euro spreche, dann nur, um die Sache einfacher vorstellbar zu machen.

Mit dieser Definition zeigt sich, dass die Wichtigkeit eines Projekts denkbar wenig darüber aussagt, ob man auch daran arbeiten sollte. Denn solange es noch nicht zeitkritisch ist, ist es gratis, es zu verschieben.

Und genau durch diese Überlegung haben wir eine Methode, durch die wir messen können, ob es wichtig ist, eine Aktivität auszuführen, die zu dem Projekt gehört. Wir müssen uns überlegen, wie viel wir verlieren, wenn wir *nicht* an dem Projekt arbeiten. Das führt uns zu folgendem Begriff:

Die (absolute) **Dringlichkeit eines Projekts** ist die Änderung der Projektauszahlung (also das, was man verliert), wenn man die anstehende Aktivität nicht sofort erledigt, sondern verschiebt.

Dies ist zugleich die **Wichtigkeit der gerade anstehenden einzelnen Aktivität.**

Sie können die Dringlichkeit auch anders interpretieren. Da wir hier von immer gleich langen Zeiteinheiten ausgegangen sind, beantwortet die Dringlichkeit diese Frage:

Bedeutung der Dringlichkeit: Durch welche Tätigkeit bekomme ich den höchsten Nutzen aus dem Einsatz meiner nächsten Zeiteinheit?

Beachten Sie bitte, dass die Wichtigkeit auf der Ebene eines Projekts entsteht, die Dringlichkeit hingegen auf der Ebene der einzelnen Aktivitäten. Wenn Sie genau hinsehen, dann fällt Ihnen auf, dass die Dringlichkeit die *Änderung* der Wichtigkeit im Zeitablauf ist. Falls Sie eine mathematische Vorbildung haben: Die Dringlichkeit ist etwas Ähnliches wie die erste Ableitung der Wichtigkeitsfunktion nach der Zeit.[103]

Keine Sorge, wenn Sie diese Begriffe noch nie gehört haben oder mit schrecklichen Erinnerungen an die Schulzeit verbinden. Wird der Sachverhalt als Diagramm dargestellt, dann versteht man die Idee dahinter ganz leicht und erkennt auch das eigene Leben darin wieder.

Sehen wir uns dafür an, wie sich der Wert (also die Wichtigkeit) des Gesamtprojekts Kunstwerk im Zeitablauf ändert, wenn Herr Beuygritte die gesamte Zeit von 30 Tagen nie daran arbeitet, sondern immer nur Autogrammkarten gestaltet oder Katzenvideos ansieht.

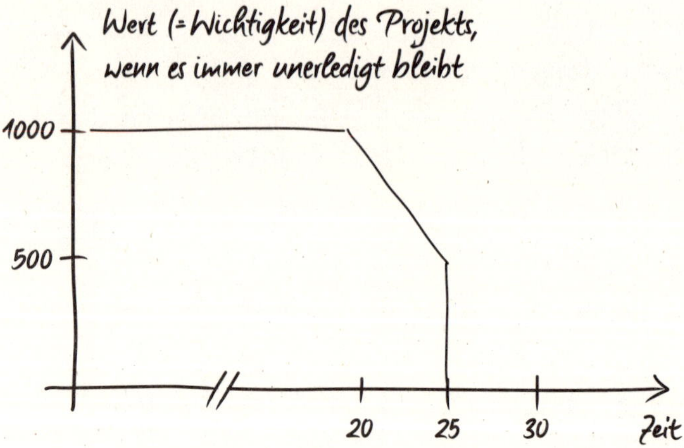

Projektwichtigkeit (= Wert des erfolgreichen Projekts) im Zeitablauf, wenn überhaupt nicht am Projekt gearbeitet wird.

Wenn alles gut läuft, dann hat das Projekt eine Wichtigkeit von 1000 Euro. Ob er die Arbeit am Tag 1 oder 20 beginnt,[104] ist vollkommen unerheblich, denn mehr als zehn Tage bringen nichts. Ab da allerdings verringert sich der Wert täglich um 100 Euro, wenn er nicht daran arbeitet. Verschiebt er nochmals um fünf weitere Tage, dann erreicht er die Mindestqualität nicht und der Projektwert sinkt auf 0.

Es ist der typische Verlauf, den jeder Schüler oder Student kennt. Wenn die Klausur noch weit entfernt ist, braucht man nicht zu lernen. Dann nähert sich der Termin; wenn man immer noch nicht anfängt, sinkt die erwartete Note von Tag zu Tag. Irgendwann reicht es dann nicht mehr und man fällt durch.

Wir können jetzt die *Änderungen* des verbleibenden Projektwertes in ein eigenes Diagramm einzeichnen. Dort sehen wir, dass diese Änderung anfangs längere Zeit hinweg 0 ist; es ist also egal, ob der Künstler daran arbeitet oder nicht. Danach gibt es eine Phase, in der das Projekt immer wertloser wird (und damit immer unwichtiger). Die Änderung beträgt in dieser Phase 100 Euro pro Tag, wodurch das Projekt auf einmal dringend geworden ist. Fängt er dann immer noch nicht damit an, sinkt der Wert von einem Tag zum anderen auf 0, verliert also an diesem Tag 500 Euro an Wichtigkeit. Danach ist es gescheitert und ist ab da weder wichtig noch dringend.

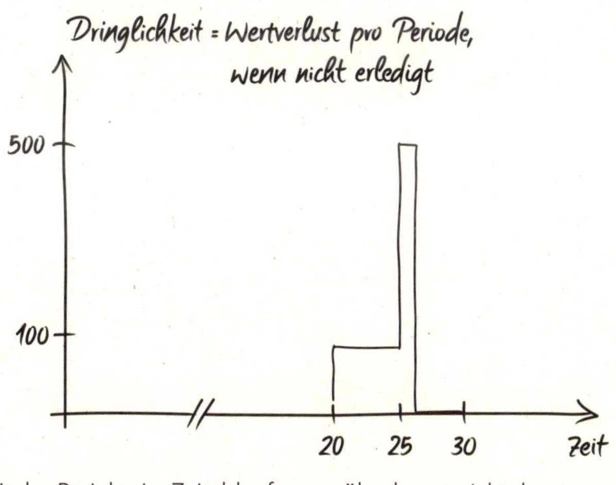

Dringlichkeit des Projekts im Zeitablauf, wenn überhaupt nicht daran gearbeitet wird.

Die Eigenschaft, dringend zu sein, ist also eine kurze Angelegenheit.

> **Wenn ein Projekt in die Phase der Dringlichkeit kommt, ist es kurz davor, zu spät zu sein.**

Genau das ist ja die Idee hinter dem Begriff der Dringlichkeit.

Der Verlauf der Dringlichkeit aus unserem Beispiel ist auch ein sehr typischer. Fast jedes Projekt, egal, wie wichtig, hat anfangs praktisch keine Dringlichkeit. Dann nimmt sie irgendwann graduell zu, erreicht sehr plötzlich eine ganz hohe Spitze und fällt wieder auf null ab. (Immer unter der Voraussetzung, dass nicht oder zu wenig daran gearbeitet wird; andernfalls wird es ja erfolgreich abgeschlossen und behält daher seine maximale Wichtigkeit bis zur erfolgreichen Fertigstellung.)

Erinnern Sie sich bitte an das Beispiel des Pakets, das zur Post gebracht werden soll (ab Seite 235). Wir haben dort das gleiche Phänomen kennengelernt wie hier. Wenn wir die Wahrscheinlichkeit fürs Gelingen mit der Projektgröße multiplizieren, dann erhalten wir die Projektwichtigkeit (denn das Ergebnis dieser Rechnung ist die Projektwichtigkeit, wie wir sie hier definiert haben). Die Kurve über den Zeitverlauf hinweg hat qualitativ den gleichen Verlauf wie die Kurve des Kunstprojekts unseres Herrn Beuygritte, nur dass sie nicht von einem Wert zum anderen springt, sondern sich durchgehend ändert.[105]

Es lohnt sich an dieser Stelle, sich zu vergegenwärtigen, was die Dringlichkeit besonders steil ansteigen lässt:

> Eine **Deadline** oder das Ende einer **Frist** ist ein Zeitpunkt, vor dem die Kosten für das Unterlassen sprunghaft ansteigen.

Der Punkt des Ansteigens und die Deadline selbst müssen übrigens zeitlich nicht eng beieinanderliegen. Der Abstand hängt von der erforderlichen Bearbeitungszeit für das Projekt ab. In unserem Beispiel liegen fünf Tage zwischen der Deadline und dem Totalausfall des Projekts, zehn Tage bis zum ersten Anstieg der Dringlichkeit. Wenn Sie zum Beispiel für die Klausur Mathe-3 mindestens zwei Monate intensiv lernen müssen, um zu bestehen, dann beginnt die Dringlichkeit auch schon zwei Monate vor dem Klausurtermin.

Dringlichkeit entsteht aber nicht nur durch Deadlines. Nehmen Sie als Beispiel das Einspielen eines Sicherheitsupdates in unserem Rechenzentrum. Hier gibt es keine klare Deadline, aber mit jeder Minute ohne den Patch steigt die Gefahr einer Cyberattacke auf unser System. Dies ist ein Beispiel für eine dringende Aufgabe ohne eindeutige Deadline, bei der es deshalb nicht den ausgeprägten Deadline-Peak der Dringlichkeitskurve gibt.

Ein anderes solches Beispiel ist es, wenn Sie seltsame Geräusche aus dem Motorraum Ihres Autos hören. Das heißt nicht, dass Ihr Wagen in exakt 23 Minuten stehen bleibt, aber je weiter Sie fahren, desto größer die Gefahr, dass es teuer wird und Sie zudem ungeplant an einem Wandertag teilnehmen. Es ist also nicht nur wichtig, sondern Sie sollten auch dringend in die Werkstatt fahren, selbst ohne exakt definierte Deadline.

Vorsicht, Falle: absolute und relative Dringlichkeit

Bisher fanden alle Überlegungen dieses Kapitels im Direktorat statt. Das bedeutet, dass alle Entscheidungen vernünftig und im Sinne des gesamten Spielers waren.

Aber wir haben ja auch noch unsere Agenten. Hierzu habe ich eine gute und eine schlechte Nachricht für Sie. Die gute ist, dass für unser Entscheidungsproblem die Dringlichkeit die relevante Entscheidungsgröße ist. Nun bezieht sich die Dringlichkeit auf die kleinen Zeitabschnitte, also genau das, was von unseren Agenten verwaltet wird. Mit anderen Worten: Die Agenten treffen auf ihrer taktischen Ebene genau die richtigen Entscheidungen (unter der Voraussetzung, dass die Direktorin das Ganze strategisch gut vorbereitet hat).

Die schlechte Nachricht ist, dass die Agenten ihre Wichtigkeit nicht richtig einschätzen können. Ohne entsprechende Ausbildung nehmen sie Kleinigkeiten viel zu wichtig und »Großigkeiten« viel zu locker.

Ein Beispiel dazu: Ich hatte mal einen Steuerberater, der mich mit großem Aufwand nach einem Dokument hat suchen lassen, das er dringend noch vor der Abgabe der Erklärung ans Finanzamt brauchte. Nachdem ich es nicht gefunden hatte, stellte sich heraus, dass ich dadurch etwa 0,84 Euro mehr an Steuern zu bezahlen hatte. Dieses Dokument war aus seiner Sicht dringend; allerdings war es nicht wichtig.

Aber war es überhaupt dringend? Wenn Sie sich unsere Definition der absoluten Dringlichkeit von oben (siehe Seite 267) noch einmal ansehen, dann werden Sie feststellen, dass es dort um *absolute* Änderungen der Auszahlungen geht. Das Haben oder Nichthaben des angefragten Dokuments verursacht eine absolute Änderung von 0,84 Euro; dieser Wert ist die Dringlichkeit dieses Dokuments. Mit anderen Worten: Diese absolute Dringlichkeit ist so niedrig, dass die Aktion praktisch keinerlei Zeiteinsatz rechtfertigt, wenn es noch haufenweise andere Arbeiten vor der Deadline der Abgabefrist gibt.

Aus Sicht des Agenten des Steuerberaters stellt es sich aber anders dar, und interessanterweise hatte er hier wirklich einen Agenten, nämlich eine Steuerfachangestellte in seiner Kanzlei. Dieser Agent war nicht für das Gesamtprojekt zuständig, sondern für dieses eine Dokument. Infolgedessen passiert jetzt das, was wir von den mentalen Konten her kennen: Der Agent normiert die Projektgröße, für die er gerade zuständig ist, auf 100 Prozent, egal, wie groß oder klein das Projekt wirklich ist. Aus dieser Perspektive ist das fehlende 0,84-Euro-Dokument ein herber Verlust in Höhe von 100 Prozent der Projektwichtigkeit. Wäre die Steuerfachangestellte eine Stunde später auf ein weiteres fehlendes Dokument gestoßen, das aber 1000 Euro Schaden verursachen könnte, dann hätte sie nach diesem Dokument mit exakt der gleichen Intensität suchen lassen wie nach dem ersten. Beide haben eine relative Dringlichkeit von 100 Prozent.

Das Denken in relativen Dringlichkeiten ist eine der größten Gefahren der Lebens- und Tagesplanung.

Deshalb bin ich sehr zurückhaltend, Ihnen auch nur zu sagen, wie man sie errechnet. Ich muss es leider trotzdem machen, weil das Konzept manchmal eine sinnvolle Hilfsgröße ist. Leider wird es immer wieder falsch verwendet. Deshalb müssen wir vor der Verwendung entsprechende Vorsichtsmaßnahmen treffen.

Die **relative Dringlichkeit** ist die absolute Dringlichkeit, geteilt durch die Projektwichtigkeit.

Vorsicht: Verwenden Sie dieses Maß nicht als einziges Kriterium zur Auswahl von Aktivitäten oder Projekten! Es leitet Sie in die Irre.

Wenden wir das auf das Beispiel des Künstlers Beuygritte von weiter oben an. Für die relative Dringlichkeit würde er folgendermaßen rechnen: relative Dringlichkeit der Autogrammkarte = 50/50 = 1 = 100 Prozent. Relative Dringlichkeit der Arbeit am Kunstwerk, wenn sich dieses bereits in der kritischen Phase befindet: 100/1000 = 0,1 = 10 Prozent. Nach dieser relativen Betrachtung erscheint die Autogrammkarte viel dringender als die Arbeit am Kunstwerk, obwohl das bereits in der kritischen Phase ist. Das ist natürlich komplett falsch.

Denn bei der Entscheidung, ob er einen der zehn kritischen Tage für sein Kunstwerk anderweitig verwendet, muss er die *absolute* Dringlichkeit zugrunde legen, also 100 Euro. Die vergleicht er mit der absoluten Dringlichkeit einer Autogrammkarte von 50 Euro. Er entscheidet auf dieser Basis sinnvoll und lehnt die Autogrammkarte ab, weil die Arbeit am großen Projekt mehr bringt.

Das Gemeine ist, dass sich die relative Wichtigkeit oft unbemerkt in die eigenen Überlegungen einschleicht. Natürlich stellen wir im echten Leben nicht erst eine Wichtigkeitsfunktion auf, leiten sie nach der Zeit ab und dividieren diesen Wert durch den Funktionswert selbst. Aber wir machen etwas, was im Resultat zu sehr ähnlichen Entscheidungen führt, und definieren Folgendes:

> Ein Projekt ist **zeitlich dringend,** wenn die dafür erforderliche Zeit größer oder gleich der zur Verfügung stehenden Zeit ist.
>
> **Bitte Vorsicht:** Dies ist im Resultat sehr ähnlich wie die relative Dringlichkeit und kann zu einer völlig falschen Priorisierung von Aufgaben führen!

Die Definition von eben ist artverwandt mit der relativen Dringlichkeit, weil sie ebenfalls vollständig die Projektwichtigkeit ignoriert. Sie fragt ausschließlich danach, ob sich ein Projekt bereits in einer kritischen Phase befindet oder nicht; sie fragt nicht danach, wie »teuer« dieser Zustand ist. Wenn heute Mittag um zwölf Uhr die Fristen enden, innerhalb derer man zwei Wertmarken einlösen kann, dann ist nach dieser Definition eine Rabattmarke im Wert von 2,12 Euro genauso »dringend« wie ein 10 000-Euro-Gewinnlos der Tombola. Ob zugleich eine absolute Dringlichkeit vorliegt, ist völlig offen.

Meiden Sie das Denken in relativen Dringlichkeiten wie der Teufel das Weihwasser. Schulen Sie Ihre Agenten, damit sie diese Denkweise verlassen, und bringen Sie ihnen bei, immer in absoluten Dringlichkeiten zu denken. Diese Größe ist deshalb so sinnvoll, weil sie die Projektwichtigkeit bereits automatisch mit einbezieht. Der Fehler der Steuerfachangestellten war in Wahrheit ein Fehler in der Schulung durch den Steuerberater. Seine Anweisung war: »Besorge jedes fehlende Dokument!«, und damit bekommt jedes zu suchende Dokument eine relative Dringlichkeit von 100 Prozent.

Die richtige Anweisung wäre diese gewesen:

1. **Betrachte jedes zu beschaffende Dokument als ein einzelnes Projekt.** Damit bricht er das Gesamtprojekt *Steuererklärung* herunter auf einzelne, agentengeeignete Prozessschritte, die jeweils durch einen Agenten verwaltet werden.
2. **Führe die so entstandenen Teilprojekte (= die Abarbeitungsschritte) in der Reihenfolge ihrer Wichtigkeit durch.** Sofern das Suchen nach jedem Dokument gleich lang dauert, ist diese Anweisung gleichbedeutend mit: »Führe immer den Prozessschritt des Gesamtprojekts durch, der die größte absolute Dringlichkeit hat!« – aber formuliert in der Sprache der Agenten.

Bingo! So einfach wird die Umsetzung des Dringlichkeitsprinzips in der Praxis anwendbar.

KAPITEL 14

Antiprokrastination in der Praxis

Prokrastination ist ein Selbstregulierungsversagen, das dazu führt, eine kurzfristige Verbesserung der Stimmung über die langfristige Verfolgung geplanter Aktivitäten zu priorisieren.

Fuschia M. Sirois: *Procrastination*[106]

Was der Psychologin Sirois in ihrer Definition von Prokrastination entgangen ist: Wer sagt eigentlich, dass die kurzfristige Stimmung nicht wichtiger ist als die geplanten Aktivitäten? Sie tut so, als hätte die Direktorin immer recht und die Agenten unrecht. Das mag manchmal so sein, manchmal aber auch nicht, und gelegentlich sollte sogar die Direktorin umplanen. In diesem Kapitel sehen wir uns daher nicht einfach nur an, wie wir die Prokrastination ablegen, sondern auch, wie wir sie zu unserem Nutzen einsetzen.

Sind Sie überdreht? Dann tun Sie Unwichtiges zuerst!

Viele der Selbstüberlistungstechniken sind unglaublich effektiv. Aber sie haben zur Folge, dass es schnell zu viel des Guten werden kann. Die Schwelle ist nicht weit, an der Sie völlig überdrehen.

Dann laufen Sie ständig um Ihr Leben, japsen nach Luft, wollen ununterbrochen produktiv sein, können sich auf gar nichts mehr konzentrieren und brechen irgendwann ausgebrannt zusammen. Das geht nicht lange gut. Sie schlafen zu kurz, werden nervös, stecken mehr in die Tage hinein, als dauerhaft machbar ist, und begeben sich damit direkt zum Anfang vom Ende.

Die naheliegende Reaktion auf diesen Zustand ist es, sich zu entspannen. Yoga, Meditation oder Achtsamkeit sind die Ratschläge, die Sie in diesem Zustand mehrfach täglich hören werden. Völlig falsch. Sie sind in dieser Phase deshalb so überdreht, weil Sie so viel nachholen wollen und nicht alles auf einmal unterbringen können – jetzt, wo Sie endlich produktiv sind. Sie brauchen jetzt keine Entspannung, sondern produktive Anspannung.

Nichts gegen Yoga und Meditation, aber alles zu seiner Zeit. Wenn Sie in der Phase des Überdrehens den Tag erst einmal ganz langsam beginnen lassen wollen, mittags entspannt schlemmen und am Wochenende keinesfalls irgendetwas Sinnvolles tun wollen, dann flippen Ihre Agenten aus. Sie wollen nicht schon wieder den mentalen Account wechseln. Sie wollen jetzt endlich arbeiten, nicht entspannen!

Deshalb machen Sie jetzt etwas anderes: Sie prokrastinieren absichtlich.

Sie haben richtig gelesen. Wenn Sie merken, dass Sie überdrehen, suchen Sie sich Tätigkeiten, die einen klaren Rhythmus haben. Also solche, die aus einer Abfolge kurzer, abgeschlossener Einzelschritte bestehen. Typische Mailanfragen sind gut geeignet, Reisekostenabrechnungen oder das Verbuchen von Rechnungen; Klassenarbeiten korrigieren, wenn Sie Lehrer sind. Erstaunlicherweise auch das sprichwörtliche Aufräumen des Schreibtischs. Das alles sind erkennbar Tätigkeiten niedriger Priorität, die aber dennoch irgendwann ausgeübt werden sollten. Genau deshalb nutzen Sie sie zur Entspannung.

Es ist kein Zufall, dass unsere Agenten so gern durch derartige Tätigkeiten prokrastinieren. Sie haben etwas Meditatives, führen zu zeitnahen Belohnungen und sind daher Arbeiten, bei denen sich die Agenten entspannen können und dennoch etwas Produktiveres tun, als nur herumzuliegen und zu faulenzen. Ehe Ihre Agenten überdrehen und dann vor lauter Panik gar nichts mehr auf die Reihe bekommen, lassen Sie sie bei der Arbeit entspannen. Lassen Sie sie bei einer Tasse frisch gebrühten Kaffees (oder vielleicht besser Beruhigungstees, denn Sie brauchen jetzt keine

Aufputschmittel) Mails abarbeiten. Die Agenten sind jetzt nicht mehr im Urlaubs-, sondern im Arbeitsmodus. Lassen Sie sie dort.

Achten Sie deshalb darauf, dass die entspannende Niedrig-Prio-Tätigkeit in Verbindung zu Ihrem Hauptprojekt steht. Wenn es zum Beispiel um berufsbezogene Aufgaben geht, dann gehört den Schreibtisch aufzuräumen ansatzweise dazu; den Heizungskeller neu zu streichen, hingegen nicht. Lassen Sie die Agenten nicht aus dem mentalen Account des Arbeitslebens heraus, aber geben Sie ihnen trotzdem die Entspannung der Routinetätigkeit.

Wichtig ist allerdings die Zeitbegrenzung. Die Nervosität wird wieder zunehmen, wenn Sie den ganzen Tag nur Kleinkram machen. Da aber auch der Kleinkram irgendwann erledigt werden muss, erledigen Sie ihn zur Entspannung – zeitlich begrenzt. So einfach ist das.

> **Entspannen Sie sich, indem Sie einfache Arbeiten mit klarem Rhythmus einschieben.**
> **Achten Sie darauf, dass Sie im mentalen Account der Arbeit bleiben.**
> **Begrenzen Sie die Zeit für diese Tätigkeiten.**

Immer dann, wenn Sie normalerweise aus Langeweile Instagram geöffnet hätten, beantworten Sie schnell zehn Mails. Das ist letztlich genauso unterhaltsam, hinterlässt aber das Gefühl, etwas erreicht zu haben, und sorgt damit zu einer kurzfristigen Verbesserung der Stimmung, ohne dass Sie in eine völlig fehlgeleitete Selbstregulierung verfallen.

Die zeitlichen Begrenzungen nehmen Sie tagsüber dadurch vor, dass Sie sich den berühmten Wecker stellen und anschließend eine andere Tätigkeit beginnen, die aber ebenfalls projektbezogen sein muss. Den gesamten Tag begrenzen Sie durch den umgekehrten Terminkalender (Unschedule, siehe Seite 141) und tragen sich Ihre Freizeitaktivitäten als Begrenzung der Arbeit ein. Wenn Sie Spaß daran haben, kann dies auch eine Yogasession am Abend sein – wobei Power-Yoga in einer solchen Phase deutlich besser geeignet ist als Yin-Yoga mit ausgedehnten Om-Rufen.

Ich akzeptiere, wenn Sie in einer akuten Triagesituation (dazu mehr ab Seite 316) solche Freizeitphasen nicht unterbringen können. Ziehen Sie die Triage durch, bis die Sondersituation zu Ende ist. Wenn es aber kein zeitliches Ende dieser Situation gibt, dann ist es auch keine Sondersituation und Sie machen auf einer anderen Ebene etwas falsch.

Dinge erledigen mit strukturierter Prokrastination

> 😂 *muss es doch morgen früh um 10.00, nachdem ich mein auto zum tüv gebracht habe, machen. Bin beim autowaschen ausgerutscht und hab mir das Knie aufgeschlagen; weshalb sich meine ganze Tagesplanung heute etwas verschoben hat …* 🤷 ♀ 😂 😂 😂 🙈 🤷 *Bin gerade nur genervt und mag jetzt nicht 25 min arbeiten* 😬 😇
>
> M., nachdem sie die erwähnte 25-Minuten-Aufgabe bereits an den vorausgegangenen 16 Tagen aufgeschoben hatte. Sie hat stattdessen in der Zeit einen großen Immobiliendeal abgeschlossen.

> *Typ-C-Prokrastinatoren: schieben die Arbeit an Kleinkram auf, um die großen Dinge zu erledigen.*
>
> Paul Graham, *Good and Bad Procrastination*[107]

Das eben angesprochene Prinzip der absichtlichen Prokrastination ist viel universeller, als Sie wahrscheinlich denken. Es besteht darin, einer ungeliebten Arbeit auszuweichen, indem eine andere erledigt wird. Das Prinzip heißt *strukturierte Prokrastination* (oder auch *Typ-C-Prokrastination*).

Gunter Sachs war der Prototyp eines Playboys. Bernt Engelmann bezichtigte ihn des »Gammelns«[108], was wohl das damalige Wort für Prokrastination war. Gunter Sachs, der Prokrastinator, gründete im Laufe seines Lebens eine Modekette, gewann den Europameistertitel im Zweierbobfahren, war jahrzehntelang Präsident des St. Moritz Bobsleigh Clubs, baute eine eindrucksvolle Kunstsammlung auf, drehte beachtenswerte und mit Preisen ausgezeichnete Kurzfilme, kümmerte sich um seine kranke Freundin, gewann angesehene Preise als Fotograf, war einer der Pioniere der Digitalfotografie, bestückte 40 internationale Ausstellungen und begann die empirische Forschung zur Astrologie. Das also ist das Leben eines Gammlers, eines Prokrastinators.

Man kann sich jetzt natürlich einreden, das alles sei ihm lediglich durch sein Erbe in den Schoß gefallen. Wer eine etwas realistischere Weltsicht hat, wird aber erkennen, dass sein Gammeln äußerst produktiv war und dass es sich lohnt, das dahinterliegende Prinzip zu verstehen. Der etwas chaotische Philosophieprofessor John Perry nennt die zugrunde liegende Technik *strukturierte Prokrastination,*[109] freilich ohne zu wissen, dass dies eine der Techniken ist, die Belange der Direktorin und der Agenten unter einen Hut zu bekommen. Sehen wir uns an, wie das funktioniert, und begleiten einen Prokrastinator bei der Arbeit.

Es gibt Situationen, in denen die Arbeit einfach nicht gelingen will.

Stattdessen haben wir auf einmal diese unbändige Lust, auf den Knien auf dem harten und vom eigenen Putzwasser nassen Kellerboden herumzukriechen, um ihn zu reinigen. Natürlich begehen wir diese Selbstkasteiung nur, um dem Schreiben des ungeliebten Projektberichts auszuweichen – also um zu prokrastinieren.

In einer solchen Situation passiert etwas Eigenartiges. Wir haben eine enorme Motivation aufgestaut und würden gern mit der wichtigen und oft zugleich dringenden Arbeit beginnen, aber es geht nicht. Der betreffende Agent befindet sich im Bummelstreik. Jedoch nur bei dieser einen Aufgabe! Eine unerfahrene Direktorin beginnt jetzt, mit dem betreffenden Agenten herumzustreiten, aber wie Angestellte nun mal so sind, wird er immer bockiger, je mehr ihm etwas angeordnet wird. Kellerboden ja, Projektbericht nein. Basta.

Die schlauere Direktorin bemerkt hier allerdings einen wichtigen Zusammenhang. Der Agent hat ja richtig Lust, etwas zu arbeiten. Also gibt man ihm etwas anderes als den Projektbericht, den er so gern vermeiden will. Paradoxerweise kann das etwas anderes sein, was ihm normalerweise ebenfalls keinen Spaß macht (wie das Herumkriechen in der Nässe), aber in der aktuellen Situation auf wundersame Weise verlockend wird. Auf einmal kann das Eingeben der Zahlenkolonnen in das Buchführungsprogramm zur Entspannung mutieren. Oder der lang begonnene Roman wird mit einem Schlag seitenweise weitergeschrieben.

Und an dieser Stelle bemerkt die Direktorin eine seltsame Geistesverwandtschaft. Ist dieser Roman nicht das eigentlich Wichtige aus der obersten Schicht der Wichtigkeit (siehe dazu Kapitel 8, »Was ist wichtig – im Leben und am Tag?«, ab Seite 165), und stammt der Projektbericht nicht nur aus der Alltagswichtigkeit? Vielleicht sind es gar nicht die Agenten, die prokrastinieren, sondern die Direktorin ist es selbst?

Das Geheimnis liegt in der Struktur der Aufgaben. Das, was man machen »muss«, befindet sich in der Schicht der Alltagswichtigkeit. Der Roman befindet sich in der Lebenswichtigkeit und der Kellerboden bei der Unwichtigkeit, die aber schnelle Erfolge hervorbringt.

Prokrastination ist oft ein gemeinsamer Schrei der beiden inneren Spieler, dass sie gerade beide zu kurz kommen. Wir »müssen« diesen dämlichen Text schreiben oder dieses blöde Formular ausfüllen, aber indem wir es tun, bekommt keiner der beiden, was er will, die Agenten ebenso wenig wie die Direktorin. Das ist per Definition so in der Schicht der Alltagswichtigkeit. Sie lässt uns heute verzichten, um morgen mehr zu haben. Prokrastination ist der Schrei der Agenten, dass sie kurzfristige Erfolge haben wollen; und es ist der Schrei der Direktorin, dass sie etwas erschaffen will. In der mittleren Schicht der Alltagswichtigkeit bekommen wir weder Hedonie noch Eudämonie.

Die Kunst der strukturierten Prokrastination besteht nun darin, die Energie dieser Schreie in eine produktive Richtung zu lenken. Eine schlechte Richtung ist es, sich selbst zu bestrafen, stundenlang vor dem bläulich flimmernden Monitor zu sitzen und trotzdem nicht den Bericht zu schreiben. Besser ist es, die Motivation der Agenten zu nutzen und wenigstens den Rasen zu mähen und den Kellerboden zu wässern. Noch besser aber wäre es, eine der Tätigkeiten der oberen Schicht der Lebenswichtigkeit zu wählen und mit dem Elan der Vermeidungsenergie zu bewältigen.

In dieser Situation am Roman zu arbeiten, fühlt sich erst mal falsch an, weil wir ja eigentlich den Bericht schreiben »müssen«. Aber genau daher kommt die Energie der Agenten. Es ist die Stimmung der Dringlichkeit, durch die sie bereit sind zu arbeiten. Jedoch: Die Agenten kennen nicht die Dimension der Wichtigkeit. Sie sind in der Stimmung zu arbeiten, aber sie brauchen jetzt die weise Direktorin, die ihnen eine Arbeit an die Hand gibt, die es wert ist, erledigt zu werden.

Und mit etwas Glück kommt die ganze Bande genau dadurch in den Flow und die Agenten haben beim Schreiben des Romans den gleichen Spaß, wie sie ihn bei einem Computerspiel gehabt hätten.

> Prokrastinieren Sie, indem Sie eine nützliche Arbeit machen, um einer anderen Arbeit kurzfristig auszuweichen. Aber prokrastinieren Sie nicht, indem Sie der Arbeit insgesamt ausweichen und etwas Überflüssiges machen.

Wir hatten im Abschnitt zuvor den Fall, dass wir einfache, unwichtige Arbeiten wichtigen Arbeiten vorziehen, um uns zu entspannen. Aber noch besser ist es, das Prinzip umzudrehen und etwas Wichtiges zu tun, um etwas Unwichtigem zu entkommen oder anderem Wichtigem kurzfristig auszuweichen.

Es ist keineswegs so, dass Prokrastination immer etwas Schlechtes ist. Erinnern Sie sich an das Phänomen des Präkrastinierens, bei dem Tätigkeiten ausgeführt werden, weil sie wenig Aktivierungsenergie brauchen oder weil sie zu schnellen (Klein-)Erfolgen führen. Etwas Prokrastination beim Eimertragen hätte dazu geführt, dass die Aufgabe auf bessere Weise erledigt worden wäre (wobei der Experte hier einwenden wird, dass es sich in Wahrheit um aktive Prokrastination handelt, die im nächsten Abschnitt drankommt).

Erinnern Sie sich noch an Akerlof, der monatelang den Koffer seines Kollegen nicht zum Flughafen gebracht hat, obwohl er es ihm versprochen hatte? In diesem Beispiel ist es so, dass jeder einzelne Agent einen guten Grund braucht, den Koffer nicht aufzugeben. Katzenvideos zählen hier nicht. Wenn der Agent also seine Überlegung der verschwendeten Zeit am Flughafen glaubhaft vorbringen möchte, dann muss er in der gesparten Zeit etwas tun, was wichtig genug ist, um die Verzögerung zu rechtfertigen. Interessanterweise zwingt ihn das Prokrastinieren der unliebsamen Aufgabe dazu, anderweitig produktiv zu werden. Ein Teil der Motivation kann daraus entstammen, dass sein schlechtes Gewissen von Tag zu Tag größer wurde (siehe Abschnitt »Der Schuldzyklus« ab Seite 330) und deshalb der Ansporn ebenfalls immer größer wurde. Deshalb mussten die Tätigkeiten auch immer wichtiger werden. Irgendwann waren sie groß genug für eine nobelpreiswürdige Arbeit.

Strukturierte Prokrastination ist eine nützliche Form der Prokrastination. Sie liegt vor, wenn durch das Verschieben einer Aufgabe andere Aufgaben erledigt werden, die aus übergeordneter Sicht sinnvoller sind.

Arbeiten mit hohem Schuldbewusstseinspotenzial eignen sich am besten für die strukturierte Prokrastination. Denn sie geben den Eindruck, wichtig zu sein, sind es aber oft nicht. John Perry hat hier für meine Begriffe eine etwas schwammige Vorstellung von Wichtigkeit. Denn er behauptet, mit strukturierter Prokrastination schiebe man weniger wichtige Aufgaben vor wichtige. Deshalb gehöre auch immer eine gewisse Dosis Selbstbetrug dazu, um sich einzureden, die eine Aufgabe sei wichtiger, als sie wirklich ist. Ich denke eher, dass bei Agenten mit gut eingestellten Sollwerten ein Automatismus einsetzt, der unbewusst sehr genau erkennt, dass eine Forschungsarbeit wichtiger ist als ein zurückgelassener Koffer. Es ist eine Methode unserer Intuition, mit uns in Kontakt zu treten und uns zu sagen, wann wir uns falsche Wichtigkeiten oder Prioritäten einreden.

Lustigerweise kann eine unterlassene Tätigkeit viel länger ihre positive Motivation ausstrahlen, als ihre Erledigung dauern würde. Im Beispiel hätte das Aufgeben des Koffers einen Tag gedauert. Es kann aber über viele Tage hinweg immer neue Agenten dazu bringen, Ausreden zu finden, wieso gerade dieser eine Agent den Koffer nicht wegbringt. Da hierfür immer wieder wichtigere Tätigkeiten gefunden werden müssen, wirkt die strukturierte Prokrastination über viele Tage hinweg, obwohl sie selbst nur einen Tag dauern würde.

Eine kleine Schulung zwischendurch: Wie Sie Selbstbetrug erkennen

Ganz unabhängig von der strukturierten Prokrastination aus dem Abschnitt von eben kann es im Einzelfall gute Gründe geben, eine Aufgabe zu verschieben – einfach weil sie an einem späteren Zeitpunkt besser aufgehoben ist. Man nennt dies *aktive Prokrastination*. Diesen Fall sehen wir uns in Kürze an, aber er hat ein extremes Potenzial zum Selbstbetrug und ist daher aus Sicht der Selbstüberlistung außerordentlich gefährlich. Deshalb nehmen Sie jetzt erst einmal an einer Schulung teil, mit der Sie potenziellen Selbstbetrug erkennen.

Test: Sind Sie gerade mit einem Hochstapler verbunden?

Wenn Sie die folgende Schulung durchlaufen haben, sind Ihre Agenten in der Lage, legitime Gründe von vorgeschobenen Gründen fürs Aufschieben zu unterscheiden und Agenten zu entlarven, die sich als Direktorin ausgeben.

Um festzustellen, ob einer der zulässigen Gründe aus dem nächsten Abschnitt fürs Aufschieben vorliegt, müssen Sie unbedingt die Direktorin fragen. Dafür ruft der zuständige Agent im Direktorat an und führt folgendes Gespräch:

Agent: »Hallo, hier ist der gerade aktuelle Agent. Ich habe eine Arbeit auf dem Tisch liegen, die ich gern aufschieben möchte. Könnten Sie bitte die Freigabe erteilen?«

Direktorat: »Wieso wollen Sie denn aufschieben?«

Agent: »Die Aufgabe fühlt sich irgendwie falsch an. Wahrscheinlich fehlt mir die notwendige Qualifikation dafür. Mein Kollege von morgen wäre dafür bestimmt besser geeignet.«

Direktorat: »Das klingt überzeugend. Hier liegen klar die Voraussetzungen für aktive Prokrastination vor. Machen Sie ruhig etwas anderes. Aufräumen wäre in Ordnung, denn die Wohnung sieht echt schlimm aus.«

Agent (leicht misstrauisch): »Ähm, ich spreche aber mit der Direktorin selbst, oder?«

Direktorat: »Natürlich, wen glauben Sie denn hier sonst zu erreichen?«

Agent (mit argwöhnischem Unterton): »Mit welcher Begründung soll ich denn aufräumen?

Direktorat (leicht genervt): »Sie sind mitten im Chaos. Wenn Sie erst mal aufräumen, dann geht die Arbeit viel schneller. Die Säge schärfen und so, das ist eine elementare Technik des Zeitmanagements, auch wenn das für normale Agenten etwas schwer verständlich ist. Also jetzt zack, zack anfangen und nicht weiter herumtrödeln!«

Damit hat Ihr Agent den Hochstapler entlarvt. Das war nicht die Direktorin, sondern ein Agent, der sich für die Direktorin hält und das Telefon in ihrem Büro abgenommen hat. Wahrscheinlich war es der Putzmann oder gar ein Selbstgespräch.

Agenten sind zwar prinzipiell faul, aber wenn sie sich bereits im Arbeitsmodus befinden, dann können sie zumindest ein gewisses Grundmisstrauen entwickeln. Fragen Sie deshalb nach der genauen Begründung für eine Aufschiebefreigabe. Sie erkennen solche Hochstapleragenten **an folgenden Ausreden** (machen Sie sich ein Eselsohr an diese Seite und lesen Sie nach, wenn Sie das nächste Mal um eine Aufschiebefreigabe ersuchen):

- Heute schaffe ich das sowieso nicht mehr.
- Ich fühle mich jetzt einfach nicht danach.
- Ich kann solche Dinge eben nicht besonders gut.
- Ich muss erst noch eine Schulung dazu besuchen (obwohl ich einer der wenigen Experten weltweit dazu bin).[110]
- Ich sehe darin überhaupt keinen Sinn.
- Ich muss meinem Freund Peter bei seinem Referat helfen.
- Ich muss die arme Sonja etwas aufmuntern, der geht es gerade so schlecht.
- Es gibt ein technisches Problem, deshalb kann ich gar nicht weiterarbeiten, selbst wenn ich wollte.
- Ich kann nur an einem ordentlichen Arbeitsplatz arbeiten.
- Es ist ja noch lange hin und heute ist das Wetter einfach zu gut.
- Da kommt bestimmt noch ein besserer Zeitpunkt.
- Ich kann nur unter Zeitdruck arbeiten.
- Ich entwickele ein tolles Zeitmanagementsystem für mich, dann geht alles viel schneller.
- Ich arbeite nach der Methode XY und mache mir jetzt einen haargenauen Plan mit To-do-Liste und Unterpunkten, die ich dann ab morgen ganz systematisch abarbeiten kann.
- Ich bin so schnell gelangweilt und brauche deshalb zwischendurch neue Anregungen von Twitter.
- Ich fühle mich etwas krank und sollte mich besser ausruhen, damit das morgen nicht noch viel schlimmer ist.
- Ich habe keine Lust mehr, immer nur fremdbestimmt zu sein. Ich mache das, wenn ich mich danach fühle!

Ist Ihnen aufgefallen, was diese vermeintlichen Begründungen gemeinsam haben und warum sie sich damit als Scheinbegründungen outen? Sie ersetzen die aufzuschiebende Tätigkeit nicht durch eine mit erkennbar höherer Wichtigkeit, sie zeigen auch nicht, dass die Aufgabe wirklich in Zukunft »billiger« zu erledigen ist, sondern sie finden Ausreden, wieso die gerade anstehende Tätigkeit nicht ausgeführt werden sollte, obwohl damit ein Vakuum entstehen würde (das rein zufällig direkt danach durch YouTube-Videos gefüllt wird). Besonders perfide sind die Gründe »technische Schwierigkeiten« und die »sozialen Argumente«.

»Tut mir leid, ich hätte mich wirklich früher um das Programm kümmern sollen, aber jetzt ist Freitag und ich erreiche die Hotline nicht mehr.« Ob das auch dann ein so unüberwindliches Hindernis wäre, wenn es das Computerspiel beträfe, das der Agent gerade spielen will? Natürlich nicht. Sondern hier wird eine Scheinschwierigkeit als Hebel gegen eine Aufgabe mit hoher Wichtigkeit angesetzt. In den allermeisten Fällen handelt es sich viel eher um eine Hürde, die etwas Aktivierungsenergie verlangt. Das Programm zum Laufen zu bringen, ist Teil der Aufgabe. Das geht mit an Sicherheit grenzender Wahrscheinlichkeit mit Google genauso gut wie mit der Hotline, bei der man sowieso nie durchkommt.

»Aber der Sonja geht es doch wirklich schlecht! Soziale Kontakte sind so wichtig!« Stimmt. Aber kann Sonjas Problem, das ja schon seit Tagen besteht, wirklich nicht noch die eine Stunde warten? *Nach* der getanen Arbeit ist die Zeit, sich mit ihr zu treffen, nicht vorher. Und Sonja selbst weiß das auch ganz genau; vielleicht hat sie auch gar keine Lust, als Vorwand für Aufschieberitis missbraucht zu werden.

Merken Sie sich diese Triggersätze aus der Liste von oben und verinnerlichen Sie die beiden folgenden Fälle des **erlaubten Verschiebens** einer geplanten Tätigkeit:

1. Statt der geplanten Tätigkeit wird eine andere wichtige Arbeit ausgeführt (= strukturierte Prokrastination).
2. Das Verrichten der geplanten Tätigkeit wird in der Zukunft insgesamt billiger oder einfacher, als es jetzt wäre (= aktive Prokrastination).

Wenn als Begründung fürs Aufschieben keiner dieser beiden Gründe genannt wird, dann war es eine Ausrede.

Um die Zertifizierung zum Aufschiebefreigeber zu erlangen, müssen Sie jetzt folgende Qualifikationen nachweisen:

1. Sie haben ein Eselsohr an die Seite mit den Ausreden gemacht und sich vorgenommen, nur dann eine Aufschiebefreigabe zu akzeptieren, wenn keiner dieser vorgeschobenen Gründe vorliegt.
2. Sie kennen fünf dieser Gründe auswendig, darunter die ersten drei. (Ich musste selbst noch mal nachlesen, aber es hat sich gelohnt.)
3. Sie haben die beiden legitimen Verschiebegründe verstanden und können sie als Kriterien auch in Stresssituationen anwenden.

Erledigt? Ich glaube Ihnen! Alles andere wäre ja auch Selbstbetrug. Betrachten Sie sich hiermit als zertifiziert.

Aktive Prokrastination: Gründe, wieso Sie verschieben sollten

Dieser Abschnitt ist einer der gefährlichsten des gesamten Buches. Er darf nur von Personen gelesen werden, die zuerst die erforderliche Schulung (siehe Abschnitt oben Seite 285) erfolgreich abgeschlossen haben.

Denn ich nenne Ihnen hier logisch korrekte und vollkommen legitime Gründe, wieso man Dinge verschieben darf. Nehmen Sie sie als abschließende Liste, mit der Sie sich selbst testen können. Aber vergessen Sie nie, es geht hier um Selbstüberlistung, nicht Selbstbetrug. Sirois übernimmt übrigens die Position, »dass aktive Prokrastination nicht die definierenden Eigenschaften von Prokrastination aufweist und deshalb keine echte Prokrastination ist«.[111]

In folgenden Fällen kann es sinnvoll sein, Entscheidungen oder die Erledigung von Aufgaben zu verschieben:

Wenn Informationen fehlen. Wenn Sie nicht wissen, ob ein Treffen in München oder in Hamburg stattfinden soll, dann ist es nicht sinnvoll loszufahren. Einige tun es doch, aber das ist dann Präkrastination.

Wenn sehr wahrscheinlich Informationen hinzukommen werden. Das ist ein ähnlicher Fall wie eben, aber nicht genau gleich. Denn eigentlich liegen formal alle Informationen vor, aber die Gefahr ist groß, dass weitere kommen werden, die berücksichtigt werden müssen. Zum Beispiel droht eine Gesetzesänderung, die eine geplante Unternehmensgründung beeinflusst. Dann kann es sich lohnen, zu warten oder nur solche Entscheidungen zu treffen, die Ihnen noch genug Flexibilität lassen, darauf zu reagieren.

Wenn die Wahrscheinlichkeit groß ist, dass sich eine Aufgabe von selbst erledigt. Das ist ebenfalls ein Sonderfall des Informationszugangs. Beim Finanzamt sollten Sie nicht darauf spekulieren, beim chaotischen Chef hingegen schon.

Wenn Sie Zeit zum Lernen oder Üben brauchen. Zum Beispiel gehen viele Bewerber zunächst in Vorstellungsgespräche zu Unternehmen, bei denen sie gar nicht arbeiten wollen, einfach um Erfahrung mit solchen Jobinterviews zu sammeln. Oder besuchen eine Schulung für aktive Prokrastination, bevor sie sie einsetzen.

Wenn unerwartet andere wichtige Aufgaben auftauchen. Wenn Sie die Fahrt nach München geplant haben, aber direkt vor der Abfahrt ein Notfall in Hamburg auftaucht, dann fallen die Gründe für die ursprüngliche Entscheidung weg und Sie sollten umplanen.

Der Übergang zum Selbstbetrug bzw. zu Ausreden ist fließend, aber es lohnt sich, diese Fälle zumindest zu berücksichtigen. Passen Sie höllisch auf, dass Sie diese grundsätzlich legitimen Gründe nicht missbrauchen.

Dann gibt es noch einen Fall, der sehr wichtig ist und den wir daher genauer ansehen: die Prioritätsinversion.

Prioritätsinversion und Prioritätsvererbung

Sie haben sich damit abgefunden, dass Sie die Steuererklärung machen müssen, die Sie schon das ganze Buch lang verfolgt. (Ich weiß, dass das so ist: Selbst eine Steuerberaterin hat mir gegenüber eingeräumt, mit ihrer eigenen Steuererklärung immer zu spät zu sein.) Sie sitzen deshalb bereits inmitten zusammengesuchter Akten, als Ihnen etwas Schreckliches auffällt: Ein wichtiger Nachweis ist nicht da (wieso fällt mir dieses Beispiel wohl ein?). Nach angestrengtem Grübeln dämmert Ihnen, wo er wahrscheinlich ist: in einem der vermeintlich unwichtigen und daher dauerhaft ungeöffneten Briefe, die Sie im Verlauf der letzten zwölf Monate erhalten haben.

Es hilft nichts: Sie müssen sich jetzt durch mehrere Stapel überwiegend unwichtiger Briefe kämpfen, um diesen einen unerlässlichen Nachweis zu finden. Damit Sie bei diesem Vorgang aber nicht alles durcheinanderwerfen und sich für die Zukunft noch viel größere Schwierigkeiten einhandeln (also zeitliche Schulden aufnehmen, siehe Kapitel 16, »Schulden: zugleich besser und schlechter als ihr Ruf«, ab Seite 319), müssen Sie bei dem Suchvorgang sehr behutsam vorgehen und die Inhalte der noch nie berührten Briefe zumindest so weit analysieren, dass Sie sie sinnvoll vorsortieren können. Sie ordnen die auftauchenden Dokumente daher in drei Klassen:

- Papierkorb (Glücksgefühl: eine Sache endgültig abgeschlossen!)
- Dauerhafte Ablage (nervig, weil die Schubladen so voll sind, dass sie immer so schwer aufgehen, aber machbar)
- Stapel »Muss noch gemacht werden« (das meiste wird nie gemacht, aber Sie haben es in Zukunft wenigstens leichter, nach wichtigen Dokumenten zu suchen)

Mit anderen Worten: Sie räumen auf. Das ist eigentlich eine Arbeit der niedrigsten Prioritätsstufe, die sich jetzt aber auf einmal vor die Arbeit mit der höchsten Priorität schiebt. Und zwar legal. Dahinter liegt das Prinzip der Prioritätsinversion *(priority inversion).*

Prioritätsinversion ist ein Begriff aus der Informatik.[112] Besonders in Echtzeitsystemen bezeichnet er den Zustand, dass ein Prozess mit hoher Priorität blockiert wird, weil ein Prozess mit niedrigerer Priorität eine Ressource sperrt, die der Prozess mit hoher Priorität benötigt. Der Prozess mit der niedrigen Priorität schiebt sich damit vor den mit der hohen Priorität.

Genau dieser Fall liegt hier vor. Die Steuererklärung kann erst fertiggestellt werden, wenn der verschollene Nachweis gefunden wurde, und der wird erst gefunden, wenn die ungeöffneten Briefe geöffnet und vorsortiert wurden. Damit erbt der Vorgang des Vorsortierens die Priorität der Steuererklärung.

Prioritätsvererbung *(priority inheritance)* ist eine Technik zur Auflösung von Prioritätsinversion. Wenn ein Prozess mit hoher Priorität auf eine Ressource wartet, die von einem Prozess mit niedrigerer Priorität besetzt ist, erhält der Prozess mit niedrigerer Priorität vorübergehend die hohe Priorität des wartenden Prozesses, um die Ressourcenfreigabe zu beschleunigen.

Kommen Sie jetzt nur nicht auf den Gedanken, die Briefe einfach allesamt zu öffnen, ohne sie wenigstens ein klein wenig zu ordnen. Die Zeit für das grobe Sortieren ist vernachlässigbar gegenüber dem chaotischen Herumwerfen der ausgepackten Inhalte – und als Selbstüberlister hassen wir Zeitschulden (siehe Kapitel 16, »Schulden: zugleich besser und schlechter als ihr Ruf«, ab Seite 319). Es dauert nicht länger, den leeren Umschlag in den neben Ihnen stehenden Papierkorb zu werfen, als ihn hinter sich in den Raum flattern zu lassen. Ebenso ist das Ablegen der zu archivierenden Dokumente kaum aufwendiger, als sie auf einen Stapel zu legen. Aber Sie erleichtern sich die Arbeit für die Zukunft so ungemein, dass dies ein extrem lohnendes Zeitinvestitionsprojekt ist, selbst wenn die Steuererklärung dadurch ein paar Stunden später fertig wird.

Ihr aktueller Agent ist gerade im Bürokratiemodus und hoch motiviert, diesen einen Nachweis zu finden. Sie werden kaum jemals wieder in einen so effektiven Briefeaufschlitzmodus kommen. Nutzen Sie ihn zum Vorteil Ihres zukünftigen Ichs; es wird sich bei Ihnen für die Prioritätsvererbung bedanken.

Von der To-do-Liste zur Ideenliste und zu Ivy Lee

Zum Abschluss dieses Kapitels und zur Vorbereitung auf das nächste möchte ich noch einen wichtigen Ratschlag unterbringen: Führen Sie keine To-do-Listen!

Das ist jetzt ein wenig plakativ formuliert und kommt am Ende gar nicht so schlimm, wie Sie vielleicht denken, aber dennoch ist diese Überlegung außerordentlich wichtig, um nicht in die Falle der Prokrastination zu fallen.

Denn Sie können spielend den ganzen Tag damit verbringen, Müll zu balancieren, Socken zu bügeln und Haltbarkeitsdaten zu prüfen. Der Pomodoro-Trainer Staffan Nöteberg sagt das so: »… wir können uns immer eine fast unendliche Liste mit wertvollen Aufgaben ausdenken.«[113]

Das Problem einer To-do-Liste ist, dass sie unsere Verfügbarkeitsheuristik kapert. Indem wir mit Kleinkram auf der Liste bombardiert werden, skalieren unsere Agenten alles auf 100 Prozent, egal, wie klein es ist, und füllen das Getriebe unserer Arbeitskraft mit dem Sand des Banalen.

Um das zu vermeiden und eine sinnvolle Priorisierung zu ermöglichen, gehen wir anders vor:

1. Sie legen sich eine Ideenliste an mit all den schönen Dingen, die Sie tun könnten, wenn Sie viel Zeit hätten. Die nennen Sie aber keinesfalls To-do-Liste, sondern Ideenliste. Das meiste davon wird ewig unerledigt bleiben. Grämen Sie sich nicht, denn es sind ja nur Ideen.
2. Aus diesen Ideen ziehen Sie von Zeit zu Zeit einige auf eine Shortlist. Das sind die, die in näherer Zukunft eine echte Chance haben, erledigt zu werden.
3. Aus dieser Shortlist holen Sie sich für jeden Tag (am besten am Abend davor) drei Tätigkeiten, die Sie an diesem Tag erledigen werden. Sie haben richtig gelesen: drei. Die nennen Sie nicht To-dos oder gar Ziele, sondern Tagesprojekte. Was ist mit den vielen Ideen, deren Erledigung deutlich länger als ein paar Stunden dauert? Die brechen Sie zuerst natürlich in machbare Häppchen herunter, die sich dann

als Tagesprojekte qualifizieren. Sie haben bereits gelernt, wie das geht bzw. warum das wichtig ist.

4. Diese drei Tagesprojekte verfolgen Sie gnadenlos und lassen sich durch nichts ablenken, bis sie abgeschlossen sind. Falls Sie sich dennoch haben ablenken lassen, dann müssen Sie einen Weg finden, es bis zum Abend doch noch irgendwie hinzubekommen.
5. Wenn Sie sich selbst mit Erfolgserlebnissen belohnen wollen, dann teilen Sie die Tagesprojekte gern in weitere Zwischenschritte, die Sie für sich abhaken. Aber tun Sie das auf einer separaten Liste mit der Überschrift *erlangte Fleißkärtchen*, nicht auf der Übersicht für die Tagesprojekte. Denken Sie zurück an das Kapitel über Belohnungen, insbesondere den Abschnitt »Belohnungen, aber richtig« ab Seite 213.

Wenn Sie haptisch veranlagt sind und lieber mit Karteikarten arbeiten – kein Problem. Legen Sie in Ihren Zettelkasten nach Herzenslust Ideen, ordnen Sie sie nach aktuellen Prioritäten und machen Sie sich gern einen Reiter mit »echt guten Ideen, die ich wirklich mal ansehen sollte«. Ziehen Sie aus diesem Kasten gern die drei Karten Ihres Tages und legen Sie sie vor sich hin. Aber verfallen Sie nicht dem Wahn, ständig zu sortieren oder alles als To-do anzusehen. Die meisten der Zettel werden Ihre Enkel noch vor sich herschieben.

Es mag kindisch klingen, nicht von To-dos und von Zielen zu sprechen, aber es ist wichtig. Wenn alles To-dos wären, würden Sie Ihre Agenten immer kleiner werden lassen und sich im Klein-Klein der von außen vorgegebenen Tätigkeiten verheddern. Ein Ziel wiederum ist etwas, was ein Agent nicht richtig auf sich bezieht, weil es zu weit weg ist. Gleichzeitig frustriert die Erreichung eines Ziels, weil man danach erst einmal richtungslos ist und sich anschließend ein neues Ziel suchen muss.

Bei Projekten hingegen ist das besser, denn sie haben von vornherein die Eigenschaft, irgendwann fertiggestellt zu sein und gleichzeitig mit anderen Projekten verfolgt werden zu können. Ein Projekt abzuschließen, hinterlässt nicht die Leere eines erreichten Ziels.

Übrigens heißt die Methode, jeden Tag drei Tagesprojekte hartnäckig abzuarbeiten, *Ivy-Lee-Methode* – mit dem Unterschied, dass der Produktivitätsberater Ivy Lee sechs Einträge pro Tag empfohlen hat. Aber das war Anfang der 1900er-Jahre, und damals konnte man noch mehr über seine eigene Zeit verfügen als heute.

Wenn Ihnen die Zahl drei zu klein erscheint, dann probieren Sie es trotzdem einmal aus und geben Sie sich jeden Tag einen Badge (siehe Abschnitt »Belohnungen, aber richtig« ab Seite 213), an dem Sie alle drei Tagesprojekte abgeschlossen haben. Die Welt ist nicht so clean wie in Zeitmanagementbüchern. Seien Sie froh und stolz, wenn Sie die drei schaffen.

Ivy Lee hat empfohlen, die Tagesprojekte immer wieder neu nach Priorität zu ordnen, wenn eines abgeschlossen wurde und ein neues begonnen werden soll. Deshalb sehen wir uns jetzt an, wie man das macht – auch um zu wissen, welche Projekte Sie von der Ideenliste heraufpriorisieren dürfen.

KAPITEL 15

Methoden der Priorisierung

Taten zeigen Prioritäten.

Mahatma Gandhi (angeblich)

Grundsätzlich ist die Priorisierung eine der wichtigsten Entscheidungen, die wir überhaupt treffen können. Das Gemeine ist: Wir können sie gar nicht *nicht* treffen. Und deshalb treffen wir sie oft, ohne es auch nur zu merken, geschweige denn zu überlegen.

Indem wir nichts tun, priorisieren wir das Nichtstun über alles andere. Indem wir Facebook öffnen, statt die Hausarbeit zu schreiben, machen wir Facebook zur aktuell höchsten Priorität. So formuliert, mag das wie eine seltsame Entscheidung aussehen, aber es ist die, die wir getroffen haben.

Im Folgenden sehen wir uns einige Methoden an. Wir müssen dabei zwischen zwei Aufgaben unterscheiden:

- Direktorinnenmodus: Welche Projekte sind lohnenswert?
- Agentenmodus: Welche Aktivität innerhalb der ausgewählten Projekte sollen wir zuerst angehen?

Die Methoden der Priorisierung sind in beiden Fällen grundsätzlich die gleichen, aber Sie sollten sich bewusst machen, auf welcher Ebene Sie sich gerade befinden.

Wo bekomme ich am meisten für meine Zeit?

Wenn ich sechs Stunden Zeit hätte, um einen Baum zu fällen, würde ich die ersten vier Stunden damit verbringen, die Axt zu schärfen.

Angeblich von Abraham Lincoln; allerdings nennt niemand die genaue Quelle. Vermutlich ist es eine Verballhornung, weil er als ein Präsident galt, der Dinge gern mit der Axt durchsetzte.

Wir haben uns in dem Kapitel zuvor überlegt, nach welchem Kriterium wir auswählen, was wir als Nächstes tun sollen: immer das, wodurch wir am meisten Auszahlung (in Glückspunkten) für unsere nächste einzusetzende Zeiteinheit bekommen. Mit anderen Worten, wir machen immer das absolut Dringende zuerst (bitte das Wort *absolut* beachten und nicht im Eifer des Gefechts mit dem *relativ* Dringenden verwechseln).

Bei den beiden Projekttypen des Künstlers Beuygritte war das recht plausibel. Aber sehen Sie sich einmal seine Arbeitswoche an, wenn er nur gelegentlich Anfragen für Autogrammkarten bekommt. Er arbeitet vielleicht gerade an seinem Kunstwerk, während noch kein Zeitdruck besteht. Dann kommt eine Anfrage, und er unterbricht seine Arbeit für einen Tag, um sie danach wieder aufzunehmen. Schon das wirkt erstaunlich zerstückelt.

Und nun stellen wir uns vor, er habe sehr viele potenzielle Projekte, und alle sind von unterschiedlichem Typus. Also wichtig, unwichtig, dringend, nicht dringend, unbekannte oder bekannte Bearbeitungsdauer, unbekannte Deadlines, fehlende Informationen, Abhängigkeiten von anderen und was es nicht noch alles gibt. Das Kriterium »Tue das, wo du am meisten Glückspunkte für deine Zeit bekommst« ist auch hier völlig korrekt und maximiert die Glücksauszahlung über die Zeit. Zugegeben, man kann Spezialfälle konstruieren, wo das nicht gilt, aber zumindest in vielen plausiblen Situationen liegen wir mit diesem Kriterium richtig.

Diese Vorgehensweise führt jedoch zu einem verstörenden Resultat: Wir springen oft von einem Projekt zu einem anderen. Das ist nicht das, was wir uns unter einem geordneten Projektablauf oder gar einer geordneten

Lebensführung vorstellen. Wir stellen uns vor, dass wir ein Projekt definieren, die Zeit dafür reservieren und es dann brav vom Beginn zum Ende führen. Die Dringlichkeitsregel aber sagt uns, dass wir in den meisten Fällen verschiedene Projekte parallel verfolgen, hier ein Buch lesen, dort ein anderes anfangen – so lange, bis ein Projekt in eine kritische Phase kommt. Erst dann wird es so viel dringender als alles andere, dass wir das meiste andere zurückstellen.

Die Phase davor wird leicht für Zeitverschwendung, Trödeln oder Aufschieberitis gehalten. Aber das stimmt nicht. Denn in der Realität sind Projekte nicht so schön klar überschaubar wie die gestapelten Strichelchen in einem Projektplanungstool. Michelangelo hatte keinen genauen Zeitplan für seine Venus von Milo. Auch eine Bachelor- oder Masterarbeit lässt sich nicht im Detail im Voraus planen. Es ist ein Irrglaube, man könne sich für die nächsten Monate der Bearbeitungsdauer für jeden Tag genau vornehmen, was zu tun ist. Denn im Laufe des Projekts entstehen erst die wesentlichen Ideen und Verbindungen.

Die meisten kreativen Projekte sind kein Abarbeiten eines vorher festgelegten Plans, sondern es sind Entdeckungsprozesse. Das gilt für persönliche Projekte genauso wie für große Bau- oder IT-Projekte. Natürlich macht man anfangs mit dem Wissen von vor dem Projekt einen Plan; aber der ist eher eine grobe Richtung als eine Strategie, die jeden Schritt genau vorbestimmt. Wie sollte man auch vorhersagen, was man alles herausfinden wird? Könnte man das, bräuchte man Forschungsprojekte gar nicht mehr, denn dann wäre schon vorher alles bekannt. Das ist auch bei großen Umsetzungsprojekten so. Selbst in einfachen Gegenständen des Alltags wie einer Rasierklinge stecken immense Forschungsaufwendungen und Patente. All dies entsteht während des Projekts, nicht vorher. Erst wenn die herkömmlichen Techniken die Klingen stumpf werden lassen, weiß man, dass man eine neue Schweißtechnik entwickeln muss, aber noch lange nicht, dass es eine Laserschweißtechnik wird.

Wenn wir auf die Welt kommen, dann gibt es auch keinen detaillierten Plan, wie wir genau aussehen werden oder was wir alles können werden.[114] Der größte Teil unserer Entwicklung entsteht durch die Interaktion mit unserer Umwelt. In unserem Bauplan, der DNA, stecken etwa so viele Daten wie auf einer alten CD-ROM. Unser Gehirn dagegen hat eine Speicherkapazität in der Region vieler Tausend Terabytes, sprich im Petabytes-Bereich. Der Großteil muss also während des Lebens hinzukommen. Genauso müssen wir unsere Projekte sehen. Wir geben ihnen wie einem Lebewesen einen groben Bauplan mit und verlassen uns darauf, dass sie anschließend ihren eigenen Weg finden. Denn unsere Projekte sind das, was uns am Ende ausmacht. Das Spiel unseres Lebens hat unüberschaubar viele mögliche Pfade.

Wir Selbstüberlister wissen, dass ein Plan fast nie den ersten Feindkontakt der Realität übersteht, und versuchen daher gar nicht erst, den Tag durchzuplanen oder durchzutakten. Stattdessen brauchen wir einfache Regeln, mit denen unsere Agenten, auf Autopilot fliegend, die richtigen Entscheidungen treffen. Eine solche Regel ist diese:

> **Machen Sie keine detaillierte Tagesplanung! Stattdessen geben Sie dem Tag eine sinnvolle Menge an Struktur vor und lassen Sie Ihre Agenten das Spiel allein spielen.**

Betrachten Sie Projekte nicht als eine Maschine, bei der ein Rädchen in ein anderes greift und in der wie in einem Uhrwerk vorbestimmt ist, was sie wann tun wird. Das ist nicht das Spiel, das wir spielen. Stellen Sie sich Ihre Projekte, Ihr Leben und Ihren Tag vor wie eine Herde, die Sie von einem Punkt zu einem anderen geleiten wollen. Sie können nicht alles bestimmen, und die Herde muss den Weg schon selbst zurücklegen. Sie können die grobe Richtung vorgeben, schwierige Hürden umgehen und gute Übernachtungsplätze aussuchen. Sie können hier und da ein wenig mit der Peitsche knallen, das eine oder andere verirrte Rind wieder einfangen, aber darüber hinaus muss sich die Herde selbst organisieren.

Werfen Sie übrigens hier noch einmal einen Blick auf die Pomodoro-Technik (siehe Abschnitt »Deadlines, wo keine sind« ab Seite 90). Diese

Methode zerhackt den gesamten Arbeitstag in 30-Minuten-Sequenzen, innerhalb derer aber nicht zwischen unterschiedlichen Aufgaben geswitcht werden darf. Merken Sie, dass diese Technik exakt so vorgeht, wie wir es hier theoretisch hergeleitet haben? Denn die Entscheidung, womit der nächste Pomodoro inhaltlich gefüllt wird, steht keineswegs von vornherein fest, sondern kann sich im laufenden Betrieb des Arbeitstages flexibel an die Gegebenheiten anpassen. Anders gesagt: Sie können vor jedem Pomodoro neu priorisieren.

Ich stelle Ihnen hier Priorisierungstechniken für Ihren Alltag vor, die unsere Agenten allein hinbekommen und mit denen sie sich durch den Tag hangeln. Planungsfetischisten werden sich hier die Fußnägel aufstellen, denn wir gleiten damit durch einen Tag, von dem wir nur eine ganz grobe Struktur vorweggenommen haben.

Die folgende Aufzählung von Priorisierungsfaustregeln ist lang, aber unfassbar nützlich. Machen Sie sich ein weiteres Eselsohr an diese Seite und sehen Sie immer mal wieder rein.

Priorisierungsfaustregeln für den Alltag

Im Alltag brauchen wir einfache Faustregeln, die uns leiten. Das offizielle Wort für Faustregel ist Heuristik.

> Eine **Heuristik** ist eine Faustregel, um in komplexen Situationen schnell und mit wenig mentaler Last Entscheidungen zu treffen.

Heuristiken haben in der Spieltheorie einen schlechten Ruf, weil sie nicht vollständig optimieren, sondern nur unter speziellen Bedingungen zu guten Ergebnissen führen. Deshalb kann jemand, der Heuristiken einsetzt, leicht überlistet werden, indem ein Gegenspieler die Bedingungen vortäuscht, unter denen die Heuristik sinnvoll wäre, während sie tatsächlich genau falsch ist. Man nennt das eine Falle stellen. Die gesamte Idee der Strategeme (Kriegslisten) basiert darauf. Wer mehr dazu wissen will, liest gern mein Buch *Die 36 Strategeme der Krise.*[115]

Bei der Selbstüberlistung sind Heuristiken genau deshalb ein wichtiges Mittel, weil wir ja unsere Agenten überlisten wollen. Heuristiken bereiten somit strategische Entscheidungen agentengeeignet auf. Letztlich sind sie eine Möglichkeit, wie die Direktorin die Agenten dazu bringt, aus ihrer lokalen Perspektive heraus Entscheidungen zu treffen, die für den gesamten Spieler gut sind. Auch wenn das streng genommen kein Optimum ist, sind die Ergebnisse meist sinnvoller, als wenn man nur nach Lust und Laune auswählt oder wenn man so lange plant, bis die vorhandene Energie fürs Planen statt fürs Arbeiten verwendet wurde.

Beachten Sie bitte, dass Heuristiken bewusst vereinfachen und deshalb weder vollständig noch frei von Widersprüchen sind. Ich gebe Ihnen diverse Gründe, Aufgaben in der Priorisierungsreihenfolge nach oben zu schieben. Sie können für sich selbst entscheiden, welche der Regeln für Sie Vorrang vor anderen hat, und tendenziell gilt: Je mehr der Regeln auf eine Aufgabe zutreffen, desto höher sollten Sie sie priorisieren.

Genug der Vorrede, sehen wir uns die wichtigsten Priorisierungsheuristiken an.

Achten Sie auf absolute Dringlichkeit! (Falls Sie das Bonuskapitel ab Seite 259 übersprungen haben, ist jetzt ein guter Moment, es nachzuholen.) Ich weiß, ich wiederhole mich. Aber dieses Kriterium muss als Erstes stehen, denn es ist das theoretisch richtige. Es hat nur einen Nachteil: Es ist intuitiv nicht immer leicht fassbar, auch weil die Daten fehlen. Deshalb brauchen wir die folgenden Faustregeln, mit denen wir uns das Leben vereinfachen. Insofern betrachten Sie die folgenden Heuristiken als Spezialfälle dieses allgemeinen Prinzips für besondere Situationen.

Da Sie ja die Summe aller Ihrer Agenten sind, können Sie die Regel übrigens auch umformulieren:

Erledigen Sie das zuerst, was das Team am stärksten voranbringt!

Fallen Sie nicht auf zeitliche oder relative Dringlichkeit herein! Wie wir bereits wissen, skalieren Agenten ihre Probleme und Aufgaben immer auf die gleiche Größe. Deshalb lassen sie sich durch kleine Aufgaben ablenken. Zum Glück können wir sie hier leicht schulen. Wenn Ihr Agent etwas machen will, weil es dringend ist, dann stellen Sie ihm eine einfache Frage: Wie *wichtig* ist das zugehörige Gesamtprojekt? Wenn es sich um einen Aktionsgutschein Ihres Lieblingsversandhändlers handelt oder um eine Flasche Leergut, dann binden Sie keine Kapazitäten damit.

Aber: Nutzen Sie zeitliche Dringlichkeit, um ein wichtigeres Projekt damit zu verbinden! Wenn es durch diesen Dringlichkeitstrick gelingt, endlich die Bestellung zu erledigen, die Sie schon die ganze Zeit vor sich herschieben, weil es in Wahrheit gar nicht so viel Spaß macht, das Spezialpulver für die Spülmaschine zu bestellen – dann tun Sie es jetzt, solange das Rabattangebot noch gilt. Denn dann ist das Gesamtprojekt gar nicht der Gutschein, sondern das Auffüllen des Spülmittels, ohne dass das Chaos in der Küche noch größer wird, als es ohnehin schon ist.

Und das Leergut erledigen Sie, indem Sie einen Ort haben, an dem Sie die Flaschen lagern, ohne daran denken zu müssen. Mehr dazu im Kapitel 17, »Wieso Aufräumen Zeitverschwendung ist«, ab Seite 337.

Heben Sie den Fussel sofort auf! Wenn Sie die Treppe hochgehen und mitten auf einer der Stufen liegt eine riesige Wollmaus, dann warten Sie nicht, bis der nächste Hausputz kommt. Heben Sie sie sofort auf. Machen Sie das Gleiche mit dem Blatt Papier, das auf der nächsten Stufe liegt. Denn die Prioritätsheuristik, die wir eben angewandt haben, lautet: »Ziehe kurze Bearbeitungszeiten vor.« Dies ist eine gute Methode, um Dinge erledigt zu bekommen (und wie ein Wunder steht sie auch in dem Buch *Getting Things Done*).

Aber nicht mehr als zwei Fussel! Die Fusselregel ist wie ein Saugroboter, der nebenbei einfache Tätigkeiten abarbeitet; aber sie hat ein enormes Ablenkungspotenzial, weil sie unsere Agenten schrumpfen lässt.

Und wir wissen ja, je kleiner ein Agent, desto größer werden die Probleme. Da Zwei-Minuten-Projekte außerdem normalerweise von außen an uns herangetragen werden, führt diese Regel dazu, dass wir fremdbestimmt sind. Deshalb beschränken Sie die Gesamtzeit, die Sie mit diesen Fusselprojekten verbringen, und denken Sie immer an die folgende Regel:

Fallen Sie nicht auf Busywork herein! Passen Sie bei diesen Kurztätigkeiten höllisch auf, dass sie nicht den Arbeitstag füllen wie zu viel Öl ein Getriebe. *Busywork* bezeichnet Aufgaben, die wenig bis keinen wirklichen Nutzen haben und hauptsächlich dazu dienen, Zeit zu füllen oder den Anschein von Produktivität zu erzeugen. Agenten lieben das, weil solche Aufgaben mental so wenig anstrengen und Chefs (einschließlich der Direktorin) lange Zeit den Eindruck geben, es würde sinnvolle Arbeit erledigt. Die Direktorinnen werden aber ziemlich sauer, wenn sie es irgendwann herausfinden. Deshalb die Zwei-Fussel-Regel.

Erledigen Sie das zuerst, wo irgendwer am lautesten schreit! Diese Heuristik wirkt seltsam, ist aber erstaunlich zielführend, wenn Sie in einer Umgebung sind, die Ihnen freundlich gesinnt ist. Denn dann werden Sie von außen her automatisch erinnert, wenn irgendetwas zeitkritisch wird. Da die meisten Menschen ein schlechtes Gewissen haben, jemand anderes zu erinnern, tun sie es nur in wichtigen Fällen. Damit haben Sie für sich eine selbstregulierende Automatik am Werk.

Aber das Verfahren ist riskant. Denn wenn Ihnen jemand feindlich gesinnt ist und weiß, dass Sie nach dieser Regel handeln, dann kann er das System kapern, indem er Sie absichtlich nicht erinnert und Sie damit ins offene Messer laufen lässt. (Natürlich sehen Sie das vorher und achten in diesen Fällen darauf, sich selbst zu erinnern, lassen den anderen aber glauben, Sie hätten es vergessen. Wenn er dann zuschlagen will, gibt er sich die Blöße und Sie haben ihn am Haken. Das sind jetzt aber schon wieder Strategeme (Kriegslisten), um die es hier ja nicht geht.)

Lassen Sie sich nicht durch einen Agentenwechsel abhalten! Viele Aufgaben erscheinen nur deshalb so groß, weil der eine Agent die Arbeit an einen anderen weitergeben müsste. In einem Forum habe ich einen Eintrag von einer Mutter gefunden, die aufgrund einer Erkrankung ihres Kindes zwei Wochen lang täglich die eigene Bettwäsche und die des Kindes wechseln sollte, um Selbstansteckung zu verhindern. Das könne sie nicht mehr, lautete ihr Eintrag, weil sie »mit ihren Kräften am Ende sei«. Bettwäsche tauschen ist sicherlich nicht die schönste aller Arbeiten, aber sie dauert vielleicht fünf Minuten pro Bett. Sind fünf Minuten wirklich eine so große Zusatzbelastung, dass sie ihre Kräfte komplett aufzehren? Natürlich nicht. Sondern das Problem war ein psychologisches. Der Kind-ins-Bett-bring-Agent ist ein anderer als der Bettbeziehagent. Dieser Agentenübergang war es, der eine enorme mentale Last ausgelöst hat.

Das passiert aber nur dann, wenn einem das Problem nicht bewusst ist. Kennt man das Phänomen, dann definiert man die Bettgehprozedur neu, nimmt das Wäschewechseln mit auf und reduziert damit das Problem auf das, was es ist: fünf Minuten lästige Arbeit. Oder man lässt das Kind Gespenst spielen, indem es in die umgedrehte Bettwäsche schlüpft und somit gleichzeitig ein Spiel und eine Unterrichtseinheit in Hausarbeit hinter sich bringt.

Hier ist noch ein Beispiel: Ein Student denkt mit Schrecken daran, dass er sich von einer Klausur abmelden muss. Die Frist endet irgendwann in diesen Tagen. Damit er es nicht vergisst, schreibt er es sich auf die To-do-Liste für morgen. Morgen öffnet er das Prüfungssystem der Uni und bemerkt, dass die Frist gestern war. Tja. Hätte er es gleich gemacht, wäre es kein Problem gewesen und hätte etwa gleich lange gedauert wie das Aufschreiben. Das Problem war nur der Wechsel des Agenten. Seinem Feierabendagenten fiel es leichter, das Vorhaben aufzuschreiben, als es zu erledigen, obwohl beides etwa gleich lange dauert.

Wieso nicht jetzt? Ich hatte einen Amazon-Kindle mit im Urlaub, der natürlich genau dann seinen Geist aufgegeben hat, als ich ihn am meisten brauchte. Mein erster Impuls war, die ganze Sache auf die Zeit nach meiner Rückkehr zu verschieben. Aber als gelernter Selbstüberlister stellte ich mir die einfache Frage: Wieso nicht jetzt? Da ich sowieso gerade im Sessel mit dem Handy als Kindle-Ersatz in der Hand saß, rief ich die Amazon-Seite auf und machte eine erstaunliche Entdeckung. Amazon gewährte ein ganzes Jahr Rückgabemöglichkeit auf dieses Modell. Da ich ihn vor meinem Urlaub im letzten Jahr gekauft hatte, endete diese Frist exakt einen Tag später. So hat Amazon den Kindle anstandslos zurückgenommen und mir das Geld erstattet.

Ist das, was ich gerade mache, wichtiger? Mit diesem einfachen Kriterium lässt sich »Wieso nicht jetzt?« entscheiden. Fragen Sie hier ausnahmsweise nicht nach der absoluten Dringlichkeit, sondern wirklich nach der Wichtigkeit des Gesamtprojekts, das Sie als Alternative erledigen wollen. Wenn Sie sowieso gerade etwas von nicht so hoher Wichtigkeit machen, dann können Sie es meist auch unterbrechen und das erledigen, was ansonsten immer im Hinterkopf nagt. Andernfalls nehmen Sie es als Ansporn, das Wichtige, das Sie gerade tun, entschlossen weiterzuführen (siehe Abschnitt »Dinge erledigen mit strukturierter Prokrastination« ab Seite 280).

Ist das, was ich gerade machen *will*, wichtiger? Das gleiche Kriterium gilt auch dann, wenn Sie den dringenden Wunsch haben, etwas anderes zu tun als das, was Sie gerade tun. Wenn es nicht wichtiger ist als das, was Sie gerade machen, dann ist es eine Ablenkung, die Ihr Agent ins Gespräch gebracht hat. Wenn Sie also gerade ein Forschungspapier schreiben, für das Sie später den Nobelpreis bekommen werden, dann unterbrechen Sie das nicht, um den Koffer eines Kollegen zum Flughafen zu bringen.

Stellen Sie Dinge fertig! Wenn Sie die Wahl haben zwischen einer Tätigkeit, mit der Sie ein neues Projektfass aufmachen, und einer, mit der Sie ein bereits geöffnetes Fass schließen können, dann entscheiden Sie sich immer für das Schließen. Wenn Sie einem Kunden eben am Telefon versprochen haben, bestimmte Unterlagen zu schicken, zugleich eine Mail mit einer anderen Anfrage hereinkommt und hinter Ihnen ein unausgepackter Karton mit Büromaterial steht, dann schicken Sie erst die versprochenen Unterlagen.

Das ist übrigens der Grund, weshalb ich Pomodoro in seiner Reinform für viele Berufe für zu starr halte. Wer sehr unterschiedliche Tätigkeiten ausführt und in einer Timebox (einem Pomodoro) nicht ganz fertig wird, muss danach einen Tod sterben: die Tätigkeit unfertig lassen oder im nächsten Pomodoro zwei Tätigkeiten mischen, was sowohl der Timeboxing-Idee widerspricht als auch von dem zuständigen Agenten gehasst wird, weil er umschalten muss. Bitte verstehen Sie mich hier nicht falsch: Die Pomodoro-Technik ist eine der besten Zeitmanagementtechniken, aber sie ist mir in ihrer Reinform zu starr. Deshalb: keine Angst, einen Pomodoro um einige Minuten zu verlängern, um eine Tätigkeit abzuschließen.

Das angesprochene Problem gibt es auch auf der Ebene von Projekten, nicht Tätigkeiten wie eben. Oft befindet sich ein Projekt in einer »Fast fertig«-Phase. Der aktuelle Agent hasst es, der Letzte zu sein. Erstens ist der Abschluss etwas anderes als die gewohnten Tätigkeiten zuvor; das verursacht eine mentale Last. Zweitens ist der Abschluss meistens etwas umfangreicher als die einzelnen Projektschritte zuvor; deshalb jubelt jeder Agent es gern seinem Nachfolger unter, indem er behauptet: »Ich werde ja sowieso nicht ganz fertig!« (Als ob das auf den Nachfolger nicht genauso zutreffen würde.) Drittens lastet jetzt die Verantwortung des gesamten Projekts gefühlt auf dem letzten Agenten, der den Sack zumacht. »Falls ich etwas übersehe, dann ist die ganze Arbeit meiner vielen Vorgänger umsonst gewesen. Besser noch mal drüber schlafen, sicher ist sicher.« Und ganz nebenbei hat dann ein Nachfolger das gleiche Problem, aber hey, sicher ist sicher.

Ich hatte einen Kollegen mit drei Doktortiteln (keine Ehrendoktorwürden, sondern es gingen in allen drei Fällen echte Studienabschlüsse und Dissertationen voraus), er war Autor etlicher Bücher, Vorsitzender der Anwaltskammer, praktizierender Anwalt und Teilzeitprofessor. Er hatte einen einfachen Trick: den Mut, Projekte abzuschließen.

Stellen Sie sich die einfache Frage: Kann ich mit meiner nächsten Tätigkeit ein Projekt abschließen? Vielleicht sogar ein längeres oder großes? Dann tun Sie es. Der Abschluss ist Kriterium genug, das Projekt jetzt zu priorisieren.

Bauen Sie keine Zeitschulden auf! Wenn Sie etwas husch, husch machen und den letzten Schritt weglassen, um jetzt schnell Zeit zu sparen, dann bauen Sie Ordnungsschulden auf, die meistens viel höher sind als das, was Sie sparen. Wenn Sie zum Beispiel in der Küche ein Obst auf einem Brettchen schneiden, dann müssen Sie das Brettchen danach irgendwann säubern. Machen Sie es sofort. Solange alles noch feucht ist, geht das in wenigen Sekunden. Lassen Sie es hingegen stehen, weil ja in diesem einen Moment alles so schrecklich eilig ist, dann trocknet es an und das Säubern dauert später sehr viel länger. Es sind gut angelegte Sekunden, das Brettchen schnell zu säubern.

Wieso verschieben wir das Säubern trotzdem so gern? Natürlich weil unser Küchenagent *zeitliche* Dringlichkeit als Kriterium genommen hat und sich nicht um seinen Kollegen kümmert, der später das angekrustete Holzbrettchen mühsam abschrubben muss (siehe Kapitel 16, »Schulden: zugleich besser und schlechter als ihr Ruf«, ab Seite 319).

Das Problem taucht auch bei größeren Projekten auf. Oft sind die letzten Schritte etwas schwieriger als die vorangegangenen Aktivitäten. Damit brauchen wir hier etwas Aktivierungsenergie. Aber der Gesamtnutzen kann enorm sein. Wenn Sie sich gerade mit einem Thema befasst haben, dann haben Sie alles Zugehörige im Kopf und Sie müssen es eigentlich nur noch aus dem Kopf heraus zum Beispiel auf Papier bekommen oder anderweitig umsetzen. Wenn Sie es nicht zeitnah machen, dann vergessen Sie wichtige Details und müssen sie sich später wieder mühsam erarbeiten.

Das Prinzip lässt sich verallgemeinern:

Zeitsparprojekte höher priorisieren! Sie finden in Zeitmanagementbüchern immer wieder die Geschichte des Holzfällers, der sich mit einer stumpfen Säge abmüht, weil er die Zeit fürs Sägeschärfen sparen wollte. Der Selbstüberlister erkennt hier natürlich sofort den Sachverhalt der Präkrastination. Der Sägeagent will endlich anfangen, deshalb ist die mentale Last des Umschaltens auf den Sägeschärfeagenten zu hoch.

Deshalb: Ziehen Sie Zeitsparprojekte vor. Wenn Sie sich ärgern, dass Ihnen irgendeine Anwendung eine neue Suchmaschine als Standardeinstellung untergejubelt hat, dann nehmen Sie sich die Zeit, das wieder zurückzustellen. Wenn Sie immer wieder den gleichen Handgriff machen, den aber durch Umstellen eines Ordners vereinfachen können, dann tun Sie es. Wenn Sie die Bedienung eines Programms besser erlernen oder eine Abkürzung finden können, dann tun Sie es. Jede Verbesserung von Workflow und Methodik spart in der Regel weit mehr Zeit, als man in die Verbesserung investieren muss. Nicht wenige PC-User kennen zum Beispiel Folgendes: Immer wieder stürzt ein wichtiges Programm bei der Arbeit ab. Zwar nicht täglich, aber vielleicht zwei- oder dreimal die Woche. Man »löst« das Problem mit einem Neustart und dem üblichen Hin und Her und macht dann mit seiner Arbeit weiter. Seit ein oder zwei Jahren geht das so, wir reden also von 50 oder mehr Stunden vergeudeter Zeit. Schließlich lässt sich ein Agent zur Deinstallation und Neuinstallation des Programms überreden, Zeitaufwand 30 Minuten. Ab dann, oh Wunder, funktioniert wieder alles.

Leider haben Zeitsparprojekte mitunter den Hang, ihrerseits auszuufern und deshalb keine Zeit mehr zu sparen, sondern Ablenkungen zu sein. Denken Sie hier wie bei einem Investitionsprojekt. Wenn sich die eingesetzte Zeit insgesamt auszahlt, dann unternehmen Sie das Zeitsparprojekt. Schieben Sie kurze Zeitsparprojekte irgendwann dazwischen, aber nur eines am Tag.

Werden diese Zeitsparprojekte länger, dann setzen Sie einen Agenten darauf an. Natürlich erst, nachdem Sie vom Direktorat haben prüfen lassen, ob das Projekt wirklich lohnend ist oder ob es sich um getarnte Prokrastination handelt (siehe Abschnitt »Eine kleine Schulung zwischendurch: Wie Sie Selbstbetrug erkennen« auf Seite 285).

Ein aktuelles Zeitsparprojekt für Sie: Markieren Sie in diesem Buch wichtige Stellen, und legen Sie es sich so in den Weg, dass Sie immer mal wieder reinsehen müssen. Andernfalls verpufft nicht nur diese schöne Liste mit Heuristiken, und das wäre ja schade.

Priorisieren Sie das hoch, was die größte Chance auf Erfolg hat! Manchmal stehen mehrere Projekte gleichzeitig auf der Kippe, und es wird klar, dass Sie nicht alles schaffen werden. Dann verzetteln Sie sich nicht, sondern konzentrieren die Kräfte auf das, was die höchsten Überlebenschancen hat. Hierzu gibt es noch eine ausführlichere Beschreibung unter dem Namen Triage (siehe Abschnitt »Wenn Ihnen das Wasser bis zum Hals steht: Triage« ab Seite 316).

Tun Sie das, was gerade am besten zur Tageszeit passt. Es gibt Leute, die können nicht gleich morgens mit einer kreativen Arbeit anfangen; andere hingegen können es nur am Morgen. Wenn Sie also wissen, dass Sie erst mal eine Mailsalve brauchen, um auf Betriebstemperatur zu kommen und um sich anzusehen, welcher Ihrer Kunden heute am lautesten schreit – aus Selbstüberlistungssicht ist das zulässig. Aber begrenzen Sie strikt die Zeit dafür, sonst nisten sich die Agenten in dieser Nische ein und schrumpfen auf Maillänge. Legen Sie dafür am besten einen Deadline-Sprint ein und sorgen Sie für ein definiertes Ende.

Wenn Sie wissen, dass Sie Ihre wertvolle Tageszeit nicht mit Buchungen auf digitale T-Konten verschwenden wollen, dann machen Sie sie meinetwegen in der Nacht (und wenn Sie gar nicht erst wissen, was das überhaupt ist, dann schätzen Sie sich glücklich). Oder wenn Sie nachts besser konzentriert arbeiten können, weil weniger kosmische Strahlung aktiv ist und außerdem niemand mehr anruft, dann machen Sie das so. Aber auch hier: Das darf kein Vorwand werden, den Tag zu vertrödeln. Wenn Sie ein Nachtarbeiter sind, dann legen Sie sich Qualitätsfreizeit auf den nächsten Tag.

Tun Sie das, worauf Sie gerade am meisten Lust haben. Vermutlich halten Sie mich jetzt für verrückt. Aber wenn Sie eine Nebenbedingung einhalten, dann ist diese Regel ein echter Booster für Agenten. Diese Nebenbedingung lautet: Es muss ein *wichtiges* Projekt sein, auf das Sie gerade Lust haben. Strukturierte Prokrastination macht sich dieses Prinzip zunutze, zumindest teilweise.

Vielleicht kennen Sie das: Sie müssen bis Ende der Woche einen Text geschrieben haben und ein kompliziertes Modell in Excel bauen. Beides ist ziemlich lästig, und für heute haben Sie sich den Text vorgenommen. Aber wie Sie da so sitzen, fließt einfach kein einziges Wort in die Tastatur; dafür kommen Ihnen schlagartig lauter gute Ideen für das Excel-Modell. Dann werfen Sie Ihre Planung über den Haufen, lassen die Formeln fließen und ignorieren den Text.

Bei einem Videospiel würden Sie es ja auch so machen. Es hat überhaupt keinen Sinn, Ihre eigene – zum großen Grad ja ohnehin willkürliche – Planung über das aktuelle Befinden eines Agenten zu stellen. Mehr dazu hatten wir schon bei der strukturierten Prokrastination (siehe Abschnitt »Dinge erledigen mit strukturierter Prokrastination« ab Seite 280).

Und jetzt sehen wir uns zwei wichtige Priorisierungstechniken etwas genauer an: die Eisenhower-Matrix und die Triage.

Eisenhower-Matrix: die missverstandene Methode

Ich habe zwei Typen von Problemen: die dringenden und die wichtigen. Die dringenden sind nie wichtig und die wichtigen sind nie dringend.[116]

Dwight D. Eisenhower, 34. Präsident der USA

Falls Sie die Eisenhower-Matrix schon kennen sollten (und die Wahrscheinlichkeit dafür ist groß), dann vergessen Sie jetzt bitte alles, was Sie darüber gehört haben. Denn erstens beruht das meiste auf einem Missverständnis und zweitens sind die daraus abgeleiteten Ratschläge entweder trivial oder unlogisch. Deshalb erzähle ich Ihnen hier nicht das, was ich für falsch halte, sondern springe gleich zu dem, was ich für richtig und wichtig halte.

Und da gibt es einiges, wie Sie gleich sehen werden.

Erinnern Sie sich bitte noch einmal an die zwei Projekttypen unseres Künstlers Beuygritte. Das eine Projekt ist groß, braucht viel Zeit und hat eine längere Frist; die anderen Projekte sind klein, brauchen wenig Zeit, haben kurze Fristen und kommen in größerer Anzahl.

Es liegt in der Natur eines wichtigen Projekts, eine längere Bearbeitungszeit zu benötigen. Deshalb liegt seine Deadline weit in der Zukunft. Viele wichtige Projekte haben sogar gar keine feste Deadline. Nehmen Sie als ein aktuelles Lebensprojekt einen Bachelorabschluss. Ob Sie ihn nun in zwei Jahren machen oder in vier, ändert an dem Wert des Projekts selbst nicht viel. Es mag diffuse Grenzen geben, weil 36-jährige Bachelorabsolventen auf dem Arbeitsmarkt weniger gefragt sind, aber diese Grenzen sind so weit entfernt und so schwer quantifizierbar, dass sie unseren Agenten komplett egal sind und sich selbst der Direktorin weitgehend entziehen.

Wenn Sie noch einmal in das Kapitel über die Wichtigkeit (»Was ist wichtig – im Leben und am Tag?« ab Seite 165) hineinsehen, dann wird Ihnen auffallen, dass praktisch alle Projekte auf der höchsten Stufe der Wichtigkeit keine klare Deadline haben. Wir haben daher nie das Gefühl, dass sie dringend seien, weder zeitlich dringend noch absolut dringend.

Natürlich sind die wichtigen Dinge auf ihre eigene Weise durchaus früh dringend. Als vollständig rationaler Spieler würden wir das Spiel unseres Lebens von hinten her lösen, indem wir einen Gedankengang dieses Typs anstoßen: Ich will am Ende meines Lebens etwas für die Einigung Europas getan haben; folglich muss ich deutscher Bundeskanzler werden. Um Bundeskanzler zu werden, muss ich Vorsitzender der CDU werden. Das gelingt nur, wenn ich vorher Ministerpräsident von Rheinland-Pfalz bin. Deshalb muss ich mich in der CDU hocharbeiten und als Abgeordneter im Landtag von Rheinland-Pfalz dienen und mich zum Fraktionsvorsitzenden wählen lassen. Dafür muss ich in der Jungen Union anfangen und zügig hochkommen. Damit das schnell geht, muss ich möglichst schnell promovieren, und damit das geht, muss ich vorher einen Uniabschluss haben, am besten in Geschichte und Politikwissenschaft. Dafür muss ich diese Seminararbeit über *Die politische Entwicklung in der Pfalz nach 1945* bestehen. Folglich ist dies zeitkritisch und absolut dringend, denn wie soll ich das sonst alles bis zu meiner Pensionierung schaffen?

Aber so denken die meisten von uns nicht. Wir denken allerhöchstens bis zum Uniabschluss, wahrscheinlich sogar nur bis zum nächsten Klausurtermin, und betrachten danach alles als eine Wolke diffuser Unendlichkeit. Ob wir den Abschluss jetzt ein bisschen weiter in diese Wolke hineinschieben, ändert ja (fast) nichts an dem Wert dieses Projekts Uniabschluss. Und schon schieben sich lauter Miniprojektchen mit einem Anflug von zeitlicher Dringlichkeit vor die wirklich wichtigen. Wieso das so ist, haben wir im Kapitel zuvor gesehen.

Auf diesen Zusammenhang hat der amerikanische Präsident Eisenhower als eine Randnotiz in einer seiner Reden hingewiesen. Er hat *nicht* gesagt, wichtig und dringend seien zwei unabhängige Dimensionen. Stattdessen hat er gesagt, die beiden seien sehr wohl voneinander abhängig, und zwar negativ abhängig. Es gilt das eine *oder* das andere, aber nicht beides auf einmal. Auch wenn diese Behauptung etwas vereinfacht, ist es eine wichtige Erkenntnis.

Aber im Laufe der Jahre hat sich die Idee von *wichtig* und *dringend* als unabhängige Dimensionen verselbständigt und die Auguren haben sich gefragt, was man wohl mit den vier entstehenden Kombinationen der beiden Dimensionen Schönes machen könnte. Dann haben sie alle möglichen abstrusen Interpretationen dafür geliefert. Es gibt ganze Bücher darüber, dass man sich auf den »Quadranten oben rechts« konzentrieren solle (das sind die Projekte, die sowohl wichtig als auch dringend sind). Der Ratschlag ist ebenso richtig wie trivial. Denn erstens weiß man das selbst und zweitens gibt es das eben nicht – weil wir den kritischen Projektpfad bis zu unserem Tod nicht überblicken und deshalb die Dringlichkeit der wichtigen Tätigkeiten nicht erkennen. Deshalb wirken die wichtigen Projekte »nie« dringend.

Praktisch alles, was über die sogenannte Eisenhower-Matrix geschrieben wurde, ist irgendwo zwischen unbrauchbar und unlogisch angesiedelt. Und zwar deshalb, weil das Bonmot, das Eisenhower erwähnt hat, etwas ganz anderes ausdrückt. Was er wirklich ausdrücken wollte: Weil wichtige Projekte »nie« dringend sind, dürfen wir uns nicht durch die Dringlichkeit der unwichtigen Projekte ablenken lassen (in gewisser Weise ist das ein Argument, das Sie schon aus dem Bonuskapitel ab Seite 259 kennen, wenn Sie es nicht vor sich hergeschoben haben). Richtig müsste die Eisenhower-Matrix deshalb so aussehen:

	Zeitlich nicht dringend	**Zeitlich dringend**
Wichtig	**Bewusst Zeit dafür nehmen**	Gibt es nicht
Unwichtig	Gibt es wahrscheinlich, interessiert aber niemanden	**Bewusst die Zeit dafür begrenzen**

Was Eisenhower wirklich meinte.

Wir Selbstüberlister verstehen diesen Zusammenhang natürlich sofort. Denn wir wissen ja, dass zeitliche Dringlichkeit einen unwiderstehlichen Reiz auf unsere Agenten ausübt, völlig unabhängig davon, wie wichtig das Projekt eigentlich ist.

Der Job unserer Direktorin besteht deshalb darin, die Agenten so zu überlisten, dass sie die wichtigen Projekte auch als dringlich erkennen und die unwichtigen nicht damit verwechseln. Wir wissen allerdings auch, dass die Einteilung in zwei Stufen der Wichtigkeit unterkomplex ist, und verwenden stattdessen die drei Stufen, die wir uns zuvor überlegt haben (im Kapitel 8, »Was ist wichtig – im Leben und am Tag?«, ab Seite 165). Damit entsteht die folgende Selbstüberlistungsmatrix:

	Aufzuwendende Zeit	**Zeitlich nicht dringend**	**Zeitlich dringend**
Lebensprojekte	Bewusst Zeit dafür nehmen	**Agenten überlisten,** damit sie es trotzdem machen	Direktorin und Agenten sind sich einig: **machen!** Gibt es aber fast nicht[117]
Alltagswichtige Projekte	Bewusst die Zeit dafür begrenzen	Für **strukturierte Prokrastination** verwenden[118]	In die Arbeit an den wichtigen Dingen **einstreuen**
Unwichtige Projekte	Gar keine Zeit dafür verschwenden	**Aktiv löschen,** bevor ein Agent auf dumme Gedanken kommt	**Agenten überlisten,** damit sie nicht in die Falle tappen

Die Eisenhower-Matrix wird zur Selbstüberlistungsmatrix.

Die erweiterte Eisenhower-Matrix benennt uns somit klare Fälle, an welchen Stellen wir unsere Agenten überlisten müssen, damit sie nicht fehlgeleitet werden. Das sind wichtige Ansatzpunkte für unsere Spielmechanik. Beachten Sie bitte, dass dort *überlisten* steht. Dort steht nicht *Vorschriften machen.* Wenn eine furienartige Direktorin ihre Agenten anschreit, jetzt endlich mal die Mindestzeit an den wichtigen Projekten zu verbringen, dann wird sie eher das Gegenteil bewirken und die Agenten in die Arme von Onlineversuchungen treiben. Stattdessen muss sie mit paradoxen Methoden arbeiten, zum Beispiel mit der aktiven Zeit*begrenzung* für die wichtigen Projekte (erinnern Sie sich an den Deadline-Sprint im Kapitel 4, »Im produktiven Panikmodus: der Deadline-Sprint«, ab Seite 83 und seine Verallgemeinerung, den »kleinen Tod«, im Abschnitt »Der letzte Tag des Lebens ist überbewertet« ab Seite 141).

Ich möchte Sie an dieser Stelle ausdrücklich warnen. Die Eisenhower-Matrix ist *keine* Methode, um tägliche Arbeiten oder Aktivitäten zu priorisieren. Stattdessen sagt sie uns, wie wir unser Lebensspiel gestalten sollten, damit die Priorisierung auf der nachgelagerten Stufe gut funktioniert und die Agenten das tun, was sie tun sollen – nämlich die Lebensprojekte umsetzen.

Demgegenüber steht die Methode, die wir uns jetzt ansehen; sie dient der Priorisierung von Aktivitäten bei einem Ansturm auf uns.

Wenn Ihnen das Wasser bis zum Hals steht: Triage

Stelle den Wecker aus.
Drücke nicht auf die Schlummertaste.
Bewege dich aus dem Bett.
Gehe ins Bad.
Gehe nicht zurück ins Bett.
Gehe runter.
Mache Kaffee.

Der Anfang der To-do-Liste von John Perry[119]

Der Begriff *Triage* (vom französischen *triage*, vorsortieren, sichten) war im Deutschen früher nur in Fachkreisen bekannt, hat aber in der Coronazeit allgemeine Verbreitung erfahren. Das Konzept hat einen etwas makabren Hintergrund: Es ist eine Methode zum Vorsortieren von Verwundeten oder Erkrankten nach einer Katastrophe oder im Kriegsfall, wenn mehr Patienten gleichzeitig behandelt werden müssen, als Behandlungskapazitäten vorhanden sind. Es ist von vornherein klar, dass nicht alle Fälle optimal behandelt werden können. Ziel ist es aber, die begrenzten Kapazitäten möglichst effektiv einzusetzen, um so viele Menschenleben zu retten wie möglich. Um das zu erreichen, muss von der normalen Reihenfolge »First come, first served« abgewichen werden.

Das Prinzip der Triage wird gelegentlich auf die Projektplanung übertragen, aber oft falsch verstanden. Es sieht so aus, als würde man mit dieser Methode rigoros aussortieren. Dabei ist das Gegenteil der Fall: Die Absicht ist, möglichst viele Leben zu retten oder – übertragen auf das Projektmanagement – möglichst viele Projekte am Leben zu halten.

Das geschieht dadurch, dass die hereinkommenden Fälle in unterschiedliche Klassen eingeteilt werden und die Behandlungsreihenfolge der Klassen bestimmt wird. In der Medizin sind zum Beispiel folgende Klassen üblich, die man aber trotz ihrer Gruseligkeit leicht in die Sprache der Projekte übersetzen kann:

1. Akute Lebensgefahr, kann aber noch gerettet werden: sofort behandeln!
2. Gefährdet, aber keine unmittelbare Lebensgefahr: in den Warteraum.
3. Leichtere Verletzung: Pflaster mitgeben und wegschicken; erst behandeln, wenn die akute Notlage beendet ist.
4. Patient ist bereits gestorben oder nicht mehr zu retten: nicht mehr behandeln! Falls notwendig: Schmerzlinderung.

Innerhalb der Gruppen 2 und 3: kurze Behandlungsdauer vorziehen!

Ausgesondert wird also nur die Klasse 4, und zwar nicht, weil sie nicht wichtig wäre, sondern weil sie nicht mehr zu retten ist und man keine wertvolle Kapazität damit binden will, mit der man an anderer Stelle retten könnte.

Wenn Sie sich die Liste ansehen, dann werden Sie feststellen, dass es sich hier exakt um eine Klassifizierung nach absoluter Dringlichkeit handelt: »Wie groß ist der Schaden, wenn ich die Behandlung aufschiebe?« Dies genau ist die Definition von absoluter Dringlichkeit.

Die Einteilung in Klassen bedeutet, dass keine strikte Reihenfolge erzwungen, sondern dass eine schwache Reihenfolge gebildet wird. Das liegt daran, dass in einem Lazarett mehrere Personen parallel arbeiten. Triage in ihrer Reinform ist daher nur dann sinnvoll, wenn Sie zum Beispiel Arbeiten an ein Team vergeben können. Andernfalls reicht die Einteilung in die verschiedenen Klassen noch nicht aus, weil sie ja immer nur eine Aufgabe gleichzeitig erledigen können. Aber immerhin haben Sie sie schon einmal vorsortiert und können dann innerhalb der Klasse des Abarbeitens weitere Regeln vorgeben.

Da in der Medizin alle »Projekte« (Menschenleben) gleich wichtig sind, ist dort eine Regel sinnvoll wie »Kurze Bearbeitungszeiten zuerst«. Sie maximieren damit die Zahl der Aufgaben, die frühzeitig abgearbeitet werden, und verhindern gegebenenfalls, dass weitere Patienten in einen so kritischen Zustand übergehen, dass sie nicht mehr gerettet werden können.

Bei unseren Projekten gibt es aber sehr wohl Unterschiede in der Wichtigkeit. Deshalb eignet sich bei uns eher die Regel »Wichtige Projekte zuerst«. Erst innerhalb dieser Gruppe können wir die kurz laufenden vorziehen.

Wozu kann man die Triage einsetzen?

Bitte beachten Sie: Triage geht davon aus, dass eine viel zu große Zahl an Aufgaben auf Sie hereinprasselt. Sie ist deshalb rein reaktiv und nicht proaktiv. Sie ist nicht dafür geeignet, zwischen sinnvollen Projekten auszuwählen.

- Sie ist dafür da, in einer akuten Situation der Überlastung den Kopf über Wasser zu behalten.
- Sie ist nicht dafür da, zum Dauerzustand zu werden.
- Sie ist auch nicht dazu da, lohnende Projekte auszuwählen.

Sie ist lediglich dazu da, die akut anfallenden Aufgaben bestehender und sinnvoll ausgewählter Projekte abzuarbeiten, mit dem Ziel, möglichst viele dieser Projekte am Leben zu erhalten.

Wenn Sie wissen wollen, wieso Sie immer wieder in Triagesituationen kommen werden, dann lesen Sie weiter. Denn vielfach liegt es an unserem Hang, Schulden zu machen, ohne es zu bemerken.

KAPITEL 16

Schulden: zugleich besser und schlechter als ihr Ruf

Schulden sind … der Katzenjammer längst vergangener Genüsse.

Georg Weerth

Lassen Sie uns kurz über Schulden sprechen. Schulden bedeuten im Allgemeinen, dass jemand für Sie in Vorleistung geht: Sie konsumieren heute das, was jemand anderes ermöglicht hat; morgen müssen Sie ihm dafür etwas anderes ermöglichen, meistens etwas mehr, als Sie vorher bekommen haben. Die Differenz nennt sich Zins.

Ein Beispiel: Anton hilft Berta beim Umzug. Damit hat nach gängiger Konvention Berta bei Anton eine Schuld. Die begleicht sie später, indem sie ihm bei der Matheklausur hilft oder ihn zum Essen einlädt. Oder Bertas Auto muss in die Werkstatt, sie hat aber gerade kein Geld dafür. Allerdings nimmt sie in zwei Monaten einen neuen Job an, der gut bezahlt ist. Dann leiht sie sich das Geld zwischenzeitlich von der Bank oder von Anton und zahlt es in Kürze zurück. Das ist der Normalfall, den wir als Schulden kennen.

Die Gemeinsamkeit der Situationen besteht darin, dass es einen kurzfristigen Engpass gibt und dieser durch fremde Hilfe ausgeglichen wird. Deshalb sind in beiden Fällen Schulden hochgradig sinnvoll; sie sind eine Methode, einen plötzlich auftretenden Bedarf über die Zeit zu strecken. Berta hat in beiden Beispielen grundsätzlich genug Mittel, um die Probleme zu lösen. Aber sie könnte ihre Probleme nicht *sofort* lösen. Um sie *sofort* zu lösen, ist sie bereit, in Zukunft etwas mehr zurückzuzahlen, als sie in der akuten Mangellage bekommen hat. Sie wird in der Zukunft also auf etwas verzichten müssen, um die Schulden abzubauen. Das ist allerdings kein Problem, weil sie ja dann keine akuten Probleme mehr hat und das, was sie normalerweise sparen würde, um einen Puffer aufzubauen, verwenden kann, um den negativen Puffer namens Schulden zurückzuzahlen.

Der Zins drückt in einer solchen Situation unsere *Gegenwartspräferenz* aus, also wie wir heutige und zukünftige Vor- oder Nachteile gegeneinander abwägen. Wenn wir eine hohe Gegenwartspräferenz haben, dann entspricht dies einem hohen Zins: Wir sind dann bereit, in der Zukunft einen großen Nachteil in Kauf zu nehmen, um dafür etwas Positives in der Gegenwart zu genießen. Wir sprechen in der Spieltheorie davon, dass wir die Zukunft auf die Gegenwart *abzinsen* (oder ein anderes Wort für die gleiche Sache: *diskontieren*). Der Zins ist hierin nicht das, was wir auf der Bank an Zinsen bezahlen müssen, sondern er ist eine Maßzahl für unsere Gegenwartspräferenz.

Sie erinnern sich sicherlich, dass wir in einem früheren Kapitel schon einmal über die Zeitpräferenz gesprochen haben (Abschnitt »Inkonsistente Zeitpräferenz: Wann unsere Gier die eigene Zukunft auffrisst« ab Seite 46) und dabei auf ein erstaunliches Phänomen gestoßen sind: die inkonsistente Zeitpräferenz. Im Direktorinnenmodus nehmen wir eine durchaus sinnvolle Abwägung zwischen Zukunft und Gegenwart vor. Aber wenn ein Agent den Staffelstab an einen anderen weitergeben muss, dann kommt es an dieser Bruchstelle mitunter zu irrwitzigen Gegenwartspräferenzen. In dem Kapitel über die inkonsistente Zeitpräferenz hatten wir ein einfaches Beispiel, in dem ein Jahreszins von 3678 Prozent entstanden ist. Dies ist der Zinssatz, mit dem ein Agent die Auszahlungen seiner Nachfolger abzinst, um sie mit seinen eigenen Auszahlungen zu vergleichen.

Nun sprechen wir hier über Schulden – und können somit den Zinssatz als denjenigen Zins interpretieren, zu dem ein Agent bereit ist, Schulden aufzunehmen, wenn sie nicht von ihm selbst, sondern von seinen Nachfolgern zurückgezahlt werden müssen.

Das ist der Agent, der den 16K-Plasmabildschirm in der Zwei-Meter-Ausführung als Spontankauf tätigt, weil er ja mit Kreditkarte bezahlen kann; oder der das Geld der Großeltern für die Ausbildung in einen schicken Sportwagen umwandelt, anstatt es über die Studienzeit zu verteilen. Die Direktorin ringt die Hände, aber der eine Agent hält das für völlig in Ordnung. Leider ist das der, der gerade das Sagen hat.

Die Prinzipien hinter diesen Phänomenen betreffen nicht nur Geld, sondern auch unser Verhalten im Alltag. Das sehen wir uns jetzt an.

Zeitliche Schulden: Kredit bei Ihrem zukünftigen Ich

Technische Schulden bezeichnen die Folgen, die absichtliche oder unabsichtliche Nachlässigkeiten, Fehler und Schwächen … nach sich ziehen. Spätere Korrekturen … sorgen für kostspieligen Mehraufwand.

Ionos.de, bezugnehmend auf Ward Cunningham[120]

Wir kennen Schulden als einen Vorgang zwischen verschiedenen Personen. Tatsächlich können wir aber auch Schulden innerhalb einer Person aufbauen; wir können also bei uns selbst Schulden machen, genauer gesagt, bei unserem zukünftigen Ich. In der Computerbranche nennt man das *technische Schulden*, bei uns sind es *zeitliche Schulden*. Das sieht so aus:

Weil wir es gerade fürchterlich eilig haben, reißen wir den Schal und die Handschuhe aus dem Schrank, sodass der gesamte Stapel Wintersachen herausfällt und die Schranktür verkeilt ist. Das aber lassen wir alles liegen, weil wir in unserer akuten Zeitnot keine Zeit dafür haben, es wieder wegzuräumen. Wir erreichen im letzten Moment noch die S-Bahn, haben aber zeitliche Schulden aufgebaut.

Der Plan ist, am Abend aufzuräumen, nach der Arbeit. Wenn wir das tun, werden wir allerdings Zinsen bezahlen müssen, denn die Arbeit ist am Abend nicht mehr genauso viel wie in dem Moment, in dem wir uns noch ganz genau erinnerten, wie alles lag, und in dem noch ein Teil des Stapels in halb geordnetem Zustand auf unserem Knie balancierte. Am Abend dauert der gleiche Aufräumvorgang etwas länger.

Es gibt nicht nur Zins, sondern auch Zinseszins. Angenommen, der herausgefallene Stapel wird auch am Abend nicht beseitigt. Dann finden wir den Schal am nächsten Tag noch schlechter und richten als Folge davon noch mehr Chaos an. Weil die Schranktür verkeilt ist, geht die Tür daneben nun auch nicht mehr auf, sodass auch dort Dinge nicht an den richtigen Ort gelegt werden können. Die Schuld steigt mit jedem Tag ganz von allein immer weiter an, und zwar in zunehmender Geschwindigkeit.

Zeitliche Schulden kommen in vielen Varianten.

Viele Aufgaben werden schwieriger, wenn wir sie verschieben. Mit der Zeit wird es schwieriger, Dokumente zu finden; wir haben Details nicht mehr im Kopf und müssen sie langwierig nachrecherchieren; Nachfragen werden schwieriger möglich, weil wir die Leute nicht mehr erreichen oder nicht zugeben wollen, dass wir noch gar nicht mit der Arbeit angefangen haben. Zwei Tage vor Abgabe eines Dreimonatsprojekts kommt die Frage »Wie war doch gleich das Passwort für die Datei mit der Aufgabenstellung?« nicht so gut. Oder die Neuanforderung der Unterlagen, die der Geschäftspartner auf WeTransfer eingestellt hat, die jetzt aber nicht mehr abrufbar sind.

Viele Probleme werden größer, wenn wir sie ignorieren. In dem Roman *Debt of Honor* von Tom Clancy bemerkt ein japanischer Arbeiter einen möglichen Fehler an einer Serie von Benzintanks für Autos, ignoriert ihn aber. Als Folge davon gibt es einen spektakulären Unfall, der so aufgebauscht wird, dass sich ein Wirtschaftskrieg zwischen den USA und Japan zu einem heißen Krieg mit Kampfhandlungen ausweitet. Die meisten kleinen Fehler führen nicht gleich zu einer militärischen Auseinandersetzung zwischen Nationen, aber dass ein Fehler schnell um Größenordnungen wächst, wenn man ihn ignoriert, ist der Regelfall. Wenn Sie beim ersten Klappern in die Werkstatt fahren, ist es vielleicht eine einzelne Schraube. Ein paar Tage später hat sich schon die ganze Baugruppe gelöst. Noch etwas später nimmt das ganze Auto ernsthaft Schaden, fährt aber noch. Und noch etwas später rasen Sie in einen Tanklaster, weil es bei voller Fahrt zu einem Totalausfall kommt. Von Stufe zu Stufe des Ignorierens wird der Schaden um eine

Zehnerpotenz höher. Aber Ihre Agenten ignorieren ihn mitunter trotzdem, weil sie diese exorbitante Gegenwartspräferenz aufweisen.

Zeitliche Schulden haben, wie finanzielle Schulden auch, darüber hinaus einen gefährlichen Hang, unser eigenes Verhalten negativ zu beeinflussen, weil sie Probleme überdecken. Nehmen Sie Petra Pfennigarm, die gerade knapp bei Kasse ist, aber eine Reparatur bezahlen muss. Hierfür einen Kredit aufzunehmen, ist sinnvoll, denn wieso sollte sie monatelang auf ihr Auto verzichten, nur weil sie erst in zwei Monaten wieder genug Geld hat? Es ist ein kurzzeitiges Liquiditätsproblem. Aber stellen Sie sich vor, Petra lernt jetzt, dass sie mehr Geld ausgeben kann, als sie hat. Deshalb least sie ein schickes neues Auto, statt das alte zu reparieren. Das kann sie tun, weil die Leasingraten niedrig genug sind. Aber sie gibt jetzt mehr Geld für ihr Auto aus als vorher. Während Fall 1 ein Ausgleich zwischen zwei Zeitpunkten war, hat sie sich im Fall 2 eine dauerhafte Änderung ihres Konsumniveaus eingekauft.

Wenn sie nicht aufpasst, dann hört sie den Schuss nicht und redet sich immer weiter ein, Schulden seien eine tolle Sache. Denn gemeinerweise lebt sie ja jetzt wirklich besser. Aber der Spielraum für die Zukunft geht immer weiter zurück und ihre zukünftigen Agenten werden immer mehr zu Gefangenen ihrer Vorgänger, die in Saus und Braus gelebt haben.

Selbst wenn wir unsere Agenten inzwischen so geschult haben sollten, dass sie auf ihre Nachfolger achten und nicht ständig alle Marshmallows wegessen, kann es passieren, dass die Möglichkeit für Schulden die Situation so überdeckt, dass sie rückfällig werden, einfach weil sie die Situation nicht richtig deuten. Schulden lösen den direkten Zusammenhang zwischen Konsum und Zahlungen voneinander, sodass es einige Zeit lang so wirkt, als könne man ungestraft über die eigenen Verhältnisse leben. Dabei gehen in Wahrheit die Kosten für den Konsum sogar hoch, sind im Moment der Entscheidung aber weniger sichtbar.

Es ist übrigens das Gleiche wie bei der Nachhaltigkeit. Wenn Sie nicht nachhaltig wirtschaften, dann konsumieren Sie in der Gegenwart zulasten der Zukunft. Leider oft, ohne es zu merken. Oder Sie bemerken es erst dann, wenn es schon zu spät ist.

Bevor wir weitermachen, lassen Sie mich einige wichtige Punkte zusammenfassen:

- Bei Schulden zahlen wir mehr zurück, als wir aufgenommen haben.
- Eine Schuld, die wir ignorieren, wird von ganz allein immer größer.
- Schulden können verdecken, dass wir über unsere Verhältnisse leben.

Selbstüberlistung muss an all diesen Punkten ansetzen. Aber wenn Sie jetzt glauben, Sie könnten auf zeitliche Schulden ganz verzichten, dann muss ich Sie enttäuschen. Denn es gibt noch ein weiteres Prinzip bei Schulden:

- Schulden sind sinnvoll, wenn sie einen zeitlichen Ausgleich schaffen zwischen einem akuten Engpass und entspannten Phasen.

Es gibt eine einfache Faustregel:

> **Durch Schulden können Sie sich einen Wunsch *früher* erfüllen als ohne Schulden; aber Sie können sich dadurch keine *größeren* Wünsche erfüllen.**
> **(Ganz im Gegenteil: Die Wunscherfüllung muss kleiner werden, weil Sie sie vorgezogen haben und dafür Zinsen zahlen müssen.)**

Bei finanziellen Aufgaben kann man in vielen Fällen auf Schulden verzichten, weil man einen positiven Puffer aufbauen kann. Aber bei der Zeit geht das nicht. Sie können zwar den Einzelfall zeitlich großzügig planen, aber wenn das Projekt vorbei ist, können Sie die »gesparte« Zeit eben nicht für spätere Notfälle aufsparen oder ansparen und daher haben Sie nie einen Puffer auf Vorrat. Deshalb werden Sie immer wieder in Engpasssituationen kommen, die Sie ausgleichen müssen.

Die Hintergründe dazu sehen wir uns jetzt an.

Wieso Sie immer einen Berg Arbeit vor sich haben

95 Prozent der Kunden innerhalb einer Wartezeit von zehn Minuten … bedienen

Erklärtes (aber noch lange nicht erreichtes) Ziel im Jahr 2009 von Jürgen Büchy, Vertriebschef des Bahnpersonenverkehrs.[121] Der erreichte Wert dürfte damals bei etwa 80 Prozent gelegen haben.

Ist Ihnen schon einmal aufgefallen, dass Sie fast überall, wo etwas abgearbeitet wird, in Warteschlangen landen? Wenn Sie ein Callcenter anrufen: Warteschlange. (»Sie sind uns wichtig! Warten Sie nur noch 43 Minuten, bevor wir Sie mit jemandem in Indien verbinden, der Ihnen auch nicht mehr sagen kann, als Sie sowieso schon wissen.«) Wenn Sie an der Supermarktkasse bezahlen wollen: Warteschlange. An der Ampel: Warteschlange. Auf Ihrem Schreibtisch: Warteschlange.

Ständig eine riesige Bugwelle unerledigter Arbeit vor uns zu haben, ist ein misslicher Zustand. Die gängige Lehre sagt deshalb, dass Sie es gar nicht erst so weit kommen lassen sollen, indem Sie alles immer schön rechtzeitig vor der Frist erledigen. In diesem Abschnitt möchte ich Ihnen zeigen, warum das in den meisten Fällen schon theoretisch gar nicht möglich ist.

Dafür sehen wir uns ein spieltheoretisches Modell aus der Verkehrsplanung an, das uns zwei Dinge zeigt:

- Wieso Sie immer einen Berg Arbeit vor sich haben werden
- Dass es zwei unterschiedliche Gründe für das Entstehen des Bergs gibt und dass wir uns in große Schwierigkeiten bringen, wenn wir die beiden miteinander verwechseln

Dazu spielen wir wieder einmal ein kleines Spiel, nämlich *Traffic Panic*. Dort steuern wir eine Ampel an einer großen Kreuzung, die wir für unsere Straße manuell auf Grün schalten können. Solange sie auf Grün steht, fahren die Autos auf unserer Straße durch. Aber es gibt Querverkehr, der immer Vorrang hat. Schalten wir zu lange auf Grün, gibt es eine Kollision mit dem Querverkehr. Unser Ziel ist es, möglichst viele Fahrzeuge unbehelligt über die Kreuzung zu bringen. Wenn die Warteschlange vor unserer Ampel zu lang geworden ist, dann ist das Spiel zu Ende.

Stellen Sie sich jetzt bitte gleich als Transferleistung vor, die Fahrzeuge auf unserer Straße sind Aufgaben, die wir zu erledigen haben, und der Querverkehr ist das, was uns im Arbeitstag in die Quere kommt. Also Pflichtmeetings, dumme Ideen des Chefs, Bürokratie, auszubügelnde Fehler. Während der Zeit, in der wir die Ampel auf Grün stellen, arbeiten wir unsere Aufgaben ab.

Was passiert nun, wenn wir im Mittelwert exakt gleich viele Aufgaben abarbeiten wie neue dazukommen? Unsere Intuition sagt uns, dass wir in diesem Fall jeden Abend einen freien Schreibtisch haben sollten, weil wir alles abarbeiten konnten (sofern er am Anfang leer war – jedenfalls scheint er nicht voller werden zu können). Das ist aber nicht der Fall.

Beim Ampelspiel können wir wundervoll beobachten, woran das liegt. Der Ampelstau entsteht dadurch, dass manchmal sehr viele und manchmal gar keine Autos kommen – der Durchschnitt ist deshalb irreführend. Wenn die Zahlen zufällig schwanken, dann kommen nicht immer genau gleich viele Autos an, sondern gelegentlich auch einmal weniger als im Mittelwert. In einem solchen Fall kann es passieren, dass eine der wertvollen Grünphasen umsonst verstreicht und niemand mehr weiterfahren kann, weil keiner mehr da ist. Die Schlangenlänge ist dann null. Da die Zahl der ankommenden Autos aber um den Mittelwert schwankt, muss es auch irgendwann Ampelphasen geben, in denen mehr ankommen als in einer Phase weiterfahren können. Und schon entsteht die Schlange.

Die Schlange wächst umso schneller, je größer die Streuung um den Mittelwert ist. Diese Streuung entsteht an zwei Stellen: bei den ankommenden Autos und bei dem Verkehr, der uns in die Quere kommt.

Selbst wenn in dieser Situation pro Grünphase im Mittelwert exakt gleich viele Fahrzeuge abfließen wie neu dazukommen, bildet sich nicht nur eine Schlange, sondern sie hört auch nie auf, länger zu werden. Denn der zugrunde liegende Effekt wird zwar immer kleiner, je länger die Schlange schon ist, aber er bleibt bestehen. Die Warteschlange dient als Puffer, damit die Zeiten des Abarbeitens immer vollständig ausgenutzt werden können. Ohne die Schlange gibt es Phasen, in denen die Ampel nichts abarbeitet; sie entspricht einem Mitarbeiter, der herumsitzt und Däumchen dreht. Man nennt das *Überkapazität.*

Sie können sich jetzt zwischen zwei Möglichkeiten entscheiden:

- Entweder Sie haben fast immer eine Warteschlange unerledigter Aufgaben vor sich
- Oder Sie sitzen oft herum und tun nichts

Weil ein Unternehmen die eigenen Mitarbeiter voll auslasten will, entscheiden sie sich fast immer für Möglichkeit 1. Nur bei Behörden ist es manchmal anders, und dann ist es uns auch wieder nicht recht, dass dort oft Kuchen gegessen wird.

Für Ihre Zeitplanung hat das eine einfache Konsequenz:

> **Wenn Sie planen, alles genau zu schaffen, dann werden Sie es nicht schaffen.**

Die Planungsfalle des freien Terminkalenders

Wenn Sie clever sind, dann berücksichtigen Sie den Merksatz von eben in Ihrer Tagesplanung und planen alles mit ganz viel Reserven. Allerdings werden Sie bald eine weitere unangenehme Entdeckung machen. Unter realistischen Bedingungen entsteht trotzdem immer wieder ein Stau. Auch diesen Effekt können Sie bei Ampeln und bei unserem Spiel *Traffic Panic* beobachten.

Es liegt daran, dass es nicht nur kurzfristige Schwankungen um einen Mittelwert gibt, sondern auch längerfristige Schwankungen des Mittelwerts selbst. Mit anderen Worten: Tageszeiten, zu denen auch im Mittelwert sehr viel mehr Autos ankommen als zu anderen (die in Statistik Gebildeten kennen das unter dem Begriff *Saisonstruktur*). Deshalb kommt die Ampel in Stoßzeiten nicht mehr hinterher und muss dann den Stau in verkehrsärmeren Zeiten wieder abbauen. Sie kennen das von praktisch jeder Kantine dieser Welt, dass dort zwar nach einiger Zeit jeder Kantinenbesucher mehr oder weniger freudig mit einem Tablett in der Hand abfließt, aber vorher in einer Schlange warten muss. Dies ist weniger erstaunlich als bei den Warteschlangen ohne Rushhour, denn wir verstehen auch intuitiv sofort, dass es eben Stoßzeiten gibt, in denen nicht jeder gleichzeitig drankommen kann.

Und genau an dieser Stelle laufen wir gedanklich in die Irre, wenn es um unsere eigene Arbeitsbelastung geht. Weil wir die Sache mit den Stoßzeiten so gut verstehen, halten wir dies leider fast immer für die gültige Erklärung und denken, dass wir uns in einer arbeitstechnischen Rushhour befinden, die in Kürze schon vorüber sein wird, und wir dann den Berg abarbeiten können. Wir verstehen intuitiv nicht, dass die Bugwelle unerledigter Arbeiten selbst dann entsteht, wenn wir nicht in einer Rushhour sind, und schließen aus dem Arbeitsberg auf unserem Schreibtisch, dass dies wohl gerade eine vorübergehende Stoßzeit sein muss.

Schon nimmt das Schicksal seinen Lauf. Denn wenn nun neue Aufgaben an uns herangetragen werden, dann antworten wir voller Zuversicht: »Tut mir leid, ich habe im Moment sehr viel zu tun. Aber in – hm – zwei Monaten sieht es gut aus. Planen wir das doch für diese Zeit ein!«

Der Gedanke ist natürlich, dass die (vermeintliche) Stoßzeit bis dahin vorbei ist und wir vor einem leeren, aufgeräumten Schreibtisch sitzen, an dem wir die neue Aufgabe entspannt bearbeiten können. Gestärkt wird diese Zuversicht durch einen Blick in unseren erfreulich leeren Terminkalender in zwei Monaten. Dort erwartet uns die Glückseligkeit der freien Zeit!

Leider liegt der freie Kalender in zwei Monaten lediglich daran, dass die Bugwelle noch nicht dorthin reicht. Aber wenn wir angekommen sein werden, dann ist auch die Welle angekommen, und ziemlich sicher ist sie bis dahin weiter gewachsen. Dafür haben wir ja soeben durch unsere Zusage gesorgt.

Wir haben zeitliche Schulden aufgenommen, indem wir unsere zukünftige Zeit jemandem zugesagt haben. Verführt wurden wir durch die fehlerhafte Annahme, dass wir bis dahin reicher an Zeit sein würden als jetzt.

Natürlich passiert dieser Fehler nicht nur bei zeitlichen, sondern auch bei finanziellen Schulden.

Wir sind mit dieser Form der Zukunftsverzerrung nicht allein. Fast alle Staaten der Welt nehmen ständig mehr Schulden auf, als sie realistischerweise jemals werden zurückzahlen können. Die Rechtfertigung ist dort die gleiche wie bei uns: In der Zukunft sind wir reicher, deshalb wird das Zurückzahlen der Schulden kein Problem sein. Leider geht das nur so lange gut, bis man alte Schulden nicht mehr durch neue Schulden verdecken kann. Dann muss man die Hosen herunterlassen und zugeben, dass die versprochenen Leistungen nicht erbracht werden können. Richard Heinberg sagt das so:

> *Schulden, die in 49 der vergangenen 50 Jahre schneller gewachsen sind als unsere wirtschaftliche Leistungsfähigkeit …; Schulden, die niemals zurückgezahlt werden können; Schulden, die Ansprüche auf Mengen von Arbeit und anderen Ressourcen sind, die schlichtweg nicht existieren.*[122]

Das wird auch uns passieren, wenn wir dieser Planungsfalle unterliegen. Wir werden durch Klausuren durchfallen. Wir werden vermurkste Kunstwerke abgeben und von Fehlern strotzende Buchmanuskripte (wieso fällt mir gerade das ein?). Vielleicht werden wir im Krankenhaus landen und erreichen damit einen Schuldenschnitt, indem wir Projekte ganz absagen oder anderen unterschieben.

Um den Bankrott zu vermeiden, müssen wir die einfache Regel der Nachhaltigkeit lernen:

> **Wir können nicht dauerhaft mehr dazunehmen, als wir abarbeiten können.**
> **Durch Schulden – zeitliche oder finanzielle – merken wir oft nicht, wie viel wir uns schon aufgebürdet haben.**

Wenn Sie hoffen, dass dies schon das Ende der schlechten Nachrichten beim Thema Schulden war, dann muss ich Sie enttäuschen. Denn bei zeitlichen Schulden kann noch ein sozialer Aspekt hinzukommen, wenn Sie Ihre Zeit oder Aufmerksamkeit anderen Personen versprochen haben. Das kann Schutzmechanismen außer Kraft setzen, mit denen unser Agent wenigstens fünf vor zwölf den Hintern hochbekommt und mit sinnvollen Arbeiten beginnt.

Der Schuldzyklus

Vom Dulden zum Verschulden führt nur ein kurzer Weg.

Erich Limpach

Normalerweise wirkt eine Deadline Wunder auf die Agenten, indem sie die unmittelbaren Kosten so stark erhöht, dass auch der gerade aktive Agent nicht mehr einfach wegsehen kann, sondern mit der Arbeit anfängt und sich dann sogar – Wunder über Wunder – konzentrieren kann. Wir haben das im Kapitel über die Dringlichkeit gesehen (ab Seite 259). Wenn wir unseren Agenten beibringen, sich nach der absoluten Dringlichkeit zu richten, dann machen sie auf der taktischen Ebene alles richtig.

Manchmal aber läuft etwas schief. Besonders wenn eine soziale Komponente dabei ist, kann es eine Rückkopplung geben, die die schöne Wirkung der Deadline zunichtemacht oder sogar in ihr Gegenteil verkehrt. Oft reicht aber auch schon ein angewachsener Berg zeitlicher Schulden. Das läuft so ab:

1. Eigentlich müssten Sie einem Anbieter absagen, der sich viel Mühe gegeben hat, ein Angebot für Sie zu erstellen. Sie haben sich trotzdem für einen anderen entschieden. Es wäre also ein etwas lästiges Telefonat fällig (für Drückeberger reicht auch eine Mail), in dem Sie die etwas schlechte Nachricht überbringen. Keine große Sache, aber ein bisschen unangenehm.
2. Der aktive Agent vermeidet diesen Anruf lieber und gibt den Schwarzen Peter an seinen Nachfolger weiter. Bisher ein normaler Vorgang.
3. Während aber normalerweise die Aufgabe selbst durch das Aufschieben gleich schwer bleibt, ändert sich hier etwas. Weil sie eine soziale Komponente enthält, erhöht die aufgelaufene soziale Schuld die Größe der Aufgabe. War sie eben noch unangenehm, weil Sie absagen mussten, ist sie jetzt noch unangenehmer, weil Sie absagen und sich entschuldigen müssen, nicht gleich abgesagt zu haben.
4. Weiter bei 1, aber mit einer bereits durch die soziale Schuld größer gewordenen Aufgabe.

Was sich hier in Gang gesetzt hat, ist ein Teufelskreis oder, etwas vornehmer formuliert, eine »positive Rückkopplung«, die leider viel negativere Effekte zur Folge hat, als ihr Name suggeriert. Während viele Aufgaben von ihrer Schwierigkeit her im Zeitablauf konstant bleiben, steigen hier die Kosten des Erledigens dadurch an, dass sie nicht erledigt wurden. Bei einem zu schreibenden Text oder dem Anfertigen eines Kunstwerks ist das nicht so, denn die brauchen eine bestimmte Zeit, und die ist zunächst einmal unabhängig von der Nähe zur Deadline (oder wird bei Deadline-Junkies sogar mit der Nähe zur Deadline kürzer).

Aber es gibt eben auch Aufgaben, bei denen das anders ist. Wie der Name *Schuld* schon sagt, sind das in der Regel Fälle, in denen eine Verpflichtung gegenüber anderen besteht.[123] Der Anruf bei der Mutter; der noch nicht fertiggestellte Text, den man aber seiner Arbeitsgruppe versprochen hat. Hieraus entsteht ein Teufelskreis, bei dem der normale Deadline-Effekt nicht nur nicht wirkt, sondern sogar ins Gegenteil umschlagen kann. Es kann passieren, dass die Nähe zur Deadline (oder auch einfach nur ein langes Aufschieben) die Aufgabe so überdimensional groß werden lässt, dass die Agenten irgendwann einfach aufgeben und lieber die Kosten der versäumten Deadline in Kauf nehmen, als diese vermeintliche Mammutaufgabe zu erledigen.

Stellen Sie sich das Gespräch der 23 Jahre in Amerika grundlos untergetauchten Tochter mit ihrer Mutter vor. »Hallo, Mama, sorry, ich war die letzten zwei Jahrzehnte etwas beschäftigt, daher habe ich mich nicht gleich melden können.« Für die Tochter ist es aus selbstverursachtem Schamgefühl irgendwann einfacher, sich nie mehr zu melden. Was vor 23 Jahren noch ein normales Telefonat gewesen wäre, ist jetzt zu einer Folterqual angewachsen. Und so wird die ultimative Deadline überschritten, der Tod.

Lassen Sie mich die Geschichte von Ulf erzählen, den ich persönlich kannte (natürlich ist das nicht sein richtiger Name). Es ist eine Geschichte, bei der sich mir bis heute der Magen zusammenschnürt.

Ulf kam mit seinem Studium nicht gut zurecht. Nachdem er wieder einmal durch eine Klausur gefallen war, wollte er es seiner Freundin nicht schon wieder beichten müssen und behauptete, bestanden zu haben. Das verschaffte Erleichterung, und die komische Klausur würde er im Folgesemester ja sowieso bestehen. Also kein Problem mit der kleinen Lüge. Leider hatten sich inzwischen mehrere Klausuren angehäuft, die nachzuholen waren. Folglich meldete er sich zu der angeblich bestandenen Klausur gar nicht erst an und fiel durch weitere Klausuren. Er verschaffte sich Erleichterung, indem er behauptete, auch die anderen Klausuren bestanden zu haben. Das war inzwischen nicht nur gegenüber seiner Freundin nötig, sondern auch gegenüber seinen Freunden, die begannen, sich über das doch recht ausgedehnte Studium zu wundern. Da er schon einmal beim Erfinden bestandener Prüfungen war, konnte er sich auch die Noten aussuchen, die hervorragend wurden. Die Lüge wurde groß und größer, die gar nicht erst angetretenen Klausuren mehr und mehr, und irgendwann musste er sein bestandenes Examen vortäuschen.

Alle wunderten sich, wieso er denn nicht erleichtert war (»Willst du denn gar nicht dein bestandenes Examen feiern?«), aber Ulf hatte weitere

Pläne: Er wollte jetzt promovieren. Der Plan war natürlich, in dieser Zeit die Klausuren nachzuholen, das Examen doch noch zu machen und dann die vorgetäuschte Promotion zu schmeißen. Dann wäre er clean. Aber die Bugwelle war viel zu groß geworden. Viele Jahre später fragte seine Freundin bei anderen, ob denn eine Promotion wirklich so lange dauere. Diejenigen, die die Wahrheit kannten, wandten sich von Ulf ab, denn sie konnten dieses doppelte Spiel nicht mehr ertragen. Danach habe ich nie mehr etwas von den beiden gehört.

Ulfs Geschichte ist ein besonders schlimmes Beispiel für eine Kombination aus zeitlichen und sozialen Schulden, die den Teufelskreis des Schuldzyklus in Gang gesetzt haben.

Viele von uns haben kleine Leichen dieser Art im Keller, glücklicherweise unterhalb der Ausmaße einer vorgetäuschten Promotion oder verstorbenen Mutter. Wichtige E-Mails, die man nie beantwortet hat; verschobene Anrufe bei alten Bekannten, bei denen man sich schon viel früher hatte melden wollen; Angst vorm Zahnarztbesuch, weil man schon so lange nicht mehr da war.

Der Weg aus dem Schuldzyklus

Wie kommt man aus diesem Teufelskreis wieder heraus?

Fehler Nummer 1 ist zu glauben, die Größe der Entschuldigung müsse der Größe der wahrgenommenen Schuld angemessen sein. Der aktuelle Agent ist es, der die soziale Schuld bereits in frühen Phasen hoffnungslos überdimensioniert wahrnimmt. Für den Agenten, der sich entschuldigen will, ist die Schuld zu einem Berg von so unermesslichen Ausmaßen angewachsen, dass er sich nur noch selbstkasteiend im Dreck wälzen und um Vergebung winseln kann. Das will die andere betroffene Person aber gar nicht. Sie kann das Aufschiebeverhalten einschließlich der Entschuldigung entweder akzeptieren oder eben nicht; die Größe der Entschuldigung ändert daran denkbar wenig. Aus Sicht der anderen Seite ist das nicht der unermessliche Berg, der es für den Aufschieber ist.

Im Gegenteil, eine völlig überzogene Selbstkasteiung trägt bereits den Keim des Verderbens in sich. Denn die gigantische Entschuldigung impliziert, dass das Schuldverhalten von nun an nie mehr passieren wird. Das aber ist unrealistisch. Und deshalb wird die nächste kleine Aufgabe schon wieder zum Beginn eines neuen Schuldzyklus, weil sich das vornehme Vorhaben gar nicht umsetzen lässt. Versprechen Sie lieber nichts, auch nicht sich selbst gegenüber, und tragen Sie sich lieber nur jene Geburtstage in den Kalender ein, zu denen Sie anrufen werden.

Fehler Nummer 2 ist, falsch einzuschätzen, was man noch fortsetzen kann und was nicht. Ulf hätte sein Studium beizeiten offiziell beenden sollen. Der gewiefte Selbstüberlister hätte das Prinzip der Selbstbindung angewendet und wäre einfach endgültig durch eine der Klausuren durchgefallen; damit hätte er eine Amnestie der bereits erzählten Lügen erwirkt und wäre danach nie mehr in die Versuchung gekommen, bestandene Prüfungen vorzugaukeln. Auch wäre das kein Angriff auf seine Person gewesen, sondern der sichtbare Misserfolg hätte sich auf ein einzelnes Modul bezogen (»So ein Mist, ich hätte so ein gutes Examen machen können, aber dieses verdammte Modul *Sozialtheorie der Differenzialgleichungen des Makroschulrechts* hat mir einfach das Genick gebrochen!«). Da nicken alle wissend, denn jeder hat sein Modul *Hermeneutische Vektoranalyse des dystopischen Bildungsmanagements*, an dem er beinahe kläglich gescheitert wäre.

Den Kontakt zur Mutter hingegen hätte die verschollene Tochter sicherlich auch nach zwei Jahrzehnten Unterbrechung wiederaufnehmen können, wenn sie einfach nur den Telefonhörer in die Hand genommen hätte.

Fehler Nummer 3 ist, aus egoistischen Gründen weitermachen zu wollen, als wäre nichts gewesen, und damit die Schuld herunterzuspielen. Eine Mail vom Typ »Ich habe dich damals vor zehn Jahren zwar hängen gelassen, weil du mir nicht wichtig genug warst, aber jetzt will ich etwas von dir, also lass uns doch mal wieder treffen« verfehlt im Allgemeinen die beabsichtigte Wirkung.

Fehler Nummer 4 ist, in Zukunft genauso weiterzumachen wie bisher. Die Ursachen für den Schuldzyklus sind auch mit der Entschuldigung nicht beseitigt. Aber vergessen Sie eines nicht: Der Schuldzyklus beginnt immer mit einem kleinen, oft geradezu winzigen Problem. Deshalb lässt es sich in dieser Phase auch mit winzigen Änderungen in den Griff bekommen.

Sie werden es kaum glauben, die üblichen Methoden helfen auch hier:

- Die Wieso-nicht-jetzt?-Methode, um einen Zeitpunkt zu finden
- Die So!-Methode, um anzufangen
- Die Stundenplanmethode, um das Problem dauerhaft zu lösen

Und jetzt machen Sie drei Dinge:

1. Sie suchen sich eine der Leichen, die Sie in Ihrem Keller haben, bei denen sich bereits eine gefühlte Schuld angesammelt hat.
2. Sie machen sich bereit, dieses Buch wegzulegen, um das zu tun, wovon Sie der Schuldzyklus abgehalten hat, und überlegen sich die erste Bewegung, die Sie für die Erledigung ausführen werden.
3. So!

KAPITEL 17

Wieso Aufräumen Zeitverschwendung ist

Trotz teilweise geradezu pandämonischer Unordnung mit Höchstwerten auf der nach oben offenen Vrba-Skala fanden Landsdales Test-Anarchen in der Regel, was sie auf Geheiß des Wissenschaftlers aufzuspüren hatten. Wundersamer noch: Wenn die Schlampomanen nach mehreren unterschiedlichen, aber zusammenhangsbezogenen Papieren fahnden mussten, waren sie im Suchergebnis vollständiger und dabei auch noch geschwinder als die wandelnden Klarsichthüllen mit ihren durchalphabetisierten Ablagen und Aktenhängern.

Henry Glass, »Konisch vermüllt«[124]

Nachdem wir über Schuldgefühle gesprochen haben, soll es jetzt noch einmal um ein Thema gehen, das viele von uns mit Schuldgefühlen zurücklässt: Unordnung.

Ich arbeite gern im Garten – aber nicht so wie meine Nachbarn, die ständig schweißüberströmt mit dem Rasenmäher herumtuckern. Meine Arbeit im Garten besteht darin, das zu tun, was mir Spaß macht – wobei ich für meine Nachbarn hoffe, dass ihnen schweißtreibendes Rasenmähen Spaß macht. Was übrigens auch der Grund dafür ist, dass dieses Buch gerade in meinem Garten entsteht und ich einen Noise-Cancelling-Kopfhörer trage; aber das nur am Rande.

Ich weiß nicht genau, warum meine Nachbarn so oft und hart im Garten arbeiten, aber ich vermute, dass es eine Begründung gibt, etwa wie die folgende: Um sich im Garten wohlfühlen zu können, muss er ordentlich sein. Damit er ordentlich ist, muss man ihn ordentlich gemacht haben. Also muss man erst arbeiten, bevor man sich im Garten vergnügen kann. Ich weiß natürlich nicht, was andere Leute zu Hause tun, aber es scheint mir so, als würde sich dort das gleiche Prinzip fortsetzen, indem viele entweder aufräumen oder ermattet vorm Fernseher sitzen.

Das Ganze hat nur ein Problem: Wenn man zu viel aufräumt (und dazu kann auch das Vermeiden von Unordnung gehören), kann man sich weniger vergnügen. Im Grenzfall kann man sich gar nicht mehr vergnügen, sondern arbeitet nur noch. Es ist klar, dass wir zeitliche Schulden so weit wie möglich vermeiden sollten, aber es kann eben auch ein zu hohes Ordnungsniveau geben, bei dem die aufzubringende Arbeit den Nutzen durch die Ordnung überkompensiert.

Offenbar muss es ein Optimum geben zwischen dem Aufräumen und dem Sich-Vergnügen – sei es nun im Garten, im Wohnzimmer oder im Terminplaner. Wie viel Aufräumen ist also optimal?

Um aufzuräumen, müssen wir etwas hergeben, was für uns eigentlich einen hohen Wert hat: unsere Zeit und unsere Aufmerksamkeit. Nehmen wir für den Augenblick einmal an, dass die zusätzliche Ordnung, die wir dadurch bekommen, einen positiven Wert für uns hat. (Die Direktorin stimmt hier freudig zu, die Agenten sind skeptisch; außer sie können die Tätigkeit des Aufräumens als Prokrastinierungsmethode einsetzen, um häppchenweise Glückskrümel einzusammeln – aber die entstehende Ordnung ist ihnen eigentlich egal.)

Jedenfalls gibt es einen einfachen Zusammenhang zwischen dem Ordnungsniveau und der dafür erforderlichen Arbeit: Je höher das Ordnungsniveau sein soll, desto mehr müssen wir für jede zusätzliche Ordnungseinheit an Arbeit aufwenden. Die gelehrte Formulierung hierfür lautet: Der **Grenzertrag der Arbeit** nimmt immer weiter ab.

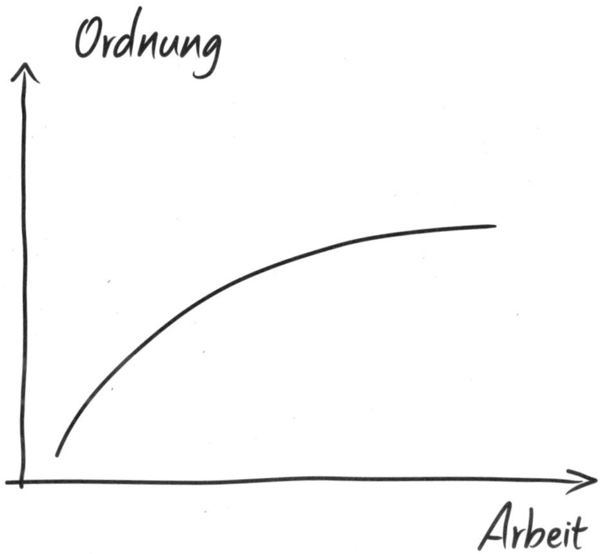

Ordnungsniveau in Abhängigkeit der dafür aufgewendeten Arbeit.

Während wir also ein kleines bisschen Ordnung mit sehr wenig Arbeit aufrechterhalten können, müssen wir mehr und mehr Arbeit aufwenden, damit es richtig ordentlich bleiben soll. Selbst wenn wir also echte Ordnungsfanatiker sind, wird es irgendwo einen Punkt geben, bei dem uns die zusätzliche Ordnung weniger wert ist als die Arbeit, die wir dafür aufwenden müssen.

Das Maß für Unordnung: Entropie

Woher wissen wir überhaupt, dass der Grenzertrag der Arbeit abnimmt? Kurze Antwort: *Entropie.* Dies ist ein Maß aus der Physik: Je weniger vorhersehbar ein System ist, desto höher ist seine Entropie. Deshalb wird die Entropie manchmal als »Maß für die Unordnung« bezeichnet. Wenn es um Ordnung geht, dann ist Entropie sogar eine naturwissenschaftliche Begründung dafür, dass die Unordnung nicht nur von allein zunimmt, sondern dass es auch zunehmend schwieriger wird, sie zu beseitigen. Die

Begründung dahinter ist diese: Es gibt sehr viele Zustände im eigenen Zimmer, bei denen die Gegenstände völlig ungeordnet herumliegen. Dagegen gibt es wesentlich weniger Zustände, bei denen sie sich alle schön geordnet an der jeweils richtigen Stelle befinden.

Weil das so ist, strebt ein solches System wie das eigene Zimmer immer zu den, statistisch gesehen, wahrscheinlicheren Zuständen, und das sind eben die »unordentlichen« (ich setze diesen Begriff in Anführungszeichen, weil sich dahinter bereits ein sehr hohes Maß an Interpretation befindet, wie sich gleich noch zeigen wird; denn wir tun hier so, als wüssten wir genau, wo die jeweils richtige Stelle für jeden Gegenstand ist). Wenn wir keine Energie in das System hineinstecken, dann nimmt die Entropie immer weiter zu oder bleibt bestenfalls gleich.[125] Selbst bei einem unbewohnten Zimmer können wir nicht von einem gleichbleibenden Zustand ausgehen, wie Sie leicht am Staub sehen können.

Exkurs: Wie wahrscheinlich sind ordentliche und unordentliche Zustände eines Bücherregals?

Stellen Sie sich vor, wir haben fünf Bücher (B1 bis B5) und fünf Regalpositionen (R1 bis R5). Der »ordentliche« Zustand besteht darin, dass jedes Buch genau auf seinem Platz steht, also Buch 1 steht auf Regalposition 1, Buch 2 auf Regalposition 2 usw. Es gibt genau einen solchen Zustand, und das ist der Zustand der höchsten Ordnung:

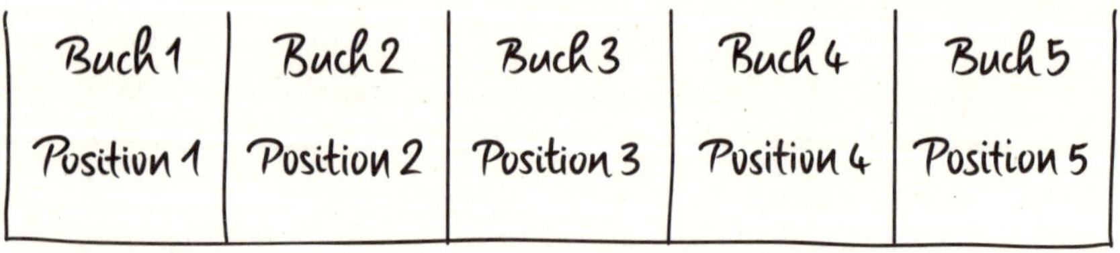

Fünf Bücher auf fünf Regalpositionen. Der »ordentlichste« Zustand ist der unwahrscheinlichste.

Insgesamt gibt es aber wesentlich mehr Möglichkeiten, die Bücher über die Regalplätze zu verteilen. Selbst wenn pro Platz nur ein Buch hinpasst, gibt es 120 Möglichkeiten, die Bücher anzuordnen.[126] Die Wahrscheinlichkeit, dass der geordnete Zustand zufällig entsteht, ist also deutlich unter ein Prozent. Selbst wenn wir von einem geordneten Zustand ausgehen und nur gelegentlich ein Buch falsch zurückstellen, weil wir gerade unsere Brille nicht aufhaben oder abgelenkt sind, wird die Unordnung mit der Zeit zunehmen. Stellen Sie sich nun eine Bibliothek mit vielen Tausend Büchern vor und vielen Benutzern, die alle gelegentlich die Brille vergessen. Bibliothekare haben zwar im Laufe der Jahrhunderte immer ausgefeiltere Methoden entwickelt, um die Ordnung so gut wie möglich aufrechtzuerhalten, aber selbst in einer gut organisierten Bibliothek steht man gelegentlich vor einem leeren Regalplatz oder einem mit einem falschen Buch darauf.

Das Maß für die Unordnung in diesem Sinne ist die Entropie, und die kann – wie erwähnt – nicht von allein abnehmen. Will man die Entropie verringern, also die Ordnung erhöhen, so muss man dem System Energie zuführen. Die Entscheidung über das Wieviel ist aber keine naturwissenschaftliche, sondern eine, die wir treffen müssen. Darum geht es hier. Gelegentlich ein falsch stehendes Buch wieder an den richtigen Platz zu stellen, wenn wir sowieso in der Nähe sind, verlangt einen geringen Aufwand. Aber alle Bücher zu jedem Zeitpunkt am richtigen Platz zu halten, ist eine Mammutaufgabe, für die es eigene Studiengänge gibt.

Vielleicht wenden Sie an dieser Stelle ein, dass Sie sich nur in einem aufgeräumten Garten oder einem ordentlichen Zimmer wohlfühlen. Das kann sein, ist aber letztlich nur eine Heuristik, durch die Sie schnell entscheiden können, ob noch aufzuräumen ist. Es kann gut sein, dass Sie über das optimale Ordnungsniveau in Ihrem Zimmer noch nie bewusst nachgedacht haben und daher einfach das übernommen haben, was Sie im Laufe Ihrer Erziehung irgendwann einmal gelernt haben. Der so entstandene Sollwert ist daher höchstwahrscheinlich einer, der von außen an Sie herangetragen wurde (siehe Abschnitt »Die Agenten auf Autopilot« ab Seite 105). Genau deshalb ist die Gefahr groß, dass dieser Sollwert für eine andere Größe optimiert ist als für Ihre optimale Arbeitsumgebung – denn man kann nicht einfach die Anforderungen des einen auf die des anderen übertragen.

Es lohnt sich deshalb, diesen Prozess noch einmal neu aufzusetzen und sich genau zu überlegen, wie viel Freizeit und Kreativität Sie für die Ordnungsvorstellung *anderer* bereit sind einzutauschen. Nicht jeder kommt zum gleichen Ergebnis, was das optimale Ordnungsniveau ist.

Wenn Sie sich das bewusst gemacht haben, können Sie für sich selbst einen neuen Sollwert speichern, der Ihnen sagt, wann das Aufräumen die dafür erforderliche Arbeit wert ist. Auch wenn es ein paar Tage oder Wochen dauern kann, ist es durchaus möglich, sich hier selbst umzuprogrammieren. Ab da kann es Ihnen passieren, dass Sie sich nicht mehr wohlfühlen, wenn es um Sie herum zu aufgeräumt erscheint. Das ist kein Freibrief für ungehemmte Unordnung; aber es ist der Hinweis, dass wir nicht, ohne zu hinterfragen, dasjenige Ordnungsniveau als das einzig richtige akzeptieren sollten, das sich jemand anderes ausgedacht hat. Wenn Sie ein hohes Ordnungsniveau mögen: akzeptiert. Wenn Sie ein anderes für richtig halten: auch akzeptiert. Aber das eine ist nicht mehr wert als das andere.

Und dann gibt es noch den Fall eines sehr hohen Ordnungsniveaus, das man aber nicht ohne Weiteres als solches erkennt.

Die Ordnung der vermeintlichen Unordnung

Wenn wir die Nachteile der Arbeit mit dem Vorteil der wahrgenommenen Ordnung verrechnen wollen, müssen wir zunächst noch verstehen, dass die vermeintliche Unordnung vielleicht gar keine ist, sondern ihre eigenen Vorteile haben kann. Sehen wir uns diese Vorteile an.

Verknüpfungen. Kreative Gedanken entstehen normalerweise nicht dadurch, dass man auf eine leere Schreibtischplatte starrt, sondern indem man verschiedene andere Impulse von außen miteinander verbindet. Ob eine horizontale Ablage als Ideengeber dieser Art qualifiziert ist, mag jeder für sich entscheiden, aber als grobe Richtung gilt: Je mehr unterschiedliche Anregungen sich gleichzeitig in Ihrer Umgebung befinden, desto mehr solcher Verbindungen können entstehen. Noch besser als gestapelte Dokumente aus dem Jahr 1973 eignen sich natürlich Kontakte zu anderen Personen. Aber wenn viele dieser Verknüpfungen eher zufällig sind, ist das nicht etwa ein Nachteil, sondern ein Vorteil, weil eben auch ganz neue Verknüpfungen entstehen können, an die Sie andernfalls gar nicht gedacht, geschweige denn sie geplant hätten.

Staffan Nöteberg fasst in seinem Buch *Monotasking* eine Studie auf schön prägnante Weise zusammen:

> *Eine ordentliche Umgebung scheint eine Grundhaltung zur Einhaltung von Konventionen zu aktivieren, wogegen unordentliche Umgebungen dazu motivieren, neue Dinge zu probieren.*[127]

Wichtig ist in diesem Zusammenhang lediglich, dass man seine erlernten Ordnungsvorstellungen aufgibt und sich gedanklich darauf einlässt, diese Verbindungen auch herzustellen, wenn sie des Weges kommen. In diesem Sinne sind die vielen schön auf ihren Regalbrettern aufgeräumten Bücher sogar kontraproduktiv. Für den Sachbearbeiter im Ordnungsamt mag ein aufgeräumter Schreibtisch tatsächlich die optimale Arbeitsumgebung sein; für einen kreativ arbeitenden Journalisten aber garantiert nicht. (Und jetzt vergleichen Sie einmal die typischen Arbeitsplätze der beiden Berufsgruppen; wobei allerdings sogar ein Ordnungsamt nicht immer seinem Namen gerecht wird.)

Der **Cache.**[128] Oft braucht man die Gegenstände, die soeben im Einsatz waren, in Kürze noch einmal. Wenn also immer die 100 zuletzt gebrauchten Gegenstände oder Dokumente griffbereit herumliegen, dann ist es deshalb in Wahrheit ordentlich und nicht etwa unordentlich, obwohl es zunächst so aussieht. Genau die gesuchten Gegenstände liegen dann nämlich meist ziemlich weit oben auf.

Dieses Phänomen ist auch in der Informatik bekannt, weshalb die zuletzt gebrauchten Objekte vermeintlich ungeordnet in einem Schnellzugriffspeicher verwahrt werden, dem Cache. Sichtbarer als der Cache sind Menüs vom Typ »Zuletzt verwendet«. Auch in Bibliotheken ist es so, dass die zuletzt ausgeliehenen Bücher mit der höchsten Wahrscheinlichkeit sofort wieder ausgeliehen werden. Es ist daher ein völlig unsinniges Verfahren, die zurückgebrachten Bücher zunächst wieder einzusortieren und dann erneut auszuleihen. Denn das Einsortieren verringert die organisch gewachsene Ordnung.

Der Name *Cache*, den ich hier im übertragenen Sinne für die Schnellzugriffdinge in der unmittelbaren Arbeitsumgebung verwende, steht ursprünglich für *Pufferspeicher* oder auch *geheimes Lager*, und er ist eines der wesentlichen Elemente einer agentengerechten Ordnung. Denn jeder einzelne Agent kann jetzt seine Arbeit erledigen, ohne viel mentale Last auf das Einordnen irgendwelcher Objekte verwenden zu müssen, nur weil die Direktorin bestimmte Ordnungsvorstellungen hat, die überhaupt nicht praxisgerecht sind.

Das gleiche Prinzip gibt es auch in einem größeren Stil, wie Sie gleich sehen werden.

Ein **chaotisches Lager** ist ein Lagerverwaltungssystem, bei dem die eingelagerten Waren ohne feste Platzzuweisung im Lager untergebracht werden. Die Artikel werden also nicht nach Typ, Größe oder sonstigen Merkmalen kategorisiert und an einem bestimmten Platz gelagert, sondern stattdessen an irgendeinem verfügbaren Platz, der in der Lagerverwaltungssoftware erfasst wird. Amazon arbeitet zum Beispiel mit einem derartigen System.

Dieser Ansatz wirkt zunächst »chaotisch« und unordentlich, hat aber wesentliche Vorteile: Weil die Artikel an jedem verfügbaren Platz gelagert werden können, wird der Lagerraum optimal genutzt. Es gibt keine leeren Regale, die nur für bestimmte Artikel reserviert sind. Das Lager kann flexibel auf Veränderungen reagieren, zum Beispiel, indem neue Produkte problemlos eingefügt werden können. Auch saisonale Schwankungen sind leichter auszugleichen. Meist ist es auch schneller, weil einfach an der verfügbaren Position eingelagert wird, die am nächsten ist. Zudem passiert es bei dieser Art von Lager häufig, dass Artikel, die oft gemeinsam bestellt werden, »zufällig« in räumlicher Nähe eingelagert sind, weil sie beim gleichzeitigen Einlagern auf naheliegenden freien Regalplätzen untergebracht werden.

Organische Ordnung ist keine Unordnung

Systeme im Stil eines chaotischen Lagers haben eine organische Ordnung – analog zu organischen Zellen –, die viel effektiver sein kann als eine geplante Ordnung. Sie sieht nur nicht ordentlich aus. Und zwar deshalb nicht, weil sie eine innere Struktur hat, die für den Außenstehenden nicht leicht zu verstehen ist. Das gilt fast immer für lebende Systeme. So schreibt etwa Karin Mölling in ihrem Buch über Viren: »Lebende Zellen sind durch negative Entropie charakterisiert, sie basieren auf geordneten Strukturen (…).«[129]

Ein Analphabet würde eine Bibliothek für »geordnet« halten, wenn die Bücher nach Buchrücken, Größe oder Farbe sortiert sind. Ein etwas tiefer Eingeweihter würde vielleicht nach Sachgebiet oder Anfangsbuchstaben des Hauptautors ordnen. Und jemand, der mit seiner Bibliothek lebt, ordnet sie nach inneren Verbindungen, die keiner verstehen kann, der die Bücher nicht wirklich gelesen hat. Dann spottet dieser Außenstehende »Nur ein Genie beherrscht das Chaos« und versteht nicht, dass es genau so ist – abgesehen davon, dass es nicht um ein Beherrschen geht, sondern um ein Miteinanderleben. Er hält die Ordnung nur deshalb für Chaos, weil er sie genauso wenig versteht, wie ein Mensch die Ordnung in einem Amazon-Lager ohne das zugehörige Lagerverwaltungssystem verstehen könnte.

Ein befreundeter Professor ist neulich umgezogen, und die Möbelpacker haben Kisten über Kisten mit Büchern transportiert. »Haben Sie auch nur die Hälfte davon gelesen?« witzelten sie, aber der Professor hielt das für eine ernst gemeinte Frage und antwortete ganz selbstverständlich: »Ich habe alle gelesen, die meisten sogar mehrfach.« Können Sie sich vorstellen, dass die Ordnung, die er für angemessen hält, eine andere ist als die der Möbelpacker?

Wir haben oben von der Entropie gesprochen und die Struktur 12345 für die fünf Bücher als die »geordnete« definiert. Aber bedenken Sie bitte, dass diese Ordnung keinerlei inneren Bezug zu den Büchern hat. Sie sieht ordentlich aus, weil sie so leicht verständlich ist. Aber vielleicht ist inhaltlich die Ordnung 43512 viel eher gerechtfertigt. Eine solche Ordnung kann man aber nicht vorher planen, sondern sie ergibt sich erst für den Eingeweihten, für niemanden sonst. Es bedarf ganz anderer Methoden, eine derartige Struktur zu schaffen und aufrechtzuerhalten.

Das ist das Problem einer geplanten Ordnung: Sie muss ordentlich aussehen. Das muss sie deshalb, damit sie auch von jemandem verstanden wird, der keinen Zugang zur inneren Struktur hat. Denn eine geplante Ordnung verfolgt ein ganz anderes Ziel, als im Alltagsgebrauch effektiv zu sein:

> Eine leicht verständliche Ordnung verfolgt das Ziel, Menschen austauschbar zu machen.

Sehen Sie sich dafür die Orte mit der höchsten Ordnung an, zum Beispiel Bibliotheken oder auch Militärs. In einer Bibliothek ist es unmöglich, dass die Bibliothekarin alle Bücher inhaltlich kennt. Sie ist keine Expertin des Inhalts, sondern der Ordnung. Deshalb kann sie Inhalte organisieren und auffindbar machen, ohne diese im Detail zu kennen oder zu verstehen. Zugleich muss sie schnell durch einen anderen Bibliothekar ersetzt werden können, wenn ihre Schicht zu Ende ist oder sie Urlaub hat.

Noch stärker ausgeprägt ist es beim Militär. Hier muss eine so hohe Ordnung herrschen, dass, auch wenn eine Einheit durch eine Neutronenbombe ausgelöscht wurde, die nachfolgende Einheit das Material ohne jegliche Einweisung übernehmen kann. Das mag makaber klingen, aber genau das ist das Ziel militärischer Ordnung. Deshalb sind viele militärische Ausrüstungsgegenstände zugleich teuer und unpraktisch: weil sie nicht die Kosten oder die Einsetzbarkeit optimieren, sondern die Austauschbarkeit.

Und jetzt werfen Sie einen kurzen Blick auf die Clean-Desk-Policy vieler Unternehmen, auf Wechselarbeitsplätze und auf einheitliche Desktop-Virtualisierung. Welche Message senden diese Unternehmen an ihre Mitarbeiter? Vergleichen Sie eine Profiküche, in der jeder Zentimeter Raum in drei Dimensionen mit hängenden Pfannen, Gewürzen und unbekannten Kräutern ausgefüllt ist, mit einer Yuppieküche, in der kein Werkzeug offen herumliegt und sogar die Bedienelemente der Spülmaschine hinter einer Blende versteckt sind. Welche der beiden Küchen hat eine höhere Ordnung? Die organische oder die statische? Wer hat eine höhere Ordnung: ein Lebewesen oder ein Kristall?

Traditionelle Ordnung ist etwas für folgende Fälle:

- Für Aufgaben oder Umgebungen niedriger Komplexität. Das ist der Grund, weshalb »ordentliche« Wohnungen fast immer leer sind und kreative Geistesarbeiter fast nie in einer ordentlich erscheinenden Umgebung arbeiten.
- Für eine Arbeitsumgebung, in der mehrere Personen austauschbar an derselben Sache arbeiten (zum Beispiel Industrie, Militär).
- Wenn das Ordnen und das Arbeiten von unterschiedlichen Personen übernommen wird (zum Beispiel Forscher und Archivare).

Ignorieren Sie deshalb die Überlegenheitsgefühle der Anhänger traditioneller Ordnung und optimieren Sie das System, das zu Ihnen und zu Ihrer Arbeit passt. Egal, wie es aussieht; egal, ob die Ritter des Büroklammerordens es verstehen.

Das Ordnungssystem für den Selbstüberlister

Das Schlimme ist, dass wir nirgendwo Prinzipien lernen, durch die wir eine organische Ordnung entstehen lassen können. Fast alles, was wir über Ordnung lernen, ist eine direktorinnenorientierte Idealisierung, die unsere Agenten in den Bummelstreik treibt und bestenfalls mit großem Arbeitseinsatz eine Scheinordnung aufrechterhalten kann, die dafür optimiert ist, von anderen verstanden zu werden.

Ich gebe Ihnen deshalb hier einige Methoden für ein agentenoptimiertes Ordnungssystem.

Geben Sie lediglich eine grobe Struktur vor. Agenten sind keine Planer, daher ist die Schaffung einer Struktur der Job Ihrer Direktorin. Aber wie schon von Projekten gewohnt, darf das nur eine ganz grobe Orientierung sein, innerhalb derer sich die Agenten frei entfalten können. Denken Sie so, wie wenn Sie einen Naturgarten anlegen wollen, der sich selbständig weiterentwickeln wird. Es geht lediglich um ganz grobe Zonen, wie die Sumpfzone hier, die dichten Hecken dort, die Wege dazwischen. So richten Sie auch Ihren Arbeitsplatz ein, mit ganz groben Zonen für Arbeitsmittel, Ablagen, Technik und was Sie sonst noch alles brauchen.

Schaffen Sie ein System, das mitwachsen kann. Ihr System muss über viele Jahre hinweg unverändert bleiben, denn sonst wäre es kein Automatikmodus. Planen Sie deshalb mit Überkapazitäten und Puffern, die Ihnen im Moment völlig übertrieben erscheinen. Beginnen Sie mit fast leeren Regalen und Schubladen sowie der größten Festplatte, die Sie kaufen können. Wenn alles nur zu fünf oder zehn Prozent genutzt ist, dann ist es genau richtig. Der Bedarf wird in den Folgejahren schon noch hochgehen.

Schaffen Sie ein einfaches System. Viele machen den Fehler, ganz fein unterteilen zu wollen, und legen für die verrücktesten Sonderfälle eigene Ordner und Klarsichthüllen an. Vergessen Sie das gleich wieder, weil Sie am Ende sowieso nicht mehr wissen, ob Sie etwas bei S wie Software, P wie Programm oder A wie App abgelegt haben. Beginnen Sie mit wenigen Ordnern oder Boxen. Sie werden sehen, dass nicht nur die Ablage schneller geht, sondern Sie auch besser wissen, wo Sie zu suchen haben. Außerdem kommen hier, wie in einem chaotischen Lager, Dinge zufällig zusammen, die zusammengehören. Ein Ordnungssystem soll Komplexität auffangen, nicht hinzufügen.

Sollten einzelne Teilbereiche unerwartet stark wachsen, dann stufen Sie sie eine Stufe höher und geben ihnen einen eigenen Bereich. Aber nicht vorher.

Schaffen Sie ein *einfach zu benutzendes* System. Es reicht nicht, eine einfache Struktur zu haben, sie muss auch einfach zu benutzen sein. Halten Sie die Aktivierungsenergie niedrig: Ein Deckel auf einer Box bringt so manchen Agenten dazu, die Sachen im Ernstfall einfach davor hinzuwerfen, statt sie hineinzulegen. Es mag unordentlich aussehen, wenn offene Boxen herumstehen, aber was ist Ihnen lieber: Aussehen oder Ordnung?

Deshalb nehmen Sie auch bevorzugt Klarsichtboxen, bei denen Sie schon ohne Beschriftung sehen, was drin ist. Oder Hängeregister, in die Sie Blätter einlegen können, ohne sie lochen zu müssen. Und Sie verwenden natürlich einen Scanner, um das Papier ganz loszuwerden, oder schreiben gleich auf einem Tablet. Und auch wenn dies überhaupt nicht chaotisch wirkt: Eine Beschriftung der Boxen und Ordner ist eine der besten Zeitinvestitionen. Schließlich geht es um innere Struktur.

Dicht an Ihrem Arbeitsplatz befindet sich nicht *wichtig*, sondern *häufig*. Sie wollen die Anzahl Ihrer Bewegungen möglichst gering halten, denn jede Bewegung kostet Zeit und Energie. Deshalb achten Sie bei der Grundstruktur darauf, dass die Bereiche dicht bei Ihnen sind, auf die Sie besonders häufig zugreifen. Papierkorb, für Sie wichtige Dokumente, Nachschlagewerke und Arbeitsmittel oder ein Multifunktionsdrucker werden dichter bei Ihnen stehen als ein Ordner, dessen Inhalt sehr wichtig sein mag, auf den Sie aber nur zweimal im Jahr zugreifen müssen.

Zeitliche Timeline-Ordnung. Für viele Dinge ist es am einfachsten, sie gar nicht nach Inhalt zu sortieren, sondern nach Zeit. Sie kennen das Prinzip von der Timeline, nach der heutzutage viele Apps die Vergangenheit archivieren. Bei Papier bilden Sie einfach Stapel, auf die Sie vorn oder oben das neueste Papier draufwerfen. Erstaunlicherweise ist das nicht nur einfacher bei der Ablage, sondern auch bei der Suche. Bei Computerdateien können Sie zusätzlich Dateinamen vergeben, die eine einfache inhaltliche Verschlagwortung sind, nach der Sie später suchen können. Aber halten Sie auch das einfach; oft werden Sie zeitlich suchen, weil Sie sich nicht mehr an die Schlagworte erinnern, die Sie damals vergeben haben.

Unterscheiden Sie zwischen Cache und Archiv. Der Cache ist für den schnellen Zugriff, das Archiv für dauerhaftes Verwahren. Das sind zwei unterschiedliche Dinge. Wir sind oft verpflichtet, bestimmte Dokumente jahrelang zu verwahren (und selbst nach der Aufbewahrungsfrist kann es eine Beweislastumkehr geben, die Sie faktisch zwingt, die Dokumente dauerhaft verfügbar zu halten). In diesen Fällen haben Sie mit der Timeline-Struktur keine Chance. Stellen Sie sich vor, dass Ihre Agenten von in einem Jahrzehnt wie eine andere Person sein werden, mit der Sie zusammenarbeiten müssen. Das ist ein Fall für eine klassische Archivstruktur.

Denken Sie in zeitlichen Schulden. Wenn Sie im Zweifel sind, was Sie tun sollen, dann nehmen Sie eine Abwägung zwischen jetzt und der Zukunft vor. Wenn Sie etwas so abstellen oder ablegen können, dass Sie es auf absehbare Zeit nicht mehr verändern müssen, dann ist das gut. Es klingt zwar verrückt bei einem System, das völlig chaotisch aussieht, aber bereits ein einziges in falscher Richtung diagonal hingeworfenes Papier oder ein quer stehender Kasten kann ein stabiles System dauerhaft stören. Paradoxerweise passiert das oft, wenn irgendwer aufräumt und den vermeintlich leeren Platz ausnutzen will.

Aber machen Sie keinen Fehler in die andere Richtung: Die meisten Dinge, die Sie ablegen, werden Sie nie mehr ansehen. Behandeln Sie daher diese Sachen nicht so, als müssten Sie alle sofort wiederfinden. Meist ist es die bessere Abwägung, jetzt wenig Arbeit zu haben und in den seltenen Fällen des späteren Suchens etwas mehr.

Aber halten Sie die Struktur strikt ein und legen Sie nie eine Bananenschale in ein Hängeregister oder die Eingangspost in den Heizungskeller. Nie. (Dies war kein Witz. Ich habe vielfach gesehen, wie Abfälle in Schränke geworfen wurden, damit es »ordentlich« aussieht; auch um den Preis, dass damit die innere Struktur dauerhaft zerstört wird.)

Denken Sie im Flow. Ein Dokument richtig abzulegen, kann eine kleine Belohnung sein, wenn Sie sie richtig framen (»Der Ritter des chaotischen Archivs«). Nutzen Sie die Methoden dieses Buches, damit Sie viele Belohnungen und wenig Hürden haben. Wenn Sie etwas in der Hand haben, das archiviert werden muss, legen Sie es sofort richtig weg. Nutzen Sie Zeiten, in denen Sie ein wenig prokrastinieren wollen, für das Archivieren. Aber begrenzen Sie diese Zeiten aktiv.

Nach Projekten vorsortieren, nicht nach Themen. Wenn Sie wissen, dass Sie bestimmte Dokumente zwar nicht sofort, aber zu regelmäßigen Zeitpunkten projektorientiert brauchen werden, dann legen Sie sie auch projektorientiert ab. Wenn Sie zum Beispiel wissen, welche Dokumente Sie für die Steuererklärung brauchen (ja, ich weiß …), dann legen Sie diese nicht themenbezogen, sondern projektbezogen ab, also in einem Ordner »Steuer«. Das ist eigentlich sehr einfach, aber viele Ordnungsfanatiker tun das nicht und wundern sich über die Arbeit, die sie beim Zusammensuchen der Unterlagen aus dem ach so ordentlichen Archiv haben.

Leeren Sie gelegentlich den Cache. Wenn Sie einen chaotischen Arbeitsplatz betreiben, dann nutzen Sie große Teile Ihres Schreibtischs und der umliegenden Regalplätze als Cache. Dies ist wichtig, damit Sie Dinge im Schnellzugriff haben. Aber im Laufe der Zeit läuft dieser Cache immer voller, und dann verliert er seine positive Wirkung. Deshalb tun Sie das Gleiche, was Sie auch bei Ihrem Computer machen: Sie leeren den Cache. Machen Sie dabei aber nicht den Fehler, die Stapel auf einmal doch inhaltlich sortieren zu wollen. Das lohnt den Aufwand nicht; denn die Dinge, die Sie dauerhaft wiederfinden müssen, sind ja sowieso überwiegend in Ihrem klassischen Archiv untergebracht, damit Ihre Agenten in späteren Jahrzehnten eine Chance haben, sie zu finden.

Was Sie stattdessen machen: Sie nehmen Ihren Cache so, wie er ist, und lagern ihn aus in einen Ort, der weniger wertvoll ist als Ihre Flächen des Direktzugriffs am Arbeitsplatz. Auf viele wirkt der Gedanke verstörend, dass es irgendwo eine Kiste gibt mit jahrzehntealten, vergilbten Dokumenten und Mitschriften, die in einem unordentlichen Stapel übereinanderliegen. Sehr wahrscheinlich werden 99,9 Prozent davon auch nie mehr angesehen. Aber die verbleibenden 0,1 Prozent haben es in sich. Denken Sie auch dann daran, wenn Sie einen alten Computer durch einen neuen ersetzen.

Wer Bitcoin gekauft und auf seiner 10-MB-Festplatte vergessen hat, hatte irgendwann ein Vermögen – eines, von dem das Finanzamt gern die Herkunft nachgewiesen haben will. Mit einem Schlag werden uralte Dokumente unfassbar wertvoll, an deren Bedeutung man damals niemals gedacht hatte. Für manche Bitcoin-Millionäre und manchen Erben wurde das zu einer teuren Erfahrung. Denn da hatte jemand »aufgeräumt« und die Dokumente weggeworfen oder gelöscht, weil ja jahrzehntelang niemand mehr hineingesehen hat. Meist war das das kleinere Übel, weil die Bitcoins gleich mit weg waren.

Das ist so, wie wenn man einen seltenen alten Wein wegschüttet, nur weil ihn schon seit Jahrzehnten niemand mehr getrunken hat.

Epilog

Die Direktorin sitzt auf einem harten Kissen im Schneidersitz vor der untergehenden Sonne, in einer Hand ein Glas sehr alten Rotweins, der seit Jahrzehnten in einem vergilbten Karton gelagert war. Denn sie hat jetzt das Zusammenspiel von Widrigkeit (Adversity) und Entspannung verstanden.

Sie grämt sich nicht mehr, dass ihre Agenten zu unordentlich seien, denn sie hat bemerkt, dass ihre geplante »ordentliche« Ordnung nicht mit einer gewachsenen Ordnung mithalten kann – weder am Arbeitsplatz noch in Projekten. Sie hat allerdings überall kleine Möhrchen und Gurkenschurken strategisch so geschickt platziert, dass die Agenten auf einmal Spaß daran haben zu arbeiten, denn sie nennen das jetzt ein Spiel. Natürlich werden sie immer noch grundsätzlich in letzter Minute fertig – aber wann denn sonst? Dafür braucht sie nicht mehr einzugreifen, denn die Agenten arbeiten manchmal im Automatikmodus mit gut eingestellten Sollwerten und oft suchen sie sich eigene Wege, die zwar nicht vorab geplant sind, aber trotzdem irgendwie funktionieren.

Sie hat verstanden, wie ein umgedrehter Terminkalender und kleine Deadline-Sprints die Agenten schneller und konzentrierter arbeiten lassen, und zwar nicht obwohl, sondern weil sie sich gleich mit Freunden trifft, um gemeinsam einen Tanzkurs zu besuchen. Für diesen Kurs ist sie auch fit genug, weil ihre Agenten sich schon im Alltag genug bewegen und ein paarmal am Tag gern einen, nur einen einzigen Liegestütz einlegen (was sich ganz schön summieren kann).

Sie hat verstanden, dass sie Richtungen und Projekte braucht, keine Ziele; dass ihre ehemalige To-do-Liste eine reine Ideenliste ist, von der sie nur drei Einträge am Tag bearbeiten kann – und dass deshalb der Rest eben unwichtig ist und folglich nie erledigt wird. Dass sie die anderen Einträge aber nutzen kann, um strukturiert zu prokrastinieren.

Nachdem das System in Kraft gesetzt ist, mit dem sie sich auf ihre Agenten verlassen kann, hat sie jetzt Zeit, ihre Lebensprojekte zu verfolgen.

Wenn Sie andere wissen lassen wollen, welche das sind, wie gut die Methoden bei Ihnen funktionieren und was Sie sonst noch für Selbstüberlistungstricks entwickelt haben, dann posten Sie Ihre Beispiele unter dem Hashtag *#Selbstüberlistung* auf Ihrem Lieblingsnetzwerk. Auf Twitter und Instagram stehen die Chancen gut, dass ich es sehen werde und vielleicht antworte. Ich jedenfalls gehe jetzt zu einem Tanzkurs – denn mein Terminkalender ist umgedreht und dies war mein vorletzter[130] Deadline-Sprint für dieses Buch.

Anmerkungen

Generell gilt: Alle Übersetzungen wörtlicher Zitate stammen von mir und beziehen sich normalerweise auf die englische Originalfassung der jeweiligen Texte. Positions- oder Seitenangaben beziehen sich auf die mir vorliegende E-Book-Ausgabe, meist ist das die Kindle-Ausgabe. Alle Internetquellen wurden zuletzt abgerufen am 11.10.2023.

1 Wenn Sie den Begriff *Agent* in diesem Zusammenhang gar nicht so naheliegend finden, dann hilft vielleicht folgende Erklärung: *Agent* ist vom lateinischen *agere* bzw. *agens agentis* abgeleitet, was »handelnd«, »tätig« oder auch »Täter« bedeutet. Ein Agent ist also derjenige Teil unseres Selbst, der handelt oder eine Aktion durchführt. Ganz nebenbei ist es aber auch ein Anglizismus, denn *agent* ist die im Englischen übliche Bezeichnung für den Handelnden oder den lokal Entscheidenden in der Spieltheorie. Mehr dazu in Kürze.

2 Michael C. Jensen und William H. Meckling: »Theory of the Firm – Managerial Behavior, Agency Costs and Ownership Structure«, *Journal of Financial Economics*, Band 3, Ausgabe 4, Oktober 1976, Seite 305–360, https://doi.org/10.1016/0304-405X(76)90026-X.

3 Hilfe, wieso ist die Direktorin eine Frau? In meinem Fall liegt es einfach daran, dass meine Spieler abwechselnd weiblich und männlich sind. Das ist meine Form zu gendern, die ich vor mehreren Jahrzehnten begonnen habe zu verwenden, lange bevor das Wort *gendern* Einzug in die deutsche Sprache gehalten hat.

4 Aus der Standardreferenz dazu stammt das Eingangszitat dieses Abschnitts. Übrigens wurde die Theorie unabhängig von dem deutschen Professor Helmut Laux entwickelt, der auf diesem Gebiet ebenfalls Pionierarbeit leistete, aber leider eine nicht gerade spannende Bezeichnung wählte. Er nannte es den *entscheidungslogischen Ansatz der Organisationstheorie*.

5 An die drei Ökonomen Leonid Hurwicz, Eric Maskin und Roger Myerson im Jahr 2007. Und wenn Sie den sogenannten Wirtschaftsnobelpreis nicht als solchen bezeichnen wollen: Soll mir auch recht sein.

6 Paul Papayoanou: *Game Theory for Business. A Primer in Strategic Gaming*, Probabilistic Publishing, 2010, Kindle-Position 887.

7 In der Spieltheorie wird »Glückspiel« meist ohne Fugen-s geschrieben, um es von Casinospielen zu unterscheiden.

8 Falls Ihnen solche Modelle zu einfach erscheinen: Tatsächlich sind einfache Modelle letztlich viel hilfreicher als komplexe.

9 Übrigens ginge eine vollständige Beschreibung der Strategien in dieser Situation noch weiter. Denn die genannten Strategien sind bereits eine Verkürzung, weil wir so tun, als müsste Hotzenplotz im Fall seiner Strategie 1 keinerlei Plan in der Tasche haben, was er

im weiteren Teil des Spiels tun würde. Aber vergessen wir diese Besonderheit hier einfach, weil sie für das vorliegende Beispiel unwichtig ist.

10 Wenn Sie diese Formulierung ungelenk finden: Eigentlich müsste es heißen »in jedem Informationsbezirk einen«. Ein Informationsbezirk ist der Bereich, in dem eine Entscheidung über einen Zug getroffen wird. Dieser Bereich kann mehrere Knoten des Baums umfassen. Aber das ist hier nicht von Bedeutung, daher lassen wir diese Feinheiten einfach weg und ich schreibe Zug anstatt Informationsbezirk.

11 Die Formulierung ist angelehnt an »Zeitinkonsistenz«, Wirtschaftslexikon.com, https://www.wirtschaftslexikon24.com/e/zeitinkonsistenz/zeitinkonsistenz.htm.

12 Seien Sie gewarnt: Bis eben war alles mehr oder weniger klassische Spieltheorie; ab hier weiche ich ab, indem ich die Agenten noch etwas unabhängiger voneinander werden lasse, als es in der Agentendarstellung normalerweise üblich ist. Klassischerweise können sich die Agenten zwar unabhängig voneinander entscheiden, haben aber alle die gleiche Auszahlung, weil sie ja lediglich unterschiedliche Instanzen desselben Spielers sind. Nicht so in der Theorie der Selbstüberlistung. Hier können die Agenten auch unterschiedliche Auszahlungen haben. Wir lösen uns hier also noch etwas weiter vom zentralistischen Spielerkonzept, als es die sogenannte *Agentennormalform* macht. Dies aber nur als Hinweis, falls Sie die Agentennormalform bereits kennen sollten. Wenn nicht: umso besser. In diesem Fall vergessen Sie diesen Hinweis einfach wieder.

13 Oliver Sacks: »The Abyss – Music and Amnesia«, *New Yorker*, 17. September 2007, https://www.newyorker.com/magazine/2007/09/24/the-abyss.

14 Der Begriff der Zeitgestalt bezieht sich ursprünglich auf Musik, weil sie ihre Gestalt ausschließlich über die zeitliche Entwicklung erhält und damit nur im Ablauf der Zeit existiert. Es gibt aber auch andere zeitbasierte Kunstformen wie Film, Theater, Tanz oder Performancekunst. Mehr zur *time-based art*: https://filmlexikon.uni-kiel.de/doku.php/z:zeitbasiertemedien-8531.

15 Wenn Sie gerade kein solches Buch zur Hand haben, schlagen Sie auf Wikipedia den Begriff »Sicherheitsäquivalent« nach, https://de.wikipedia.org/wiki/Sicherheits%C3%A4quivalent.

16 Diese Überlegung basiert auf Matthew Rabin: »Diminishing Marginal Utility of Wealth Cannot Explain Risk Aversion«, *Choices, Values, and Frames*, herausgegeben von Daniel Kahneman und Amos Tversky, New York: Cambridge University Press, 2000, Seite 202.

17 Das wird zwar in den meisten Lehrbüchern nicht explizit gesagt, aber es ergibt sich daraus, dass die zugrunde liegende Nutzenfunktion einen absoluten Nullpunkt hat. In der klassischen Nutzentheorie gibt es keinen negativen Bereich. Ein Verlust geht dort nicht ins Negative, sondern verringert immer das Positive. Zudem wird oft falsch verstanden, was das Gesamtvermögen eigentlich ist, denn bei den meisten von uns liegt in den jungen Lebensjahren der größte Teil des Vermögens in Form von Humankapital vor. Der größte Teil des Vermögens ist also in unserem Kopf. Aber all das ist für die Argumentation bezüglich der Agenten nicht wichtig.

18 Dieses sehr bekannt gewordene Beispiel (einschließlich der folgenden empirischen Befunde) ist angelehnt an R. H. Thaler: »Some Empirical Evidence on Dynamic Inconsistency«, *Economics Letters*, 8, 1981, Seite 201–207. Die Darstellung hier findet sich ähnlich auch bei Hans-Peter Weikard: »Zeitpräferenz und Zeitkonsistenz. Zur Rationalität sequenzieller Entscheidungen«, *Agrarwirtschaft* 50, 2001.

19 Falls es Sie wundert, wieso die Jahresrendite nicht einfach 1 Prozent mal 365 Tage ist (was 365 Prozent wäre): Das liegt am Zinseszinseffekt. Wenn Sie die Tagesrendite mit der Tageszahl multiplizieren, dann tun Sie so, also würde immer derselbe Betrag von

zehn Euro verzinst. Tatsächlich handelt es sich aber um eine unterjährige Verzinsung, sodass der zu verzinsende Betrag an jedem Tag etwas höher geworden ist als am Vortag. Die Formel für den Endwert lautet daher 10 * (1,01)^365 und nicht 10 + 0,1*365.

20 Der Vollständigkeit halber möchte ich Ihnen hier noch einen Begriff nennen, der in diesem Zusammenhang oft fällt: *hyperbolisches Diskontieren.* Im Direktorinnenmodus zinsen wir die Zukunft, mathematisch betrachtet, mithilfe einer sogenannten Exponentialfunktion ab; diese führt zu einer konsistenten Zeitpräferenz, und alles ist gut. Der aktuelle Agent macht das bekanntlich anders und bewertet die Gegenwart zu hoch (gemessen an den Präferenzen, die die Direktorin hat). Eine mathematische Funktion, die diese Struktur beschreibt, ist die Hyperbel. Die Hyperbel ist der Funktionstyp, den Mathematiker aus dem Hut zaubern, wenn etwas ganz schnell wachsen soll, noch schneller als exponentielles Wachstum. Wir tun in der mathematischen Beschreibung unseres aktuellen Agenten daher so, als würde er die Zukunft nicht mithilfe der Exponentialfunktion diskontieren (abzinsen), sondern mit einer Hyperbel. Daher der Begriff *hyperbolisches Diskontieren.* Im Gegensatz zu der hier verwendeten Agentendarstellung erklärt das hyperbolische Diskontieren gar nichts, sondern beschreibt nur. Deshalb ist dieser Begriff für uns nicht besonders wichtig, aber Sie sollten ihn einordnen können, falls Sie an anderer Stelle einmal darauf stoßen.

21 Wir unterscheiden in der Spieltheorie zwischen verschiedenen Formen, von der vollständigen Rationalität abzuweichen. Für die verschiedenen Formen der Abweichung gibt es fein säuberlich abgestufte Begriffe. Nichtrational heißt, dass der Entscheider zwar Rationalität grundsätzlich anerkennt, sie aber nicht erreicht. Unrational ist ähnlich. Irrational hingegen heißt, dass der Entscheider Rationalität gar nicht anstrebt, sondern irgendetwas macht, ohne dass sich dahinter die Verfolgung eigener Interessen verbirgt.

22 Auch wenn das Konzept der Aktivierungsenergie meiner Vorliebe für Naturwissenschaften entspringt, möchte ich Ihnen nicht vorenthalten, dass noch andere Autoren den Begriff auf ähnliche Weise verwenden: James Clear hat ihn wahrscheinlich in seinem Buch *Die 1%-Methode* am weitesten bekannt gemacht, aber als frühester Autor, der diesen Begriff verwendet, wird manchmal der Psychologe Mihaly Csikszentmihalyi genannt.

23 David A. Rosenbaum, Lanyun Gong und Cory Adam Potts: »Pre-Crastination: Hastening Subgoal Completion at the Expense of Extra Physical Effort«, *Psychological Science,* 2014, https://journals.sagepub.com/doi/abs/10.1177/0956797614532657. Eine Zusammenfassung findet sich hier: https://www.psu.edu/news/research/story/study-finds-some-people-finish-difficult-tasks-first.

24 Ebenda.

25 John Perry: *The Art of Procrastination. A Guide to Effective Dawdling, Lollygagging and Postponing,* New York: Workman, 2012, Seite 2.

26 George Akerlof: »Procrastination and Obedience«, *American Economic Review,* 81, 1991, Seite 1–19. Hans-Peter Weikard greift ebenfalls dieses Beispiel auf und modelliert es als eine Entscheidung aufeinanderfolgender Agenten desselben Spielers. Allerdings erscheint mir seine Modellierung nicht schlüssig, denn bei ihm ärgert sich ein Agent umso mehr, je mehr *nachfolgende* Agenten das Vorhaben weiter verschieben. Das erscheint mir wie eine Vermischung der kurzfristigen Agentensicht und der langfristigen Direktorinnensicht. Die Besonderheit der Agenten besteht (zumindest bei mir) gerade darin, dass es ihnen egal ist, ob und wann die Sintflut kommt – solange sie außerhalb ihrer Einflusssphäre liegt. In gewisser Weise enthält diese Sicht daher bereits den Lösungsvorschlag, die Lebensdauer von Agenten zu verlängern. Hans-Peter Weikard: »Zeitpräferenz und Zeitkonsistenz. Zur Rationalität sequenzieller Entscheidungen«, *Agrarwirtschaft,* 50, 2001, Seite 490–497.

27 In seinen Texten über den Vorfall räumt Akerlof ein, nicht vollständig rational gehandelt zu haben, und er ist somit großherzig genug, den offiziellen Teil dieser Schuld auf sich zu nehmen.

28 Wir sehen uns diesen Fall noch genauer an, aber wenn Sie sich ein wenig von der Lektüre dieses Buches ablenken wollen, dann können Sie einen Blick werfen in Frank Partnoy: *Wait. The Useful Art of Procrastination*. London: Profile Books, 2012.

29 Der Begriff geht zurück auf A. H. C. Chu und J. N. Choi: »Rethinking Procrastination: Positive Effects of ›Active‹ Procrastination Behavior on Attitudes and Performance«, *The Journal of Social Psychology*, 145(3), 2005, Seite 245–264, https://doi.org/10.3200/SOCP.145.3.245-264. Es heißt »aktiv«, weil das Verschieben in diesen Fällen bewusst, also aktiv, gewählt wird.

30 Eine Autorin, die das vehement vertritt und gute Argumente dafür vorbringt (z. B. Seite 39–49), ist Fuschia M. Sirois: *Procrastination. What It Is, Why It's a Problem, and What You Can Do About It*, Washington, DC: APA LifeTools, 2022.

31 Die Analogie zur Physik ist nicht zufällig. Auch dort gibt es bei Phasenübergängen die Situation, dass sich ein System anders verhält als innerhalb einer Phase.

32 https://www.goodreads.com/quotes/8729172-when-you-sign-up-to-run-a-marathon-you-don-t. Das Buch ist Derek Sivers: *Anything You Want. 40 Lessons for a New Kind of Entrepreneur*, Hit Media, 2021, Seite 62.

33 Wir kommen darauf noch zu sprechen: Abschnitt »Die So!-Technik« ab Seite 241.

34 Wobei es ein interessantes Großstadtspiel sein könnte, auf *irgendeine* Weise als Erster am Ziel anzukommen, um zu sehen, ob das E-Bike die S-Bahn und das Taxi schlägt oder umgekehrt. Man sollte die Regeln aber nicht eigenmächtig ändern: https://www.spiegel.de/sport/marathon-in-mexiko-stadt-11-000-laeufer-wegen-schummelei-nachtraeglich-disqualifiziert-a-48622097-f890-4a51-9984-bc2952b145fc.

35 Diese Definition erfolgt in Anlehnung an Jane McGonigal: *Reality is Broken. Why Games Make Us Better and How They Can Change the World*, 2011, Seite 27. Die Autorin selbst gibt an, die Idee von Bernard Suits übernommen zu haben: Bernard Suits: *The Grasshopper – Games, Life and Utopia*, University of Toronto Press, 1978, Seite 37–38.

36 Bernard Suits: *The Grasshopper – Games, Life and Utopia*, University of Toronto Press, 1978, zitiert nach der Ausgabe von 2005, Seite 38 (die Seitenzahl bezieht sich auf die Ausgabe von 2005 bei Broadview Press).

37 Yu-kai Chou: *Actionable Gamification: Beyond Points, Badges, and Leaderboards*, London: Random House, 2015.

38 Kelvin ist die in der Physik übliche Temperaturskala. Sie verwendet die gleichen Abstände zwischen den einzelnen Werten wie die Celsius-Skala, ihr »0« liegt aber beim absoluten Nullpunkt (–273,15 Grad Celsius), nicht beim Gefrierpunkt von Wasser.

39 Dan Ariely und Klaus Wertenbroch: »Procrastination, Deadlines, and Performance: Self-Control by Precommitment«, S. 219, *Psychological Science*, 13, No. 3, Mai 2002, Seite 219–224, https://www.jstor.org/stable/40063710.

40 https://www.wolfgang-herrndorf.de/2010/04/eins/.

41 Wolfgang Herrndorf: *Arbeit und Struktur*. Hamburg: Rowohlt, 2013.

42 Sehen Sie genau hin: Die Geschwindigkeiten passen meist nicht zum Ablauf im Film. Es ist immer zu spät, geht aber meistens doch noch gut. Der erfahrene Prokrastinator kennt diese Situation.

43 Der Name kommt daher, dass der Erfinder der Methode, Francesco Cirillo, einen Kurzzeitwecker in Form einer Tomate (auf Italienisch *pomodoro*) verwendet hat. Francesco Cirillo: *The Pomodoro Technique. The Life-Changing Time-Management System*, London: Virgin, 2018. Auf der Website des Autors finden sich weitere Anregungen, und er bietet Coachings und Kurse zu seiner Methode an: https://francescocirillo.com/products/the-pomodoro-technique. Noch besser als sein Buch gefällt mir das Buch des Pomodoro-Ausbilders Staffan Nöteberg: *Pomodoro Technique Illustrated. The Easy Way to Do More in Less Time,* Pragmatic Programmers, 2009. Pomodoro ist in diesem Zusammenhang als Text- und Bildmarke geschützt. Es gibt auch diverse andere Bücher oder Methoden, in denen ähnliche Konzepte angewandt oder beschrieben werden. Ein solches Buch ist zum Beispiel *The Now Habit* von Neil Fiore, darin das Kapitel »The Unschedule«.

44 Die englische Formulierung lautet: »Work expands so as to fill the time available for its completion.« Eine andere Übersetzung wäre daher: »Arbeit dehnt sich so weit aus, wie Zeit für ihre Erledigung vorhanden ist.«

45 Adrian F. Ward, Kristen Duke, Ayelet Gneezy und Maarten W. Bos: »Brain Drain: The Mere Presence of One's Own Smartphone Reduces Available Cognitive Capacity«, *The University of Chicago Press Journals,* http://www.journals.uchicago.edu/doi/abs/10.1086/691462.

46 Kenner der Technikgeschichte werden hier zu Recht einwenden, dass einfache Formen dieser Elemente durchaus auch in klassischen Maschinen eingesetzt wurden. Bereits die ganz frühen Dampfmaschinen hatten eine Fliehkraftregelung, die ein Überdrehen der Maschine verhinderte. Aber das waren sehr einfache Elemente, und zudem wurde das dahinterliegende Steuerungsprinzip nicht als etwas Eigenständiges erkannt.

47 Jonathan Haidt: *The Happiness Hypothesis*, London: Arrow Books, 2006, Kindle-Positionen 64 und 170.

48 »Bis heute ohne Reue – Dopingsünder Armstrong wird 50«, *Sportschau,* https://www.sportschau.de/radsport/lance-armstrong-doping-fuenfzigster-geburtstag-100.html.

49 Wenn Sie mehr dazu lesen wollen: Jordan Peterson: *12 Rules for Life. An Antidote to Chaos,* Toronto: Random House, 2018. Konkret geht es um seine Regel 4.

50 https://www.spiegel.de/netzwelt/web/bibi-und-julienco-julian-classen-gibt-trennung-von-bianca-classen-bekannt-a-d9fb8546-1b20-49a3-9475-1e098f146983.

51 Wenn Sie nicht wissen, was das ist: Suchen Sie nach Tests der Stiftung Warentest zu Robo-Advisoren. Da dies kein Buch über Geldanlage ist, gehe ich nicht näher darauf ein.

52 Übertragen aus der hessischen Mundart durch den Autor.

53 David Allen: *Getting Things Done. The Art of Stress-Free Productivity*, New York: Penguin, 2015.

54 Modifizierte Fassung der Liste von Tim Reichel: *DOEDL-Methode. Selbstmanagement im Studium.* Aachen: Studischeiss, 2017, Seite 18–21. Die dortige Liste umfasst sogar noch mehr Punkte. Nur die Masterarbeit fehlt ganz. Wahrscheinlich ist sein Oliver im Studium noch nicht so weit gekommen, was mich bei seiner Prioritätensetzung nicht wundert.

55 Und dann, an der Mülltonne stehend: »Hoffentlich erfährt sie die Antwort nie.«

56 O.J. Kaftan und A.M. Freund: »A Motivational Perspective on Academic Procrastination: Goal Focus Affects how Students Perceive Activities While Procrastinating«, *Motivation Science*, 5(2), 2019, Seite 135–156, https://doi.org/10.1037/mot0000110.

57 Diese Erkenntnis wird manchmal Muhammad Ali zugeschrieben.

58 Christian Rieck: *Spieltheorie – eine Einführung,* 17. Auflage, Eschborn: Rieck, 2022, Kapitel »Teilspielperfektes Gleichgewicht«.

59 Keith Stanovich: *The Bias That Divides Us. The Science and Politics of Myside Thinking,* Cambridge, MA, London: MIT Press, 2021, Kindle-Position 1024. Ein extrem lesenswertes Buch übrigens.

60 Stephen Guise: *Mini Habits for Weight Loss. Stop Dieting. Form New Habits. Change Your Lifestyle Without Suffering,* Selective Entertainment LLC, 2016, Kindle-Position 3147.

61 Scott Adams: *How to Fail at Almost Everything and Still Win Big. Kind of the Story of My Life*, London: Penguin, 2013, Seite 235.

62 Adams Media: *Brain Hacks. 200+ Ways to Boost Your Brain Power*, Avon, MA, 2018, Kindle-Position 406. Übrigens geht der Satz weiter: »… um Depressionen zu bekämpfen.«

63 Stephen Guise: *Mini Habits. Smaller Habits, Bigger Results,* Selective Entertainment LLC, 2013, Seite 9.

64 Suzy Welch: *10-10-10. A Life-Transforming Idea,* New York: Scribner, 2009, Kindle-Position 301.

65 Ich selbst habe den Professor übrigens nie erlebt und habe noch nicht einmal jemanden getroffen, der ihn erlebt hat, aber jeder kannte die Geschichte. Wahrscheinlich war das ein Meme aus der Vor-Internet-Zeit. Die älteste Referenz, die ich dazu gefunden habe, stammt aus dem Buch *First Things First* von Stephen Covey, der es allerdings auch schon einem nicht namentlich genannten Seminarleiter zuschreibt und einräumt, die Geschichte auch nur erzählt bekommen zu haben. Damit auch Sie diese Vorführung erleben können, habe ich sie in einem kleinen Neujahrs-YouTube-Video nachgestellt und dafür mit den Steinen eine Stelle meines Gartens verunstaltet, https://youtu.be/ieTYCirEwgY.

66 Andreas Eschbach: *Teufelsgold*, Köln: Lübbe, 2016, Seite 472, © 2016 by Bastei Lübbe AG, Köln.

67 Das Transitivitätsaxiom besagt anschaulich Folgendes: Wenn A > B > C, dann kann nicht C > A sein. Werfen Sie bei dieser Gelegenheit einen kurzen Blick auf das Cover dieses Buches.

68 Gary S. Becker und Kevin M. Murphy: »A Theory of Rational Addiction«, *Journal of Political Economy* 96, Nr. 4, 1988, Seite 675–700.

69 Die Darstellung (einschließlich der Eigenschaften der beiden Begriffe) ist angelehnt an Dr. Nico Rose: »Feel-Good vs. Feel-Purpose: Hedonia and Eudaimonia as Separate but Connected Pathways to Happiness«, https://mappalicious.com/2016/06/19/feel-good-vs-feel-purpose-hedonia-and-eudaimonia-as-separate-but-connected-pathways-to-happiness.

70 Diese Zusammenstellung geht zurück auf Conor Neill, einen Professor an der Barcelona Business School, dessen YouTube-Kanal ich nur wärmstens empfehlen kann: https://www.youtube.com/@ConorNeill.

71 www.Arbeiterkind.de.

72 Gary Wilson: *Your Brain On Porn. Internet Pornography and the Emerging Science of Addiction*, Commonwealth Publishing, 2014, Kindle-Position 108.

73 Mark Seery, Alison Holman, Roxane Cohan Silver: »Whatever Does Not Kill Us: Cumulative Lifetime Adversity, Vulnerability, and Resilience«, *Journal of Personality and Social Psychology*, 99(6), 2010, https://escholarship.org/uc/item/4b6787gk.

74 Daniel Pink weist in seinem Buch *Drive* auch auf dieses Zitat hin. Daniel H. Pink:

Drive. The Surprising Truth About What Motivates Us, New York: Penguin, 2011, Seite 34.

75 Daniel H. Pink: *Drive. The Surprising Truth About What Motivates Us*. New York: Penguin, 2011, Seite 34, Fußnote a. Bekannter ist vermutlich die andere Richtung, in der die Romanfigur Tom Sawyer seine Freunde austrickst, indem er von ihnen Geld dafür verlangt, dass sie eine Arbeit machen dürfen, die er als Strafarbeit bekommen hat.

76 Larry Downes und Paul Nunes: *Big Bang Disruption. Strategy in the Age of Devastating Innovation*, New York: Penguin, 2014, Kindle-Position 1018.

77 HNO Vahle: »Nasenspray-Sucht«: https://www.hno-vahle.de/nasenspray-sucht/.

78 Falls Ihnen das absurd viel vorkommt: Sagen wir, das erste Mal dreht er seine Anlage im Zimmer laut auf und hört mit einer Lautstärke von 80 Dezibel (dB). Bei jeweils 10 dB erhöht sich die Energie um den Faktor 10. Wenn er Musik mit 120 dB hört, hat er vier Verzehnfachungsschritte hinter sich gebracht – was bedeutet, dass die Energie auf den 10 000-fachen Wert gestiegen ist. Das erreicht er, indem er sich direkt vor die Lautsprecherboxen in einem Klub setzt. Zumindest in meiner Discozeit war das völlig normal, man konnte sich sogar in eine halbe Öffnung faktisch in die Box hineinsetzen. Natürlich haben diejenigen heute Hörschäden (und hatten sie vermutlich auch damals schon).

79 Alle Kalorienzähler müssen an dieser Stelle ganz stark sein: Die Einheit Kalorie (und mit ihr natürlich auch die Kilokalorie) ist seit Jahrzehnten als offizielle Einheit abgeschafft und durch Joule ersetzt worden. Den Charme der Einheit Joule erkennen Sie sofort bei der Rechnung, denn wir erhalten das Ergebnis hier direkt ohne weitere Umrechnung. Wer aber ein Spiel daraus machen will und es lieber umständlich hat; bitte sehr: 1 Kilokalorie entspricht etwa 4,2 Kilojoule.

80 Wenn Sie derartige Rechnungen mögen: Martin Apolin: *Mach das! Die ultimative Physik des Abnehmens,* Salzburg: Benevento, 2014. Dort gibt es auch eine Faustformel, die ich Ihnen nicht vorenthalten möchte, jetzt, wo Sie schon mal hier sind: Um ein Kilogramm durch Laufen abzunehmen, muss man 7000 durch sein Körpergewicht in Kilogramm teilen, um die zu laufende Strecke zu erhalten. Wenn Sie also zum Beispiel 70 Kilogramm wiegen und 1 Kilogramm abnehmen wollen, dann müssen Sie ungefähr 7000/70 = 100 Kilometer laufen (Kindle-Position 2097). Und natürlich dürfen Sie nicht mehr essen als vorher.

81 Dave Eggers: *The Circle,* San Francisco: McSweeney, 2013, Kindle-Position 1858.

82 Na, wieso sehe ich Sie hier? Also gut, einen harmlosen Link bekommen Sie: »Round out National Masturbation Month by Jerking Off Online with Thousands of People«, *Mashable,* https://mashable.com/article/worldwide-masturbation-session-erika-lust.

83 Dan Ariely: *Predictably Irrational. The Hidden Forces That Shape Our Decisions,* London: HarperCollins, 2008.

84 »Tresor geknackt: Diebe klauen Uhrensammlung von Udo Jürgens«, *WELT*, https://www.welt.de/vermischtes/prominente/article108609901/Diebe-klauen-Uhrensammlung-von-Udo-Juergens.html.

85 John Perry: *The Art of Procrastination. A Guide to Effective Dawdling, Lollygagging and Postponing*, New York: Workman, 2012, Seite 25–26.

86 Neil Fiore: *The Now Habit. A Strategic Program for Overcoming Procrastination and Enjoying Guilt-Free Play,* New York: Penguin, 1989, Seite 120.

87 Jedoch von großer theoretischer Relevanz, weil sie schön geschwungene Kurven entste-

hen lassen, die man in der Mathematik als stetig und differenzierbar bezeichnet. Das vereinfacht die mathematische Analyse sehr.

88 Christian Rieck, Jacek Drozak und Gero von Grawert: *Spieltheorie im Einkauf. Auktionen in Theorie und Praxis*, Eschborn: Rieck, 2015.

89 Kurz nachdem ich diesen Satz geschrieben hatte, kamen die Mitglieder eines Forschungsprojekts zu mir. Was war das erste Wort nach der Begrüßung? »So!« Wir wollten keine Zeit verlieren, sondern sofort loslegen.

90 Mel Robbins: *The 5 Second Rule: Transform Your Life, Work, and Confidence with Everyday Courage*, Savio Republic, 2017, Seite 8 und 11.

91 Christian Rieck: *Die 36 Strategeme der Krise*, Eschborn: Rieck, 2020.

92 Apps ändern sich schnell und veralten oft, aber zum Zeitpunkt der Drucklegung gab es die App *One Sec*. Die ist etwas kompliziert einzurichten (nichts für Präkrastinierer), aber sie ist extrem wirkungsvoll.

93 Zufälligerweise ist genau das das Wort sowohl aus dem Katechismus als auch in Diätbüchern.

94 Der Fachmann erkennt im Verlauf des Schuldgefühls eine Short-Put-Option auf die Höhe der Sünde.

95 Richard H. Thaler und Cass R. Sunstein: *Nudge*. New York: Penguin, 2009.

96 Brad Meier: *The Once-a-Week Strategy to Stop Procrastination. The Practical Step-by-Step Guide to Doing Difficult Things, Ignoring Distractions, Improving Productivity …*, 2022, Kindle-Position 325.

97 Anne Lamott: *Bird by Bird. Some Instructions on Writing and Life*, New York: Anchor, 1994.

98 Stephen R. Covey: *First Things First*. Miami: Mango Media, 2015.

99 Die Antwort finden Sie im Eingangszitat dieses Kapitels.

100 »… viele von uns Aufschiebern leiden an echten Depressionsanfällen.« John Perry: *The Art of Procrastination. A Guide to Effective Dawdling, Lollygagging and Postponing*. New York: Workman, 2012, Kindle-Position 323.

101 Wenn es sich um unterschiedliche Spieler handeln würde, dann würde man hier auch den Begriff *pivotal* statt *zeitkritisch* verwenden. Bei den internen Spielern, den Agenten, ist dieser Begriff allerdings nicht gebräuchlich.

102 Ich weiß schon: Sie werfen mir jetzt ungebührliche Vereinfachung vor. Wenn sich der Künstler seinen Ruf durch mittelmäßige Kunstwerke verdirbt, dann wird er bald auch keine Autogrammkarten mehr verkaufen können. Stimmt. Aber das Modell ist eben nur ein Ausschnitt, um den Effekt erkennen zu können. Es ist ein sogenanntes Einmalspiel ohne Vergangenheit und ohne Zukunft danach. Es ist gewissermaßen ein kleines Computerspiel aus dem Jahr 1986, noch ohne viele Spiellevel.

103 Ein paar technische Anmerkungen für Leser mit mathematischem Hintergrund: Das Problem wird so aufgefasst, dass man jedes Projekt in eine Abfolge gleich kleiner Schritte unterteilen kann. Beim Künstler Beuygritte sind das die Tage. Die Dringlichkeit ist die Änderung der Wichtigkeit über die Zeit, gegeben eine Entscheidung des Spielers. Wenn die Abarbeitungsschritte immer kleiner werden, wird die Dringlichkeit zur ersten Ableitung der Wichtigkeitsfunktion (wobei es nicht nur eine Wichtigkeitsfunktion gibt, sondern der genaue Verlauf immer von den Entscheidungen des Spielers abhängt). – Allerdings hat nach der bisherigen Darstellung die Wichtigkeitsfunktion

mehrere Sprungstellen und wäre daher dort nicht ableitbar. Das liegt daran, dass wir hier generell von Sicherheit ausgegangen sind, also immer genau wissen, wann und wie viel sich der Wert des Projekts ändert. In der Realität müssen wir hier von einer Wahrscheinlichkeitsfunktion ausgehen, die sich stetig ändert und damit überall differenzierbar wäre. Wir haben uns diesen Fall schon einmal informell am Beispiel des Verschickens eines Pakets angesehen (ab Seite 235), das wir gleich auch noch einmal kurz aufgreifen. Im Haupttext umgehen wir diese Probleme, indem wir einfach mit diskreten Zeitschritten (in diesem Fall Tagen) arbeiten und den Spieler eine einzige Verhaltensregel ausführen lassen wie »Ich verschiebe immer«, damit wir eine einzige Wichtigkeitsfunktion zeichnen können. – Was ich Ihnen eben in dem Beispiel untergejubelt habe, ist die Anwendung eines Prinzips, das man in der Spieltheorie als *Marginalprinzip* kennt. – Falls dieses Projekt für mich irgendwann einmal dringend genug werden sollte, werde ich das ausführlicher in einem Papier beschreiben.

104 Er muss schon am Morgen abgeben, daher zählt der letzte Tag nicht als potenzieller Arbeitstag mit.

105 Wodurch die stetige und differenzierbare Funktion entsteht, die wir uns bei der mathematischen Erläuterung weiter oben gewünscht haben.

106 Fuschia M. Sirois: *Procrastination. What It Is, Why It's a Problem, and What You Can Do About It*, Washington, DC: APA LifeTools, 2022, Seite 48.

107 Erschienen 2005: http://www.paulgraham.com/procrastination.html. Es lohnt sich, diesen Essay zu lesen.

108 Günter Wallraff und Bernt Engelmann: *Ihr da oben – wir da unten*, Köln: Kiepenheuer & Witsch, 1994, Seite 159: »… gammelt für Deutschland: Gunter Sachs«.

109 Seinen ursprünglichen Essay dazu gibt es auf seiner Website, die seine Enkelin erstellt hat, um sich von der Erstellung einer Hausarbeit abzulenken: https://structuredprocrastination.com/. Er konnte sich dann aber noch aufraffen, ein ganzes Buch darüber zu schreiben: John Perry: *The Art of Procrastination. A Guide to Effective Dawdling, Lollygagging and Postponing*. New York: Workman, 2012.

110 Auch wenn Sie mir das nicht glauben werden, habe ich diesen Fall mehrfach erlebt.

111 Fuschia M. Sirois: *Procrastination. What It Is, Why It's a Problem, and What You Can Do About It*, Washington, DC: APA Life Tools, 2022, Seite 48.

112 Mehr zu solchen spannenden Dingen in: Tom Griffiths und Brian Christian: *Algorithms to Live By. The Computer Science of Human Decisions*, New York: Henry Holt, 2016. Dort wird zum Beispiel auch beschrieben, wie der Landeroboter auf dem Mars sich durch einen solchen Prozess fast aufgehängt hätte.

113 Staffan Nöteberg: *Monotasking. How to Focus Your Mind, Be More Productive, and Improve Your Brain Health*, New York: First Skyhouse Publishing, 2020, Seite 12.

114 Zu den Gedanken und Informationen dieses Absatzes: Stanislas Dehaene: *How We Learn. Why Brains Learn Better Than Any Machine … for Now.* New York: Penguin, 2020.

115 Christian Rieck: *Die 36 Strategeme der Krise. Erfolgreich werden, wenn andere scheitern*, Eschborn: Rieck, 2020.

116 Dwight D. Eisenhower: Address at the Second Assembly of the World Council of Churches, Evanston, Illinois, https://web.archive.org/web/20150402111315/http://www.presidency.ucsb.edu/ws/?pid=9991. Lustigerweise sagt Eisenhower das gar nicht selbst, sondern zitiert einen Unipräsidenten, den er aber nicht benennt. Danke an die Wikipedia-Community, die solche Dinge herausfindet.

117 Hier einige der Ausnahmen: Hochzeitstermin beim Standesamt anmelden, Oktoberfesttische reservieren (im Januar), Wohnungssuche in München oder Hamburg (zwei Jahre vorher beginnen), für Kita anmelden (nach dem positiven Schwangerschaftstest), Nachlass regeln, falls die ärztliche Diagnose unerwartet ungünstig ausgefallen ist.

118 Siehe Abschnitt »Dinge erledigen mit strukturierter Prokrastination« ab Seite 280.

119 John Perry: *The Art of Procrastination. A Guide to Effective Dawdling, Lollygagging and Postponing*, New York: Workman, 2012, Seite 26.

120 »Technische Schulden: Wie entstehen sie & wie sind sie zu vermeiden?«, *IONOS,* https://www.ionos.de/digitalguide/websites/web-entwicklung/technische-schulden-erklaert/.

121 »Am Bahnschalter: Nummer ziehen für die Fahrkarte«, *Stern,* https://www.stern.de/reise/deutschland/am-bahnschalter-nummer-ziehen-fuer-die-fahrkarte-3431722.html. Die Schätzung mit den 80 Prozent stammt aus informellen Schätzungen von Bahnmitarbeitern.

122 Richard Heinberg: *The End of Growth. Adapting to Our New Economic Reality*, Gabriola Island: New Society Publishers, 2011.

123 Erinnern Sie sich noch an den Koffer des Herrn Stiglitz (siehe Abschnitt »Aufschieberitis (Prokrastination)« ab Seite 57)? Es kann sehr gut sein, dass sowohl seine eigene als auch meine Interpretation der Situation falsch waren und in Wahrheit ein Schuldzyklus vorlag, der erst mit der Abreise Akerlofs durchbrochen wurde.

124 *Der Spiegel,* 42/1992, https://www.spiegel.de/wissenschaft/konisch-vermuellt-a-5ab64899-0002-0001-0000-000013679614.

125 Dies ist der Zweite Hauptsatz der Thermodynamik, https://de.wikipedia.org/wiki/Zweiter_Hauptsatz_der_Thermodynamik.

126 Auf die erste Position können wir fünf verschiedene Bücher stellen, auf die zweite dann noch vier, dann noch drei usw. Die Anzahl der unterschiedlichen Reihenfolgen ist somit $5! = 5 \cdot 4 \cdot 3 \cdot 2 \cdot 1 = 120$.

127 Staffan Nöteberg: *Monotasking. How to Focus Your Mind, Be More Productive, and Improve Your Brain Health*, New York: First Skyhouse Publishing, 2020, Seite 117. Er bezieht sich dabei auf Kathleen D. Vohs, Joseph P. Redden und Ryan Rahinel: »Physical Order Produces Healthy Choices, Generosity, and Conventionality, Whereas Disorder Produces Creativity«, *Psychological Science,* 24 (9), 2013, https://journals.sagepub.com/doi/abs/10.1177/0956797613480186.

128 Wenn Sie mehr zum Cache, zu Bibliotheken und zum »chaotischen Lager« lesen möchten: Tom Griffiths und Brian Christian: *Algorithms to Live By. The Computer Science of Human Decisions*, New York: Henry Holt, 2016, Kapitel 4: »Caching«.

129 Karin Mölling: *Viren. Supermacht des Lebens.* München: C. H. Beck, 2015, Kindle-Position 906. Gemeint ist sicherlich »negative Entropieänderung«.

130 Sie haben doch nicht gedacht, dass ich das Buch schön »geordnet« schreibe, oder? Die letzten Baustellen sind irgendwo mittendrin, und selbstverständlich ist es nicht nur eine, es sind viele. Aber die schließe ich in den nächsten Sprints, nicht in diesem.

Ebenfalls bei Yes Publishing erschienen